O Sambista Perfeito
Arlindo Cruz

Marcos Salles

O Sambista Perfeito
Arlindo Cruz

malê

©Malê
Todos os direitos reservados e protegidos pela Lei n. 9.610, de 12.2.1998.
É proibida a reprodução total ou parcial sem a expressa anuência da editora.

Editora Malê
Direção editorial
Francisco Jorge e Vagner Amaro

O Sambista Perfeito: Arlindo Cruz
ISBN: 978-65-85893-49-7

Edição
Francisco Jorge

Preparação de originais
Joelma Santos

Revisão
Andréia Amaral

Projeto gráfico e Diagramação
Ale Santos

Foto de Capa
Eduardo Figueiredo

Fotos
Bruno Villas Boas – com Franco, Marcos Salles (carnaval do Império Serrano 2023)

Fotos de acervo particular
Arlindo Cruz, Arly Cruz, Jorge Antunes, Felipe Souto Maior

Tratamento de fotos
Márcia Salles

Áudios de Arlindo Cruz
Thiago Dias, Thales Ramos, Bruno Villas Boas, Emiliano Mello para o número 0 do jornal O Samba é meu Dom, Estêvão Ciavatta e Rodrigo Morelli

Pesquisa
Cléber Pereira, Junio Souza e Thiago Carvalho

Este livro foi revisado segundo o Acordo Ortográfico da Língua Portuguesa de 1990, em vigor no Brasil desde 2009.

```
       Dados Internacionais de Catalogação na Publicação (CIP)
              (Câmara Brasileira do Livro, SP, Brasil)

    Salles, Marcos
       O sambista perfeito : Arlindo Cruz : uma
    biografia / Marcos Salles.466p. Rio de Janeiro :
    Malê Edições, 2025.

       ISBN 978-65-85893-49-7

       1. Sambistas - Biografia 2. Cruz, Arlindo, 1958-
    I. Título.

 25-275266                                    CDD-709.2
            Índices para catálogo sistemático:

      1. Sambistas brasileiros : Biografia    709.2

       Eliete Marques da Silva - Bibliotecária - CRB-8/9380
```

Editora Malê
Rua Acre, 83/ 202 - Centro. Rio de Janeiro – RJ CEP: 20.081-000
www.editoramale.com.br
contato@editoramale.com.br

A Deus, por tudo.

A meu pai, o jornalista Mílton Salles, meu Mestre Maior nas escritas. Com ele comecei, aprendi e por ele sigo escrevendo, como se ainda estivesse por aqui supervisionando cada frase.

Para minha esposa, Márcia, parceira sempre presente.

Para minha mãe, Yolanda, e minha irmã, Márcia, por suas orações de fé.

Para meus netos Antonella e Enrico.

Para Babi Cruz, que me confiou esta biografia tão especial.

Para Arly Cruz, que me ajudou muito com sua boa memória.

E para todos que ajudaram, acreditaram, torceram e perguntavam a todo instante: quando sai o livro?

APRESENTAÇÃO

Falar de Arlindo Cruz é falar não só do samba, é da responsabilidade de escrever sobre a raiz da cultura carioca e brasileira. Pois Arlindo não é só um sambista, ele é o samba em toda sua amplitude: na religião, na comida, no dia a dia, na maneira de ver e conduzir a vida. Poucas vezes vi um artista tão coerente em seu discurso, tão verdadeiro com sua arte, e nunca vi ninguém tão generoso.

Quando nos conhecemos, logo nos aproximamos e falávamos quase todos os dias. Ele me ligava e perguntava: "O que você tá fazendo? Vem pra cá!". Eu parava o que estivesse fazendo e atravessava a cidade para chegar ao Recreio dos Bandeirantes, no condomínio Vivendas do Sol, na casa verde e branca (da cor do Império Serrano). Me tornei imperiano por sua causa.

Ali naquele fundo de quintal vivi muitas coisas. Festa para caboclo, São João, Natal, Réveillon e, principalmente, fazíamos samba. Posso dizer que aquela casa verde foi uma escola.

Às vezes eu parava e ficava olhando; sabia que estava de frente para uma lenda, e me vinha à cabeça que ele seria um tema de livro, um enredo de uma escola de samba, imortalizado por suas composições e poesia. Era um sonho como Arlindo resolvia os caminhos das melodias, encaixava a letra e nos ensinava a cada encontro. E seguimos para Madureira, Portela, Império, Quintino, Alvorada de São Jorge, Tuiuti, Mangueira, Maracanã.

Uma coisa que nunca me esqueço foi quando numa dessas madrugadas chegamos à Madureira na quadra lotada da Portela, ensaio pegando fogo. Assim que entramos na quadra a bateria parou e rufou, referenciando a sua chegada. Parecia um Rei Nagô. Isso se repetiu no Império e nas outras escolas por que passamos. Eu o vi ser reverenciado por onde passava: no alto do morro, no asfalto, por polícia, bandido, prefeito, governador...

Arlindo conheceu de perto o mal, mas optou pelo bem!

E ele continuava igual, simples, sempre querendo fazer mais um samba. A cada inspiração que vinha, cada resolução de uma ideia, uma sacada de um verso, a gente vibrava como se fosse um gol. Comemorávamos, ríamos, cantávamos. Tudo era mais um motivo para fazer um samba.

Arlindo é de Xangô, o rei, o justiceiro, o sábio, e tem um erê por perto. Essa criança nunca morreu. O brilho nos olhos, o sorriso no rosto e um jeito de não levar tão a sério as coisas. Ele pra mim é irmão, padrinho, compadre, professor, parceiro, exemplo, um Orixá, pois se imortalizou na sua arte, ultrapassou barreiras, abriu caminhos, fez conexões e está sentado ao lado de Iroko, "o Orixá do tempo". Ele continuará ecoando em nossos corações e nas gerações futuras porque ele é maior que o agora, E A GENTE É MAIOR QUE ISSO. Viva o sambista perfeito!

ROGÊ

SUMÁRIO

APRESENTAÇÃO 7

SUMÁRIO 9

INTRODUÇÃO 11

1 - UM ANO DE... PROVAÇÕES! 17

2 - VÓ FLORA, A MATRIARCA MUSICAL 35

3 - NASCEM ACYR E ARLY 41

4 - O PRIMEIRO SAMBA 53

5 - ARLINDINHO DESFILA PELA SUA PORTELA 65

6 - ARLINDO CONHECE A MENINA BABI 75

7 - O PAGODE DO CACIQUE DE RAMOS 81

8 - O CORAL DA ETIÓPIA 95

9 - ARLINDO REENCONTRA BABI 101

10 - FUNDO CENSURA DUPLA 117

11 - ARLINDO CRUZ E SOMBRINHA, ENFIM JUNTOS 137

12 - O CD QUE VIROU DVD 153

13 - A CONSAGRAÇÃO NA MTV 177

14 - ARLINDO CRUZ É POP 199

15 - A MÍDIA ABRAÇA ARLINDO CRUZ 213

16 - ESQUENTA– UM CAPÍTULO À PARTE 231

17 - OS FIÉIS ESCUDEIROS 243

18 - DA PORTELA PARA O IMPÈRIO SERRANO 263

19 - AS DROGAS FORA DO TOM 279

20 - SAMBA IN RIO UMA TRAGÉDIA ANUNCIADA 303

21 - PRÊMIO DA MÚSICA BRASILEIRA 313

22 - ARLINDO CRUZ E SUA FÉ 319

23 - AS PROVAÇÕES DO AVC 329

24 - ARLINDO É ENREDO NA X9 PAULISTANA 347

25 - O LEGADO DE ARLINDO CRUZ 365

26 - Discografia Atualizada 385

27 - As Músicas Gravadas 405

28 - Estatísticas 425

29 - A saideira 437

30 - Agradecimentos Especiais 461

Introdução

Imagine um show em que o cantor é surpreendido a cada instante, justamente por não saber o roteiro. Tendo de cantar músicas que nem imaginava. Assim é a vida, que nos reserva surpresas a cada momento. Foi assim quando a Bárbara me ligou, no início de 2021, dizendo que era eu quem deveria escrever a biografia do Arlindo Cruz. Ah, desde os anos 1980 chamo a Babi Cruz de Bárbara. Ela me surpreendeu com essa intimação. Sim, porque ela não me convidou. Disse que era eu!

Estava apenas revisando e colocando o molho na biografia do Fundo de Quintal e já ia cair dentro de outras biografias, mas como fui intimado, as histórias do Arlindo passaram a fazer parte da minha rotina, junto com Almir, Jovelina, Sombrinha, e meus outros trabalhos de direção, roteiro, fotografia, viagens, tudo junto, como bom geminiano que sou. Como desenrolo essa logística? Um dia eu conto na minha biografia.

Eu nem contava em um dia escrever sobre Arlindo, pois já tinha ouvido falar que a história dele estava sendo preparada. E estava mesmo. Pelo jornalista esportivo Hilton Mattos, que em 2007 lançou o livro ***Heróis de cimentos***, um perfil dos torcedores mais folclóricos da história do Maracanã e da geral. Ah, que saudade da geral do Maraca. Aquele lugar bem pertinho do gramado e reservado para os que não tinham muita grana para torcer da arquibancada ou das cadeiras. Como aconteceu num sábado à tarde de um mês nos idos de 1977, quando Minhoca, Perninha, Jorge e Suíno saíram do famoso Favelão (Conjunto Sesquicentenário da Independência), no Engenho Novo, para o Maracanã. Duros, eu, Domingos Ricardo, Jorge Argento e Ricardo Mendes fomos tentar a sorte. Abriram a geral e entramos para assistir a um jogo do último ano da Máquina Tricolor, que reuniu craques como Rivelino, Paulo César Lima, Carlos Alberto Pintinho, Gil, Carlos Alberto Torres, entre outros.

Mas voltemos ao escritor Hilton Mattos. Fã de Arlindo, foi em janeiro de 2006 que ligou para o ídolo e falou do interesse em escrever sua biografia. Marcaram um encontro e, a partir daí, estiveram várias vezes juntos, nos estúdios, em shows, na casa de Arlindo, com Hilton gravando seus depoimentos. Ele conversou também com Dona Aracy, Arly, Acyr, Franco e Marcelinho Moreira. "Foi muito bom ter convivido com um ídolo de carne e osso e ficar abismado como dentro daquela cabeça saía tanta coisa boa. Eu vim de comunidade, minha vó é negra e adoro ver um negão daquele sendo gênio. Me lembrava o Zico nessa questão, porque ele pode estar chegando do Japão, de uma viagem de vinte e quatro horas, mas vai atender a todo mundo. Rindo! E o Arlindo é assim. Nunca vi o Arlindo recusar uma foto. Ele era do povo. E gosto muito quando os pretos se dão bem", diz Hilton, que durante a Copa do Mundo de Futebol, na Alemanha, chefiou a equipe do então globoesporte.com (depois ge.globo) e teve de dar um tempo nos encontros com Arlindo. Voltou em 2007, mas no início de 2008 mais uma vez o esporte lhe chamou. Foi para o canal SporTV. Era sua estreia na televisão e não teve mais tempo para a biografia.

O tempo passa, aceito o convite-intimação da Babi e começo a produção da biografia de Arlindo Domingos da Cruz Filho. Sim, porque não acredito em uma biografia feita por mais de um autor. Expliquei ao Hílton que iria assumir a missão sozinho, mas que por conta da situação de Arlindo, sem poder falar desde o dia 17 de março de 2017, por conta do AVC hemorrágico, precisaria de sua colaboração das conversas com Arlindo.

Aí entra em cena aquela velha história de que ninguém faz nada sozinho. Para começar, o livro tinha apenas alguns depoimentos que ele me deu nos anos 1980 e lembranças de conversas nossas. Mas contei com ajudas preciosas para ter Arlindo falando no livro. Além de Hílton Mattos, que me passou um bom material de suas apurações, o diretor de TV Estêvão Ciavatta ajudou com a transcrição de conversas suas com Arlindo sobre vários assuntos para um trabalho, que acabou não acontecendo. E também contei com duas entrevistas, uma de Arlindo e outra de Franco para Thiago Dias, Thales Ramos, Bruno Villas Boas e Emiliano Mello para o jornal *O Samba é meu Dom*. E, ao apagar das luzes, com o livro fechado, ganhei um presente do músico Rodrigo Morelli: pude ouvir a entrevista que ele fez em 2004 com Arlindo para *O samba paulista como ele realmente é*, o livro de entrevistas que foi seu trabalho de conclusão de curso de jornalismo na Universidade São Marcos, de São Paulo.

Porém, antes desses colaboradores chegarem, já contava com um trio de pesquisadores feras: o carioca Junio Souza, o paulistano Thiago Carvalho e o gaúcho Cléber Pereira. Time de craques formado, comecei.

E, ao mesmo tempo em que eles e tantos outros me ajudaram muito a escrever a trajetória de Arlindo, alguns furaram comigo. Algumas pessoas importantes na história do Arlindo marcaram e não mais me atenderam, fosse num telefonema ou em mensagens de áudio ou de texto. Um deles, que prefiro não dizer o nome, mas quem é sabe, marcou ao menos umas dez vezes comigo. E furou em todas. Cada furo com uma desculpa mais esfarrapada que a outra. Em uma dizia estar num enterro. Em outra, numa fila de uma clínica para uma consulta. A todos e a esse folclórico ser, que foi homenageado em um samba de Arlindo, gravado por Almir Guineto nos anos 1980, deixei de lado. Entre os que se interessaram em falar de Arlindo, teve muita alegria e muito choro. Mas também tem o time dos que esqueceram ou não quiseram. Pena...

Conheci o Arlindo Cruz quando ele ainda era o Arlindinho, ali na quadra do Cacique de Ramos. Foi numa daquelas quartas históricas do Pagode do Cacique, teimosamente hoje em dia chamado por muitos de roda de samba do Cacique, já que aquelas reuniões nunca foram chamadas assim. Era 1981 e nem de longe poderia imaginar que um dia iria contar a história daquele gordinho barbudinho que estava entrando no Fundo de Quintal.

Das madrugadas mágicas no Cacique para as tardes/noites no Pagode do Arlindo, na rua Padre Telêmaco, em Cascadura, onde a magia continuava. Estamos em 1983 e foi ali que o Milton Manhães, que já tinha me apresentado ao Pagode do Cacique, me chamou pra aparecer na gravação do terceiro disco do Fundo de Quintal, no Estúdio Transamérica. Era o coro do LP Nos Pagodes Da Vida e fiquei ali observando, sem imaginar que um dia estaria trabalhando nesse mesmo estúdio, nas produções do Mílton.

Era repórter do *Jornal da Televisão*, suplemento que saía no jornal *O Dia*, aos domingos. E já tinha uma coluna, "O Astro na Intimidade", na qual entrevistava quem eu queria, da TV, da música...e uma tarde, num pagode em Oswaldo Cruz, entrevistei o Arlindinho dentro de um carro.

Em 1984 o Milton Manhães me convidou pra escrever a contracapa do LP do Fundo de Quintal que ele iria produzir no Estúdio da Som Livre, em Botafogo. Questionei o convite. Por que eu, com tanta gente fera pra escrever, como o Sérgio Cabral (o pai, claro), Adelzon Alves, mas eu? Ele disse que tinha de ser eu mesmo. E fui. Já que estava ali, iria aproveitar ao máximo estar junto de quem já admirava, que era a rapaziada do Fundo de Quintal. Fui me espalhando e acabei fazendo os textos do encarte e sugerindo o nome do disco, *Seja Sambista Também*. E ainda teve um parabéns surpresa pro Arlindo, ao bater meia-noite do dia do seu aniversário, 14 de setembro, em seus 26 anos de idade. No ano seguinte já era coordenador de produção nos discos produzidos pelo Mílton. E na minha estreia, além de Almir Guineto, Raça Brasileira e Dominguinhos do Estácio, fizemos também o LP *Divina Luz*, que deu o primeiro Disco de Ouro ao Fundo de Quintal. Um pulo para 1993 e Mílton me chama pra escrever o release para imprensa do LP *Arlindinho*, o primeiro disco solo do Arlindo.

E hoje, 20 de fevereiro de 2025, depois de ter conversado com 120 pessoas, num total de 83 horas de gravação, fecho a biografia desse cara fantástico, com o lugar garantido na galeria dos maiorais do samba. Num tempo em que muitos são chamados de mestre sem ter cacife para tal título de nobreza, termino este livro com a certeza de que Arlindo Cruz, sim, é um Mestre da Música, um Mestre do Samba!

Então, se tá todo mundo aí, é hora de começar nossa viagem.

Com vocês, Arlindo Cruz!!!

Marcos Salles

Com Zeca Pagodinho no Estúdio Transamérica

CAPÍTULO 1

UM ANO DE... PROVAÇÕES!

"Tá todo mundo aí?" "Quem gostou faz barulho aí!"

Em meio a aplausos e muita algazarra de plateias lotadas, esses gritos de Arlindo Cruz tornaram-se famosos. E o ano de 2017 tinha tudo para ser um dos mais marcantes em sua trajetória, com muitas novidades. No sábado, dia 28 de janeiro, por exemplo, ele surpreendeu a um público de 60 mil pessoas no Verão Balneário 2017, na praia de Atafona, em Barra de São João, no norte do estado do Rio de Janeiro. Era o show Pagode 2 Arlindos. "A gente cantando, de repente o público veio abaixo na maior gritaria. Ele se levantou da cadeira de rodas, do nada, e deu uma sambadinha. Levei o maior susto. A cadeira era mais um descanso, porque ficar em pé muito tempo doía muito. Esse foi o nosso melhor 2 Arlindos e ele se empolgou" lembra Arlindinho.

Nesse ano tudo se encaminhava para a perfeição, digna de um dos grandes nomes da música brasileira. Do alto de sua genialidade musical, o carioca Arlindo Domingos da Cruz Filho já havia provado o sedutor gostinho de estar no topo da fama, do reconhecimento da mídia e de ser apontado como referência no que era a sua vida: o samba.

Após integrar com sucesso o maior grupo de samba do país, o Fundo de Quintal, na carreira solo havia passado por grandes palcos nacionais e internacionais, sendo reverenciado por plateias lotadas e das mais variadas idades. Como compositor, tinha gravado mais de 700 músicas, entre sucessos e clássicos do samba. E, sem nunca demonstrar preconceito com o novo, juntou-se à nova geração de um samba chamado maldosamente de pagode, como se fosse um novo gênero musical, quando na verdade pagode significa apenas o encontro de músicos para cantar samba. Ficou muito claro nas várias reportagens dos anos 1990 a intenção de dividir o samba em pagode e samba de raiz. Mas Arlindo nunca quis saber de divisão e, nessa trajetória sem preconceitos, compôs vários de seus sucessos para essa nova geração do samba. Como músico, já havia colocado seu banjo em tantas gravações que tinha perdido a conta (dizia ter passado de três mil). Como produtor, comandou os discos do grupo Bambas de Berço, de Marcelinho Moreira, do parceiro Sombrinha e do primeiro DVD de seu filho, Arlindinho.

O ano de 2017 tinha mesmo tudo para ficar marcado como um ano de vitórias. A começar pelo Carnaval, como torcedor, já que no anterior havia perdido em todas as finais que disputara. Suas parcerias haviam sido derrotadas no Império Serrano, na Vila Isabel, na Mangueira e na Mocidade (esta por fora, sem assinar). "A pior derrota foi na Mangueira, em parceria com Nélson Sargento, Cosminho, Gustavo Louzada, Wagner Santos e Jorginho Bernini. A quadra foi abaixo com o samba, ele já estava dando entrevista, quando anunciaram o vencedor, que não era ele", contou Paula Maria, sua secretária na época. Mas em 2017 o Arlindo torcedor ganhou em dose dupla: teve o retorno do seu Império Serrano ao Grupo Especial, que voltou a vencer após oito anos de espera. Quarta escola a entrar no Sambódromo, na noite de 25 de fevereiro, o Império Serrano levou o enredo Meu Quintal é Maior que o Mundo, do carnavalesco Marcus Ferreira, em homenagem ao poeta Manoel de Barros. Para a festa em Madureira ficar perfeita, a Portela venceu no Grupo Especial, com o enredo *Quem nunca sentiu o corpo arrepiar ao ver esse rio passar?*. Para Arlindo Cruz, em particular, muita alegria pelas vitórias de suas duas escolas. Sim, pois, antes de ser Império Serrano, ele era Portela. Mas isso é assunto para outro capítulo.

E foi ali mesmo, na Marquês de Sapucaí, ao final da Lavagem Oficial da Passarela do Samba, dias antes do Carnaval, que ele conseguiu reverter mais uma briga de casal, das muitas que teve com a mulher Babi. Antes de saírem para o Sambódromo, outra discussão para a coleção.

Babi: – É verdade o que a Flora está falando? Que você está com uma amante?

Arlindo: –Tô sim, e daí?

Babi: – Então, já que você assumiu, estou indo pra avenida e o primeiro repórter que passar vou avisar que deixo de carregar a cruz. Isso mesmo! Babi Cruz é o cacete! Uma cruz pesada é o que eu carrego. Eu não aceito isso e vou assumir que a gente está separado. Sou grifada por Babi Cruz e ninguém vai se aproximar de mim. Então vou avisar que estou livre.

Ao fim da discussão, os dois foram para o Sambódromo. Cada um no seu carro. Babi passou a mão numa espada-de-são-jorge e foi decidida a colocar no ventilador a novidade. "Fui toda linda, vestida de branco, toda bronzeada pra avenida, mas com muito ódio. Lá, ele me cercou o tempo todo e não deixou nenhum repórter se aproximar de mim", lembra Babi às gargalhadas.

Já na Praça da Apoteose, com o carro estacionado ali dentro e com as quatro portas abertas, Arlindo fez uma última tentativa.

Arlindo: – Entra, amor da minha vida, precisamos muito conversar. Entra, minha mulher, me perdoa! Eu não falei nada disso pra você. Nunca vou assumir outra mulher na minha vida. É tudo mentira. Tava brincando. É você que eu amo!

E, mais uma vez, ele conseguiu. A até então enfezada Babi se desmanchou toda, entrou no carro e voltaram às boas. "Eu, apaixonada como sempre, não resisti. Ele botou a Flora pra viajar no Carnaval, fez os shows nos camarotes e ficamos numa lua de mel daquelas, namorando igual a dois adolescentes", lembrou.

Confusões conjugais à parte, Arlindo estava bem feliz por ver Arlindinho bem encaminhado na carreira. Pai e filho viajavam e emocionavam casas lotadas pelo país com o Pagode 2 Arlindos, que iria virar um DVD também em 2017. "Ver o Arlindinho andando com as próprias pernas era o objetivo maior dele. Há alguns anos já estava pensando em se aposentar, já tinha comentado umas duas vezes. Aguardava essa evolução do Arlindinho e queria zerar as dívidas. Mas acho que não ia querer se aposentar, não. Ele gostava muito de trabalhar, era muito inquieto. Creio que iria diminuir o ritmo e fazer uns dois, três shows no mês, mais pra dar um passeio, dar um rolê", conta o produtor Flavinho Santos, que recorda de um desabafo de Arlindo numa volta para o Rio.

Arlindo: – Meu filho, tô mais tranquilo, me sentindo mais leve. Botei a briga em dia, graças a Deus.

Era um desabafo, por causa dos muitos processos pelas dívidas do Samba in Rio, como lembra Flavinho: "Foram muitos músicos, pessoas que ele considerava, ligando, cobrando, colocando na justiça. Alguns retiraram, outros fizeram acordo, vários receberam, mas muitos continuaram com as ações e isso mexia muito com ele, que ficou muito magoado. E 2016 foi um ano em que trabalhou muito, pois sempre teve essa questão com ele, de que 'eu te devo, vou te pagar, vou resolver'. Ele investiu no Pagode 2 Arlindos, parando a carreira solo, abaixando o valor do cachê, e, pra compensar, aumentou a quantidade de shows."

No início de março, Arlindo Cruz tinha bloqueado a agenda de shows para fazer os exames do risco cirúrgico e operar catarata. Mas no dia da cirurgia ficou muito nervoso, a pressão subiu e não teve a operação. "Era muito medroso e tinha medo de cirurgia", conta Paula Maria.

SEGUNDA, 13 DE MARÇO

Porém, o que ninguém imaginava é que, após as duas apresentações do Pagode 2 Arlindos, na segunda-feira, dia 13 de março, na Segunda do Peixe, no Texas Rancho, em São Bernardo do Campo – quando foram convidados de Alex Fernandes –, e logo depois no Bar Templo, na Mooca, tudo iria mudar. Essas seriam as últimas. "Ele estava muito bem, contando histórias no camarim. Dei um CD meu pra ele e o show estava lotado", lembra Alex. Já no Bar Templo, a produtora Cláudia Almeida também não notou nada de anormal. "Arlindo estava bem, atendendo os fãs, tirando foto, dando risada e me disse que voltaria cedo para o Rio no dia seguinte".

Para baratear as temporadas em São Paulo, o produtor Polêmico, a pedido de Arlindo, montou uma banda local, com uma média de quatro shows por semana. Entre os músicos, o violonista Brigadeiro e os percussionistas Gazu e João, que fizeram parte do grupo Sensação. "Era maravilhoso, um aprendizado a cada show. Era trabalhar com o ídolo, ele sendo o chefe, mas que não se colocava como chefe e sim como um de nós, como mais um. Ele nos deixava à vontade. Muita resenha e descontração o tempo todo. Não tinha aquele clima tenso, sério. Era totalmente leve, um ambiente saudável, tranquilo", lembra João, que ressalta a única exigência do "patrão" Arlindo Cruz. "Era tocar pra caralho. Que a hora que subíssemos ao palco era pra ser A Hora. Dar um andamento firme para o partido-alto, fazer uma batucada pesada, cadenciada, mas bem swingada. Isso ele cobrava mesmo." A netinha, Maria Helena, filha de Arlindinho, voltou de São Paulo com eles e o avô babão já preparava a festinha de aniversário dela. Pediu para que sua secretária Paula Maria providenciasse uma decoração com tudo que encontrasse da personagem Moana, da Disney.

TERÇA, 14 DE MARÇO

Na terça, já no Rio, num estúdio na Barra da Tijuca, ensaiava com sua banda o show Arlindo Canta Zeca, onde interpretaria 28 sucessos do repertório de seu compadre Zeca Pagodinho, incluindo "Meu Lugar" (Arlindo Cruz/Mauro Diniz), com arranjos divididos entre os diretores musicais Rafael dos Anjos e Gegê D'Angola. Era emocionante ouvir nos ensaios a singular interpretação de Arlindo para cada música desse show, uma ideia sua para homenagear a trajetória do amigo. O show seria no domingo seguinte, dia 19, no Teatro Castro Alves, em Salvador, no encerramento do Festival Vozes do Brasil, em comemoração aos 50 anos do teatro. O formato era de várias homenagens às obras de grandes compositores ou ao repertório de grandes intérpretes: Riachão, Vinicius de Moraes, Elis Regina, Maysa, Tom Jobim, Elza Soares, Gal Costa, Tropicália e Zeca Pagodinho. "Ele estava muito feliz, radiante por estar estreando um projeto novo, com repertório diferente, o que dava uma oxigenada no show. Ele vivia um momento ótimo e passava isso pra gente. Arlindo é igual à música", lembra o violonista Rafael dos Anjos.

Nesse dia o ensaio terminou mais cedo, pois Arlindo tinha um compromisso duplo em casa. De paz e de festa. Foi uma noite em que se divertiu muito com a criançada. Ele deitava no chão e as crianças pulavam em cima dele. Foi uma farra. A festa da netinha foi também a desculpa perfeita para conseguir reunir as mulheres da família e fazer com que Babi e a irmã Eliana, que era orientadora espiritual de Arlindo, voltassem a se falar, depois de um ano brigadas. No meio da festa, Arlindo chamou as duas.

Arlindo: – Por mim, vocês têm de estar juntas, têm de ser amigas, voltarem a se falar. Vocês são irmãs.

E o inicial desconforto das duas irmãs, pegas de surpresa, terminou num abraço. Gol de Arlindo.

QUARTA, 15 DE MARÇO

Na quarta, dia 15, como o show já estava redondinho, uma pausa no ensaio para que o rubro-negro doente pudesse torcer por seu time. Mas ele não foi feliz. O Flamengo foi a Santiago, no Chile, pela Copa Libertadores da América, e perdeu por 1x0 para o Universidad Católica. "Ele dava uns sinais de que tinha alguma coisa errada. Arlindo falava embargado, mais ofegante que o normal, a voz pesada. Tinha alguma coisa diferente", conta o percussionista Anderson Marques, o Azeitona. Foram oito ensaios para que a homenagem a Zeca ficasse perfeita. "E todos foram muito bonitos. Estávamos prontos para estrear e correr o Brasil. Arlindo muito empolgado", conta o percussionista Flavinho Miúdo. "Ele estava bem animado em homenagear o Zeca e, quando não se lembrava de alguma música, pedia para eu cantar, pra lembrar a melodia", disse a sobrinha Debora Cruz, vocalista da banda. "Lembro que ele pagava os ensaios e eram todos muito fartos de comida e bebida. Ele estava muito feliz", completa o músico Héber Poggy, que depois de ter estreado em 2012, no lançamento do DVD "Batuques do meu lugar", recebeu uma ligação do próprio Arlindo, o convidando para continuar na banda. "De todos os artistas com os quais toquei, foi o único que me ligou. Arlindo é um cara fora da curva, além do tempo e de uma generosidade sem palavras."

QUINTA, 16 DE MARÇO

Na quinta-feira, dia 16, ele tinha de ir para o Teatro Carlos Gomes, na Praça Tiradentes, participar da estreia do musical *Cartola – O Mundo É Um Moinho*. Após uma apresentação para convidados na noite anterior, com a participação de Alcione, a abertura para o público seria com Arlindo Cruz. Com sua cadeira de rodas motorizada, devido ao crônico problema no joelho esquerdo, ele chegou ao final da tarde no teatro para passar o som. "Ele estava suando muito e disse que não estava muito bem", lembra Igor Leal, seu parceiro em "Mestre Cartola", samba-enredo que encerrava o espetáculo.

Arlindo: – Meu compadre, não tô muito legal, não, mas vou subir no palco sem a cadeira de rodas. Vou andando devagar.

E assim aconteceu. Quando, no intervalo, a personagem Aurélia Pitangas (Silvetty Montilla) anunciou "Hoje na nossa Escola temos um convidado: Arlindo Cruz", conforme prometido Arlindo entrou devagar com a bengala no lugar da cadeira de rodas, vestindo uma camisa rosa. Cantou o clássico "O Sol Nascerá" ("A Sorrir") (Cartola/Elton Medeiros) e "Amor à Favela" (Arlindo Cruz/Rogê), um samba que começou a fazer após assistir uma reportagem no RJ TV de mais uma operação da polícia em alguma comunidade. "Ele começou a fazer o samba imaginando Cartola vendo a Mangueira hoje, com metralhadora, invasão de polícia, muita arma, tantas mudanças. Disse que ele ia ficar triste e fazer uma música assim", conta Arlindinho.

E Arlindo cantou com o sentimento de poucos... Então, você que está lendo, faz o seguinte: coloca a música e canta junto esta obra-prima, que infelizmente é nossa dura realidade: "Os barracos de hoje/São de alvenaria/Não têm mais o silêncio/da Ave-Maria/Hoje tudo é segredo/E circula o medo/Em cada viela/Hoje o morro tem dono/Também tem disputa/Um total abandono/Filhos que vão à luta/Gente que não se cansa/Poesia, esperança e amor à favela/A música mudou/A rosa já não fala/Não canta nem sorri/O encanto acabou/Injustiça e dor é o que tem por aqui/Crianças sem controle/Sem o valor da vida/Comunidade chora/Mocidade perdida/Mas inda tem malandro que chega tarde em casa/e implora à patroa/Por favor, me perdoa/Pra ficar numa boa/Ensaboa, mulata, ensaboa."

"Infelizmente, já não era aquele Arlindo festivo que vi na participação em São Paulo. Ele até se esforçava, tirava fotos, mas estava muito abatido. Mesmo assim, era sempre muito galanteador, olhou pra cantora Luz Fogaça e disse 'ela lembra tanto a Babi mais nova'", conta Ricardo Gamba, diretor residente do espetáculo.

O musical encerra com o samba-enredo "Mestre Cartola", uma parceria do imperiano Arlindo Cruz com o mangueirense Igor Leal, a convite de Nilcemar Nogueira, neta de Cartola. Após o elenco cantar o samba, o produtor Jô Miranda chama os compositores ao palco para uma homenagem. Enquanto Igor agradece, afirmando que seu parceiro é sua referência musical, Arlindo termina seu agradecimento dizendo esperar que um filho seu faça uma homenagem para ele, como o musical que acabou de assistir. "Lembro dele falando 'não esperem eu fazer cem anos de morto pra vocês fazerem alguma coisa por mim, façam enquanto eu tô por aqui'", disse a filha, Flora.

Arlindo estava com Babi, Arlindinho, Flora e a netinha Maria Helena. Do teatro foram jantar no tradicional Capela, na Lapa, e, contrariando ordens médicas, ele não fechou a boca como prometeu, pediu joelho de porco. "Ele era maluco por rabada. Adorava rabada com legumes, com feijão preto, e no dia anterior já tinha comido joelho. Nós comemos muito e fomos pra casa. Muito felizes. Colocamos a Maria Helena pra dormir e, como ainda estávamos nos reconciliando, transamos muito", contou Babi.

SEXTA-FEIRA, 17 DE MARÇO

A sexta-feira, dia 17 de março de 2017, começou cedo na casa de Arlindo Cruz e Babi. Por volta das 9h30, o produtor Flavinho ligou para a secretária, Paula, pedindo que o apressasse. E em seguida ligou para Arlindo. Pai e filho tinham três shows do Pagode 2 Arlindos em São Paulo: na Adega 33, em Guarulhos, no Armazém 18, em Osasco, e no Espetinho do Juiz, na Vila Guilhermina, Zona Leste, e o primeiro começaria às 18 horas. O voo estava marcado para 11 horas, mas, como chovia em São Paulo, o aeroporto poderia fechar. "Tínhamos um relacionamento muito bom com a Avianca e conseguíamos esticar o horário dele, em cima da hora. Liguei no telefone dele e não consegui. Falei com a tia Babi, que pediu pra remarcar, pois ele ainda estava dormindo. Só que eu não podia esticar muito". Flavinho remarcou o voo para as 13 horas. Arlindo acordou em seguida, namorou mais um pouco com Babi e pediu para a cozinheira Neia colocar o almoço às 11 horas. Flavinho volta a ligar pra Babi e Arlindo grita do chuveiro.

Arlindo: – Flavinho, já tô no banho, vamos trabalhar. Ô mãe, traz o celular pra eu não esquecer esta melodia.

O AVC NA BANHEIRA

Faltavam dez minutos para as 11 horas e Arlindo toma banho cantarolando uma nova melodia. Em casa, Flavinho pegou sua mala e foi pro carro. Na casa de Arlindo, Babi separa a roupa da viagem e ouve um barulho.

Babi: – Pai, que barulho é esse?

Ele não responde. Apenas o barulho da água do chuveiro.

Babi: – Arlindo, você caiu?

Apenas o som da água caindo e Arlindo não responde.

"Com certeza minha mãe achou que ele tava brincando, porque quando ninguém tava falando com ele, fazia alguma coisa pra chamar atenção. Um bobo", diz a filha, Flora.

Mas desta vez era sério. Babi vai até o banheiro e vê Arlindo jogado na banheira com a água do chuveiro caindo no rosto. Grita pelo motorista.

Babi: – Cadu, socorro, Cadu!

Um grito de terror, que fez todos que estavam na casa subirem correndo: Cadu, Paula, Léo e Neia.

Arlindo poderia ter morrido afogado, mas Babi se joga na banheira e desliga o chuveiro. A língua de Arlindo está pendurada para fora.

Arlindo: – Mãe, tchô faco (*tô fraco*), tchô sem foça (*tô sem força*), tchá du...eno (*tá doendo*).

Ele não consegue falar direito, mas tenta segurar Babi, que não tem força para levantar 145 kg e tirá-lo da banheira. Ela tenta fazer um boca a boca para puxar a língua dele e não deixar enrolar. Tudo muito rápido, tudo muito desesperador.

Babi: – Calma, pai, calma!

Na casa de Flavinho, o produtor entra no carro e recebe o telefonema do motorista, Cadu, dizendo que Arlindo estava passando mal. E que parecia urgente.

Cadu: – Flavinho, Seu Arlindo tá passando mal.

Flavinho: – Mas não é possível, acabei de falar com ele.

Cadu: – É grave, Dona Babi tá gritando muito.

Flavinho joga o telefone no carro e vai da Pavuna até o Recreio em alta velocidade. "Com certeza fui tomando tudo que era multa, passando por tudo que era sinal, e cheguei muito rápido no Recreio. Lembro que no meio do caminho o Cadu ligou de novo, mas nem atendi."

No banheiro da casa, todos já estão tentando ajudar, mas Arlindo, embora ainda consciente, não consegue falar e tenta se comunicar. "Ele batia com a mão direita, mostrando que tava sem movimento de um lado. Com os olhos arregalados, ele olhava e mostrava", lembra Paula Maria, que apesar do nervosismo ia ligando e pedindo ajuda. "Liguei umas quatro vezes pro Arlindinho, que não atendia." Babi dizia pra insistir, até que Paula conseguiu.

Arlindinho: – Ô chata, que foi?

Paula: – É sério, Arlindinho, deu merda aqui.

Arlindinho: – Minha mãe ou meu pai?

Paula: – Teu pai tá passando muito mal. Vem pra cá.

E Paula liga para o plano de saúde do Arlindo. "Mas ouvi que ele não tinha direito a uma ambulância. Eu briguei muito, porque era um absurdo, com a fortuna que ele pagava pelo plano de saúde. Liguei pra corretora e disseram que ele tinha direito a tudo, menos a uma ambulância. Foi aí que pedi uma ambulância na SAMU e outra no bombeiro", conta Paula, que não entendia a negativa de uma ambulância numa emergência. Algo, por exemplo, que o próprio Arlindo temia, e sempre perguntava para sua gerente no banco.

Arlindo: – O meu plano de saúde é o melhor, né? É o top, né?

A gerente: – Sim.

Em questão de minutos chegam as duas ambulâncias. O detalhe é que em nenhum momento foi pedida uma ambulância para o artista Arlindo Cruz, e sim para uma emergência, para uma pessoa que precisava, sem dizer nome ou exigir algum privilégio. E, por chegarem juntas, as duas equipes uniram-se para ajudar. A partir daí, tudo foi muito rápido para salvar Arlindo. Uns socorristas esticam o edredom na cama e, em seguida, dez pessoas conseguem tirar Arlindo, desacordado, da banheira e colocá-lo no edredom. Passam Arlindo para a prancha e descem do segundo andar pela escada. Neste momento, chega o produtor Flavinho.

Flora e Arlindinho chegam juntos, no momento em que Arlindo é colocado na ambulância. Ela estava estudando na casa da amiga Manu, que a avisou das ambulâncias. "Saí catando a roupa. Fui descalça com vestido ao contrário e encontrei meu irmão na guarita, branco, descalço, sem camisa, com a mão na cabeça, repetindo deu merda, deu merda". Já era por volta de 1 da tarde.

Tudo acontece muito rápido. Todos muito nervosos, tentando ajudar, pedindo informação aos socorristas, os vizinhos já percebendo a movimentação. "Ele estava acordado e apagou quando foi sedado pela médica na ambulância", diz Babi. Sedado, Arlindo é levado para o hospital na ambulância da SAMU, com Babi ao lado. Flavinho, Arlindinho e Flora vão atrás, no carro do produtor.

Aos 58 anos de idade, Arlindo Domingos da Cruz Filho dá entrada às 17h20min no CER (Coordenação de Emergência Regional), setor responsável pelos pacientes que chegam em situação de emergência ao Hospital Lourenço Jorge, na Barra da Tijuca. Imediatamente é realizada uma tomografia no cérebro, ao mesmo tempo em que Babi se comunicava com o Doutor Marcelo Kalichsztein, médico de Arlindo, para que fosse realizada a sua remoção hospitalar para a Casa de Saúde São José, no Humaitá. No resultado da tomografia, um AVC Hemorrágico Hipertensivo.

NOTÍCIAS FALSAS E SHOWS CANCELADOS

A notícia do AVC de Arlindo cai como uma bomba atômica no mundo do samba. Em poucos instantes imprensa e curiosos vão chegando ao hospital. "Eram muitas fotos, muitos repórteres achando que meu pai tinha morrido, xinguei muitos deles, virei bicho, tava muito difícil. Chegava um monte de notícias falsas e mataram meu pai várias vezes", lembra Arlindinho.

Em meio a tudo isso, o produtor Léo avisa aos músicos da situação de Arlindo e que a viagem estava cancelada, enquanto o empresário Cosminho tenta resolver com vários contratantes a agenda de shows marcados, começando pelos daquela sexta e o de domingo, em Salvador. Para este, Cosminho acertou com o empresário Afonso Carvalho a ida de Diogo Nogueira, que entrou no tema da festa e fez um show homenageando seu pai, João Nogueira, Arlindo Cruz e Zeca Pagodinho. "O que aconteceu com Arlindo já estava documentado pela imprensa e naquele momento todos viram que a notícia não era como acontece com o artista que fala que está doente e não está. Então todos os shows foram cancelados."

Porém, para Cosminho, nem tudo estava indo bem. Enquanto os contratantes estão recebendo a notícia, entendendo a situação e cancelando os shows, Seu Benedito também está tendo um AVC em São João Del Rey, Minas Gerais. "Soube ali que meu pai, Seu Dito, passou mal. Sentei no meio-fio da Ayrton Senna e não sabia o que fazer. Acompanhei o Arlindo até ele ir pra Clínica São José e fui ver meu pai", conta Cosminho, que, infelizmente, perdeu o pai no ano seguinte. Na volta, ele resolve deixar a função de empresário de Arlindo. "Eu não tinha cabeça, tava muito impactado com aquilo. Até fui mal interpretado por alguns, posso ter sido contestado, mas assumo isso. Na minha cabeça, não dava pra continuar."

Aos poucos, os amigos ficam sabendo do acontecido e se movimentam para tentar ajudar ou visitar Arlindo. Longe dali, no Teatro Guaíra, em Curitiba, um dos primeiros shows da turnê Samba da Maria está prestes a começar, e a cantora Maria Rita se arruma no camarim. É então que, ao dar uma olhadinha nas redes sociais, ela vê um vídeo em que Arlindinho diz que estava tudo sob controle com o pai, já internado. Desnorteada, ela sai correndo e invade o camarim da banda querendo notícias de Arlindo. "Estava histérica de querer ajudar e estar longe. Perguntava: O que tá acontecendo? O que vocês sabem? Onde ele tá? Queria saber de tudo, perguntando pro Marcelinho, pro Fred, pro André Siqueira, que me abraçou e pediu calma. E depois, como é que faz o show se estávamos todos destruídos?", lembra Maria Rita.

Marcelinho: – Cantora, calma! Respira.

Maria: – Não respiro. Como respira? Vocês são malucos? Quero saber o que tá acontecendo com ele.

Aos poucos eles foram tentando se acalmar. Tinham um show a fazer. E fizeram. Maria Rita cantou com uma toalha na mão. Logo no início, respirou fundo e fez um pedido ao público:

Maria: – Gente, vocês devem saber o que está acontecendo. Tá muito difícil fazer este show. Eu preciso de vocês. A gente aqui precisa de vocês pra esse show acontecer até o final. E o nosso amigo, lá no Rio, precisa de vocês, então concentrem muito, cantem muito, gritem muito, porque essa energia tem que bater nele lá no Rio.

David Moraes: – Foi dos shows mais difíceis da minha vida, porque olho pra você e você está chorando, olho pro Marcelinho, ele tá chorando, olho pro Fred, tá chorando, pro André, chorando... e eu não sabia o que fazer.

Maria: – E você fez o que tinha que fazer. Você tocou pra caralho e segurou a gente no dente.

SONHOS E PLANOS PERDEM PARA O AVC

Com o AVC de Arlindo, a certeza de que 2017 poderia ser um ano inesquecível cai por terra. Uma série de sonhos, projetos, planos previstos para se realizarem em alguns meses ficaram apenas na imaginação de todos os que estavam envolvidos. Onde estivessem no momento que souberam da notícia do AVC, certamente iriam pensar num futuro que poderia não mais acontecer.

Como seria o show e a possível turnê de Arlindo cantando sucessos de Zeca Pagodinho? Como seria o DVD *2 Arlindos*? Como teria sido uma pequena turnê para os Estados Unidos, que já estava se desenhando? "A previsão era pra abril, uns cinco shows e poucos músicos, o Gegê, Rafael dos Anjos, Flavinho Miúdo, Henrique Arcanjo e o Azeitona, eu e o Alex na produção. Eu já estava com a minha listinha de compras preparada", disse o produtor Flavinho Santos.

E como seria o disco que ele gravaria, produzido por Maria Bethânia? Existiam boatos de uma turnê de Arlindo com Bethânia pelo país, mas ela confirmou apenas o CD. "A última vez que tive uma conversa longa com Arlindo foi durante a turnê que fizemos pelo Prêmio da Música, em 2015. Ele foi ao meu camarim e conversou profundamente comigo, porque estava preparando um disco e queria que eu produzisse na Quitanda, meu selo, com canções do Caetano. Era uma obra-prima que ele estava criando e tudo o que me mostrou era deslumbrante. Uma visão dele sobre a obra de Caetano", conta Maria Bethânia.

Bethânia estava na Bahia quando soube do AVC de Arlindo. Muito triste, procurou tirar da cabeça o álbum que faria com ele. "Me doeu muito não ser possível fazer, porque era uma das coisas que eu mais desejava que a Quitanda fizesse. Seria um registro muito forte do Rio de Janeiro com a Bahia, o melhor do samba do Rio com o samba baiano santamarense." O repertório para o disco já estava montado e durante a turnê Arlindo ia mostrando algumas músicas para sua futura produtora. "Ele, muito criativo, um gênio, mostrava pequenos pedaços tocando banjo, como "Irene", "Desde Que O Samba É Samba", e queria fazer uma versão muito forte de "Reconvexo", que ele já cantava lindamente na turnê. Era um espetáculo, uma coisa muito bonita, que já tinha modificado e cantava de uma maneira muito especial. Acho que ele ia fazer uma coisa que ia abalar."

Em casa, o sonho antigo de Babi era que ele diminuísse a agenda de shows. Que fizesse apenas uns seis, sete shows grandes no ano, e ficasse mais em casa. "Mas ele era muito apaixonado por trabalhar e nem tocava no assunto. Queria muito era seu estúdio numa casa e morar por ali."

Babi: – Pai, você vai se aposentar com 60 anos?

Arlindo:–Tá me rogando praga?

ARLINDO CRUZ É TRANSFERIDO

Às 21h10min, Arlindo chega à Casa de Saúde São José, no Humaitá. É submetido a uma nova tomografia no cérebro e, em seguida, a um procedimento cirúrgico para introdução de um cateter intracerebral, afim do controlar a pressão intracraniana, pois a tomografia confirmava o AVC Hemorrágico Hipertensivo.

Começava, para o sambista, uma nova etapa de vida, com limitações, cuidados e muita fé, em várias crenças, como sempre acreditou. Começava um período de muitas provações para os familiares, amigos, parceiros e fãs de todo o país.

Importante dizer que, desde o AVC, em 17 de março de 2017, Arlindo não conversou mais com ninguém, mas ele está vivo. Neste livro, muitas pessoas falaram sobre ele no presente e outras tantas no passado, e optei por não mudar. Deixei que os sentimentos gritassem. Como bem colocou Regina Casé. "Ele tá vivo, mas ele foi uma coisa que, agora, há alguns anos, não está sendo, não está podendo exercer. Temos de tomar cuidado, porque não podemos nos referir a ele totalmente no passado, mas algumas coisas a gente não pode, infelizmente, usufruir mais, da maravilha que é a convivência."

Arlindão no cavaco e o cunhado Joni, no violão, com um amigo

CAPÍTULO 2

VÓ FLORA, A MATRIARCA MUSICAL
A CANTORA ARACY
UMA FAMÍLIA PORTELENSE

O AVC hemorrágico de Arlindo Cruz chegou como se fosse uma pausa na história do artista, esse ícone da música que nasceu com o dom da arte de tocar, compor e cantar o samba. E de uma forma bem sua, bem particular, que o identifica em meio à multidão. Um ser diferenciado que traz no bem o seu lugar. Foi como se a música parasse num compasso e, na contagem seguinte do maestro, entrasse em cena toda uma retrospectiva de sua trajetória.

Afinal, de onde será que vem a genialidade musical de Arlindo Cruz? Com quem teria aprendido tamanha desenvoltura para cantar, compor e tocar banjo, tão diferente da forma como tocava Almir Guineto, o responsável por introduzir o instrumento country com braço de cavaquinho no samba? Quem teria sido seu professor? Ou teriam sido vários professores?

Não, não teve professor. Ao nascer, o então Arlindinho, o Binda, trouxe sua veia musical no sangue, como sua maior herança de família. E, pelo que se tem notícia, tudo começou com uma negra bonita, filha de escravizados e talentosa musicalmente, de nome Flora Marques Nunes. Sua Vó Flora. A avó que ele não conheceu, mas por quem era apaixonado e de quem herdou o talento musical.

Vó Flora nasceu num 27 de setembro, dia de São Cosme e São Damião. E veio ao mundo bem festeira. Gostava de festejar o dia inteiro, principalmente no seu aniversário e no dia de São Jorge. Era ela quem animava as festas da família em sua casa, na Rua Silva

Braga, n. 57, Piedade. Era a atração das serestas, dos saraus, sempre com uma boa comida. O marido portelense, João Bambu, filho de português, não tocava nenhum instrumento, mas era um boêmio inveterado. Vó Flora era uma grande partideira e uma jongueira de respeito. Autodidata, tocava cavaquinho, bandolim, violão, piano e adorava tocar pandeiro para cantar um bom samba de roda. Professora dava aulas de reforço em casa para crianças e adolescentes, antes de trabalhar na Rede Ferroviária Federal. No entanto, ela se decepcionou com a orientação que recebeu do chefe ao realizar a escrituração, que é o registro de todos os movimentos financeiros de uma empresa. "Ele dizia para, ao fazer a escrituração, colocar um zero a mais na verba que seria pedida. Ela não se conformou, se recusou a fazer isso e saiu do emprego. Um dia reencontrou uma colega de trabalho, que lhe disse "O que você não quis fazer, estou fazendo. Olha como estou bem-vestida", contou sua sobrinha, Dona Jovelina Nunes da Silva, a Belinha, filha do casal Edwiges e Francisco Bambu, conhecidos como tia Neném e Tio Chiquinho, cunhado de Vó Flora. Eram os irmãos João e Francisco, casados com as irmãs Flora e Edwiges.

Vó Flora gostava de gastar e fazer suas festas. Mas tinha em João Bambu um marido pão duro e preconceituoso, que a maltratava muito, por ela ser negra. Além dos maus-tratos, Vó Flora foi vítima do alcoolismo. Era alcoólatra e morreu de tuberculose aos 42 anos de idade. Deixou sua herança musical para a filha, Aracy, os netos, Acyr e Arlindo, e os bisnetos, Debora e Arlindinho. Arlindo gostava de contar uma vitória de sua avó, que ouviu na infância. Dizia que passando pelo centro do Rio ela ficou encantada com uma loja de instrumentos musicais. O dono perguntou se ela estava procurando emprego. Disse que estava e foi contratada na hora para ser faxineira do lugar. Como o trabalho era feito quando a loja ainda estava fechada, Vó Flora aproveitava para tocar o elegante piano que ficava no meio do estabelecimento. Uma noite o dono esqueceu uns documentos, voltou e flagrou a pianista. Mas gostou tanto que a promoveu à atração da loja. Vó Flora passou a tocar piano e ser aplaudida pelo público.

A CANTORA ARACY

As festas da família eram na residência do casal Flora e João, que gostava de samba e era amigo de Antônio Candeia, bom flautista das rodas de choro. Nas festas, a mãe de Arlindo, a jovem Aracy Marques Nunes, ou melhor, a Cicica, cantava. Muitas vezes, era acompanhada pelo violão ou pelo cavaquinho do irmão, João Gonçalves Nunes, o Joni. Além de cantar, Cicica também gostava de uma boa batucada e tocava surdo. "E tocava que era uma maravilha! Cantava e tinha uma voz extraordinária. Gostava do repertório da Elizeth Cardoso, da Dalva de Oliveira, de cantar "Amendoim Torradinho" (Henrique Beltrão) e os sambas do Noel Rosa, Cartola e Candeia. Os vizinhos abriam as janelas e aplaudiam", contou Belinha. A Gafieira Onze Terríveis, na Piedade, era a outra diversão da família. Aracy, o irmão, Joni, e os primos Wilson, Belinha, Naná, Tita e Suluca iam sempre riscar o salão nos finais de semana.

Nesses momentos musicais que reuniam a família em casa, eles conviviam com nomes ilustres, como Pixiguinha. Belinha também se lembrou que em 1950 Aracy teve a grande chance na música, mas foi proibida. Com a separação de Dalva de Oliveira e Herivelto Martins, que formavam o Trio de Ouro com Nilo Chagas, abriu uma vaga para cantora. Aracy foi convidada para o lugar de Dalva, mas o cantor Nilo Chagas levou uma dura de João Bambu, pai de Cicica.

Vô João Bambu: Não me fale mais nisso. Te arrebento a cara e você deixa de ser meu amigo.

"Ele nem deixou o Nilo fazer a proposta direito, porque achou uma imoralidade e sentiu-se ofendido. Naquela época uma moça de família não entrava nesses lugares de música e, por isso, a Cicica não chegou a cantar profissionalmente. Nem em programas de rádio. Só nas festas em casa, da família", lembra Belinha. "O meu pai não admitia que eu me tornasse uma cantora. Ele gostava de me ver cantar, gostava que outros me ouvissem e me vissem cantando, mas quando chegava uma oferta para gravar e me apresentar..." lamentou Dona Aracy.

UMA FAMÍLIA PORTELENSE

Se por um lado a mãe de Arlindo perdeu a chance de seguir carreira na música, o pai portelense, Arlindo Domingos da Cruz, cresceu com Antônio Candeia Filho, foi o cavaquinho solista no Regional do Canhoto e, com Candeia, integrou o conjunto Mensageiros do Samba da Portela, ao lado ainda de Bubú da Portela, Casquinha, Picolino da Portela, João do Violão, David do Pandeiro, Casemiro da Cuíca e Jorge do Violão. Em

1964, gravam o LP *A Vez do Morro*, pela gravadora Philips Polydor, que abre com o sucesso "Esta Melodia" (Bubú da Portela/Jamelão), com os conhecidos versos: "Quando vem rompendo o dia/eu me levanto, começo logo a cantar/esta doce melodia/que me faz lembrar/aquela linda noite de luar/eu tinha um alguém sempre a esperar/desde o dia em que ela foi embora/guardei essa canção na memória...". E, além de outros grandes sambas, como "Com Que Roupa" (Noel Rosa), "Se Você Jurar" (Ismael Silva/Nílton Bastos/Francisco Alves), "O Orvalho Vem Caindo" (Noel Rosa/Kid Pepe), "Leva Meu Samba" (Ataulfo Alves) e "Implorar" (Kid Pepe/Germano Augusto), o conjunto gravou "Mensageiros do Samba", de Arlindo com Jorge do Violão. Em um dos versos, com solo de Casquinha, mais uma prova de que samba e pagode nada mais são do que a mesma coisa, e não um novo gênero musical como querem impor: "...se depender do cavaquinho e violão/deixa conosco que o pagode fica bom..."

Criado por Candeia, o conjunto fez parte do movimento de revitalização do samba de raiz, promovido pelo CPC (Centro de Cultura Popular) em parceria com a UNE (União Nacional dos Estudantes). A convite de Cartola e Dona Zica, o conjunto de Arlindão tocou algumas vezes no famoso e histórico Zicartola, na rua da Carioca, centro do Rio. "Era um grupo muito bom, uma rapaziada boa, mas o Arlindão não ia a ensaio, não gostava. O negócio dele era um bom chope e tocar um cavaco nos pagodes. Eu gravei no disco de samba de terreiro da Portela e o chamei pra tocar. Ele não queria, porque o Jair do Cavaquinho estava lá, mas eu disse, 'o samba é meu, você é meu amigo e gosto da sua palhetada'. E gravou comigo. Nossa amizade fortaleceu ainda mais", lembrou Monarco. "Conheci o Arlindão nos pagodes da vida, um cara maneiro. Ele parava muito no Bar Salada, em Madureira. Era guarda-civil, de boné branco, era federal. Conheci também os irmãos dele, Valtenir, Aloísio e o mestre-sala Ari da Liteira, tudo da Portela. Uma vez, na rua Carolina Machado, me apresentou ao Arlindinho, que tinha uns 9 anos. Um garoto educado, deu a mãozinha dele para apertar. Anos mais tarde, fiquei pensando como é que ele virou Império Serrano", contou.

Monarco disse isso justamente porque Arlindo Cruz vem de uma família de portelenses. Ele mesmo, como veremos adiante, disse, para a então quase namorada Babi, que era Portela. Seu pai, o Arlindão, tinha quatro irmãos: Ari da Liteira, Aloísio, Isaac e Valtenir. Isaac foi o único que não se envolveu com o samba.

Ari da Liteira ganhou o apelido por sua performance no Carnaval de 1957, quando a Portela passou pela avenida Rio Branco com o enredo *Legados de D. João VI*, entoando o samba de Candeia, Picolino e Waldir 59. No final, Portela campeã, dando início ao tetracampeonato de 1957/1958/1959/1960. E foi exatamente em frente à cabine dos jurados que tudo aconteceu. De surpresa, o mestre-sala, Ari Cavalcante da Cruz, saiu de uma liteira trazida por homens fantasiados de escravizados para fazer seu bailado, cortejar e defender a estreante porta-bandeira Vilma Nascimento. Ela viria a ganhar do jornalista Valdinar Ranulfo o nome de Cisne da Passarela, por sua elegância no bailado suave, um divisor de águas na dança dos casais de mestre-sala e porta-bandeira. No Carnaval seguinte, a dança do casal passou a fazer parte do quesito.

Fora do Carnaval, o exímio dançarino Ari da Liteira mostrou ser um bom empreendedor. Após vencer vários concursos de dança, incluindo gafieira, bolero e tango, criou várias coreografias e montou com lindas passistas o grupo Ari e suas Cabrochas, que, nos anos 1950 e 1960, se apresentava para a alta sociedade carioca, em luxuosos e animados eventos, e também para os turistas, tanto no Rio quanto no exterior. Com o irmão Valtenir montou o grupo Ari e seus Passistas Bossa Nova, que fez uma turnê de vários meses pela Europa. Um dos integrantes era Arandi Cardoso dos Santos, o Careca, coreógrafo e fundador da Ala Sente o Drama, do Império Serrano, a primeira ala de passo marcado das escolas de samba, também criador da Império do Futuro, primeira escola de samba mirim. "Em função da ala, fui convidado, porque eu tocava e sambava ao mesmo tempo. Esse foi o primeiro grupo a viajar com passistas e ritmistas que cantavam e tocavam. Passamos por Portugal, Alemanha, Suíça, França, Inglaterra e vários outros países", contou Careca.

Aloysio Domingos da Cruz gostava mais dos bastidores do Carnaval. Foi o representante da Corações Unidos de Jacarepaguá na fusão com a Vai se Quiser. Dessas duas escolas da região nasceu a União de Jacarepaguá, da qual chegou a ser diretor e presidente. Mais tarde, foi representante da Portela na Associação das Escolas de Samba da Cidade do Rio de Janeiro, que administrou os desfiles de todas as escolas de samba de 1953 a 1983. Em 1984 foi criada a Liga Independente das Escolas de Samba do Rio de Janeiro, a LIESA.

O compositor Valtenir Cavalcante da Cruz era o irmão caçula. Com passagem pela União de Jacarepaguá, fez história na Portela com um samba que entrou para a galeria dos clássicos do Carnaval carioca, em 1970, em parceria com Catoni e Jabolô: "Lendas e Mistérios da Amazônia". Após um terceiro lugar no carnaval anterior, a Portela sagrou-se campeã com enredo do carnavalesco Clóvis Bornay, um dos grandes vencedores dos concursos de fantasias no Carnaval. Foi ele quem introduziu nos desfiles a figura do destaque, uma pessoa luxuosamente fantasiada, que desfila sempre no alto de um carro alegórico.

O trio Valtenir, Catoni e Jabolô já havia escrito seu nome nos desfiles da azul e branco de Madureira. Em 1967, com "Tal Dia É o Batizado", em que a Portela ficou em sexto lugar e, mais na frente, em 1977, com "Festa da Aclamação", a entrada de Dedé da Portela na parceria e o vice-campeonato para a escola. "Lendas e Mistérios" da Amazônia voltou ao Carnaval no desfile da Portela de 2004, mas a escola nem sequer esteve no sábado das campeãs, amargando um sétimo lugar.

Até que um dia, no início dos anos 1950, as famílias portelenses se uniram...

A mãe Aracy e os filhos Arly e Acyr, irmãos de Arlindo

CAPÍTULO 3

NASCEM ACYR E ARLY
O DIFÍCIL PARTO DO CAÇULA ARLINDINHO
UMA INFÂNCIA DIFÍCIL

Aracy Marques Nunes e Arlindo Domingos da Cruz se conheceram no Colégio Piedade, através de Joni, irmão de Aracy e amigo de Arlindo. Namoraram, se casaram e, no dia 25 de setembro de 1953, nasceu Acyr Marques da Cruz. "No tempo de namoro combinamos que nossos filhos teriam os nomes começando com as nossas letras. Ele achou Acyr bem bonito e ficou", explicou Dona Aracy, que não demorou muito e engravidou novamente. De um menino, que se chamaria Adyr, mas infelizmente, devido a problemas com o cordão umbilical, ele morreu no parto.

No dia 18 de fevereiro de 1956, nasceu a menina Arly Marques da Cruz. Aracy e Arlindo acertam que, se houvesse um próximo filho, seria o último. "Eu não queria ter mais. Se eu não tivesse perdido o segundo, seriam quatro. Então, combinamos que se viesse menina, teria o meu nome, e, se fosse menino, levaria o nome do pai", contou Dona Aracy.

O NASCIMENTO DO CAÇULA ARLINDINHO

A gestação do caçula foi a mais delicada. Duas semanas antes do parto, Dona Aracy já não dormia direito. Passava as noites em claro, ora deitada, ora sentada, ou apenas recostada, procurando uma posição mais confortável, já que o filho, além de estar sentado, se mexia muito. "Quando ele virou, foi de uma maneira tão rápida, que me deu um susto. Foi uma violência tão grande, que deslocou a placenta", contou Dona Aracy.

No dia 14 de setembro de 1958, na maternidade Alexandre Fleming, em Marechal Hermes, nasceu Arlindo Domingos da Cruz Filho. "No parto, ele ficou todo arranhado, machucou o rosto, esfolou o nariz e a testa. Era muito grande. Foi um processo agressivo demais pelo esforço que ele fazia para poder sair. Me machucou muito", disse Dona Aracy, que precisou fazer um tratamento por cerca de um ano para ser submetida a uma cirurgia na bexiga, lesionada no parto. "Ele era um menino muito bonitinho, muito simpático, todos gostavam dele. Era um doce de criança", lembrou Tia Belinha. E, se em casa o mais mimado era o mais velho, Acyr, na família o mais paparicado, o xodó das tias Belinha, Naná e Tita, era mesmo o gorduchinho e engraçadinho Arlindinho, ou Binda, apelido colocado pela irmã. "Era uma criança tranquila. Arteiro era o Acyr. Arlindo era mais reservado, com aquela carinha redonda, pernas grossas e muito espirituoso", lembrou a prima Vera Lúcia Nunes, a Verinha.

UMA INFÂNCIA SOFRIDA

Porém, apesar de toda a alegria com as crianças, a situação não era boa em casa. O policial Arlindo Domingos, o Arlindão, era chefe de equipe e ia pra rua em diligências. Muitas vezes saía e voltava dois, três dias depois, sem direito à reclamação. Um grande farrista, boêmio sem medidas e um homem de muitas mulheres, Arlindão sumia de casa nos dias de pagamento. Vivia em jogatinas nas ruas, jogando ronda nos morros e o dinheiro ia embora. Quando ganhava, trazia o lucro pra casa, comprava doces e balas para as crianças, mas quando perdia, perdia também todo o pagamento. Era um tempo de pouca comida em casa e, às vezes, de nenhuma, como numa vez em que o menino Arlindinho estava com fome e a dispensa estava vazia. Dona Aracy achou um pouco de macarrão já antigo, com cocô de barata. Lavou bem, ferveu e cozinhou para o filho, que ainda não entendia o que estava acontecendo, com apenas dois aninhos de idade. Ela preparou o macarrão com água e sal, as lágrimas descendo pelo rosto. Arlindinho se sentou na cadeira e disse, todo alegre:

– Mamãe, já estou sentado aqui, esperando o almoço.

Foi um momento bem triste, em que ela serviu o macarrão só pra ele. Não tinha para Acyr e Arly. "Meu pai não foi tão responsável com a casa, com a gente. Ele tinha muito contato com o pessoal da contravenção e começou a receber "PP" (paga polícia). Foi um tempo melhor, com mais dinheiro. Teve um momento em que meu pai ficou bem de situação. Foi quando abriu essa delegacia no Engenho Novo. Envolvido com a contravenção, comprou carro, móveis novos, joias, eu tinha uns doze anos, mas durou pouco. E só passei a me dar conta dessa situação quando cresci e comecei a entender. Minha mãe conduzia de uma forma que a gente não percebia, mas tivemos uma infância muito pobre", lembra Arly, que ressalta a personalidade de sua mãe nesses tempos difíceis. "Minha mãe sofreu muito e muita coisa levou com ela, para não passar informação ruim pra gente. Foi uma mulher de muita fibra. E também acho que tinha medo. Era um tempo em que as mulheres casavam e não se separavam. Não se tornavam independentes e serviam apenas para ter e criar os filhos. A mulher era muito desvalorizada e a que se separava do marido era mal vista. Ela devia gostar muito dele", contou.

A situação era tão braba, que até mesmo nas datas festivas, como Páscoa e Natal, Dona Aracy dava um jeitinho para alegrar os filhos. Iam todos para a casa de seu irmão Joni, que era funcionário público e tinha uma situação financeira melhor. Era lá que lanchavam, faziam a ceia e ganhavam presentes.

Por conta de dívidas de aluguel, Arlindo, Aracy e seus filhos mudaram-se diversas vezes. De Piedade (ruas Martins Jr e Sílva Braga), para a Praça Seca (ruas Albano e Baronesa), Abolição (Luis Silva) e a volta para Piedade (ruas Joaquim Soares e Almeida Nogueira), com uma passagem por Rocha Miranda (Rua dos Diamantes), quando ficaram um tempo na casa de Dona Tuti, tia de Dona Aracy, até encontrarem uma casa para morar.

Dona Aracy dizia que a menina Arly era a mais levada dos três. Mas numa noite chuvosa quem levou todos ao desespero foi o menino caçula. Arlindinho tinha pouco mais de um ano e engoliu a aliança da mãe. Os três estavam na sala brincando de balançar a aliança presa num barbante, até que a aliança caiu no chão. A brincadeira acabou, ele pegou a aliança e colocou na boca. Arly viu e começou a gritar:

– Mamãe, ele engoliu o anel!

– Arlindo, meu filho, cadê o anel? – disse Aracy, apavorada.

Ainda sem falar, na sua inocência, o menino abria a boca e mostrava onde estava a aliança. Foram todos para o Hospital Carlos Chagas, em Marechal Hermes, onde trabalhava Tia Esmeralda. "Depois, em casa, ele ficou fazendo cocô no pinico até colocar a aliança pra fora, que, graças a Deus, saiu uns dois dias depois. Ele nem passou mal, pois sempre foi de comer muito", conta Arly às gargalhadas. "Ah, mas eu era terrível. E como ele era o caçula eu pintava com ele, que me batia, me atacava e uma vez me deu uma dentada, tirando um pedaço aqui do lado na cintura. Encurralava os dois na parede com uma tomada do ferro ou esquentava o garfo no fogão pra queimar os dois. E eles gritavam minha mãe. Por essas e outras que a única que levou uns tapinhas da minha mãe fui eu", se diverte Arly.

Uma forte característica do menino Arlindinho era a bagunça. Em casa, nunca foi de arrumar nada. Se derrubasse alguma coisa, ficava por ali mesmo. Se vestisse uma roupa que estivesse amarrotada, assim ele ia. Com o tempo é que foi ficando muito vaidoso, mas em pequeno, estava tudo certo. Não arrumava a cama, bebia água, deixava o copo de lado e quando passava chutava o copo. A fama de comilão nasceu com ele. Já nesses tempos de menino não tinha essa de eu não gosto. Comia de tudo e muito. Bife à milanesa era o prato preferido. Na maior tranquilidade, comia cinco, seis bifes. Em tempos melhores de grana, nas datas festivas, não pensava duas vezes no caso de três pratos diferentes virem para a mesa. Comia os três e emendava na sobremesa no mesmo prato.

Conforme foi crescendo, só aumentou suas preferências, como, por exemplo: linguiça, paio, carne seca, rabada, carne assada, macarronada, pudim e sempre a presença do feijão. "Ele sempre foi boa boca. O prato sendo cheio já estava ótimo. E nunca reclamou por ser gordinho. Embora nossa infância não tenha sido um mar de rosas, a gente era bem feliz e ele nunca chegou em casa triste", conta sua irmã.

AS DIVERSÕES DO MENINO ARLINDINHO

Desde pequeno que Arlindo gostava de uma boa farra, mas nunca foi de ir à rua pra brigar. Muito engraçado, sempre tinha uma história interessante pra contar. "Depois de grande, ouvindo muito rádio, com uma memória RAM de muitos gigas, tinha uma coleção de casos interessantes das andanças dele. E falar bem era um dom", lembra Arly.

Enquanto o irmão Acyr ficava horas soltando pipa, Arlindinho gostava de bola de gude, pião, pique-esconde, álbum de figurinhas, futebol e também tinha seu time de futebol de botão, o Flamengo. Mesmo com pais vascaínos, se tornou rubro-negro após o brilhante campeonato de 1965, quando o Flamengo levou também o troféu do IV Centenário, em comemoração aos quatrocentos anos de fundação da Cidade do Rio de Janeiro. Quem o levava para os jogos no Maracanã era seu tio e padrinho rubro-negro, Joni: "Meu camisa 10 era Silva, o Batuta. Ouvia no rádio, conheci depois de grande. Era bom no jogo de botão e ele era meu artilheiro", contou Arlindo em 2012 para a repórter Luana Trindade, da FLA-TV, quando se lembrou de uma derrota do seu time para o São Cristóvão, justamente no dia 15 de novembro, aniversário do Flamengo, em plena Gávea. Chateado, Arlindo jogou o rádio de capa vermelha na parede e espatifou o presente que havia recebido dois meses antes em seu aniversário. E quem vem chegando em casa? Sua mãe...

– Ainda nem terminei de pagar, com o maior sacrifício... – lamentou Aracy.

"Ganhei umas chineladas, mas nada com muita violência. Foi só pra me repreender e aprender a dar valor às coisas", contou Arlindo, que nunca gostou de perder, como lembra sua irmã: "Mas desde pequeno. Se perde, chora, fica mal-humorado. E não gostava de perder em nada, fosse dama, dominó, futebol. Se tinha torneio de buraco e perdia, levantava de cara feia, embaralhava as cartas, roubava. Ele nunca foi um desportista e sempre se achou o máximo, o mais bonito, o mais inteligente, o mais cheiroso, em tudo ele quer ser o chefe, quer ser o mais, o bambambam. E desde cedo, até porque sempre foi muito paparicado, principalmente pela tia Belinha e pela tia Naná", entregou sua irmã. "Eu sempre digo que o Arlindo é o filho que toda mãe gostaria de ter. Nunca me deu trabalho, nunca foi de briga, sempre gostou de estudar. Muito bom filho, aluno, irmão e amigo", dizia a mãe-coruja. Dona Aracy era uma mãe que procurava sempre na medida do possível fazer as vontades dos filhos e dar um conforto. E gostava de preencher os dias difíceis de uma maneira carinhosa, como quando atendeu ao pedido do menino Arlindinho, então com doze anos, levando-o ao Maracanãzinho para assistir aos Jackson Five. Ela demonstrava seu carinho até mesmo nas broncas que tentava dar quando os filhos perdiam a hora e chegavam muito tarde em casa. Ela não convencia e eles acabavam em boas gargalhadas. "Não me lembro da minha tia dando palmada em ninguém. Ela mimava todos. Era muito chameguenta, de deitar a cabeça no colo e fazer cafuné. Ela era muito doce, que saudade daquele colinho", suspira a sobrinha Verinha.

Um craque em rodar pião, fosse na calçada ou na palma da mão, Arlindinho perdeu o encanto em soltar pipa, por ter levado alguns choques quando a linha enrolava na fiação dos postes. E o trauma só piorou pelo pânico que sentiu ao ver um lindo balão com as cores da Seleção Brasileira cair sobre a rede elétrica e estourar um transformador, durante a Copa do Mundo da Inglaterra, em 1966.

Muito extrovertido e muito carismático desde pequeno, o gorduchinho Arlindinho gostava de dançar, e já era uma criança carinhosa e educada. O problema era quando dormia com a luz apagada. Como tinha medo de escuro, no dia seguinte acordava com a cama toda mijada. Outro problema foi no carnaval de 1963, quando foram brincar em Sepetiba com Tio Joni. Dona Aracy vestiu Arlindinho de mulher e Arly de homem. Ele ficou muito injuriado e foi no ônibus de cara feia. Chegando lá, ficou sentado, emburrado e não brincou no bloco. Muitos anos depois a vergonha foi embora e ele não perdia uma saída do famoso Bloco das Piranhas, se vestindo de mulher.

O ENCONTRO COM O CACIQUE DE RAMOS

Foi no Carnaval o primeiro contato de Arlindo com o Bloco Cacique de Ramos. Na tradicional ala da napa, em que as famílias recortavam e montavam suas fantasias. Os três irmãos pegavam o ônibus 249 Água Santa – Carioca e iam sozinhos para o desfile do Cacique. A concentração era às 14 horas na Avenida Presidente Vargas. Acyr tinha 13 anos, Arly, 10, e Arlindinho, 8. Eles achavam o máximo, pois voltavam para casa umas dez, onze da noite, extasiados. Mas uma vez não deu certo. Acyr, Arlindinho e Arly prontinhos, de índios. O pai chegou com um amigo policial e uma mulher. Quando ela viu as crianças prontas, disse que também queria desfilar. Mas não tinha fantasia pra ela. Foi aí que o bicho pegou para o caçula. "Era uma mulher muito chata e o papai deu a fantasia do Arlindinho pra ela. Ela emendou, costurou, transformou numa fantasia feminina e foi com a gente pra avenida. O Arlindo, muito puto, ficou em casa chorando", recorda Arly. E foi isso mesmo. Acyr e Arly foram brincar o Carnaval e deixaram o irmãozinho em casa chorando.

Em Piedade eles brincavam no Bacanas da Piedade, bloco do tio Joni. O padrinho do Bloco era o Império Serrano e o padrinho da ala era Candeia. Desfilavam pelas ruas do bairro e chegaram a desfilar na Avenida Rio Branco. "Arlindo sempre gostou muito de dançar, de sambar e sempre achou que era um passista. No bloco, eu, ele e o Batata éramos os passistas", lembra Arly.

A MÚSICA CONQUISTA O MENINO

Até que um dia a herança musical deixada por Vó Flora, e pelos pais tão musicais, chegou ao coração do menino Arlindinho. A música surgiu em casa, mesmo sem existir ali uma rádio-vitrola. "Meu tio Joni tocava violão pra gente e me iniciou. Meu pai tocava cavaquinho, mas tinha um ciúme muito grande e guardava o instrumento em cima do armário, pra ninguém pegar. Minha mãe, que tocava pandeiro e cantava lindamente, me ajudava e pegava o cavaquinho pra eu tentar tocar. Um dia meu pai chegou mais cedo, me pegou com o cavaquinho dele e me incentivou a começar a tocar. Quando tinha 5 anos, ele me deu um cavaco e me ensinou uns acordes; com 7, eu já tava tocando nas festinhas da família", me contou Arlindo Cruz. Moravam na Rua Albano, na Praça Seca, mesma rua de Antônio Candeia Filho. "Meu marido começou a levá-lo para as rodas de samba. E ele, que já estava aprendendo a tocar cavaquinho, ficou mais interessado ainda. O pai saía e ele ia atrás. Começou assim", contou Dona Aracy. "Arlindo ficava muito orgulhoso de ver o filho tocando", disse Tia Belinha.

O pai começou a lhe ensinar. Mais tarde foi estudar cavaquinho, teoria e solfejo com dois mestres, Vivaldo Medeiros e Joaquim Nagle, este na Escola Flor do Méier, no bairro do mesmo nome, levando as partituras para treinar em casa. "Meu pai comprou um cavaquinho bem ruinzinho pra mim, ruinzinho mesmo. Mas era o que eu tocava e treinava", lembrou Arlindo, que ia aprendendo com o pai, repetindo cada acorde que ele fazia, a cada aula caseira. Menino esperto, Arlindinho aprendia rápido. Empolgado, era ouvir uma música e já querer tocar. E tocava. Para ele não era difícil. Ao mesmo tempo em que aprendia a centrar, com uma palhetada já diferenciada, se arriscava a fazer uns solos. E fazia, como fez em apenas uma semana com um dos sucessos dos anos 1960, "Tema de Lara" (Maurice Jarre), do filme *Doutor Jivago,* e que foi o fundo musical de muitos casamentos e cerimônias pelo mundo. Também já solava os choros "Pedacinho do Céu" e "Brasileirinho", ambos de Waldir Azevedo. Com esse repertório de solos, aquele que já era o xodó passou a ser muito aplaudido nas festas da família, tornando-se a atração com seu cavaquinho. Também acompanhava sua mãe em canções de Lupicínio Rodrigues, como "Nunca", pérolas do repertório da Divina Elizeth Cardoso e chorinhos. Enquanto ele solava "Brasileirinho", ela cantava. E acompanhava também Tia Belinha, chamada de Sabiá e Rouxinol pela bela voz em choros como "Pedacinho do Céu", além de uns tangos e boleros.

Várias festas de família também eram realizadas na casa da Tia Leontina, mãe da Léa, que vem a ser esposa do Tio Joni, os padrinhos do menino Arlindinho. "Ele era o xodozinho da Dinda Léa, que ficava louca quando ele chegava e ia fazer o rocambole de carne pra ele", lembra Verinha. Foram os primeiros encontros de Arlindo com os irmãos Ubirajara e Ubirany, sobrinhos da Tia Leontina, que por sua vez era irmã de Dona Conceição, mãe deles. "Nos tratávamos de primo e o conhecemos ainda um moleque nas festas da família. Lembro muito de sua mãe cantando bonito, com um timbre impressionante e um agudo que jamais ouvi", contou Ubirany, que foi com o irmão Bira no casamento de Dona Aracy e Arlindão. "Eles também foram à minha festa de 15 anos e estávamos sempre juntos nas festas", disse Arly.

Eram festas no quintal que duravam um final de semana inteiro, tanto na casa da Tia Leontina quanto na casa de Dona Conceição, com direito ao tradicional enterro dos ossos no domingo, pegando o que sobrou de comida, mais um bom churrasco e uma boa farofa. "Isso a gente aprendeu em casa. Tinha jogo de carta, tinha a dança e fomos criados assim, pela dona Conceição, que também era mãe de santo. A gente frequentava o terreiro, lá em Nova Iguaçu", disse Arlindo.

Era natural que seu pai e seu tio Joni fossem seus ídolos iniciais na música, pois estavam por ali, em casa. Mas aos poucos seu mundo musical foi se abrindo e ia conhecendo novas referências, como Candeia, por exemplo. E, após ouvir o suingue de Mané do Cavaco, no primeiro LP do então novato Martinho da Vila, que seu pai trouxe pra casa, ficou muito impressionado com a novidade harmônica e ia percebendo que era por ali o seu caminho. "A palhetada dele era bem diferente do que já tinha ouvido. Foi a época que eu comecei a me doar mais ao cavaquinho, ficava todo dia tocando", disse Arlindo, que aos 10 anos de idade passou a ser o cavaquinista de Candeia, seu grande mestre no partido-alto e nas músicas de matrizes africanas.

Pela história de suas famílias, sempre próximas, parecia estar escrito que um dia os dois se encontrariam e que os animados e históricos pagodes que rolavam na casa de Candeia na Rua Albano, regados à boa comida feita por Dona Leonilda, sua esposa, marcariam para sempre a trajetória do menino Arlindinho, que passou ao mestre as primeiras lições de cavaco, por conta da sua situação de cadeirante. "Havia um certo desconforto com o violão e ele quis aprender um pouco de cavaquinho", contou Arlindo. "Com uns

10, 11 anos, eu já estava nesse bolo, eu já tocava bem. Já tinha um ouvido bom, tinha desenvolvido uma técnica própria, diferente, calangueada. Eu já segurava bem um pagode, sabia muitos sambas e já gostava de versar. Versava às vezes, verso bobo, mas versava coisas da minha idade", lembrou Arlindo. Não demorou muito e os irmãos Acyr e Arlindo juntaram-se com os amigos Batata, Teluba, Ilo e Beleza, todos da Piedade, formaram um conjunto e começaram a tocar nos botequins. O cachê? Alguns refrigerantes, umas cervejas e uns bons petiscos. Tocavam em troca da despesa e ficavam felizes da vida. O importante era fazer um som.

UM ALUNO ESTUDIOSO E INTELIGENTE

A música passava então a dividir com os estudos a rotina do garoto. Começou o primário na Escola Municipal Dom Armando Lombardi, na Praça Seca, 45, e terminou na Escola Municipal Félix Pacheco, na Rua Assis Carneiro, 649, na Piedade, onde foi escolhido para ser guardinha de trânsito. Ele ajudava a professora a atravessar os alunos, na entrada e na saída, usando uma faixa de guarda de trânsito por cima do uniforme da escola, se sentindo o mais importante da turma. Mas ainda nos tempos da Praça Seca, o bom aluno deu uma vacilada, quando seu professor faltou. Sem avisar ao irmão, e já se achando bem crescidinho, resolveu ir embora e foi atravessando várias ruas até chegar em casa. Como a recomendação da mãe era de que só atravessasse qualquer rua de mãos dadas com Acyr, levou uma bronca e ainda ficou de castigo. "Me dei mal, mas antes consegui comer a merenda, um caprichado pão doce, porque nunca fui de bobeira", disse Arlindo.

Um aluno muito estudioso e muito inteligente, sempre tirava ótimas notas, principalmente em matemática e química, e nunca repetiu o ano, mas... "Ele não tinha queixas de mau comportamento, mas era muito bagunceiro e esculhambado. Sempre chegava muito sujo. O caderno, rasgado, não tinha capa, e as letras eram uns garranchos", lembrou Arly. O auge dessa bagunça era a chegada da escola, ou melhor, da pelada, para onde ia direto das aulas, antes de chegar em casa. E chegava todo sujo e rasgado do futebol, pois nem tirava o uniforme ao passar pela porta de casa. Todo dia.

Ao lado do futebol a leitura também sempre foi uma de suas preferências. Época áurea das histórias em quadrinhos, o menino Arlindinho gostava dos gibis do Fantasma, Recruta Zero, Turma da Mônica, e, na televisão, desenhos do Pica-Pau, filmes de faroeste,

Bat Masterson, Nacional Kid, e se divertia com a irmã assistindo a filmes de terror. Cresceu fazendo muitas palavras cruzadas, e, querendo se informar, começou a ler as revistas *Seleções* e *Manchete*.

Sempre buscando mais nos estudos, nos tempos da Escola Félix Pacheco, onde estudava pela manhã, pediu à mãe que o matriculasse à tarde no curso preparatório ADEP (Associação de Ensino Preparatório). Tanto empenho foi recompensado: aos 12 anos, ficou em segundo lugar no concurso para o Colégio Pedro II. "Saiu uma reportagem comigo no *Jornal dos Sports*, com foto. Foi o maior barato, mostrei pra todo mundo", disse Arlindo, que passou para a unidade da Rua Barão de Bom Retiro, no Engenho Novo. "Ele contava que fazia redação para os colegas e também dava umas aulas de reforço de matemática e ganhava um dinheirinho", conta Babi. Porém, no início do primeiro ano não escapou dos trotes aplicados pelos alunos veteranos. Calouros como Arlindo, Ruy Japonês e Jaime Cutia tiveram que medir a quadra de esportes com palitos de fósforo, a "pedido" dos alunos do terceiro e quarto ano. Para os alunos do segundo ano, tinham de bater continência. "Outro trote era contar quantos dentes tinha o pente Flamengo (um pente tradicional na década de 1970. Na época, diziam que o nome era para aproveitar a enorme torcida do time rubro-negro e vender muito). E do mais comprido. E quando estávamos quase terminando esbarravam no nosso braço, perdíamos a conta e tínhamos de começar de novo", lembra Jaime Cutia. A criatividade era fértil, como conta Emygdio Alves, que também estudou com Arlindo no Pedro II. "Tínhamos de fazer poesia para a estátua do leão, que tinha na quadra. Na hora do recreio amarravam os cadarços dos nossos tênis para ficarmos na quadra e não podíamos comer a merenda".

A turma de Arlindo, Cutia e Japonês, era a única que precisava de dois inspetores para tomar conta. A inspetora Gilda teve muito trabalho com os "anjinhos" e quase pegou o trio quando teve a "brilhante" ideia de jogar uma carteira (aquela cadeira ligada à mesa) pela janela do terceiro andar. Ela se espatifou no chão e, por pouco, não pega na professora de ciências. Como o combinado era que ninguém dedurasse ninguém, a turma inteira ficou de castigo na quadra até às 14h30, pois a saída era ao meio-dia. "Uma vez, durante a aula de Educação Física, eu, Arlindo e Ruy entramos no vestiário, molhamos as calças dos colegas e demos um nó em todas. Mas viram quando entramos e recebemos um castigo", conta Jamie Cutia.

As aulas eram de segunda a sábado, de 7h às 12h, e na hora do recreio o portão ficava aberto para que os alunos pudessem ir à padaria comprar a merenda. Alguns, como Arlindo, Jaime, Ruy e Emygdio, sempre eles, iam para um bar na Rua Condessa Belmonte jogar totó e sinuca. E ficavam. Esqueciam da hora, o recreio acabava, o portão era fechado e só voltavam ao final das aulas para pegar o material. "Jogávamos valendo ficha e, quando perdíamos, o dinheiro da passagem acabava e íamos a pé para casa", lembra Emygdio. Quando chegava o mês de setembro eles iam para o sinal pedir ajuda para comprar uniforme e bola, por causa dos Jogos da Primavera. E, lá pra novembro, começavam a pedir uma grana para a formatura. "Mas o que arrecadávamos não era para jogo ou para festa e sim para as nossas farras", confessa Jaime Cutia.

Bagunças à parte, Arlindo estava entre os bons alunos, mas seu aproveitamento nas notas começou a cair. Aflorou em sua personalidade outra herança de família. Do avô materno e do pai, estava na veia ser um boêmio. E, conforme foi crescendo, foi conhecendo os prazeres da noite. "Fui ficando um pouquinho boêmio. Tinha sempre um violão, aquela rodinha de amigos e um samba aqui, ali...", assumiu Arlindo.

Era a música começando a falar mais alto na trajetória do menino Arlindinho, que, no entanto, jamais largou os estudos e foi se tornando, além de um grande músico e um compositor diferenciado, uma pessoa capaz de conversar sobre qualquer assunto.

Na casa de Candeia: o percussionista Carlinhos, Candeia e o menino Arlindo

CAPÍTULO 4

O PRIMEIRO SAMBA

A PRISÃO DE SEU PAI ARLINDO CRIOULO

A PRIMEIRA GRAVAÇÃO EM ESTÚDIO

A música começa a levar Arlindo, cada vez mais, ao patamar da profissionalização. Aos 11 anos de idade faz seu primeiro samba, com seu tio Valtenir. Com versos como "... vai passar na casa amarela/ela que foi minha felicidade/encheu de saudade meu coração/ pequena solidão...", numa homenagem à Vó Joana, mãe de seu pai. "Pra falar a verdade não foi bem uma parceria. Eu apenas ajudei na melodia, mas ele me deixava todo bobo contando pro meu pai que a música era minha e dele. Coisa de tio coruja. Comecei a compor de verdade na Aeronáutica", disse Arlindo, com muita sinceridade, outra característica sua.

Arlindo conta que seu tio Valtenir pedia socorro nas melodias de seus sambas enredos. E chegou a consertar alguns. Ele também viu seu pai ajudar o irmão na harmonia de "Lendas e Mistérios da Amazônia". "Nasci numa família musical e não canto nem toco nada. Como é que pode? Mas gosto muito de uma farra e vou até de manhã", afirma Arly.

ARLINDÃO É PRESO

No dia 18 de fevereiro de 1971 a jovem Arly comemorou seus 15 anos com uma grande festa. Presente de seu pai policial. Mas a adolescente não imaginava o que estava por vir. Um policial civil elogiado, Arlindo foi um dos instrutores da Polícia Federal na transição do governo federal do Rio de Janeiro para Brasília. Recebeu a medalha de Honra ao Mérito das mãos de Carlos Lacerda, então Governador do Estado da Guanabara, extinto em 1975. Porém, foi neste ano de 1971 que seus familiares descobriram que suas ausências em casa não eram apenas pelas jogatinas ou pelas noitadas com mulheres, mas por muitas mortes. "Ele era muito fechadão, nunca dizia nada. Quando chegava da delegacia, sempre estava tudo bem, sem problema nenhum. A gente sempre via o nome dele nos jornais. Então ele dizia que o jornalista não gostava dele", contou Dona Aracy.

Em abril, Arlindão chegou do trabalho bem sério e chamou Aracy para conversar no quarto, longe dos filhos. Ao final da conversa, pegou umas roupas e disse para os filhos que iria sair de novo. Ficou um mês sumido. "Ele já estava com envolvimento com o Esquadrão da Morte. E nós não sabíamos o que eles haviam conversado. Não era conversa de criança", lembra Arly.

A partir daí, todo dia muitos policiais iam à casa da família Cruz, na Rua Almeida Nogueira, em Piedade. Dona Aracy permitia, eles entravam, revistavam a casa inteira e iam embora. Arlindão não dava notícias, mas os jornais diziam que ele estava foragido. Durante ao menos um mês, equipes de TV estavam ali filmando a casa, com muita gente entrando e saindo. Um verdadeiro alvoroço, tirando a paz de Dona Aracy e seus filhos. "Foi uma questão muito complicada. Todos nos conheciam ali na vizinhança, algumas pessoas falavam, outras viravam a cara. Depois soubemos que ele havia sido preso. Ele, Mariel Mariscot, Carlinhos, Tigrão e outros", lembra Arly, que assim como os irmãos entendia muito pouco do que estava acontecendo. "Lógico que a prisão de papai mexeu muito com a gente. Eram muitas coisas por trás, muitos envolvimentos. A gente imaginava que ele tinha feito alguma coisa errada e tava preso por isso. Sofremos alguns bullings, que na época nem tinha esse nome, mas fomos assimilando e superando", contou a irmã de Arlindo.

Nesse período em que ficou sumido, Arlindão ficou escondido com uma amante num sítio. E pediu que ela fosse procurar Américo Bispo da Silveira, pai de santo da família, que conhecia desde criança, e que veio da Bahia para morar com suas duas filhas na casa de Dona Joana, mãe de Arlindão. "Nascemos e fomos criados na casa de santo dele", lembra Arly. O pedido era pra saber quais eram as possibilidades na possível prisão e o que deveria fazer. Ela voltou revoltada, pois sequer foi atendida por ele, mesmo dizendo que tinha ido a mando do Arlindo, filho de Dona Joana Cavalcante da Cruz, que tinha morado em Oswaldo Cruz. A resposta foi "ele não quer nenhum assunto relacionado a essa pessoa". E Arlindo ficou decepcionado com a ingratidão.

ARLINDO CRIOULO É MANCHETE DE JORNAL

Antes de ser preso, todos ficaram sabendo que seu nome entre os integrantes do Esquadrão da Morte era: Arlindo Crioulo. No dia 12 de junho ele foi a manchete do *Luta Democrática*, jornal sensacionalista fundado pelo político Tenório Cavalcanti: Carrasco Denuncia – Arlindo Crioulo preparou testamento-bomba – Relatados os Crimes do Esquadrão da Morte: Homem marcado para morrer não livrou a cara de ninguém/ Muitas cabeças vão rolar/Durante anos foi tomando nota de todas as execuções/Mencionou mandantes e executantes/Promotor vai ajustar inquéritos/PM prendeu 70 executantes em Minas (pág 2)

Numa matéria não assinada e bem no alto da página, para chamar atenção, um texto que não traz nenhuma declaração de Arlindo, e sim o que ele teria confessado ao repórter. Eis a reportagem, na íntegra:

> "Arlindo Domingos da Cruz, o Arlindo Crioulo, tido como um dos maiores matadores do Esquadrão da Morte tem pronto um relatório completo sobre os crimes daquela organização criminosa do qual constam datas, locais, nomes das vítimas, dos executantes e dos mandantes, bem como circunstâncias e provas de cada execução.
>
> Localizado pela reportagem de LUTA DEMOCRATICA num subúrbio da Guanabara, Arlindo não negou nem confirmou quaisquer dos crimes que lhe são imputados. Mostrou-se perfeitamente sabedor de que os outros membros do Esquadrão em hipótese alguma deixarão que ele fique vivo e, por isso, o carrasco marcado já entregou a uma pessoa de sua total e absoluta confiança o relatório em questão, para que quando ele seja morto o fato se torne público, diretamente por Intermédio da imprensa, pois ele nem de leve admite a possibilidade de o documento ir parar nas mãos de qualquer policial, que bem pode vir a ser um dos matadores ou mandantes denunciados.

VAI ROLAR SANGUE

Arlindo não preparou o documento apressadamente. Muito pelo contrário. No decorrer do tempo em que funcionou como homem de confiança da Caveira, foi anotando execução por execução, não deixando de mencionar qualquer culpado, mesmo em se tratando de amigo seu, pois desconfiava que algum dia ele também estaria marcado para morrer, pois a impunidade não poderia durar sempre. Ele teve o cuidado até mesmo de nem a sua participação omitir.

Crimes até então tidos como misteriosos, insolúveis mesmo, serão esclarecidos com a simples leitura do relatório, pois foram executados a mando de terceiros, muito bem situados na vida, que se aproveitaram dos serviços do Esquadrão da Morte para se livrarem de concorrentes incômodos. Para que se tenha uma ideia, quando, por exemplo, se souber quem mandou matar o Francisquinho, sobrinho do Natal da Portela, o fato vai ocasionar muito derramamento de sangue. As revelações de Arlindo, a serem conhecidas *port mortem*, derrubarão muitas cabeças de gente até então consideradas como de comportamento inatacável nos quadros policiais e em outros âmbitos."

Até que, acompanhado de um advogado, Arlindo Domingos da Cruz deixou para trás seus 21 anos como policial e resolveu se apresentar. Dona Aracy soube dias depois, ao ser orientada por um amigo a procurá-lo na Vila Militar, onde estava isolado de todos há pelo menos uns três dias, sem um registro de entrada. Ela foi com seu primo Aloísio e disse ter a informação de que o marido estava lá. E realmente estava.

O ESQUADRÃO DA MORTE

Mas, o que era o Esquadrão da Morte? Ele surgiu no Rio de Janeiro no período entre o final dos anos 1950 e início dos anos 1960. Tratava-se de um conceito, um modelo de negócios em todo o estado, envolvendo vários grupos de policiais envolvidos com a criminalidade. Uma espécie de polícia justiceira que investigava, condenava e executava criminosos, muitas vezes a mando de grupos políticos ou líderes da sociedade, com apoio do regime militar. Entre os vários grupos, o mais famoso era conhecido como os Doze Homens de Ouro. Nas execuções, os corpos eram encontrados com as iniciais EM.

Em dezembro de 1975, o tablóide **Mais-UM** publicou uma reportagem, de Octávio Ribeiro e Cláudio Faviere, com ilustrações de Elifas Andreato (designer gráfico e ilustrador que fez mais de 300 capas de vinis, como, por exemplo, os de Paulinho da Viola, Martinho da Vila, Elis Regina, Chico Buarque, Toquinho e Vinícius, entre outros) sobre as ações do Esquadrão da Morte. A reportagem afirma que havia um mecanismo ilegal para evitar que qualquer marginal condenado pelo Esquadrão fosse salvo por um mecanismo legal. E detalharam cada fase desse mecanismo em prisão, sentença, tortura e execução.

A seguir, alguns trechos da reportagem:

> "A PRISÃO
>
> Antes de prender o bandido, os policiais levantavam seus costumes: se tem mais de uma mulher, onde elas moram, seu dia a dia, lugares que costuma frequentar. No levantamento, sabem qual o ponto fraco: melhor será que o bandido facilite de noite, porque a escuridão dificulta a visão de possíveis testemunhas: Caso o bandido só fique de bobeira durante o dia, vários cuidados precisam ser tomados, para que no futuro os policiais não sejam reconhecidos. A maioria usa Volks branco-pérola (o carro de maior circulação no país) chapa fria. Os policiais se disfarçam ao máximo: bigode ou cavanhaque postiço, óculos escuros, chapéu enterrado na cabeça; uns, na hora de prender o bandido, fingem que são aleijados; outros fingem tiques nervosos, como tremer o ombro ou o rosto; nunca estão vestidos como policiais; alguns se vestem de gari, outros botam macacão de mecânico.

A SENTENÇA

Apanhado sem testemunhas, o bandido vai ficar preso pelo menos uma semana. Seu nome não vai constar do registro de nenhuma delegacia, para evitar a libertação por meio do habeas-corpus. Nos três primeiros dias é bem tratado. É a chamada fase de manjamento, espera de repercussões junto a familiares ou amigos. Nesses três dias o policial do Esquadrão leva o bandido no papo, não fala em morte. Assim, se for libertado, o bandido vai até espalhar que naquela jurisdição não tem nenhum membro do Esquadrão; e vai passar a marcar mais "bobeira" ainda, dando a chance que o Esquadrão precisa, para julgá-lo da próxima vez sem deixar vestígio. Única ameaça que recebe: não contar que estava detido numa "geladeira" –casa, apartamento ou mesmo uma delegacia afastada, no Estado do Rio (locais perto dos pontos de execução).

A TORTURA

No quarto dia, porém, se não aparece nenhum habeas-corpus, nem pedido de parentes ou amigos, o tratamento na "geladeira" começa a mudar. Os policiais do Esquadrão já estão se convencendo de que o réu é um futuro indigente... A tortura não tem medida: a vítima nunca será submetida a exame de corpo de delito no Instituto Médico Legal. Seu destino será a cova rasa do indigente. São utilizados choques elétricos, pau de arara, palmatória (nas nádegas e nas solas dos pés); golpes de maricota (borracha de cerca de 1,50m de comprimento, uns 15 cm de diâmetro, oca, que não deixa equimoses, mas arrebenta o sujeito por dentro); cigarro aceso; alicate nas unhas; murros no fígado, baço, testículos. Os policiais só falam em inquérito, não em morte. Se o torturado sabe que vai morrer, pode não dizer mais nada. Há uma trégua quando os policiais do Esquadrão saem para investigar se as informações dadas são verdadeiras. Se for ladrão de joias, apanha para dizer onde estão as joias, de onde foram roubadas, se foram derretidas, quem são os receptadores. O receptador, ou intrujão, é preso no mesmo esquema astucioso; também será torturado para dizer onde está a mercadoria. Se for um bom golpe, tanto ladrão quanto receptador vão sumir. Se for assaltante da pesada (banco, carro pagador, etc.), leva pau para dizer onde está o dinheiro vivo. Se for um bom traficante de tóxico, o intermediário leva pau para contar todo o mecanismo. E, nesse caso, seu corpo aparece em local ermo, num aviso para a sua quadrilha.

A EXECUÇÃO

Se o bandido é ralé, a morte serve para apavorar a criminalidade, especialmente assaltantes e traficantes da quadrilha à qual a vítima pertencia. O réu é levado vivo ao local da execução, porque no trajeto pode ser necessário passar por uma barreira rodoviária. No local todos os que participam do grupo são obrigados a atirar, mesmo que o bandido já esteja morto. Atiram de preferência na cabeça e coração. Como as marcas de algemas vinham incriminando sempre a polícia, os policiais do Esquadrão passaram a "algemar" os condenados à morte com esparadrapo enrolado em cima de uma proteção de pano. Evitam também atirar com suas próprias armas (o 38 é arma oficial da polícia); atiram geralmente com armas de grosso calibre: 45, Winchester, fuzil. Se o bandido der bom lucro e não pode aparecer, será logo enterrado em cemitérios próprios do Esquadrão ou atirados em precipícios. Outras providências podem ser tomadas, para impedir a identificação da vítima: ácido nas pontas dos dedos, danificando as impressões digitais; destruição da arcada dentária; eliminação de sinais particulares.

Em 1966, os mortos eram atirados no rio Guandu. Depois do escândalo dos mendigos sacrificados no rio da Guarda por policiais cariocas, na antiga Guanabara, jogar cadáveres no rio Guandu passou a ser a maior "sujeira". Então os cadáveres começaram a ser abandonados em terra firme. Nesta época, a população não discordava nem tinha medo do Esquadrão, porque achava que ele defendia a sociedade. Aí surgiu em cena o promotor Rodolfo Avena, como um implacável acusador. Tempos depois ele sumiu com a mesma velocidade. Depois de um recesso, apareceu em São Paulo o promotor Hélio Pereira Bicudo. No Rio surgiu o promotor Silveira Lobo, que teve participação direta nas prisões dos ex-policiais Mariel Moryscotte, César, Tigrao, Carlinhos, Arlindo Crioulo e Silvinho. Acusados de matar ladrões de carro e traficantes de tóxico (os cadáveres eram abandonados, a maioria enforcado em cordinhas de nylon, ao lado de cartazes com a sigla EM, uma caveira, e ainda bilhetes ameaçando as próximas vítimas)".

OS TRABALHOS DE DONA ARACY

Ao ser preso, Arlindo foi expulso da polícia, fazendo piorar a situação financeira em sua casa. "Com isso, minha mãe não teve direito à pensão e começou a fazer alguns biscates, a vender roupa, costurar pra fora e foi trabalhar na confecção de Dona Leonilda, mulher de Candeia. Tio Joni quis ajudar, mas ela preferiu ir fazer faxina na casa dele. O fusca bonito do papai, ele mandou entregar para um banqueiro de bicho, que passou a dar um dinheiro todo mês para minha mãe, como se fosse uma pensão", lembrou Arly. Dona Aracy passou no concurso para agente administrativa do Estado e foi trabalhar como auxiliar de nutrição do Colégio Pedro II, onde se aposentou aos 70 anos de idade.

OS PRESÍDIOS DO ARLINDÃO

Nos 19 anos em que ficou preso, Arlindão passou pelo DOPS (Delegacia de Ordem Política e Social) e por vários presídios, depois de ficar na PE do Exército, na Vila Militar: Complexo Penitenciário Frei Caneca, no Estácio, o Regimento Marechal Caetano de Farias, na Cidade Nova e ainda na Penitenciária Mílton Dias Moreira, no Instituto Penal Plácido de Sá Carvalho e no Presídio Nelson Hungria.

As visitas geralmente aconteciam aos sábados, das 13h às 16h, com as presenças de Dona Aracy, Acyr e Arly, pois Arlindinho só conseguia visitar o pai quando estava no Rio. Às vezes Dona Aracy ia sozinha, porque não tinha o dinheiro da passagem para todos. "Nós fizemos a carteirinha e íamos visitar. E passar pela revista na entrada era horrível. Minha mãe sempre levava comida pra ele, que gostava de tudo: arroz, feijão, carne assada, bife acebolado, banana, laranja, maçã, pera, bolo... minha mãe carregou muita bolsa de comida e de roupa. Trazia roupa pra lavar e passar. Era uma agonia. Ela foi uma guerreira e sofreu um bocado com aquelas bolsas", diz Arly. E quando Arlindinho ia, principalmente em dias especiais, como Natal, Ano Novo ou aniversário do pai, rolava um samba. Ele levava um violão e mostrava um samba novo, tocando junto com o pai e seu cavaquinho e a percussão de alguns presos.

Em 1982, já integrando o Fundo de Quintal, Arlindo chamou Bira Presidente, Ubirany, Sombrinha, Cleber Augusto e a rapaziada do Grupo Sala de Som (Guilherme Nascimento, Roberto Serrão, Henrique Damião, Paulete e a cantora Adenair) para visitar Arlindão e fazer um som numa feijoada no Complexo Penitenciário Frei Caneca. "Fomos muito bem recebidos e lembro que a feijoada era num pavilhão de policiais, ex-policiais, presos políticos, com as celas abertas", conta o compositor Guilherme Nascimento, que estudou com Acyr no Colégio Profissionalizante Imprensa Nacional.

Durante o tempo em que Arlindão ficou preso, Arly procurava entender as acusações por tantos crimes e ligar aos nomes que apareciam pela frente. "Nunca entendi muito bem essa situação. Quando cheguei pra visitar o papai no Caetano de Farias, conheci Mariel, Tigrão, Carlinhos, Tio Rá, De Paula, que era dono do Restaurante Suvaco de Cobra, reduto de choro em Vila Isabel, e pessoas que nunca tinha visto nem ouvido falar. Esses nomes eram do esquema. Papai teve um grande envolvimento com o Natal da Portela, e como a época era de Esquadrão o colocaram no patamar de Esquadrão da Morte. Segundo o processo, papai respondeu a quarenta e dois crimes de morte", conta Arly. E, como Arlindão não levava para casa o que acontecia na rua, até mesmo para poupar sua mulher e seus filhos, de uma coisa ela tinha certeza. De que seu pai era uma pessoa dentro de casa e outra na rua. "O último local que trabalhou antes de ser preso foi na vigésima quinta. Acredito que era mais uma ligação dele com o jogo do bicho do que do Esquadrão da Morte. Não lembro quantos anos ele pegou, mas deve ter sido mais de trinta." Decidida a ajudar o pai, Arly foi estudar direito para defendê-lo. "Eu achava que poderia ajudar em alguma coisa, mas não era a minha praia e desisti."

Até que veio o regime semiaberto, a regressão da pena, e Arlindão pôde sair todos os dias para trabalhar. A cada três dias trabalhados ele ganhava um dia. Ficou à disposição do juiz Francisco Horta (que foi Presidente do Fluminense e, após criar o troca-troca entre os clubes grandes do Rio, formou um timaço chamado A Máquina, com Rivelino, Gil, Paulo César Lima e outros craques), na VEC (Vara de Execuções Criminais), no Castelo, fazendo o trabalho burocrático por uns três anos. "Às vezes vinha dormir em casa, passar o final de semana. Ia pro Pagode do Arlindo e ficava de óculos escuros, mesmo que fosse de noite, e achava o máximo", contou Arly, que fez um desabafo. "Não sei se foi o meio que o fez ficar assim, mas por incrível que pareça, papai era uma pessoa muito correta nas atitudes dele. Passava pra gente coisas boas, coisas corretas, ensinamentos, tinha boas conversas. Nunca foi de passar coisas ruins. É claro que nada justifica, mas talvez não tenha tido uma infância muito boa. Talvez tenha precisado fazer alguma coisa errada, mas procurava não passar esses momentos pra gente. E sempre foi um bom pai, carinhoso", contou Arly.

A PRIMEIRA GRAVAÇÃO EM ESTÚDIO

O que Arlindão não imaginava é que, ao apresentar o filho ao amigo Candeia, estava encaminhando o menino definitivamente para o mundo do samba. De cavaquinho fiel dos pagodes, shows e na gravação, em meados de 1974, de um de seus LPs históricos, *Samba de Roda*. Ao lado de feras como o baterista Wilson das Neves, o violonista Neco, os percussionistas Elizeu, Luna e Mestre Marçal, que dominavam as gravações de discos da época, e ainda Bezerra da Silva, que tocou berimbau, estava o cavaquinho de Arlindo Cruz, ou simplesmente Arlindo, como está na ficha técnica. No repertório, sucessos como, por exemplo, "Acalentava" (adaptação de Candeia), "Não Tem Veneno" (Candeia/Wilson Moreira) e "Olha a Hora, Maria" (adaptação).

LIBERDADE PARA ARLINDÃO

Com a comutação da pena, Arlindão deixou a prisão em 1990. Ao sair, deu um tempo da marginalidade, ficou devagar, mas voltou a trabalhar no seu ponto de bicho, que tinha em Madureira e ainda teve uma filha fora do casamento, de nome Aline. Nas manhãs de domingo era certo encontrá-lo no famoso Amarelinho, bar do Seu Ramos, na esquina das ruas Torres de Oliveira com Joaquim Soares, em Piedade. A resenha com os radialistas Adelzon Alves e Rubens Confeti e com o Betinho, parceiro do bairro, entre cervejas geladas e tira-gosto, rolava até uma da tarde. Quando não estava no bar, Arlindão batia suas peladas nos campos do Esperança e do Conceição. Com ele no meio-campo estava um cria da Piedade, Jr Dom, que anos depois se tornaria um dos bons parceiros de Arlindo Cruz. "O véio era bom de bola. Era aquela mente pensante do time. Jogava fácil, com aqueles toques tipo Arrascaeta, colocando o atacante na cara do gol", lembra Dom. Começando a tocar cavaquinho, teve em Arlindão um grande incentivador. "Ele era amigo de um bicheiro da antiga, de Cascadura, que fazia uns eventos. E me levou pra tocar cavaquinho. Foi no meu aniversário de dezenove anos que me deu uma dica preciosa. Me ensinou que, ao terminar de tocar, deveria afrouxar as cordas do instrumento e passar uma flanela nas cordas e tirar o suor, para não corroer".

E, se temia morrer por queima de arquivo do Esquadrão da Morte, Arlindão seguiu a vida sem sofrer ataques. Sofreu um AVC, depois teve Mal de Parkinson, septicemia, ficou muito mal, com sequelas, na cama, até falecer, em 26 de setembro de 2004, de falência múltipla dos órgãos.

O Aluno Cruz, da EPCAR

CAPÍTULO 5

ARLINDINHO DESFILA PELA SUA PORTELA

O ALUNO CRUZ

O ano de 1975 reservava muitas novidades para o jovem Arlindinho. O amor pela escola estava passando de pai para filho. Levado pelos pais aos ensaios, desde pequeno o clima da azul e branco estava em sua casa, com fantasias sendo confeccionadas e sua mãe se vestindo de baiana para desfilar. Daí, não teve jeito e o menino virou portelense, como os pais, os tios e o irmão Acyr. "Tudo isso me influenciou. Eu gostava da Portela. Eu passei a ser Portela", disse Arlindo, que desfilou pela primeira vez numa ala na União de Jacarepaguá, nos tempos em que a escola ficava nos fundos da casa de seu tio Aloísio, então diretor da escola.

Sua estreia tocando cavaquinho na avenida, aos 16 anos de idade, foi na madrugada de 10 de fevereiro desse ano de 1975. No carro de som da Portela, sexta escola a entrar na Avenida Presidente Antonio Carlos, centro do Rio. O enredo, criado pelo Departamento Cultural da Escola, tendo à frente o historiador e pesquisador Hiran Araújo, foi "Macunaíma, Herói de Nossa Gente". Cantando o samba de David Corrêa e Norival Reis, que imortalizou o refrão "... vou-me embora vou-me embora/eu aqui volto mais não/vou morar no infinito/e virar constelação..." estavam Silvinho do Pandeiro, Clara Nunes, Candeia e David Corrêa. Mas a Portela amargou um quinto lugar e o título ficou com a Acadêmicos do Salgueiro, com o enredo "O Segredo das Minas do Rei Salomão", de Joãosinho Trinta.

Ao final do Carnaval, saiu o destino do jovem Arlindinho para continuar seus estudos. Ao terminar o primário, ele fez o Curso Soeiro, preparatório para a escola técnica e para a Escola de Oficiais. Seu sonho era passar na prova para o CEFET (Centro Federal de Educação Tecnológica Celso Suckow da Fonseca) e cursar eletrotécnica. Para sua frustração, foi reprovado. Em compensação, passou, ao mesmo tempo, para a EsPECEx (Escola

Preparatória de Cadetes do Exército), para a EFOMM (Escola de Formação de Oficiais da Marinha Mercante) e para a EPCAR (Escola Preparatória de Cadetes do Ar), a qual escolheu para cursar.

O ALUNO CRUZ

No final da tarde de 23 deste mesmo mês de fevereiro, ele se apresentou em Barbacena, Minas Gerais, para ser um dos alunos da EPCAR. O aluno Cruz, de número 75/076. E, por três anos, viveu aquela realidade, ao mesmo tempo em que começava a desenvolver sua verve de compositor.

Os primeiros quinze dias do aluno Cruz, e de todos os novos alunos foram apenas de aprendizado militar, como, por exemplo, aprender a marchar, a bater continência e a movimentar o armamento. Só depois deste intensivo é que passaram a frequentar as salas de aula. E, como ficaram quase dois meses sem voltar para casa, já dividindo beliches no alojamento, a saudade tomou conta de todos e a afinidade fez com que se aproximassem e fossem formando os naturais grupinhos.

Todos os novatos levaram o tradicional trote, a começar por "pagar" dez flexões, entre outros bem criativos, como procurar o navio afundado. No pátio da unidade um dos alunos veteranos dizia que o mastro da bandeira era de um navio que tinha afundado. E mandava o novato cavar para descobrir um navio que não existia. E cavar onde era concreto, ou seja, ele tinha que fingir que estava cavando por minutos ou horas, o que era muito desgastante emocionalmente. "E tinha que obedecer hierarquicamente, sem entregar quem fez o trote, para não ser perseguido", conta Renato Mendonça Vianna ou aluno Vianna, de número 75/202, um dos primeiros amigos de Arlindo na EPCAR, que se lembra de outros trotes. "Eram coisas às vezes até infantis, para sacanear o mais novinho, como mandar o aluno se vestir errado. Calçar o bute trocado, o boné virado, a camisa desabotoada ou engraxar o sapato do mais antigo, ou melhor, uns oito pares de sapato. O jeito era levar o trote na maciota e fazer amizades". Foi exatamente isso que aconteceu com os novos amigos Cruz, Vianna e o Elias Bittencourt de Oliveira, de número 75/196 ou apenas Bitenca. Eles dois ajudam a contar a passagem do aluno Cruz pela EPCAR.

Foram, no total, 40 dias de adaptação e aprendizado na unidade em Barbacena, onde os alunos não podiam sequer ir à cidade. O café da manhã era às 6 horas, o almoço às 11 horas, o jantar às 17 horas, que era quando se encerravam as atividades, e a ceia às 21 horas. As diversões aconteciam no cassino dos alunos, onde encontravam: sinuca, ping-pong, televisão, totó, baralho, dominó, xadrez e uma biblioteca. Mas nenhuma dessas atividades diminuía a saudade que os então novatos sentiam de seus familiares."A primeira música que ele mostrou pra gente, que fez durante nossa quarentena e que tem tudo a ver com saudade foi Casinha Branca. Conta a história dele e dos irmãos: "lembro da casinha toda branca/que no meu tempo de criança vivi meus melhores momentos/papai chegava e me levava a passear pelos jardins...", lembrou Bitenca. O aluno Cruz também manifestava sua saudade de casa e, como não era de escrever carta, enviava muitos cartões postais pelo correio. "No dia em que fomos levá-lo ao Campo dos Afonsos para ir no ônibus, parecia que estava indo para a guerra e que nunca mais íamos vê-lo. Fomos eu, mamãe, Acyr e o padrinho dele. Eu e mamãe chorando muito. No começo a gente sentia a maior falta. Toda semana chegava cartão postal e chorávamos de saudade", lembra Arly. "Depois, nas visitas para os finais de semana, ele vinha cheio de histórias. Falou dos trotes, de que lá era tudo diferente, com horário pra tudo, mas sempre foi "peixe". Como já chegou com a música, levava essa vantagem. E quando passaram a ir para a cidade, fazer pagode nos botequins, eles pintavam", contou.

Logo após a quarentena o aluno Cruz tornou-se uma espécie de atração entre a tropa. Na primeira volta de casa trouxe o cavaquinho do pai, que havia ficado pra ele, e conquistou a todos. "Quando eu tocava algum samba-enredo ou solava Brasileirinho, os sargentos começavam a sambar. O Capitão Oliveira, que tocava violão, me levava pra tocar na casa dele. E tinha uma filha muito bonita", contou Arlindo, às gargalhadas. O coral foi organizado pelo Sargento Lucas e, em seguida, foi formado o Conjunto Sambizâncio: Cruz (cavaco), Silva Junior (violão), Viana, Jesus, Lincoln Da Motta, Cunha e Bitenca (percussão). "Bizâncio, no jargão militar é uma gíria que significa óbvio, com certeza, é claro, vai rolar. O nome do conjunto significava, então vai ter samba", explicou Bitenca, que se lembra de Arlindo tocando o Hino Nacional e o Brasileirinho com o cavaquinho nas costas.

O CONJUNTO SAMBIZÂNCIO

No repertório do Sambizâncio estavam os sucessos da época, de Martinho da Vila, Paulinho da Viola, Clara Nunes, Roberto Ribeiro, Candeia, alguns sambas-enredo e algumas parcerias do aluno Cruz com os alunos Viana e Bitenca. O conjunto também participava de festivais, realizados dentro da EPCAR, mas as inscrições eram abertas às cidades vizinhas. No segundo ano, o aluno Cruz ganhou o prêmio de melhor arranjo, elogiado pelo Maestro Isaac Karabtchevsky, que estava no júri. A música Ceará (Cruz/Bittencourt) começava de leve, numa balada, ia pro samba e terminava num animado baião. No terceiro ano a música vencedora foi Remédio Carioca, uma parceria do aluno Cruz com o aluno Gérson. E, como estivesse prevendo seu futuro nos sambas enredo, ao disputar em várias escolas sem assinar, o aluno Cruz faturou também o terceiro lugar com o samba Quando ela Passa, que fez com o aluno Vianna. Como só era permitido concorrer com uma música, ele não assinou. Na letra, um amor que não aconteceu com a jovem Eliane. Todos os dias ele a esperava chegar da escola, olhava apaixonadamente, sorria, mas a timidez o vencia. Acabaram ficando apenas amigos. Diz a letra: "Toda a semana, a semana inteira/ quando ela passa descendo a ladeira/sem me ver/faz meu coração quase parar de paixão/ Ela não liga pro meu sofrimento/Eu sempre espero que chegue o momento/Em que ela passe/e diga sim só pra mim/peço a Deus/que me ajude a resistir e vencer/Essa grande solidão/Que invade o meu ser".

Destaque na música, o gordinho aluno Cruz não fazia feio nos esportes. "Ele tinha um pouco de dificuldade, mas chegava até o final da etapa de cada treinamento. Ele tinha energia. Tinha peso, mas era forte. Jogava futebol muito bem e era melhor no salão do que no campo", reconhece o aluno Vianna.

Nas vindas ao Rio nos finais de semana, o aluno Cruz assumia o cavaquinho nos bons pagodes na casa de Candeia. Foi lá que Arlindinho conheceu Clara Nunes, Beth Carvalho, Martinho da Vila e João Nogueira, entre tantos outros, que iam pegar sambas inéditos e maravilhosos com o Mestre da Rua Albano. Um aprendizado para o jovem músico, fã de todos eles. "Vi o Candeia versar com o Casquinha, com o Bubu, com o Cabana, que criou a Beija-Flor", recorda Arlindo. Na hora de voltar para Barbacena era uma correria. "Ele chegava, era aquela paparicação, mas na hora de ir embora a gente tinha que ficar vendo pra não esquecer nada. Ele só se preocupava com o cavaquinho. Uma vez esqueceu o brevê e, no meio do caminho, ligou pra vizinha', contou Arly.

Arlindo: – Olha, mãe, se eu não apresentar o brevê na formatura, às seis da manhã, eu vou preso. Traz pra mim?

E lá ia a irmã levar o brevê para o aluno Cruz. Em outros finais de semana chegava em casa com alguns convidados. E, como desde pequeno gostava de festa, era certo trazer um ou dois amigos do sul ou do nordeste para conhecer o Rio. O jeito era Dona Aracy ir à padaria e pedir fiado para trazer pão, mortadela e suco para fazer um lanche.

Numa dessas vindas ao Rio, Arlindo tocou algumas vezes com o grupo de choro Balaio de Gato, de Bangu, a convite do violonista Alvinho Fernandes. Fizeram umas seis apresentações em Escolas Municipais de Sepetiba, Quintino, na Reduc (Refinaria Duque de Caxias), e no projeto Choro na Praça. "Ele dava muita opinião na harmonia, no andamento e fazia a contagem nas músicas. Muito ciumento com seu cavaquinho, era nossa referência", contou o percussionista Celso Balaio de Gato. Além dele e de Alvinho, o grupo tinha Ricardo Emanuel (violão), Sérgio Quirino (cavaquinho), Zezé (bandolim), Mário Rigorowski (flauta), Gilmar Ribeiro, Sérgio Marimba e Deni Nascimento (percussão).

Na volta para Barbacena mais aventuras aguardavam o aluno Cruz e sua turma. Uma delas era o famoso golpe no rancho (o refeitório dos militares), que acontecia quase sempre na formatura das onze horas, quando os alunos iam para o rancho por ordem de pelotão e de altura. Os mais altos iam à frente e a fila ia descendo de estatura. Ele era do meio, mas não entrava na fila. O aluno Cruz e outros alunos desciam escorregando pela rampa de grama de uns oito metros, pra furar a fila lá embaixo e entrar no rancho escondido. De vez em quando o plano dava errado. Era muita gente na rampa e descobriam. O final era uma pequena punição chamada LS (Licenciamento Sustado), que significava três dias (de sexta a domingo) sem sair da escola. Ainda neste pacote de Pintando o Sete na EPCAR, não se pode esquecer das festinhas que rolavam nos apartamentos conjugados da fase do terceiro ano, quando ficavam oito alunos em cada um. Em toda véspera das provas bimestrais a bagunça estava formada, regada a um verdadeiro cachaçal. Eram alunos pulando o muro, bebendo no boteco e ainda trazendo cervejas, cachaças, conhaques, batidas de amendoim, entre outras garrafas para o apartamento. O detalhe é que tinha pouca comida, ou seja, muitos capotavam durante a prova, como foi o caso do aluno Viana, que dormiu a prova inteira.

Quando saiam das dependências da unidade militar, o aluno Cruz e sua turma também aprontavam. Eram pequenas e até irresponsáveis badernas da juventude, como no caso do famoso calote no Restaurante A Brasileira. Chegavam uns quinze alunos e, de repente, um deles falou "vamos dar calote?". E, num descuido dos garçons saíram todos sem pagar a conta. Um por um. O detalhe é que por coincidência, ou não, foi exatamente numa noite de 11 de agosto, quando se comemora o Dia do Pindura, uma tradição de advogados e universitários de Direito, que comemoram o Dia do Advogado comendo, bebendo e saindo sem pagar a conta. Mas ali não havia sequer estudantes de Direito. Era farra pura.

No dia seguinte o oficial do dia foi direto ao apartamento do aluno Cruz e o chamou.

Oficial: – Aluno Cruz, você foi identificado no calote que deram ontem à noite no Restaurante A Brasileira. Você confessa?

Um silêncio no ar. Todos bem sérios. Quietos. Mas não teve jeito. Normalmente, como era o único que tocava cavaquinho, qualquer alteração com ele perto, era ele o culpado.

Aluno Caguete: – Foi aquele "moreninho" que toca cavaquinho.

Como era padrão, começaram as audiências com alguns alunos sobre o ocorrido. Um de cada vez era interrogado por um superior. Até que a rapaziada do Sambizâncio se reúne e decide que, se pegar pra um vai pegar pra todo mundo. Todos confessam e ganham uma punição mais pesada: quinze dias diretos sem poder sair. "Depois descobrimos quem entregou. Ele ganhou uma surra de toalha molhada", confessou o aluno Bittencourt.

Nestas farras pela cidade também aconteceram algumas brigas de patota, como uma que ocorreu numa festa da Escola Agrícola. Armados com cintos, toalhas molhadas e outros apetrechos, o aluno Cruz, que jogava capoeira, e sua turma invadiram o salão para ajudar outros amigos que estavam em menor número.

Confusões à parte, ter ficado por três anos na EPCAR levantou ainda mais a autoestima do aluno Cruz. As aulas de Educação Física o deixavam com o corpo mais definido, passou a ter outra postura, a ficar mais vaidoso e, em vários finais de semana em casa era nos bailes que o jovem Arlindo tirava a sua onda. Era o momento de disputar as namoradinhas dançando o soul de James Brown, um de seus ídolos. "Ele ficava um tempão ajeitando seu cabelo black com o garfo. Se perfumava todo, colocava sua calça xadrez boca de sino, aquele cinto bem grandão e, como estava com o corpo jeitosinho, colocava aquelas blusas justinhas para ir aos bailes de sábado, no Várzea e as Domingueiras do Piedade. Ele se acabava de dançar" lembra Arly

Era a prima Verinha quem levava o "dançarino" Arlindinho para os bailes na domingueira da Boate Bumbum, no Piedade Tênis Clube, mesmo clube onde anos mais tarde aconteceria o Pagode do Arlindo. "Mas já era muito vaidoso esse meu primo. Sempre bem arrumadinho e perfumado, caprichoso, mas despojado. E não se arrumava rápido não. Era uma demora com aquele garfo pra deixar o cabelo black arrumado, ajeitando com a mão pra arredondar. E era um garfo de verdade, só depois é que veio o pente, em forma de garfo. Ah, e nos bailes ele gostava de imitar os passos do James Brown e do Jackson Five. E de paquerar também. Tinha sempre uma menina na mira e às vezes dava certo, às vezes não", contou Verinha, sua parceira também em alguns desfiles pelo Cacique de Ramos. "Teve um carnaval que ele ficou muito chateado, porque não arrumou ninguém e foi pra casa sozinho, reclamando que ficou chutando lata. Tinha uns 17 anos".

Bem mais tarde, em julho de 2014, o já consagrado Alindo Cruz contou uma história dos seus tempos de soul para o Paulinho Moska, no programa *Zoombido*, do Canal Brasil: "Eu ia aos encontros de blacks, soul music, com James Brown, Jackson Five começando. E Candeia fez "Sou Mais o Samba", que diz assim 'Eu não sou africano nem norte americano/ao som da viola e pandeiro/sou mais o samba brasileiro/calma calma minha gente/pra que tanto bambam/pois os blacks de hoje em dia/são os sambistas de amanhã'. Acho que ele já tava prevendo que, mesmo dançando um soul music, eu seria sambista tamanha a atenção que eu tinha em tudo que ele fazia".

Já com a fama de ser um grande namorador, Arlindo sempre ganhava a defesa de uma das fãs da família, a carinhosa Tia Belinha. "Não, ele não era namorador. As meninas que não o deixavam em paz. Eram todas apaixonadas por ele e também pela farda. Elas suspiravam e disputavam meu sobrinho. Quando chegava de ônibus, lá de Barbacena, já tinha algumas esperando. Lembro de uma que era professora e muito apaixonada por ele".

Se no Rio era disputado, em Barbacena o aluno Cruz também tinha a sua namoradinha. E, possivelmente, seguiu o caminho de vários alunos que se iniciaram sexualmente na famosa zona do baixo meretrício, onde existiam a Casa da Dora e a Casinha da Vovó. "Muitos foram muito jovens e virgens, com os hormônios explodindo e acontecia o rito de passagem. Ou com a namoradinha de lá ou indo para o puteiro. E o Arlindo deve ter ido", contou o aluno Vianna.

Durante a temporada na EPCAR, o aluno Cruz se preocupava muito com o julgamento de seu pai. E numa das vindas ao Rio, foi pedir uma ajuda ao pai de santo da família, aquele mesmo que havia virado as costas para seu pai antes da prisão. O Pai Américo, a quem chamava de avô, por consideração. Chegou em casa num sábado e partiu para o terreiro onde foi pedir uma proteção para seu pai. Foi no salão onde aconteciam as festas de santo que tudo aconteceu. Pai Américo reuniu todas as pessoas que estavam por lá e colocou Arlindinho no meio do salão. "Ele começou a falar mal do meu pai, dizendo que ele tinha sido um marginal, uma pessoa do mal, que envergonhava a casa de santo e que não tinha que pedir por ele", lembra Arly. Triste e decepcionado, Arlindinho foi pra casa, chorou muito e nunca mais voltou lá. Chateada com o que jamais imaginasse que fosse acontecer, Dona Aracy foi até Pai Américo e disse que permitia que fizesse de tudo com ela, mas com o filho dela não. Deixou roupa e tudo que tinha na casa de santo e também nunca mais voltou. Pela ingratidão, tornou-se evangélica.

Ao final dos três anos, um balanço dos amigos Vianna e Bittencourt, que seguiram suas vidas fora da carreira militar. "Ele se destacava muito pela música, pelo talento, por estudar muito. Gente boa, que nunca excluiu ninguém. E jogava muito bem xadrez, enquanto eu só apanhava" contou Bitenca. "Ele contava, todo orgulhoso, que ganhou um campeonato de Xadrez na EPCAR, que durou uns três dias", lembra Babi. "Arlindo era bom em tudo, passava direto, nunca ficou em recuperação e tinha um coração muito bom. Era amigo dos amigos", disse Vianna, que ressaltou o lema da turma. "Era uma turma ímpar de uma amizade sem par, que ganhou tudo o que se podia ganhar dentro da escola. Uma turma diferenciada, com aquelas coincidências na vida que não se consegue explicar, de reunir um grupo de jovens com tantos e diferentes talentos. Arlindo é fruto do nosso lema", concluiu Bitenca.

Ao terminar os estudos na EPCAR, Arlindinho fez prova e foi classificado para a Academia da Força Aérea Brasileira, em Pirassununga, São Paulo, onde são formados pilotos de suas aeronaves. Antes, porém, aos 17 anos, fez um salto de paraquedas no Campo dos Afonsos, zona oeste do Rio, para desespero de sua mãe e de sua irmã. "Ele avisou que seria o décimo quinto a saltar do oitavo avião. A gente ficava contando, rezando e chorando. Graças a Deus deu tudo certo e chegou bem. Ele disse que foi bom, mas pra gente foi péssimo, porque ficamos numa pilha até acabar", afirmou Arly.

Em Pirassununga ele fez o primeiro ano e recebeu o espadim, numa cerimônia, com a presença de sua mãe, seus irmãos e seu tio Aloísio com a esposa. Mas, para surpresa de todos, em 27 de abril de 1979 pediu para sair. "Falou que não era pra ele, preferiu tocar banjo. Pra dizer a verdade não acreditei que ele fosse passar pela vida militar. Logo ele que nunca fazia uma cama em casa nem sabia onde tinha nada, passou a fazer a cama, a ter tudo organizado, com horários, roupa arrumada, alinhado, sapato brilhando. Não sei como meu irmão conseguiu, mas ele conseguiu. E surgiu um Arlindo mais caprichoso", concluiu emocionada, a irmã Arly.

Embora fosse um ótimo aluno, Arlindo Cruz reconheceu, anos depois, que estava no lugar errado. "Fui ser cadete da aeronáutica, mas o militar Arlindo era todo errado. Um cara perdido dentro de uma realidade que não era a minha. E virei ponto de referência. Tudo que acontecia de errado era eu. Tinha poucos negros, gordinhos também tinham poucos e tocando cavaquinho só tinha um em mil alunos de academia. Eu, o aluno Cruz. Eu gostava de estudar, mas era travesso. Mais tarde fiz faculdades de Economia, em Seropédica, e Letras, na UERJ, e não terminei nenhuma delas. Eu abandonei, porque meu lance sempre foi a música", me contou Arlindo.

Com o parceiro Rixxa no Pagode do Leão, na antiga quadra da Estácio de Sá

CAPÍTULO 6

ARLINDO CONHECE A MENINA BABI

TRIO MIXTO QUENTE NAS MADRUGADAS DA BARRA

Após sua fase militar, que perdeu de goleada para a música, Arlindinho (assim era chamado por todos nesse tempo) voltava para casa, cheio de sonhos. E, sem perceber, começava a realizar um deles na Roda de Samba do Mestre André, o lendário Mestre de Bateria da Mocidade independente de Padre Miguel, no CREIB de Padre Miguel. Levado pela irmã Arly, foi ali que conheceu uma menina de apenas 9 anos, que era destaque do grupo Passistas do Futuro, iniciativa de Mestre André. Ela foi eleita por unanimidade por dois anos seguidos a Rainha das Bonequinhas Passistas, por um júri que tinha, entre outros nomes, Elza Soares, João Roberto Kelly, Bezerra da Silva e Dominguinhos do Estácio. A pequena passista do futuro passou a frequentar o programa de João Roberto Kelly, na TV Tupi, na Urca. Era Bárbara Barbosa Macedo, a Babi. Encantado com a menina, ele dizia:

Arlindo: – Um dia ainda vou me casar com ela

Arly: – Deixa de ser louco Arlindo, ela é uma criança e você tem 21 anos. Toma jeito.

Era uma brincadeira, mas seis anos depois ela começaria a se tornar uma realidade e Arlindo voltaria a encontrar a menina, que seria a mulher da sua vida. Mas ainda não é o momento desse reencontro.

TRIO MIXTO QUENTE

O reencontro de agora é com seu mestre, em 1977. Arlindinho viria conhecer aquele que seria seu primeiro parceiro de sua fase profissional e, mais uma vez, Candeia se fez presente na sua vida. Eles se conheceram num pagode que Candeia fazia numa adega, ao lado do Hospital Carlos Chagas, em Marechal Hermes. E o novo parceiro era o pandeirista do Conjunto Autênticos do Samba, que acompanhava o Mestre do Partido-Alto. Seu nome, Antonio Ricardo de Souza, o Rixxa. "Houve uma identificação muito forte entre a gente, de anjo da guarda mesmo. E viramos amigos", lembra Rixxa, que não demorou muito montou com Arlindo (cavaco) e Ronaldo Batera (timba) o Trio Mixto Quente, nome que tinha escolhido para um novo grupo com os ex-integrantes do Autênticos, mas que não havia dado certo. E guardou o nome. "Na época o nome era moderno e não queríamos marcar como um trio de samba. Cantávamos de tudo. Tinha Candeia, Clara Nunes, Roberto Ribeiro, mas tinha o balanço do Jorge Bem, do Bebeto e também Ivan Lins, Elis e Djavan", explica Rixxa. A ideia foi de Arlindo e estreou na noite carioca tocando pelo subúrbio, ora em Marechal Hermes, ora em Rocha Miranda, até que, através de sua irmã, o Trio mudou de ares e passou a tocar num lugar chique. Na Barrinha, um pedacinho da Barra da Tijuca. Era o Bar do Tião, onde passaram a se apresentar nas sextas, das 22h às 3 da manhã. Na programação do barzinho de apenas duas portas também estavam Mauro Diniz e o percussionista Testa, a cantora Mirinha e o Cláudio Camunguelo, com sua flauta. O endereço era chique, pelo menos para o Arlindinho. Quando alguém perguntava onde estava tocando...

Arlindo:–Nós estamos tocando na Barra! (enchia a boca e respondia todo prosa).

Ele dizia que dava status estar na Barra, mas, no entanto o cenário não tinha nada de chique. Eles começaram a tocar no inverno, o frio era cruel e, para piorar, ainda tocavam bem perto da porta, para atrair o público. "Lá era muito frio e o limão era o nosso casaco, nosso cobertor. A gente tocava, tocava e quando não tinha bebida nem comida na mesa a gente improvisava uns versos pro Tião, dono do bar: Coloca na mesa o limão/senão Tião/ eu não canto samba não. Ele já entendia e trazia uma boa carga de batida de limão", lembra Rixxa, rindo muito.

Outro detalhe é que eles cantavam e tocavam no peito e na coragem, pois não tinha som. Se bem que, como sempre acontece, no início era tudo lindo. E faziam o maior sucesso, com casa cheia. Cheia de umas 40 pessoas, que era a capacidade do barzinho, quando ganhavam uns 50 reais. Mas também teve a fase de casa vazia. "Tinha dia que o dinheiro era tão pouco que não dava pra juntar e pegar um táxi. Tínhamos que esperar dar umas 5 da manhã para o Valqueire-Barra começar a rodar. Mesmo assim a gente saía feliz da vida. Até chegamos a tocar numa festa particular, mas a nossa esperança era que aparecesse alguém que morasse por lá, gostasse do trio e nos levasse pra tocar num lugar melhor, ganhar um dinheirinho melhor... mas nunca aconteceu. O que acontecia quase sempre era da gente ficar no ponto de ônibus com frio", conta Rixxa. No final, quando o ônibus vinha mais rápido iam cantando até o Valqueire, mas tinha dias que ia cada um caído para um lado nos bancos de trás. Até que um dia, Ronaldo Batera foi tocar com Agepê, o trio se desfez e a dupla passou a fazer música.

ARLINDO TENTA SER ARTISTA

Foi em 1979 que o jovem Arlindinho leu num jornal que a RCA Victor havia lançado um concurso para encontrar um novo sambista. O prêmio do vencedor seria gravar um LP pela gravadora, que já tinha Beth Carvalho, Martinho da Vila, Luiz Américo, Originais do Samba, Oswaldo Nunes e Os Batuqueiros no seu cast de samba. Assim como muitos sambistas, ele se inscreveu, mas não passou. E o vencedor foi um compositor que sequer estava inscrito. "Tinha ido receber um pagamento da minha música Hoje Eu vou Tomar um Porre (Paulinho Mocidade/Jurandir Bringela), gravada pelo Oswaldo Nunes. Passei por uma fila com muitos sambistas na entrada da RCA, mas não sabia o que era. Fui ao caixa, recebi e quando estava saindo fui colocado numa sala pelo produtor Genílson Barbosa. Aí o produtor Esdras, que estava selecionando os candidatos do concurso me pediu uma fita cassete com minha música. Eu não sabia do concurso, não tinha fita e ele pediu pra cantar um samba. Cantei, fui selecionado e, num teste de estúdio, passei e gravei meu primeiro LP, Se o Caminho é Meu", contou Paulinho Mocidade.

Arlindinho acabou nem sabendo do resultado, mas entendeu que tinha perdido a chance. "Não fiquei decepcionado. Mas serviu pra tentar melhorar. E o artista popular tem que pensar em melhorar sempre. Nunca pode pensar que está bem", disse.

Era Arlindo pensando cada vez mais em levar a música a sério. Até o dia em que voltou a frequentar o Cacique de Ramos, que até então era apenas o bloco que se divertia no carnaval, fantasiado de índio. O Cacique passaria a ser sua verdadeira faculdade de sua bem-sucedida trajetória no samba.

A IMPORTÂNCIA DE LIÇÃO DE MALANDRAGEM

Arlindo inscreveu dois sambas no Festival do Sambola: Meu Samba, uma parceria sua com o irmão Acyr Marques, que venceu o festival. Mas o segundo samba, Lição de Malandragem, que fez com Rixxa, é que iria entrar para a sua história.

Rixxa foi trabalhar nos Correios e pegava às 13 horas, em Vila Isabel, mas quase todo dia saía cedo de casa, já fardado de carteiro e passava na casa de Arlindinho, no Engenho de Dentro, para compor. Se não faziam na hora, deixava uma ideia e, quando voltava, uns dois dias depois, a música já estava pronta. "Era uma parceria mágica, pois tínhamos uma identificação incrível. Além de ser rápido, o Arlindo já era um cara muito inteligente, que captava o que eu queria dizer. Eu dizia um verso e ele completava a ideia na hora, com melodia e uma poesia linda. Ele é brilhante, dinâmico e beira a genialidade", afirma Rixxa.

Num desses encontros na casa de Arlindinho, o parceiro chegou com uma primeira, que tinha acabado de fazer, pensando no Seu Honório, um vizinho que tinha sempre uma boa história pra contar e havia falecido. Era assim: "Foi andar na corda bamba escorregou caiu/teve gente que chorou/teve gente que sorriu/todo mundo a espiar e ninguém o acudiu/e o malandro levantou/sacudiu a poeira e o caminho seguiu". Com o cavaquinho no colo, Arlindo lembrou da situação de seu pai, ainda preso, e começou a fazer a segunda parte ali na hora: "malandro não pode se intimidar/se o destino derruba/mesmo sem ajuda tem que levantar". Neste mesmo dia fizeram o refrão: "hoje é ele quem sorri do azar/ pois sofreu e lutou pra na escola da vida se formar e se formou". O nome? Lição de Malandragem, que mais na frente seria seu primeiro samba gravado.

Na cobertura da Praia de Botafogo, primeiro endereço da gravadora RGE no Rio: Bira Presidente, Sereno, Ubirany, Walter 7 Cordas, Arlindo e Sombrinha. A estréia no Fundo de Quintal

CAPÍTULO 7

O PAGODE DO CACIQUE DE RAMOS

A PRIMEIRA MÚSICA GRAVADA

O PAGODE DO ARLINDO

A ENTRADA NO FUNDO DE QUINTAL

ARLINDO CASA COM MAGALI

Bira Presidente, Ubirany, Sereno, Neoci, Jorge Aragão, Almir Guineto e Sombrinha. A primeira formação do Grupo Fundo de Quintal estava em peso na quadra do Cacique de Ramos quando Arlindinho e Rixxa, em meados de 1979, foram conhecer o Pagode do Cacique, que rolava nas noites de quarta. Recém-chegado de Pirassununga e ainda desempregado, o jovem ficou impactado com a magia do lugar. "Quando eu vi o Almir tocando aquele banjo verde, afinado em D-G-B-E (ré-sol-si-mi, afinação de violão), quando vi aquela batucada, aqueles tantans, o repique de mão e o pandeiro que o Bira tocava, aquele som contagiante, saí de lá com outra mentalidade. Em casa fiquei sonhando com aquele som, muito diferente, muito especial", disse Arlindo. "Eu tava chegando, mas o Fundo de Quintal já tava formado, faltava eu", completa rindo.

A essa altura o Pagode do Cacique já era mais que uma realidade. De portas abertas, sem som, sem cobrança de ingresso e sem qualquer tipo de propaganda (imprensa, rádio, TV, lambe lambe, faixas ou panfletos) e ainda num tempo sem redes sociais, era o famoso boca a boca que espalhava aos quatro ventos o que acontecia por ali, desde 1972. E como pagode significa o encontro de pessoas para cantar e tocar samba, a cada quarta-feira muitos compositores estavam presentes, todos interessados em mostrar seus sambas inéditos. E mostrar, principalmente para Beth Carvalho. Levada pelo Alcir Capita, do Vasco da Gama, em 1977, um ano depois levou a rapaziada do Cacique para o estúdio, gravou Vou Festejar (Jorge Aragão/Neoci/Dida) e passou a ser a sensação do pagode, junto com o novo som do banjo, do tantan e do repique de mão. "Tudo girava em torno dela. Todo mundo tinha o desejo de fazer música pra Beth cantar, ela despertou essa ambição entre os compositores. Cantava bem e vendia disco pra caramba. O Jorge Aragão chegava com uns carrões bonitos, um Puma conversível. Então, gravar com a Beth era a salvação de todos nós. Quando ela chegava era tipo uma prova de fogo, né? 'Chegou a Beth. Chegou a mulher. E gravar com a Beth representava, pelo menos, comprar um gravador melhor. E muita gente arrumou carro. Era uma grana muito boa na época", contou Arlindo. "Ela que deu o caminho pra gente, pro Fundo de Quintal. Você cantar e a Beth abrir os braços, estava abençoada a música. Tu não dormia mais, sonhava acordado, porque era o grande sonho. A Beth tinha um indicador de qualidade, gravei com a Beth sou um compositor bom", disse Arlindo no extra do DVD Pagode do Arlindo. Mas enquanto não gravava com a Beth e esse gravador novo não chegava a melhor opção para os compositores era registrar as músicas inéditas no pequeno estúdio que o amigo Aldir montou em seu escritório na Rua das Marrecas, no centro. "Ele tinha um gravador desses de móvel, que já era o supremo. Melhor que aquele, só um estúdio de gravação. Todo mundo levava sua fita, gravava, depois levava pra copiar, pra mostrar pra um cantor", disse Arlindo. "Lembro do Arlindo quando ia pegar música pra Beth. Ele teve toda a humildade em ficar encostado numa das tamarineiras ou na parede do Cacique, enquanto outros compositores mostravam suas músicas. E nos dois primeiros discos com músicas da turma do Cacique ele ficou de fora, mas nunca reclamou", conta Rildo Hora.

Além da presença da Beth, outro momento imperdível no Pagode do Cacique era o partido-alto e seus duelos de versos de improviso. Era a hora de admirar e ficar de bobeira com especialistas como Baiano do Cacique, Almir Guineto, Zeca Pagodinho, Marquinhos China, Beto Sem Braço, Nelson Cebola, Jorge Presença, Sombrinha, Neoci, Darcy Maravilha, Deni de Lima, Jovelina Pérola Negra, Fujico, Geraldo Babão, Renatinho Partideiro e Arlindo Cruz, que trazia nas veias os ensinamentos de Mestre Candeia. "Ele era o Rei do partido-alto. Candeia e Martinho criaram o partido-alto. Porque o partido-alto era refrão e verso, verso e refrão. Eles criaram um partido-alto com os versos, mas contando uma história completa. Eu tive o prazer de frequentar, tocando meu cavaquinho, me aventurando a dizer um verso ou outro quando eles permitiam. Mas não com a frequência que passei a ter no Cacique, de brincar, de concorrer com um verso ou outro. Vi coisas maravilhosas, lembro do Casquinha, um grande versador. Mas o bamba era o Candeia, ele era foda. Martinho versa bem, mas o Candeia...", recordou Arlindo. "No Cacique os brabos eram Nelson Cebola, cantando com a mão na boca, Fujica, Almir, Beto Sem Braço, Marquinhos China, eu e Arlindo", definiu Zeca Pagodinho. "O Cacique virou minha cachaça, minha religião, minha devoção. Chegava na quarta-feira já ficava nervoso, doido pra ir pro Cacique pra participar, pra ouvir aquele som de novo. Aquela levada do tantan e do repique ia te envolvendo. Se não fosse, ficava mal. Era um lugar de sonho de todos nós. Ir lá mostrar meus trabalhos. Foi meu palco, foi minha escola, aprendi muito e deixei muito meu também por lá", disse Arlindo, que passou a ouvir o primeiro LP do Fundo de Quintal, diariamente.

Duelos de partido-alto à parte, chegar perto da mesa do pagode era uma missão, ainda mais para os que estavam chegando, que não tinham vez, como Rixxa, Marquinhos China e Arlindo, por exemplo. Mas, numa dessas quartas, Beto Sem Braço, que já tinha ouvido falar da garotada nova pelo Neoci, tomou uma atitude. Parou o samba e pediu que todos ouvissem os garotos. "Nós cantamos Lição de Malandragem, Fingida (Arlindo Cruz/Rixxa), mais alguns sambas e começamos a ser respeitados e a ficar na frente, pertinho da mesa", lembra Rixxa. "O Beto e o Dedé da Portela foram os que me deram a maior força. E o Neoci é um cara que não posso esquecer nunca. É muito grande no Fundo de Quintal e no Cacique de Ramos, como compositor, percussionista e cantava superbem, com seu vozeirão de partideiro. Neoci ajudou muita gente levando repertório. Ele é um dos caras mais importantes nessa história", disse Arlindo. Sobre o lendário Beto Sem Braço, de quem virou parceiro e grande amigo, Arlindo revelou como Laudeni Casemiro virou Beto. "Ele teve barracas em feira livre e em uma delas, o feirante que levava os legumes tinha escrito Beto na caixa. Então, era a Barraca do Beto. E Ficou Beto". Mas o feirante já chegou nas feiras sem o braço direito, que perdeu aos 9 anos de idade, quando estudava num colégio interno em Jacarepaguá. Ao andar de cavalo, caiu e fraturou o braço. O menino foi levado para o Hospital Estadual Carlos Chagas, em Marechal Hermes. Deu gangrena e o braço teve de ser amputado.

O Pagode do Cacique passou a ser um ponto de encontro de muita gente, principalmente de compositores que levavam seus prospectos para distribuir e cantar seu samba. Ainda mais depois que Neoci veio com a ideia de que toda quarta deveria ter um samba novo, aguçando assim a inspiração de todos, principalmente daqueles que viriam a ser grandes compositores, incluindo Arlindinho, que em 1981 gravou pela primeira vez como compositor.

A PRIMEIRA MÚSICA GRAVADA

No júri daquele Festival do Sambola estava o percussionista Mílton Manhães, que começava a carreira como produtor. Neste ano de 1981 produziu três LPS, os três com sambas de Arlindo: o do baiano Walmir Lima (Dez Mandamentos, de Arlindo e Zeca Pagodinho), do Conjunto Exporta-Samba (Família de Vocês, de Arlindo e Ronaldo Batera) e de David Correa, que traz a primeira gravação de uma música de Arlindo Cruz: Lição de Malandragem, a parceria com Rixxa, que deu nome ao disco. "Ser gravado pelo David Corrêa e ter a música tocando nas rádios, nas casas de discos, foi muito importante e nos deu reconhecimento. Foi uma sensação muito gostosa. Nosso primeiro samba gravado!", disse Arlindinho. Neste LP, um grande incentivador da dupla fez uma participação especial, versando com David Correa e Everaldo da Viola no samba Muito Embora Abandonado (Miginha). Era Neoci Dias. "Neoci gostava muito da gente e sempre fazia nossa propaganda para todo mundo. Me chamava de crioulo da gengiva rosa e me levava pra comer ostra em Copacabana", disse Rixxa.

Neste ano de 1981, o samba começava a conhecer o compositor Arlindo Cruz. Além destes, gravou ainda com Beth Carvalho (Grande Erro, de Arlindo, Adilson Victor e Marquinhos China), Alcione (Novo Amor, de Arlindo e Rixxa), Sambrasil (Meu Samba, de Arlindo e Acyr Marques) e Fundo de Quintal (Melhor pra Dois, apenas de Arlindo), marcando sua estreia no grupo. Mas alguns meses antes disso, sua mãe teve a ideia de montar um pagode para ajudar na renda da casa. E surgia o Pagode do Arlindo.

O PAGODE DO ARLINDO

Ele já estava trabalhando no administrativo da Caixa Econômica, na unidade da Avenida Rio Branco com Avenida Chile, mas como a conta não fechava, Dona Aracy resolveu fazer uma sociedade com a Neide, amiga de muitos anos e vizinha da Piedade. Ela tomava conta de um ótimo espaço onde funcionava o Clube dos Aposentados do Corpo de Bombeiros. E foi ali, na Rua Padre Telêmaco, 161, em Cascadura, ainda no primeiro semestre de 81, que começou o Pagode do Arlindo, todos os domingos, a partir das 16 horas. Era um tempo em que os pagodes brotavam a cada esquina, a cada quintal do Rio de Janeiro e, a partir daí, por muitos quintais de todo o país. No Rio, logo depois do Cacique vieram vários, como o da Tia Doca, da Tia Gessy, o Saci Pererê, da Anita e do João (pais de Dudu Nobre e da porta-bandeira Lucinha Nobre), dos Boleiros, no CCIP, da Beira do Rio, Pagofone, entre tantos outros.

Os irmãos Arlindo e Acyr montaram uma mesa com músicos feras. Nos primeiros, além dos irmãos estavam Neoci, Bira Hawaí, Esguleba, Macalé, Oswaldo Cavalo, Sérgio Maia, Deni de Lima, e figuras folclóricas como Babaiôiô, o anão Serafim e seu pandeiro gigante, e o Torrão, com seu famoso reco-reco escandaloso. Foram chegando Zé Roberto, Marcelinho Moreira, Cláudio Camunguelo, Sapato, Pedrinho da Cuíca, Adilson Bispo, Chiquinho Vírgula e Jairo, entre outros. O Jairo acabou virando Jairo Bom Ambiente, incorporando o nome do samba que fez com Luis Carlos do Cavaco em homenagem ao Pagode do Arlindo. Para completar o astral, as vozes firmes e melodiosas das pastoras. Eram as amigas, irmãs, namoradas, com moral para ficar na primeira fila em frente à mesa, como, por exemplo, as irmãs Márcia e Sueli, Cláudia, Selminha, as irmãs Isabel e Ircéa, Sandra Neguinha, Márcia Black, Marília Cachaça e Sandra Esguleba. Aos poucos, outras amigas iam chegando, como Sandra, Cecília, Lucimar, entre outras. Lembrando que eram tempos sem redes sociais e poucas pessoas eram chamadas por nome e sobrenome. Mesmo assim, todos eram reconhecidos apenas pelo nome.

Porém, antes da batucada começar, para o pagode funcionar a ralação começava bem cedinho. Era Dona Aracy, sua secretária Beth e a sócia Neide limpando o espaço, montando mesas e cadeiras, recebendo o gelo e colocando a cerveja. Dona Aracy cozinhava a deliciosa sopa de ervilhas pela manhã e também ia preparando os pastéis.

Voltando pro samba, a mesa do Pagode do Arlindo passou a ser referência por conta da qualidade musical. Uma batucada na pressão e o banjo do Arlindo na frente para acompanhar uma seleção de sambas inéditos que chegavam numa velocidade assustadora. E que viravam sucesso na boca do povo, antes mesmo de serem gravados e tocados nas rádios AM. As FMS ainda torciam o nariz para o samba e viravam a cara com desdém. Porém a hora delas estava guardada e Arlindo também participou desta virada de mesa, que veremos em breve.

O NOVO AMIGO ZECA PAGODINHO

Foi ali na Padre Telêmaco que o flautista Camunguelo apresentou Arlindo a um novo compositor, que tinha conhecido no Pagode da Tia Doca e já virado parceiro, no samba Amarguras. Era Jessé Gomes da Silva Filho, o Zeca Pagodinho. "Já entreguei uma letra pra ele, que ele musicou. Foi o samba Dez Mandamentos, gravado pelo Walmir Lima. Nossa amizade começou ali e andamos muito juntos. Às quartas eu passava na Caixa Econômica pra irmos pro Cacique. O segurança falava teu namorado tá aí. Arlindo ficava puto", lembra Zeca, logo avisando que não pode contar tudo que sabe de suas andanças com o amigo. "A gente ia fazendo versos no ônibus e o trocador nem cobrava. Era uma época muito boa. Ele gostava das letras que eu escrevia, do meu jeito de versar, ele também era bom de verso, fizemos muitas músicas, chamei pra ser padrinho do meu filho Luisinho, mas algumas histórias nossas não posso contar. São impublicáveis", afirma. "O pagode começava às quatro, mas o Zeca era o primeiro a chegar. Chegava às duas e ainda me dava esporro", disse Arlindo.

Os dois viraram melhores amigos rapidamente, assim como era veloz a conexão entre eles para fazer música. "A gente fazia tudo muito rápido. As músicas saíam numa porrada só. A gente era apaixonado. Ele tinha a paixão dele, eu tinha a minha. E coincidia da gente brigar sempre no mesmo dia. Aí, a gente se encontrava e logo saía uma música. Pegava o 712 Cascadura – Irajá, descia em Cascadura, subia aquela ruazinha dele, a Rua Armando Almeida, e começava a compor. A gente tirou muita onda", conta Zeca, como se fosse ontem cada lembrança. Animado ao falar do amigo, diz que foi seu primeiro piloto.

"Eu que dirigia o primeiro carro dele, aquela Brasília. Era o motorista dele. A gente ia pros morros, pras favelas, sempre cantando, sempre fazendo um samba novo. Mas o morro era feliz, o morro era alegre. Ia pra Mangueira a qualquer hora, no Seu Boanerges, no Doze, ao lado do Buraco Quente. Sempre tinha um tira gosto. Ia pro morro do Fubá, pro Tuiuti. A gente vinha andando na madrugada com violão, com cavaquinho. Atualmente se passar na rua de madrugada nego te rouba o violão, o cavaquinho, o pandeiro, rouba a porra toda", desabafa Zeca, que fez um refrão para o anão Serafim: "Serafim/bate uma rapa pra mim".

Arlindo se divertia muito com Zeca e chegava a cair no chão de tanto rir com ele. Mas um dia os dois se meteram em uma confusão. "Eu, Arlindo e uma patota. Saiu um vucovuco, a gente bêbado, me meti na briga e sei que dei um soco nem lembro em quem". Aí, separaram a briga, perto de uma banca de jornal. Veio o Arlindo cuspindo sangue.

Zeca: – Quem fez isso contigo?

Arlindo: – Você.

Pronto. Zeca tinha acertado um soco em Arlindo.

A ENTRADA NO FUNDO DE QUINTAL

Enquanto isso, no Pagode do Cacique, Arlindo foi ficando mais íntimo e, sem saber, já estava sendo observado. Com as saídas de Almir Guineto, que foi gravar seu disco solo e de Neoci Dias, que foi trabalhar na editora Intersong (hoje Warner Chappell), o Fundo de Quintal precisava de novos integrantes para seguir sua trajetória. O primeiro a entrar foi o violonista Walter Sete Cordas. Com a saída do Almir, Jorge Aragão passou para o banjo, mas o produtor Mílton Manhães já tinha avisado a Arlindo que tentaria levá-lo para o Fundo. Nessa época, existia um teatro muito frequentado na zona norte, o Cine Show Madureira. E Mílton dirigia uma programação chamada Sete em Ponto. Ainda em 1981, na semana em que o Fundo de Quintal recebia o baiano Walmir Lima e o carioca Arlindo Cruz, tudo mudou na sua vida. Após os shows de segunda e terça, Jorge Aragão saiu do grupo e foi levado pelo produtor Mazzolla para gravar seu primeiro disco solo. Em seu lugar entrou Arlindo Cruz, que já estreou no palco do Cine Show Madureira. A estreia em disco foi no segundo LP Samba é no Fundo de Quintal Vol 2. Ele sola seu samba Melhor para Dois, Entre Confiante (Paulo Negão do Salgueiro), e divide com Sombrinha os versos de Doce Refúgio (Luis Carlos da Vila), que viria se tornar uma espécie de hino do Cacique de Ramos. O banjo ainda foi tocado por Almir Guineto e Arlindo dividiu os cavacos com Sombrinha.

Sua entrada no grupo ajudou a alavancar o público do pagode, que já era bom, pois agora todos queriam ir ao Pagode do Arlindo, aquele do Fundo de Quintal. Foi por causa da capa deste disco que um compositor novato da Vila Vintém se aproximou de Arlindo Cruz. Era o Marquinho. "Vi na capa do Fundo o gordinho que passava em frente ao meu portão. Me disseram que era namorado da Magali e fui falar com ela. Pelo amor de Deus, tenho um monte de músicas e estou sem direção, me ajuda". E assim, no sábado seguinte Magali apresentou os dois e Arlindo pediu que Marquinho levasse umas dez músicas na sua casa no meio da semana. Aproveitou e o convidou para ir ao seu pagode no dia seguinte. "Fui lá e ele falou tá chegando o Marquinho PQD, recém-formado na brigada paraquedista, vizinho da minha noiva. O nome ficou. Mas naquele dia virei tema do partido-alto e todo mundo mandando verso pra mim. Tinha Deni, Marquinhos China, Guineto, Baiano, e também o Arlindo. E eu me defendendo como podia", conta PQD, que acabou se tornando um dos parceiros mais constantes de Arlindo.

Parceiros de música, Arlindo e Marquinho PQD também foram parceiros de muitas bagunças por muitos e muitos pagodes. "Quantas noites viramos! E quantas madrugadas nos morros, quantas saideiras nos bares! Ou comendo um Angu do Gomes na carrocinha na Praça 15. Ele gostava de ver o sol chegar e quantas vezes vimos o sol nascer juntos no Tuiuti, Mangueira, Dona Marta, Cachoeirinha ou na Serrinha? Eu ia em todas porque ele sempre foi um cara que sabia chegar e sair. E sempre foi um cara muito amado por sua humildade e simpatia", diz Marquinho PQD, que assim como Zeca, também foi motorista do Arlindo. "Era uma troca. Eu dirigia pra ele e ele me ensinava os caminhos. E sabia todos. Me ensinou indo pros sambas, pro Barbas, pra Adega Oceano, em Botafogo, pra Lapa e tantos outros. O Arlindo era preguiçoso e dirigia mal, um barbeiro. Tinha medo de trânsito, de engarrafamento e era apavorado. Se passava um ônibus do lado ele tremia. Mas de carona ficava quietinho, confiava. Quando o conheci ele andava de trem. Mas depois vi vários carros velhos com ele. A Brasília Bege era velha, mas bem conservada, toda no veludo por dentro. E cansei de empurrar aquele Passat velho. O primeiro novo foi o Monza Hat, zero, que ele deixava comigo e ia pegá-lo no aeroporto".

Outro carro de Arlindo foi um Passat 79, verde, todo caidinho, corroído em várias partes, que mais parecia o carro dos Flinstones. Era passar numa poça d'agua e molhar dentro. "Tirei carteira e fui dirigir uma Brasília 78, outra comédia que o Arlindo comprou. O tanque de gasolina parecia uma peneira de tão furadinha. Pra não continuar vazando a gente tampava os furinhos com massinha de durepox e até chiclete, que tinha de mastigar até ficar bem molinho", lembra Babi.

O FOLCLÓRICO BAIANO DO TÁXI

Outro amigo de Arlindo que também foi seu motorista não tocava, não cantava nem era compositor, mas ficou famoso por seu táxi e por levar muitos nomes ilustres do samba a tudo quanto era lugar, dos morros às casas de show: Luis Carlos de Pádua Lima, o Baiano do Táxi. Uma figura rara e cheio de histórias viu Arlindo pela primeira vez no Sambola, até que foi contemplado com a autonomia para um táxi. Comprou o carro financiado pela Caixa Econômica e foi atendido por um novo funcionário. Era Arlindo Cruz, que havia passado em dois concursos, para a Caixa e para o Banco do Brasil, mas preferiu a Caixa, num setor de serviços burocráticos.

A sintonia entre Arlindo e Baiano foi instantânea. Papo vai, papo vem, começou a levar o novo amigo e cliente para as gravações nos estúdios e para os pagodes. Baiano também estava no dia em que Arlindo foi receber um de seus primeiros pagamentos como compositor. "Foi o primeiro dinheiro bom que ganhou na música, na editora Sadembra. Lembro como se fosse hoje. Colocou aquele paco de dinheiro no bolso da bermuda branca e fomos pra Rua do Passeio. Tinha um autorama com aquela tradicional pista em oito, montado na vitrine da Mesbla. Ele olhava fascinado".

Arlindo: – Vou realizar um sonho de criança. Meu pai não tinha condições de comprar e agora como eu tô podendo, vou levar. Vamos entrar. Agora.

Entraram e foram direto para a sessão de brinquedos. O vendedor levou um susto, pois Arlindo pagou em dinheiro, nota por nota. Pegaram a caixa gigantesca e foram correndo para o sobrado, em cima de um borracheiro, na Rua Clarimundo de Mello, onde Arlindo morava. "Montamos o autorama e ficamos até de manhã brincando, bebendo e botando pra quebrar", diz Baiano às gargalhadas.

No início de 1982 Neoci Dias levou Arlindo Cruz para editar suas músicas na Intersong, que ficava no Edifício São Borja, na Avenida Rio Branco, 277. "O Arlindo comprovou tudo que o Neoci falava dele. Sempre foi muito criativo e gravava bem, uma música atrás da outra, era um absurdo" lembra o hoje diretor da Warner, Décio Cruz, na época começando como assistente. Ele testemunhou todo o progresso de Arlindo como compositor, enfrentando a fase das vacas magras. "Ele chegava sempre na parte da tarde para gravar seus sambas inéditos. E vinha com o Beto Sem Braço, o Buda e o Baiano do Táxi. Quando vinham pela manhã e não tinham grana, eu e Neoci pegávamos nosso ticket restaurante, comprávamos algumas quentinhas e a gente dividia com eles. Depois do almoço, voltavam para gravar mais sambas".

DR. FRANCO, PARCEIRO E ANJO DA GUARDA

Foi também neste ano de 1981 que Arlindo Cruz conheceu seu principal parceiro: Dr. Franco Lattari, ou simplesmente Franco. É o parceiro com quem tem mais músicas gravadas. Conhecido por seu ótimo humor e pelos famosos tamancos, que usou por muitos anos no lugar dos sapatos, Franco era um craque tanto na letra quanto na melodia. "Muitas vezes ele vinha direto dos shows do Fundo de Quintal para minha casa e ficávamos compondo a noite toda. Então, prezando pela sua saúde, eu dava o veto clínico". Sim, era Franco quem assinava os vários e vários atestados médicos para o parceiro apresentar na Caixa Econômica e justificar as faltas por conta das gravações, viagens para shows ou simplesmente nas horas em que ficavam compondo. Franco era uma espécie de Plano de Saúde e Anjo da Guarda, não só para Arlindo, mas para muita gente do samba. Além de Arlindo também passaram por seus cuidados nomes como os de Luis Carlos da Vila, Serginho Meriti, Rixxa, Efson, Acyr Marques e eu mesmo.

Clínico-geral respeitado, executivamente participou e criou o Projeto 192 – Emergência em Casa, do qual era médico regulador. E criou a primeira equipe de médicos reguladores do SAMU (Serviço de Atendimento Móvel de Urgência), onde atuou como coordenador. Fora dos consultórios colecionava casos engraçados. Comigo mesmo, por exemplo, num carnaval. Eu estava com febre, muitas dores no corpo. Ele veio me socorrer, mas com uma condição: "Só aplico injeção cantando Ave Maria, de Gounod". E não teve jeito. Abriu as janelas da sala e enquanto aplicava, cantava bem alto, atraindo os vizinhos às janelas. E eu chorando de rir, sem poder. Coisas do Franco. De outra vez, dirigia o Projeto Nascer, no Bar Arcos da Velha, uma das primeiras atrações de samba na Lapa, onde a cada segunda um compositor cantava suas músicas. E realizei seu sonho, que era comer uma melancia inteira embaixo de uma árvore. Após se apresentar, ganhou o presente e quase chorou.

Por coincidência, Franco também estudou no Pedro II, e ainda fez parte do coral. Começou no samba no Bloco Cardosão das Laranjeiras e se tornou um dos campeões do carnaval, com sambas históricos pela União da Ilha do Governador, alguns assinando e outros sem assinar, incluindo um lindo samba de outra escola, que também fez e não assinou, mas a verdadeira autoria permaneceu em segredo. "Muitas vezes encontrei pacientes torcendo por meus sambas nas finais, lá na quadra. E na disputa em 1980, eu que fiquei nervoso quando vi uma paciente minha, hipertensa e cardiopata, a quem eu tinha recomendado muito repouso, na torcida", lembrou Franco, que não chegou a compor samba-enredo com Arlindo. "Sei que se gostavam muito. Arlindo era muito agarrado com nossas filhas, Carol e Nathalia. Mas na hora que iam compor o Franco não gostava que elas ficassem perto. Eu tinha que descer com elas ou trancá-las no quarto e, se eu estivesse sozinha nem chegava perto, só quando ele me chamava", contou Santinha, primeira mulher de Franco. "A amizade dos dois era muito bonita. O Franco cuidava muito dele e nunca os vi brigando. Às vezes um dava um puxão de orelha no outro, mas brigar feio nunca vi. Ah, e em dia de Fla x Flu, um sacaneava o outro". Num dia em que Santinha passava roupa e reclamava, Arlindo e Franco fizeram para ela Maria de um só João, que foi sucesso na voz da Leci Brandão e tem esse refrão: "Jura ser Maria de um só João/Ai que servidão, ai que servidão/Ainda passa roupa a ferro de carvão/Ai que escravidão, ai que escravidão". A musa inspiradora também ganhou uma graninha com Arlindo. "Ele sempre foi gaiato e falava pra mim: 'se sonhar comigo pode jogar no urso'. No final de 1989 sonhei com ele e joguei. Deu urso e ganhei uma merrequinha".

A ORIGEM DO APELIDO URSO

Por falar em Urso, esse apelido tem acompanhado Arlindo por um bom tempo. Era o também gozador Almir Guineto que o chamava assim, mas Sombrinha jura que foi ele que batizou Arlindo no famoso Hotel Jandaia, em São Paulo, que durante vários anos foi a Casa do Samba, hospedando muitos artistas e músicos do Rio de Janeiro. Por ali ficaram as mais loucas histórias com fãs, muitas impublicáveis, e uma delas é a do nascimento do Urso. Como se sabe, Arlindo Cruz e Sombrinha aprontaram muito em suas andanças. Desta vez, a combinação era a seguinte: um ficava com a garota no quarto, com a porta apenas encostada e, depois de um tempo, o outro invadia de sopetão. Foi assim:

Sombrinha:– Eu tava com uma menina no quarto, fiz o que tinha de fazer e, daqui a pouco, entra o Arlindo, só de cueca.

Arlindo: – Também quero. Você sabia que a gente divide todos os versos? Aqui o verso é dividido.

"Aí´, ela fugiu e eu gritei, cuidado Urso. O Almir chegou, ouviu e ele que divulgou", conta Sombrinha.

O CASAMENTO DE ARLINDO COM MAGALI

Ao final de 1982 os apaixonados Arlindo Cruz e Magali Almeida Nunes se casaram na Paróquia Nossa Senhora das Graças, em Marechal Hermes. Porém, no momento da cerimônia a luz acabou o que para alguns foi um sinal de mau agouro. "Lembro que ele resolveu se casar de repente, e apesar de ter acabado de entrar no Fundo, não tinha um emprego fixo. Depois de uns três anos pediu licença sem vencimento, porque estava naquele momento de compor, de mostrar suas músicas nos pagodes. Ficava até de manhã e não conseguia levantar para ir trabalhar. Muitas vezes ia direto do samba, cansado. Era o Franco que salvava com os atestados. E quando acabou a licença, pediu demissão", diz Arly.

Um sucesso começou a nascer na mudança de Arlindo, ao montar os móveis no apartamento. "O Zeca, meu parceiro inseparável, era meu ajudante na mudança. E nessa época eu morava no Morro do Fubá. Tinha uma feijoada e fomos pra lá. Só que nós chegamos já tarde pra caralho. Sabe como é que é casa de pobre, né, quem ri por último chora. Chegamos e o feijão já tava meio miadinho, aquele feijão que já tem mais caroço do que caldo, mais osso do que carne… Aí, a gente olhou um pra cara do outro, assim, cheio de fome, já tínhamos fumado um e comemos assim mesmo. Daqui a pouco, a gente olhou a lata de lixo, cheia de bagaço de laranja. Aí, não teve jeito", conta Arlindo. "Comecei a brincar cantando pra ele 'fui no pagode acabou a comida, acabou a bebida, acabou a canja, sobrou pra mim o bagaço da laranja', e fizemos os versos no estúdio da Som Livre, no disco ***Raça Brasileira***, e gravei versando com a Jovelina", lembra Zeca.

Magali e Arlindo se conheceram numa festa na Zona Oeste, começaram a namorar e o casamento foi rápido, mas as brigas e o separa e volta eram constantes. Na primeira separação...

UM HOMEM DE MUITAS MULHERES A SOLTA

...Arlindo começa a namorar uma menina que uma música feita com Zeca o ajudou a conquistar. "Teve uma paixão dele que ele falou pra mim só você que vai escrever uma letra pra ganhar aquela mina. Aí, escrevi e fizemos Vem pra ser Meu Refrão, que o Reinaldo gravou", conta Zeca. Era a Cláudia Vieira, prima do Oswaldo Cavalo. E ficaram uns dois anos juntos, mas o problema era o assédio. "Era muito! O pagode era um chamariz perfeito, eles sentados tocando e cantando, a mulherada em volta e não tinha essa que era gordinho. Ele era muito assediado. Sempre muito educado, atendia a todas, eu sabia que acontecia, mas não me afetava. Até porque também sabia como funcionava, ia pros estúdios e ficava até de madrugada, nunca teve confusão por isso", explica Cláudia. Tudo ia bem até o flagrante que deu em Arlindo com outra garota com quem ele já tinha um relacionamento anterior e que poucos sabiam. Após uma conversa e explicações do flagrado, Cláudia resolveu passar por cima. "Aí, fiquei esperta e mais atenta. Ficou mais difícil pra ele disfarçar. Continuamos até que ele reencontrou com a Magali, reataram e foi morar com ela. Nós paramos. Ele separou de novo, me procurou, ficamos um tempinho, mas não deu mais certo e acabou". Restou a amizade e a música: "...vem pra ser meu refrão/fonte de inspiração/que eu tenho muito amor pra dar/que eu tenho muito amor/pra dar..."

Cléber Augusto, Arlindo Cruz, Sombrinha, Bira Presidente, Ubirany e Sereno. O fundo de Quintal no Cassino do Chacrinha

CAPÍTULO 8

O CORAL DA ETIÓPIA
SUCESSO NO FUNDO DE QUINTAL
O BANJO NAS GRAVAÇÕES DO SAMBA

Assim como aconteceu com o Pagode do Cacique nas quartas, o Pagode do Arlindo cresce e vira referência aos domingos. Mesmo com as mudanças de endereço, o público continua seguindo, lotando e cantando os sambas que eram a marca deste pagode. Os que não foram desta geração, por exemplo, se estivessem ali, entenderiam que pagode nunca foi um gênero musical e sim o encontro de pessoas para cantar samba. Era quando um pagodeiro, nome que o preconceito ainda não tinha alcançado, chegava na mesa e...

Pagodeiro: – Ô do banjo, fere um sol maior aí que eu vou mandar o meu pagode.

Ou seja, ele iria apenas cantar o seu samba. Quer dizer, samba e pagode nada mais é do que a mesma coisa. E os pagodes dos anos 80 tinham os seus sambas, as suas marcas. Aqueles que só eram cantados ali naquele dia e lugar. Se Doce Refúgio (Luis Carlos da Vila) e Resignação (Dona Ivone Lara/Tio Hélio dos Santos) eram do Pagode do Cacique, os sambas do Djavan, Rebento (Gilberto Gil) e José (Carlos Drummond de Andrade/Paulinho Diniz) eram do Pagode da Beira do Rio, do Mauro Diniz, Adilson Victor e do Cabral, Adeus de um Poeta (Tião Pelado) e Mas Quem Disse que eu te Esqueço (Dona Ivone Lara/Hermínio Bello de Carvalho) eram do Pagode da Tia Doca, Nos Pagodes da Vida (Guilherme Nascimento/Roberto Serrão), e Tempo de Paz (Henrique Damião/Rico Dorileo) eram do Pagode da Adega Oceano, Aquela Imagem (Marquinhos China/Riko Dorileo) e Força do Amor (Guilherme Nascimento/Roberto Serrão) eram do Pagofone, Insensato Destino (Acyr Marques/Chiquinho Vírgula/Maurício Lins), Fingida (Arlindo Cruz/Rixxa), Mulata Beleza (Zé Roberto), Aos Novos Compositores (Arlindo Cruz/Chiquinho Vírgula/Acyr Marques) e Bom Ambiente (Luiz Carlos do Cavaco/

Jairo) eram do Pagode do Arlindo. E, com as viagens de Arlindo Cruz com o Fundo de Quintal, outro banjo passou a formar na mesa. Era Ronaldinho, levado por seu primo, o percussionista Esguleba. O mesmo Ronaldinho que anos mais tarde o substituiria no Fundo de Quintal.

No final de 1984 o pagode trocou o espaço da Rua Padre Telêmaco por um pequeno quintal na Rua Souza Cerqueira, na Piedade, mas foi por pouco tempo. Logo foi para o Piedade F. C. e voltou a ter a casa cheia e muitas novidades. Uma delas foi um torneio de futebol com equipes de vários pagodes. Na final Pagode do Arlindo x Pagode do Renan. "Fiz dois gols aqui na final contra o time do Reinaldo, mas nós perdemos", disse Arlindo no Extra do DVD Pagode do Arlindo. Empolgado, contou como foi um dos gols. "Pela direita, ameacei, o goleiro caiu, botei por cima. Tirei onda". Na verdade, o Renan, que dava nome ao pagode, era sobrinho do cantor Reinaldo, filho do seu irmão Renato. E acontecia nas noites de sábado na Estrada Velha da Pavuna.

Em janeiro de 1985, Almir Guineto gravou seu terceiro LP solo e Insensato Destino foi a música que puxou o disco. No estúdio 1 da Som Livre, em Botafogo, uns 60 frequentadores do Pagode do Arlindo formaram o Coral da Etiópia e cantaram como se fosse um daqueles domingos. A ideia do produtor Mílton Manhães foi inspirada na gravação da música We Are The World (Michael Jackson/Lionel Richie), interpretada por 45 nomes da elite da música norte-americana, na intenção de angariar fundos para combater a fome no Continente Africano. E, como não poderia deixar de ser, com tantas figuraças reunidas, ao menos uma história teria de ser contada. Ia tudo muito bem, todos cantando, muito animados e afinados, mas o Maestro Ivan Paulo percebeu algo diferente com seu ouvido absoluto. Pediu silêncio. Todos quietos, se olhando e pensando "não fui eu". O Maestro pediu para gravar. E o som continuava. Parecia um ronco. E era. Embaixo do piano o Turu dormia solenemente. E roncava. Alto.

MORTE DE TANCREDO NEVES ACABA COM O PAGODE

No domingo, 21 de abril desse ano de 1985, a morte do primeiro presidente eleito no país, após 21 anos de ditadura militar, parou o Brasil e o Pagode do Arlindo. Às 22:29, as emissoras de TV transmitiram diretamente do Instituto do Coração, em São Paulo, o comunicado do porta-voz da presidência, Antônio Brito. Após 38 dias internado, o presidente Tancredo Neves morria sem assumir a presidência. A notícia chegou como uma bomba no pagode. Parou o samba, anunciaram a morte de Tancredo e, como já estava na hora do fim, foi o motivo para acabar o pagode naquela noite. "Foi exatamente assim que aconteceu. Minha mãe ia muito ao Pagode do Arlindo e me contou", lembra o percussionista Azeitona.

Um dos músicos que estavam tocando nesta noite e que chegou a morar com Arlindo era Marcelinho Moreira, que o conheceu em sua própria casa, levado por suas irmãs Sueli e Márcia. "Era pequeno e quando vi já tava colado com ele, que sempre foi muito generoso, e sempre se aproximou muito dos jovens. Ele gostava de levar todo mundo pra tudo quanto era lugar. Tinha proteção de irmão mais velho e não se esquecia de ninguém", conta Marcelinho. E teve uma época em que moraram juntos. "Eu, Roxo e o Gó, filho do Beto, acampamos no sobrado do Arlindo. O Serginho Meriti e o Gó dirigiam o carro dele e nós íamos pra Intersong gravar as músicas novas". Ter passado um tempo no famoso apartamento, aquele que ficava em cima do borracheiro, foi uma aventura. Cada dia com um capítulo diferente. "Do nada a gente dormindo, chegava o Beto Sem Braço com uma turma e saía uma comida. Teve um réveillon que depois da meia-noite fomos todos pra casa do Jamil Cheiroso e em seguida pro aniversário do Beato Salu, na Mangueira, com o dia raiando", lembra Marcelinho, confirmando uma das manias de Arlindo, de chegar em casa, ligar a televisão e deixar ligada, sem prestar atenção no que estava passando, só pelo barulhinho.

O SUCESSO NO FUNDO DE QUINTAL

Após uma estreia discreta, Arlindinho passou a ser um dos grandes nomes do Fundo de Quintal. Nos três discos seguintes era ele, Sombrinha e Cleber Augusto que resolviam a parte de harmonia, enquanto o produtor Mílton Manhães ficava com a percussão. E, tanto no disco quanto no palco, a dupla com Sombrinha já comandava as ações e passava a ser um capítulo à parte. O entrosamento dos dois já alertava para um futuro que estaria por chegar e que nem imaginavam. Foi a partir do samba Boca sem Dente (Almir Guineto/Pedrinho da Flor/Gelcy do Cavaco) que a dupla começou a mostrar que se entendia: "Aí, meu compadre Arlindo, vamos mandar aquele pagode que fala na ingratidão daquela nega", disse Sombrinha. "Vamos sim, Sombrinha, só se for agora", respondia Arlindo. As gravações eram uma farra. Eles se divertiam nos papos, que entravam antes e durante as músicas e que pareciam ensaiados, mas eram de puro improviso. O mais impressionante é que, para os shows, o Fundo de Quintal não ensaiava, era tudo na intuição, no olhar. E dava certo. Na segunda, terceira música o público já estava encantado e Arlindo e Sombrinha comandavam o espetáculo. O roteiro estava na cabeça. Eles simplesmente gostavam de estar ali vivendo aquele momento. "Fazer show várias vezes no João Caetano lotado, com as filas rodando o teatro foi lindo. E quando chegamos em São Paulo? Não teve mais jeito, explodiu. Uma vez, num teatro, teve de vir pelotão de choque. A gente parecia os Beatles, os Beatles de Ramos. Tudo isso envaidece a gente e, de 83 pra cá aprendemos a ser artistas", conta Sombrinha. "Com esta formação, o bicho pegou. Era tudo maravilhoso. A divisão era assim: os três bandidos éramos eu, Cléber e Arlindo. Os três mocinhos eram Bira, Sereno e Ubirany. Nos dias de hoje, nós seríamos os de esquerda e eles, os mocinhos, os de direita", brinca Sombrinha.

Com Mílton Manhães no comando da produção foram cinco LPS e a emoção fluía. Muitas vezes, por mais que existissem as introduções das cordas ou instrumentos de sopro e toda a disciplina de um estúdio, era como se estivessem na quadra do Cacique, num clima descontraído e que fazia render os trabalhos. No LP de 1984, Seja Sambista Também, dedicado aos pais de todos os integrantes, uma surpresa para Arlindo. À meia-noite em ponto, de 13 para 14 de setembro, todos entram na técnica cantando parabéns para os 26 anos de Arlindo Cruz, um momento que emocionou a todos, incluindo o técnico da gravação, Felipe Nery, que chorou. Um disco emblemático na trajetória do Fundo de Quintal tem no título a primeira parceria de Arlindo e Sombrinha. "Começamos com o pé na porta, né? Ficávamos no mesmo quarto e estávamos em Recife. Lembrei lá de casa, quando minha irmã Zuleika esbarrava no violão e ele caía no chão. Eu dizia cuidado, tem um violão atrás da porta. Ela dizia tira isso daqui, tá atrapalhando a máquina de costura da mãe. E jogava o violão. Eu tinha um ódio daquilo! Então, comecei com não, negligência não, se for apanhar meu violão. Arlindo foi completando e terminamos o samba", lembra Sombrinha.

O BANJO NAS GRAVAÇÕES DO SAMBA

Com a desistência de Almir Guineto em tocar o banjo, o instrumento passa a ter uma nova referência. E Arlindo Cruz, além de gravar cada vez mais como compositor, começa a ser chamado para gravar o banjo na maioria dos discos de samba. "Eu já tocava cavaquinho, mas quando fui ao Cacique e vi o Almir tocando banjo daquele jeito, fiquei impressionado e fiz questão de aprender a tocar logo", me disse Arlindo uma vez no estúdio da Som Livre. "Eu me emocionava com as músicas dele e sempre gravei muitas nos meus trabalhos. Comigo, os repertórios sempre começavam por ele e só usava ele tocando banjo, com aquele balanço que dá muita saudade", conta Milton Manhães. "Sem dúvida foi o que mais gravou tocando banjo, no Rio e em São Paulo. Era um cara diferenciado", completa. Outro fã de Arlindo com seu banjo é Zeca Pagodinho. "Nunca gostei de banjos. Os únicos que ouvia eram os do Arlindo e do Almir. Gostava do banjo do Almir por causa da afinação que ele usava, que era ré-sol-si-mi (DGBE), um som mais fechado. Mas o Arlindo tinha uma batida diferente, tinha uma pegada com a mão direita que era outra levada", diz Zeca. "Eles são as minhas referências, os dois grandes mestres. Cada um tem uma onda diferente na concepção da palhetada. O som do Arlindo era mais rouco, até pelo modo que ele tocava, da sua compleição física. Ele tocava abafado. Já o Almir tocava com as pontas dos dedos", explicou Márcio Vanderlei, que tocou com os dois, tornou-se uma das referências do banjo e também um competente luthier de cavacos e banjos.

Para o músico Rodrigo Morelli, que em 2023 criou em São Paulo o Encontro de Banjeiros Rodrigo Morelli, uma roda de samba com cerca de sessenta banjos tocando ao mesmo tempo, Arlindo também falou sobre sua intimidade com o banjo. "É porque eu sou redondo igual ao banjo. Quando vejo os grupos é sempre o gordinho que tá tocando banjo, mas não precisa ser gordo pra tocar banjo", contou. Um fã da palhetada e da sonoridade que Almir Guineto tirava do instrumento no Pagode do Cacique, Arlindo jamais esqueceu como foi para ter o seu primeiro banjo (que chegou até a ser roubado, mas recuperado). "Foi um sufoco pra comprar. Eu namorei um banjo uns três anos na vitrine da loja. Até ganhei um, mas não era bom. Eu queria era um igual ao do Almir, aquele de madrepérola. Passava na loja e ele ainda estava lá. E dizia vou ter esse banjo. Me casei e o banjo tava lá. Era caro, mas consegui comprar e fiquei feliz pra caramba. Era azul, mas pintei de verde. E esse banjo tem história. Me identifico muito com ele. O banjo é o Arlindo, Arlindo é o banjo."

Bárbara Macedo, a menina Babi

CAPÍTULO 9

ARLINDO REENCONTRA BABI

O NOIVADO SURPRESA

ARLINDO FICA VIÚVO

Em final de 1985, com seu pagode bombando, o Fundo de Quintal cada vez mais estourado e suas gravações tocando banjo aumentando, faltava para Arlindo uma definição em sua vida pessoal. Faltava realizar o sonho de ter uma família. Mais uma vez separado da esposa Magali, ele estava na "pista para negócio" e o assédio era mútuo, com alguns namoros secretos, que poucos sabiam. Mas um show da madrinha Beth Carvalho começaria a mudar sua vida. Com a preciosa ajuda de Túlio Feliciano, do Roxo e de Andrezinho, acabou acontecendo o reencontro de Arlindo Cruz com aquela linda menina que era Rainha das Bonequinhas Sambistas do Mestre André, e que havia profetizado que um dia casaria com ela. A menina Babi.

O diretor Túlio Feliciano preparava mais uma temporada de shows de Beth Carvalho, desta vez no Asa Branca, casa que brilhava na Lapa, e precisava de um casal de mestre-sala e porta-bandeira. Lembrou do casal mirim da Mocidade Independente de Padre Miguel e pediu ajuda ao amigo Fernando Pinto, carnavalesco da escola. Era Alexandre e Babi, que já haviam feito o nome na avenida, no título de 1985, Ziriguidum 2001, um Carnaval nas Estrelas. Escolhidos por Castor de Andrade para defender o quesito, substituindo o casal principal, eles conseguiram as duas notas 10 (na época eram apenas dois jurados). "Nós gabaritamos, mas não sabíamos que estávamos defendendo o quesito, então desfilamos com a pureza da alma. Na época disseram que as notas tinham sido compradas, mas o tempo mostrou que não", conta Babi. Antes, a menina já havia pisado com o pé direito a Sapucaí, nos tempos da arquibancada de madeira. No carnaval de 1979 substituiu a rainha da bateria da Mocidade Independente, Adele Fátima, que viajou para a Europa. "Fui a primeira criança a ganhar autorização do Juizado de Menores para desfilar no Carnaval", conta Babi. E foi pé quente, pois a Mocidade Independente levou o título com o enredo Descobrimento do Brasil, de Arlindo Rodrigues, com samba de Toco e Djalma Cril.

Voltando ao show da Beth, como Alexandre estava viajando, Babi chamou Andrezinho, filho de Mestre André, para dançar com ela no show. "A Babi era uma boneca, a mais linda de todas, tinha o DNA da Wilma, o porte elegante, mas a Beth não queria, preferia o casal da Mangueira. A mãe da Babi a levou ao ensaio. Ensaiamos, a Beth gostou e ficou. Eles iam de trem até a Central, pegavam um ônibus para a Cinelândia e um táxi até o Asa Branca", lembra Túlio.

E lá foi Babi, empunhando a bandeira da paz, bailar ao som do lindo samba "Nas Veias do Brasil" (Luis Carlos da Vila), sem imaginar a conspiração que já estava acontecendo, para ser apresentada a Arlindo Cruz. A participação no show durou algumas semanas até o Juizado de Menores descobrir o casal, que tinha 14 anos de idade. A festa acabou. Eles foram substituídos por Delegado e Mocinha, casal da Mangueira.

Mas vamos à Conspiração da Conquista. Tudo começou quando o Valmir Nascimento, o famoso Roxo, uma das figuras mais folclóricas dos pagodes cariocas, viu a porta-bandeira e fez a propaganda para o amigo.

Arlindo foi ao ensaio, gostou e voltou pra estreia, pilhado pra ser apresentado. Quem não estava gostando do movimento era o ciumento Andrezinho, primo de consideração de Babi. "Sou ciumento sim e ao máximo. Com as mulheres da minha família o ciúme era imenso. Éramos primos de consideração, por causa do meu pai, e aí, unimos as famílias. A mãe dela virou minha mãe de santo e, antigamente, quando se andava junto, virava primo. Quando soube que o Arlindo do Fundo de Quintal queria conhecê-la, virei pro Roxo e disse 'olha lá, hein, é minha prima', pra ele ficar esperto", conta Andrezinho.

Ao final do show, num dos corredores minúsculos que existiam no Asa Branca, na subida pro camarim, passando pela cozinha, eles se reencontraram. O detalhe é que Babi estava com a fantasia de porta-bandeira muito grande, e quando Arlindo, também muito grande, chegou bem perto, acabou o espaço. Para Andrezinho.

Capítulo 9

Andrezinho: – Babi, quero te apresentar o Arlindo, do Fundo de Quintal.

"Quando ele foi dar um oi pra ela, me deu uma bundada e já me tirou de cena. Ficaram só os dois. Ele beijou a mão dela, o rosto..."

Arlindo: – Muito prazer! Estou muito encantado.

"Me orgulho bastante disso, de ter apresentado os dois. Fiquei feliz. Tomei uma bundada que valeu a pena", afirma Andrezinho.

A partir daí, Arlindo voltou em todas as noites de show, ia ao camarim, levava flores, cantava, sem saber que uma campanha pró-namoro já havia começado. "Posso dizer que a Beth, o Roxo, o Andrezinho e o Túlio cozinharam essa união, enchendo a minha cabeça que ele tinha gostado muito. E eu dizendo, gente, pelo amor de Deus, já tenho namorado e não vou namorar esse gordo, poxa. Tira isso da cabeça dele, que não vai dar em nada. Achava superlegal, mas não tinha me encantado. Mas o Arlindo insistiu, insistiu...", lembra Babi.

Dias depois do show, Castor de Andrade pediu que Babi contratasse o Fundo de Quintal para tocar no aniversário dele, na quadra da Mocidade. Ela conseguiu. No dia do show, empolgado, Arlindo falava os nomes de Babi e de Andrezinho o tempo todo.

Arlindo: – Aí, Babi, tá gostando? O som tá bom, Andrezinho?

"Depois do show ele me puxou para os fundos da quadra e me deu um beijo. Esse beijo foi a senha, acendeu a chama em mim e passei a enxergar o Arlindo. Ele me chamava pra tudo, cinema, teatro, shopping e eu não ia nunca", diz Babi. Por três vezes ela combinou que iria ao Pagode do Arlindo, mas furou. E, no domingo que resolveu aparecer sem avisar, não prestou. Arlindo chegou logo depois, muito contente, vindo da gravação do Cassino do Chacrinha, com o primeiro disco de ouro do Fundo de Quintal numa das mãos e, na outra, uma menina. "Quando ele me viu, soltou a mão da menina e largou o disco, que se espatifou todo na minha frente e perguntou você tá aqui?", lembra Babi às gargalhadas. Passado o susto, tudo acabou se resolvendo e namoraram pela primeira vez, dentro de uma Brasília incendiada na então Avenida Suburbana (em 8 de setembro de 1999 passou a se chamar Avenida Dom Hélder Câmara, em homenagem ao arcebispo do mesmo nome) até altas horas, pois Babi tinha de esperar Andrezinho chegar do samba do Ríver e irem juntos pra casa no ônibus 689 (Méier-Campo Grande). "Fomos namorar com amassos e beijos, mas amassos e beijos dos mais loucos". As fortes emoções estavam apenas começando para o novo casal. "Nesse início fui a muitos lugares com eles. No dia do carro, de madrugada, eu ali fora e eles no romance. Eu batia no vidro, como é que é? Vambora! Tive de ir lá atrapalhar. A confiança da mãe de santo era comigo e ela era braba pra cacete. Teve uma noite que ela estava esperando no portão com um pedaço de pau", conta Andrezinho, se referindo à Dona Nadir, mãe de Babi.

Arlindo chamou Baiano do Táxi, deixaram Andrezinho em Nilópolis e foram deixar Babi em Realengo. Chegando lá, Baiano deu uma volta para as despedidas do casal, encostados no portão da garagem. Estavam tão empolgados que o portão desabou com eles em cima, isso por volta das três da manhã. Acordaram a vizinha e os pais da moça, Walter e Nadir. "Que porra é essa?", perguntou, bem devagar, Dona Nadir. Na hora todos riram. Ela já sabia que estava rolando e, pra completar, Arlindo ganhou os dois com seu jeito, já chamando Dona Nadir de minha sogra. "Ela era muito cabeça boa, mas era muito mais braba que meu pai, um songa monga que só cobrava da minha mãe. Ela já metia a porrada. Ela e Arlindo se apaixonaram nesse tombo, mas depois brigaram pra caramba. Uma vez deu umas cipoadas de varinha de flamboyant no Arlindo", diz Babi.

"Mas não é possível que ela não tenha ninguém. Quem será o homem da Babi?". Pelas redondezas de sua casa essa era a pergunta de muitos. "Aos 15 anos era muito bonita, muito desejada e era virgem. Pra todo mundo eu era amante do Dr. Castor, do Paulinho de Andrade. Mas já fui dizendo pra minha mãe que tinha encontrado o homem da minha vida. E falei, mãe, que beijo que esse homem tem", diz Babi.

Os dois começaram a namorar e, como Arlindo não tinha carro, dependia de um amigo com táxi, até porque a namorada ainda era uma menina. "Ele tinha acabado de se separar e começou a morar sozinho na Piedade, em um sobrado que ia o Acyr, o Zeca, o Serginho Meriti, o Marcelinho, o Roxo e mais um monte de amigos. Ele não podia ficar ali porque virou uma casa de homem solteiro. Tinha umas bicamas... parecia um verdadeiro matadouro. Claro que fui lá, mas ele disse que não era lugar para mim", conta Babi.

Foi um início de namoro intenso e de muitos gastos para Arlindo. Os primeiros durante as viagens pelo Projeto Pixiguinha, com o Fundo de Quintal. A cada cidade, com os shows terminando cedo, às onze da noite já estavam namorando pelo telefone até umas duas da manhã. "Eu chegava e a mãe dizia que ela estava a umas duas horas no telefone, ali numa sala escura", conta Andrezinho. E num tempo em que ligação interurbana era muito cara, o namoro acabou com os cachês do Pixinguinha e Arlindo ainda pegou uma grana emprestada com Sombrinha para as ligações continuarem. "Era o nosso delicioso gozofone, onde valia tudo, até mesmo falar coisas sérias para irmos nos conhecendo. Ele dizendo que era Flamengo e Portela, por causa seu pai, seu tio Ari da Liteira, mas gostava de ir com Candeia pra Serrinha ver Aniceto cantar partido-alto. E a soma de Candeia mais Aniceto resulta nesse Arlindo! Puta que pariu!", conta Babi.

A PRIMEIRA VEZ DE BABI

A agenda de shows do Fundo de Quintal já incluía muitas, mas muitas viagens, e o resultado era uma saudade ainda maior entre Arlindo e Babi. Numa dessas viagens, ele deixou dinheiro para que ela fosse com o fiel escudeiro Baiano do Táxi comprar um carro: um Monza Hatch marrom 79. Da concessionária foram para o então Galeão pegar Arlindo, que voltava com o Fundo do continente africano, e, de lá, comemorar o carro na Churrascaria Porcão, na Barra. Porém, a comemoração mesmo foi nas areias da praia. "Jantamos e fomos brindar na praia com um namoro quentíssimo. O bicho pegou, era mão naquilo, aquilo na mão e ficamos pelados na praia. E o Arlindo daquele tamaninho não chama a atenção de ninguém, né? Do outro lado da Sernambetiba, o Baiano e a minha irmã aos berros, avisando que todos estavam assistindo."

Arlindo: – Chega! Agora não dá mais! Temos de ir pra cama!

Após a decisão em tom de desespero de Arlindo, levar a namorada para cama tornou-se um evento e foi tudo muito combinado. E com todos os devidos cuidados de um namorado que acordava cedo para levar a namoradinha ao Colégio Presidente Roosevelt, em Realengo, onde ela terminava o então ginásio, hoje equivalente ao ensino fundamental 2. Mais pra frente, Babi foi concluir o segundo grau (agora, ensino médio) no mesmo colégio, que à noite trocava de nome para Colégio Cinecista Machado de Assis, e Arlindo ia caminhando pelas ruas Falcão da Frota ou Marechal Marciano para pegar Babi. E no caminho ia encarnando em cada vizinho. Era Arlindo sendo Arlindo.

O Dia dos Namorados, 12 de junho, foi escolhido para ser a primeira vez de Babi. Eles foram para o Motel Jumbo, em Campinho, famoso por receber muitos sambistas, mas por incrível que pareça, a noite parou nas quentes preliminares. Mesmo com todo fogo que já caracterizava o casal, bateu na trave. Babi ficou umas duas horas trancada no banheiro. E não abria por nada.

Arlindo: – Meu amor, abre a porta.

Babi: – Não! Eu desisti, não quero!

Arlindo: – Mas qual é o problema? Tá tudo bem, confia em mim.

Babi: – Não, me desculpa, mas eu quero ir embora!

Arlindo pagou a conta e foram embora. Conversaram e remarcaram para uma semana depois. Quando passou na casa de Babi para pegá-la...

Arlindo: – Minha sogrinha, hoje vou comer tua filha.

Dona Nadir: – Deus te ouça, mas tu cuidado com a minha filha, que eu te meto a porrada.

Dona Nadir (Para Babi): – E olha, não faça filho, toma remédio.

Dona Nadir (Para Arlindo): – E você, usa camisinha, não engravida minha filha.

Com as devidas orientações recebidas e entendidas o casal rumou para o Motel Palazzo, em Realengo, na Avenida Brasil. Muito nervoso, ele deixou o carro morrer no meio da Avenida Brasil, e, por muito pouco, não acontece um acidente. "Só vi um farol de ônibus crescendo, pensei que ia morrer, mas o carro conseguiu pegar e saímos pelo canteiro. O ônibus passou voando pela gente", lembra Babi. Eles se acalmaram e entraram no motel. Tudo ia bem gostoso, até o momento em que Arlindo descobriu que a namorada ainda era virgem. Ele suava de completo desespero.

Arlindo: – Como assim? Você nunca transou?

Babi: – Eu não! Tudo que já fiz foi o que fiz com você.

Arlindo: – Então chega, vamos parar por aqui.

Babi: – Chega nada, já estamos aqui agora você vai.

Ela se lembra da cena às gargalhadas e garante que a decisão não foi de Arlindo. "Eu que decidi."

Em junho, Arlindo já tinha trocado o famoso sobrado da Rua Clarimundo de Mello pela casa de Babi. Aos poucos, foi deixando uma roupa, esquecendo outra, um cavaquinho, um banjo e quando ela percebeu, seu armário estava dividido. Do sogro, bem mais contido que a fera da sogra, apenas uma exigência: que Babi dormisse no quarto deles. "A gente obedecia. Na hora de dormir ia pro quarto deles e Arlindo pro meu quarto, mas antes a gente transava no quintal ou na sala", revela Babi.

Uma mãe braba, que ao mesmo tempo em que tomava conta da filha, percebia sua paixão pelo novo namorado muito mulherengo. O que a preocupava era, na verdade, que a filha não fosse uma artista frustrada. Dona Nadir queria que ela seguisse a vida de artista, como uma grande porta-bandeira. Babi conta que a mãe queria ser cantora e que chegou a ganhar de Angela Maria num dos concursos da Rádio Nacional, faturando a gravação do que seria seu primeiro disco. "Meu pai era noivo da Angela Maria e tramou com ela que ia dar uma cantada na minha mãe e pedir que ela desistisse do contrato que ele casava com ela. Aí a Angela passaria ser a vencedora do concurso e gravaria o disco. Foi o que aconteceu. Só que meu pai não voltou pra Ângela e casou com minha mãe", disse Babi.

UM NOIVADO, DUAS SURPRESAS

Dois meses depois o noivado foi marcado entre Arlindo e Dona Nadir. Babi não sabia, mas trazia na barriga uma surpresa que deixou o clima tenso. Ela começou a enjoar e descobriu que estava grávida. Ao contar para sua mãe, viu em seu semblante toda a sua decepção com a filha e com Arlindo. Do alto de sua experiência de vida, passou para a filha de 15 anos todos os caminhos, alertou Arlindo, que tinha 28 anos, mas de nada adiantou.

Dona Nadir: – Vocês não podiam ter feito isso com a vida de vocês, nem com a minha.

Arlindo:– Fica tranquila sogra que eu vou assumir o meu filho.

Dona Nadir:– Mas eu não tô te pedindo pra assumir filho nenhum. Eu não sou a favor de que vocês tenham esse filho agora. A razão diz que não é para ter filho nenhum, mas a espiritualidade me proíbe de ir contra. Vocês vão estragar a vida de vocês e a dessa criança, que não foi programada. Vamos fazer o aborto.

E, na semana seguinte ao noivado, Babi fez o aborto. Apesar de toda a bronca pela gravidez inesperada, os virginianos Dona Nadir e Arlindo seguiram com os preparativos para o noivado surpresa. Ele combinou com a futura cunhada Fátima para comprar as alianças e o festão rolou por três dias, começando no dia 12 de setembro, aniversário de Dona Nadir, noivado no dia 13 e terminou no dia 14, aniversário de Arlindo. E o samba não acabava, com as presenças do Fundo de Quintal, Luis Carlos da Vila, Andrezinho, Ney Vianna, intérprete da Mocidade, e os compositores Toco e Beto Sem Braço, que fez o cozido. "O Beto me amava tanto e me respeitava tanto, que foi pra cozinha fazer a comida nesse mesmo final de semana que compôs Precipício, que a Jovelina gravou. Ficamos noivos, mas só casamos no dia 13 de maio de 2012. Realmente sou uma mulher muito paciente", confessa Babi.

Os noivos seguiram se amando e brigando, se separando e voltando, numa rotina das mais movimentadas e sem credibilidade do mundo do samba. Era tanta briga, mas tanta, que os mais próximos não acreditavam em nenhuma, que geralmente era por ciúmes. E, numa coincidência que explicava tudo, o noivo ciumento arranjava briga sempre perto do carnaval. E, no de 1987, num rompante, pegou suas coisas e foi embora. Voltou para o famoso sobrado da Clarimundo de Mello ou, como Babi gosta de chamar, voltou para o pardieiro. "Desta vez era muito sério, porque quando pegava os instrumentos ficava com medo dele ir e não voltar". Ela foi atrás dele no trailer do Buka, na Barra.

Arlindo: – Eu falei pra você não vir pra cá.

"Ele pegou um amigo e duas mulheres e saíram. Fiquei sentada arrasada no meio-fio, em prantos e dizia ele não podia fazer isso comigo. Pra minha sorte tive dois caras maravilhosos, Serginho Meriti e Luis Carlos da Vila, que sentaram um de cada lado e começaram a cantar samba pra eu não ficar triste. Me acalmaram e me levaram pra casa", lembra Babi.

O BANJO QUE SALVOU A LUZ DO REPENTE

No início de 1987 eu estava na casa da Jovelina ouvindo com ela uma pilha de fitas cassete de vários compositores para o seu segundo LP solo. Falo de um tempo em que a onda era gravar música inédita. Regravação era um pecado mortal. No meio da tarde encontro uma fita com o nome Arlindo Cruz. Coloco no gravador e ouvimos um partido-alto do jeito que ela gostava, mas como o Arlindo gravou tocando violão, a Jojô não sentiu a música e odiou.

Jovelina – Qual é a do Arlindo? Que samba devagar! Ele tá pensando o quê? Quero um partido pra frente.

E só tinha um jeito de convencer a Jovelina. Era mostrar que ela estava errada com a própria música. Como estávamos numa quinta-feira e à noite ia rolar o Pagode da São João Batista, na esquina do cemitério, liguei rapidinho para o Marquinho PQD, parceiro do Arlindo e do Franco no samba e fiz a convocação urgente: ir para o pagode e levar o banjo. Lá, o bicho pegou. Levei o gravador e gravei o novo samba como ele devia ter sido gravado pelo Arlindo. Com o banjo, pra frente, do jeito da Jojô.

No dia seguinte amanheci na casa dela, mostrei a gravação e a Jovelina ficou louca com o samba. Quando eu disse que era o mesmo que tínhamos ouvido antes, começou a xingar o Arlindo.

Jovelina: – Tá vendo? Aquele safado, aquele piroca de pano não queria que eu gravasse, queria me enganar! Esse samba é meu, vou é tirar onda!

Ela gravou e Luz do Repente formou com Feirinha da Pavuna (Jovelina Pérola Negra) e Sorriso Aberto (Guará), o trio de músicas que marcam a sua trajetória, com o famoso "deixa comigo, deixa comigo/eu seguro o pagode/não deixo cair/é, é/sem vacilar, sem me exibir/só vim mostrar/o que aprendi...". Porém, no dia em que o samba estava sendo feito, um botijão de gás fez o partido esperar. Arlindo, Marquinho PQD e Franco começaram a fazer, mas Arlindo parou.

Arlindo:–Qualé, compadre? Tá fora do ar, pensando longe...o que tá acontecendo?

Marquinho PQD:–Tá tudo certo.

Arlindo:– Não tá não, tem algum probleminha aí.

Marquinho PQD: – Tô com uns probleminhas lá em casa, meu gás acabou, tem que comprar um arroz...

Arlindo:–Peraí, vamos parar o samba. Nem vai de moto, vai no meu carro. Compra o gás, leva a comadre no mercado, a gente fica te esperando e quando voltar terminamos o samba.

"O Arlindo deu um pedaço, o Franco outro pedaço, tipo uns duzentos reais, peguei a Cristina resolvemos tudo e voltei pra terminarmos o samba. A Jovelina gravou, entrou um dinheirinho e paguei a eles. Não tenho vergonha de falar isso não. Quando saí da brigada e parei também com a oficina para ficar só na música, tivemos um milhão de sufocos em casa, mas passamos por tudo e vivemos felizes", disse Marquinho.

UMA PARCEIRA DE CASA

Ao final de 1988 o compositor Arlindo Cruz ganhou uma nova parceria. Nas festas de fim de ano recebeu uma carta com planos para o ano seguinte. Atento, transformou uma boa parte da carta num partido-alto e cantou com Sombrinha no LP Ao Vivo do Fundo de Quintal de 1990, com o título Medidas Provisórias. Uma alusão ao temido Plano Collor, decretado de surpresa pelo então novo presidente Fernando Collor de Mello, através de uma medida provisória. Quando isso acontece significa que o decreto não foi levado ao Congresso Nacional para debate e nem votado por deputados e senadores. A carta, ele recebeu da esposa Babi. "Ele não me falou nada e fez o samba. E nem fiz com essa intenção. Nunca havia pensado em fazer música e nem sou compositora, mas fazer samba com Arlindo é como bater bola com Pelé, com Zico. Se você tem um pouquinho de talento, de sensibilidade...Eu sou sambista nata e sou sensível, então com as melodias do Arlindo, com as primeiras e os refrões do Arlindo não é nada difícil complementar o raciocínio da história, da música", explica Babi.

Arlindo: – Ô mãe. Sabe o que acho? Nunca ninguém vai acreditar que você fez uma música. Vamos deixar isso pra lá, né?

Mas como Babi estava sempre por perto, limpando a mesa, servindo lanche e todas as comidas pesadas..."Eu ficava por ali ouvindo e muitas vezes eu tinha uma ideia, mas em respeito a ele ficava quieta. Quando a gente ia deitar..."

Babi: – Poxa, pai, o samba tá lindo, mas pensei que se fosse assim ficaria maravilhoso.

Arlindo: – É, até ficaria maravilhoso, mas não fica mais porque o samba já está pronto.

"Ele sempre me dava um se liga, um fora, um não se mete, mas no dia seguinte ele mudava e colocava aquela ideia que eu tinha dado. Aí, eu dizia ué, mudou? E ele nem respondia.

A primeira vez que sentaram para compor foi quando Arlindo a chamou para fazer um samba pra Flora, falar dos erês. E saiu Teu Jeito de Sorrir, gravado pela Beth. Mais confiante, Babi começou a chamar Jr Dom pra fazer samba sem Arlindo, geralmente quando estavam brigados. E assim começou a nascer A Pureza da Flor. "Eu queria mandar uma letra pra ele se tocar que o verdadeiro amor era eu, que o cobertor era eu, que tudo era eu. Para ele parar de palhaçada, se ligar em quem é quem, e que ele poderia contar comigo pra qualquer coisa. Dei o tema pro Dom. E a minha pomba-gira chama Dona Florzinha". Até que Arlindo acordou com o barulho dos dois na sala...

Arlindo: – Que merda é essa aí que vocês estão fazendo?

Babi: – Estamos fazendo um samba.

Arlindo: – Tá muito ruim.

Babi e Jr Dom ficaram calados.

Jr Dom: – (bem baixinho) –Tá vendo? Eu te avisei. Agora ele não vai mais querer fazer samba comigo.

Babi: – Calma, Dom, deixa de ser frouxo.

Arlindo desce rindo, pergunta se poderia ser parceiro deles e termina o samba. E vieram outras parcerias de Babi com Arlindo. "Eu danço, eu canto, mas não toco nada nem ovinho (ganzá). De melodia não sei nada. Nasci ouvindo sambas bons e antológicos, de Cartola, João Nogueira, Toco, que minha mãe me apresentava. Tenho umas ideias de letra e, como disse fazer samba com Arlindo é muito fácil. Mas não sou compositora nem pretendo me dedicar", conclui Babi.

BABI X ARLINDO X MAGALI

Apesar de todo o romance com Babi, oficialmente a situação de Arlindo continuava complicada. Ele estava separado, mas ainda era casado com a Magali. E ainda por cima corria o risco de eles voltarem, pois o termina e volta também era um costume dos dois. "As drogas eram o motivo de tanta briga entre eles. A Magali não aceitava o vício e tentava muito afastá-lo desse lance", contou Santinha. E mais uma volta com Magali foi exatamente o que acabou acontecendo. Uma vez, Babi foi até o sobrado e quem estava lá? Magali. "Dei de cara com ela, mas Arlindo veio correndo, a trancou no apartamento, tirou a chave, me colocou no carro e saiu comigo. Foi quando ela percebeu que eu e Arlindo estávamos muito apaixonados e tentou recuperar o espaço. E teve apoio luxuoso de algumas pessoas da família", diz Babi. Sem papas na língua e atenta a tudo, Dona Nadir deu um esporro em Arlindo.

Dona Nadir: – Como é que vai fazer um triângulo amoroso com minha filha de 18 anos? Se enxerga, rapaz. Vai pra casa do caralho, vai pra puta que pariu!

E a braba Dona Nadir deu um ultimato em Arlindo. Terminar com a Babi e seguir seu compromisso com a Magali. Nesse meio tempo, ele e Babi compraram um apartamento no Engenho de Dentro, em outubro de 1988.

Para sair da rotina, uma nova briga. Arlindo não queria que Babi viajasse com a Mocidade. Ele a levou na rodoviária e saiu com Magali. Arlindo pegou as chaves do apartamento, pediu que ela tirasse as coisas dela de lá e voltou com Magali. Até que ela engravidou.

"Foi um período muito triste, tive paralisia facial de nervoso. Ele disse que ia me pagar, porque ia morar com a mãe do filho dele. Peguei minhas coisas, devolvi as chaves e fiquei mal, com a boca toda torta depois do carnaval", conta Babi.

Vizinho de portão na infância de Magali e amigos que estudaram juntos no primário, Marquinho PQD foi um dos primeiros a visitar o casal, enfim reconciliados, para fazer música com Arlindo. "Os pais dela eram amigos dos meus pais. Lembro do Seu Quincas, pai da Magali, conversando com o meu pai no portão e na oficina, onde eu trabalhava. Então, eu chegava lá e ficava em casa, me sentia muito à vontade, tinha essa liberdade. Saía do quartel e ia lá pra aprender um pouco. Um casal super apaixonado, ele muito carinhoso com ela, era amor pra cá, amor pra lá e os planos eram de muitos filhos", recorda Marquinho, que engordou muito nessa fase. "Arlindo sempre foi um cara festeiro. Jogo do Flamengo? Era fazer um churrasco, cervejada, sempre muita comida. Eu fiquei uns dez quilos mais gordo nessa época. Era muita rabada, feijoada, comida de crioulo, tudo que engorda. E Arlindo comia uns dois, três pratos", entrega o parceiro.

Mesmo assim, no melhor estilo "não trepa nem sai de cima" Arlindo e Babi davam um jeito de se encontrar uma vez por semana. Em uma semana iam a um motel, em outra ele aparecia para pegar uma camisa, na outra ia buscá-la na escola ou ficava parado na esquina sem avisar, para ver seu comportamento. Numa dessas escapadas, num sábado pela manhã, em meados de abril de 1989, eles iam para a casa de Sombrinha, em Saquarema, quando um ônibus provocou um acidente. Jogou o pequeno Jipe Hage azul, de fibra de vidro pra fora da pista em plena Avenida Brasil e o carro capotou. "Não aconteceu nada de grave com a gente. O Arlindo que arranhou um pouquinho o braço esquerdo. Ele teve que sair pela janela porque a porta emperrou", lembra Babi.

A MORTE DE MAGALI

O carro ficou 18 dias no conserto. Arlindo pegou numa sexta e outro acidente marcaria sua história. No sábado, 5 de maio, Arlindo e Sombrinha foram para o aniversário da Beth Carvalho, na casa dela no Joá. Arlindo voltou de manhã e Magali quis ir pra casa da mãe, que morava num conjunto habitacional em Mangaratiba. Foram com o amigo de Arlindo, Batata, que levou a namorada. Passaram o dia bebendo e, por volta das 18hs, já chovendo, Arlindo deitou no sofá da sala. "Ela chamou para irem embora, mas Arlindo queria esperar passar a chuva, dizendo que estava muito cansado. Ela continuou insistindo. Arlindo levantou e foram para o carro", conta a irmã Arly. Eles andaram uns 100, 200 metros e, por volta das 19 horas, numa freada, o carro caiu num valão. Batata e a namorada se machucaram levemente, Arlindo fraturou a clavícula, mas o carro virou para o lado onde estava Magali. A porta do carona abriu, Magali caiu e não resistiu. Morreu, grávida de quatro meses, no dia 6 de maio de 1989. "Ligaram lá pra casa e o Franco saiu voando pra socorrer, mas não teve jeito. Uma pena, pois ela queria tanto ter aquele filho com ele!", lembra Santinha, esposa de Franco na época, que acompanhava a gestação de Magali.

Magali Almeida da Cruz estava grávida de um menino, que se chamaria Arlindo. Depois de ter estagiado numa clínica e ter sido enfermeira no Inca, Magali estava a um mês de se formar fisioterapeuta. E foi enterrada com a roupa que iria usar na festa de sua formatura. Arrasado, Arlindo ficou um tempo em casa, saindo apenas pra trabalhar, e quando resolveu sair, foi com o lindo samba Saudade Louca, em homenagem a Magali, que depois terminou com o irmão Acyr Marques e com o Franco, que Zeca Pagodinho gravou alguns meses depois no seu quarto LP Boêmio Feliz, uma produção do Maestro Ivan Paulo, que recebeu Disco de Ouro, por mais de cem mil cópias vendidas. Eu era o coordenador de produção e tivemos de montar um esquema para o Zeca se apaixonar pela música, que ele tinha limado do repertório. Ao final da primeira noite de gravação de bases, Zeca foi embora. Todos ficaram no Estúdio 2 da Som Livre. Tudo combinado. A base foi gravada com a voz guia do Arlindo, que chegou logo depois da saída do Zeca. Na noite seguinte, Zeca pediu para ouvir as gravações do dia anterior. Conforme o combinado a primeira música a tocar foi Saudade Louca. Zeca tomou um susto, mas foi paixão à primeira vista e o samba em homenagem a Magali, de quem ele gostava muito entrou no disco e a música virou um sucesso.

Capítulo 9

Contra-capa do LP É Aí que Quebra Rocha, despedida de Arlindo do Fundo: Ubirany, Sereno, Bira, Mário Sérgio, Arlindo, Cleber Augusto e Ademir Batera

CAPÍTULO 10

FUNDO CENSURA DUPLA

NASCE ARLINDINHO

A SAÍDA DO FUNDO DE QUINTAL E O PRIMEIRO LP SOLO

A dupla nasceu no Fundo de Quintal. Eles não sabiam, mas Arlindo e Sombrinha já formavam uma dupla. Eram eles que conduziam os shows do Fundo, não só por serem os cantores solo da maioria das músicas, mas por terem o dom da palavra na hora do vamos ver. O público vinha na palma da mão. "Ouvia muito falar de Arlindinho e tava doido pra conhecer. Quando entrou no Cacique vi que era aquilo mesmo que falavam. Um cara gente boa, que fazia hora com todo mundo, que sabia chegar e sabia sair. Ele chegou chegando e completou o Fundo. Ele sabia tudo, dominava o palco e com o Sombrinha formou uma dupla de talento. Traziam o público todinho", afirma Sereno. Mas a popularidade dos dois começou a azedar no ego de alguns integrantes e, em determinado momento, o famoso consenso definiu que não se podia mais falar nomes e sim o nome do grupo. E era uma decisão direcionada. Ao invés de "diz aí meu compadre Sombrinha" ou "vamos cantar aquele samba, Arlindo", passava a ser, por exemplo, "diz aí, Fundo de Quintal". Uma vez, num show deles no Bar Arco da Velha na Lapa, vi acontecer a tal censura. Era um mal-estar ao mesmo tempo engraçado na hora dos dois cumprirem o combinado. Mas, apesar do stress, a bola estava com a dupla, que continuava no comando das apresentações sem imaginar o que viria no futuro.

Certo era que a bronca não vinha da produção. Tanto Mílton Manhães quanto Rildo Hora eram fãs dos dois e os deixavam soltos para evoluírem nas gravações. "Arlindo sempre foi uma pessoa muito doce, muito meiga. Nós tivemos uma convivência musical excelente. Ele me admirava demais e eu fazia com as músicas dele o que eu queria. Quando ele estranhava alguma coisa eu pegava o violão e mostrava a ele. Se dizia 'tá legal' eu ia em frente. Mas quando não dizia o 'tá legal', eu riscava e colocava o acorde comum que todo mundo esperava. E assim mesmo foi só uma vez", conta Rildo Hora, que se tornou um expert no convívio, não só com Arlindo, mas com todos os integrantes do Fundo de Quintal. O problema era na hora de escolher o repertório. Nos cinco primeiros discos, produzidos por Mílton Manhães, foi a época do consenso, que virou um personagem responsável pelas músicas que não entravam, a ponto de compositores prometerem que iam pegar esse tal de consenso. Nos tempos de Rildo, o clima esquentava quando Arlindo apresentava suas músicas. "Ele mandava umas doze numa fita cassete e eu dizia pra minha esposa, 'poxa vida seria tão bom se eu pudesse fazer o disco com todas essas músicas...'. Mas não podia. Lá no Cacique ouvi muitas vezes 'precisamos conter o Arlindo', do pessoal do grupo, como o Sereno, que queria colocar mais músicas, mas ele não tinha o curinga. Quem tinha era o Arlindo". Rildo colocava três, quatro músicas do Arlindo, muitas também em parceria com Sereno e Sombrinha. "Entregava uma fita pra cada um com as doze faixas e as letras batidas, com quatro na manga pra trocar, caso reclamassem, mas dentro das que escolhi. Depois passamos a fazer reunião democrática, onde todos votavam", explicou o maestro. "Acho Arlindo um gênio e devo a ele aquela Seleção de Partido-Alto, aquele pout-pourri que começa com 'eu pisei na folha seca...'. Nós montamos lá no Cacique, na frente de todos, mas ele que conduziu. Foi cantando o que sabia e foi aquele sucesso". Era Arlindo colocando em prática toda sua vivência com Candeia e também de outro craque no assunto, que conheceu na quadra da escola de samba Quilombo, criada por Candeia: Aniceto, fundador do Império Serrano. "Ele influenciou muita gente, pelo seu jeito de versar. O verso que chamava de chula, que é a rima em cima da rima. Por exemplo, 'vou chorar/meu bem não chora/eu já vou embora...'. Onde tudo é rima e vem contando uma história, sem o refrão. Ele falava que era chuleiro. Muito engraçado, com uma voz forte, aguda, meio rouca", lembrou Arlindo.

Bom de partido-alto, Arlindo Cruz tem como característica em sua trajetória o dom de eternizar várias músicas, como, por exemplo, O Show tem que Continuar, que fez com Luiz Carlos da Vila e Sombrinha. "O Luiz Carlos tinha se separado, e a primeira letra da primeira parte da música era bem negativa. Se você reparar, ainda é um pouco: "O teu choro já não toca meu bandolim/diz que minha voz sufoca teu violão/afrouxaram-se as cordas/e assim desafina/e pobre das rimas da nossa canção...". E a gente gostando da melodia"

Arlindo: – Mas o que a gente vai fazer?

Sombrinha:– Compadre, o show não pode acabar. Se a gente concordar com ele, vai dar subsídio a ele continuar com essa tristeza do amor que acabou pela Dora.

Arlindo:– Vamos mudar. O show tem que continuar.

Sombrinha: – Claro, o show tem que continuar.

"E começamos a fazer. Aí, virou esse sucesso, né? E foi bom pra todos nós. Lembro até que os jornalistas falavam: 'Essa música, aí, é a aposentadoria tua, do Sombrinha, do Luiz Carlos da Vila, da Beth e do Fundo de Quintal. Todo mundo que gravou essa música tem que cantar a vida inteira'. Eu não paro de cantar. É a minha 'Conceição', disse Arlindo.

Com a irmã Arly fez o lindo samba Se Chama Mulher, uma grande homenagem às mulheres, com o refrão "pode ser uma dama/pode ser da ralé/mas se o peito tem chama/teu nome é mulher, mulher...". "Sempre gostei de escrever e teve uma época que me empolguei. Um dia ele me chamou".

Arlindo: – Vamos sentar aqui, vamos exercitar essa cabeça.

"E eu fui uma carona, muito bem assessorada, graças a Deus. Mas não era a minha praia. Até podia ter aproveitado, né? Dois irmãos compositores, ter praticado, mas nunca fiz. Sou uma carona declarada. Quem me conhece sabe", confessou a sincera Arly.

Numa entrevista que deu ao músico Rodrigo Morelli, já mencionada, suas parcerias foram assunto. "Não gosto da palavra panela. Tem parceiros que a gente se identifica mais. Faço letra, faço música, mas dificilmente faço sozinho. Tenho poucas músicas sozinho. Às vezes o parceiro nem vem muito na música, mas deu a ideia, deu o tema, ajudou. E como sou um cara de fácil acesso, sou maleável, tenho uma benevolência, vou fazendo", contou Arlindo, que não fugiu da raia ao falar do rótulo de "mauricinhos" que a galera dos pagodes 90 ganhou da mídia. "Parece que é guerra, mas tudo é samba e tem bom e ruim em qualquer estilo. Não tem que rotular. Tem que fazer com atenção, escrever vindo do coração, não se prender a rótulos. Você é músico, a inspiração vem e não vai fazer? Dizer "sou raiz"? Tem que fazer pra ficar bonito. Tem uma parte que fica guerreando, coloca chapéu de palha e acha que é raiz. Gosto de usar minha bata, meu fio de contas, meu chinelo", afirmou Arlindo, que se lembrou também de uma vez que se apresentou numa faculdade: "Os caras com chapéu de palha, uma marra de sambista, foram me acompanhar e não sabiam tocar um surdo, um partido-alto, um tantan. Fiquei puto. O problema de tudo é o modismo, a vaidade, o preconceito. De repente, unido fica até mais fácil de melhorar o nível."

CIÚMES, BARRACOS, SEPARAÇÕES = MÚSICA BOA

Fundo de Quintal voando, muitos shows, sucesso total e, em casa, histórias de um casal que teria tudo para dar errado. No entanto, iam contornando as dificuldades e seguindo, numa estratégia adotada pela jovem Babi, em meio a tanta novidade, ou melhor, a tantas mulheres em volta de Arlindo. "Eu só via o que eu queria ver. Com o Fundo no auge, só ia onde era convidada. E tenho certeza que houve uma blindagem, porque tudo em nossa vida relacionada à fã, à traição, foi blindado pela espiritualidade para que a gente passasse pelos problemas sem ver. Até o dia em que ele esteve sadio, foi a espiritualidade que guiou a nossa vida. Não pertenceu a nós. E já dissemos várias vezes que a gente tinha tudo pra dar errado, começando pela diferença de idade, mas fomos dando certo". Sempre muito segura, Babi fazia vista grossa em prol da realização de um sonho maior. "Já fui muito elogiada pela minha auto- estima, mas não era só isso, mas uma vontade grande de construir minha família. Claro que sofri bastante. Nunca fui barraqueira, sempre dava um jeito de avisar que tava chegando, pra poder espantar a mulherada. Ele não atacava, era sim muito atacado, mas um bom malandro de dar nó em pingo d'água. Muita gente que frequentava a minha casa e queria dar pro meu noivo, pro meu marido e dava. Muitas deram, mas fazer o quê? A gente brigava e estava junto. Um casal sem-vergonha total. Não foi feito pra gente esse samba, mas é como se fosse". E, se por um lado era o malandro que sabia os caminhos de chegar às mulheres, por outro continuava sendo o mesmo cara relaxado dos tempos de colégio. Só trocou o uniforme e o material escolar, que estavam sempre destruídos por banjos e cavaquinhos. "Minha sogra contava que ele chegava em casa sem um dos sapatos. Sempre foi muito avoado e não mudou. E como bom virginiano, muito bagunceiro, queria organização na bagunça. Agora era capa de instrumento quebrada, amarrada com fita isolante. Cortei um dobrado com ele. Durante o tempo da dureza era uma merda.

Capítulo 10

Como é que perde um instrumento que nem acabou de pagar? E no aeroporto, achando que o outro vai pegar e o outro não pegava. Não foi uma, mas várias vezes".

Essas idas e vindas de Arlindo e Babi resultaram em muitos sambas bonitos. Bastava uma briga que a inspiração chamava Arlindo pra compor. Era ficar nervoso e ir para um canto conversar com o violão. Dali a pouco saía um lindo samba. E já acordou diversas vezes de madrugada para gravar uma melodia ou uma letra pra não esquecer, fora às vezes em que interrompeu uma transa e foi terminar uma música. "No início me causava ódio, ficava mesmo muito puta, mas ele precisava anotar para não esquecer. E eu ali de stand by. Depois fui entendendo, ele me convenceu que era bom. Era eu perdendo para as inspirações do Arlindo, mas geralmente vinham sambas maravilhosos". Um desses sambas salvou mais um sufoco do Casal Confusão. Babi estava grávida de quatro meses e o Fundo de Quintal faz uma temporada no Teatro Suam, em Bonsucesso. Arlindo foi mais cedo para a passagem de som e a barriguda em casa passando carinhosamente a roupa do show. Toca o telefone. Uma voz feminina vai falando particularidades de Arlindo e Babi vai ficando enfurecida. Por instantes, volta no tempo e se lembra de sua entrada intempestiva no Imperator, no meio do ensaio para um show de Beth Carvalho com a participação de Arlindo, querendo mostrar o teste positivo de gravidez. O diretor Túlio Feliciano disse que não podia, para esperar um pouco. "Acabei sendo o primeiro a saber. Um privilégio pra mim, que pude participar de grandes momentos deste casal desde o início no show do Asa Branca com a Beth", disse Túlio. Babi volta a si e pensa em voz alta.

Babi: – É assim que funciona? Tô quase nem levando essa roupa...

Calmamente termina de passar a roupa e se atrasa, de propósito. Enquanto isso, no camarim do teatro, Arlindo já estava experimentando várias roupas para poder fazer o show. Claro que nenhuma entrava no gordinho. Com a tranquilidade da vingança, Babi chega com a roupa passadinha, mas em cima da hora. Silenciosa e um olhar que dizia tudo. Percebendo que o bicho já estava pegando de novo, o bom malandro veste a roupa e, logo no início do show, sai do roteiro.

Arlindo: – Fundo de Quintal, me dá licença que vou cantar um samba que fiz pra minha mulher, para o grande amor da minha vida: "o meu amor é seu/eu não preciso nem provar/foi tanto tempo pra deixar/tudo acabar assim/mas pelo amor de Deus/tira esse mal do meu olhar/faz outra vez meu sol brilhar/volta de vez pra mim...".

Volta de Vez pra Mim, que Arlindo fez com Délcio Luiz e Marquinho PQD, sucesso do Grupo Raça. E a plateia entrou na onda, gritando o famoso "volta, volta, volta". A então enfezada Babi, mais uma vez não resistiu. "Eu ali chorando e me derretendo toda, voltei", lembra Babi. Ao final do show o casal voltou de bem pra casa. Pelo menos até que a próxima briga chegasse. Babi chegou a contar no Conversa com Bial, programa de Pedro Bial na TV Globo, um papo com a Beth Carvalho."A madrinha falava que o Arlindo virava um poço de inspiração quando a gente brigava, e olha que a gente brigava bem. Uma vez ela ligou, perguntou se estava tudo bem e disse 'é que já tem um tempo que ele não manda um sucesso...'. Ela conhecia bem a gente".

AMIGO XUXU LEVA ARLINDO PARA SALVADOR

Foi numa tarde de 20 de janeiro, aniversário do Cacique de Ramos, após um baba (é como os baianos chamam uma pelada), na quadra do bloco, que Edson Xuxu e Arlindo Cruz se conheceram. Ele ficou impressionado com o gordinho Arlindo fazendo muitos gols e elogiou.

Xuxu: – Rapaz, você acabou com o jogo, hein! Mas se aqui tivesse exame antidoping você ia ser pego.

O artilheiro olhou pro baiano, sério, cara de poucos amigos e não gostou da brincadeira. Mas depois caiu na risada. Não demorou muito viraram grandes amigos e Xuxu fez uma proposta para um show em Salvador.

Arlindo: – Eu ou o Fundo de Quintal?

Xuxu: – Com o Fundo são muitas passagens de avião. Quero levar você.

Arlindo topou e o show foi marcado para o Centro de Cultura Popular, no Forte de Santo Antônio, perto do Pelourinho. "Ele já estava com a cabeça voltada para a carreira solo e era a primeira vez dele em Salvador. No dia do show deixei ele num canto sozinho, um teste, pra ver o que ia acontecer", diz Xuxu. A cena era a seguinte: Arlindo num paletó de linho branco, chapéu, embaixo de um calor de 30 graus e suando muito. Quando a galera viu quem era foi toda pra cima, puxando, querendo autógrafo, querendo tirar foto, um desespero. Até que chegou Xuxu.

Arlindo: – Porra, Xuxu, como é que você me larga numa furada dessa, todo mundo em cima de mim?

Xuxu: – Mas, rapaz, calma, só queria testar sua popularidade.

E Arlindo caiu na gargalhada.

Por um tempo, Edson Xuxu empresariou Arlindo em Salvador. E, mesmo depois, a amizade ficou. Quando chegava à capital baiana ligava para combinar o cardápio dos almoços com Dona Jaciara, esposa de Xuxu. "Ele que escolhia. Chegava aqui em casa, tirava a camisa e ficava bem à vontade, como se estivesse na sua. Arlindo é como se fosse da família. Já tentaram deturpar nossa amizade, mas não conseguiram, ela é muito forte", afirma Xuxu. "Em nossas conversas falávamos de música, de orixá, de família, do nosso dia a dia, do futuro na carreira. O que sempre admirei em Arlindo é que nunca teve pressa pras coisas acontecerem na vida dele. Não viajava na maionese e tinha os pés bem firmes no chão daquilo que ele queria".

NASCE ARLINDINHO

Babi descobriu sua gravidez quando já estava com três meses e Arlindo teve a sorte de não ter enlouquecido com os famosos desejos estranhos. A futura mamãe só teve vontade de comer tamarindo. O famoso Romeu, funcionário do Cacique, catava e enchia várias bacias para Arlindo levar. "Me alimentei de tamarindo e daquela pipoca de saco vermelho", diz Babi.

No dia 24 de novembro de 1991, com apenas 1400 kg e 28 cm, prematuro de seis meses, nasce Arlindo Domingos da Cruz Neto. Um nascimento na base da emoção, em um momento de muitas dúvidas e incertezas com relação ao seu futuro no Fundo de Quintal. Com a saída de Sombrinha, logo após o LP Ao Vivo, quem sairia era Arlindo. "Ele ia sair antes do Sombrinha, mas o Vasco (Vasco Borges, diretor da RGE no Rio de Janeiro) disse que se ele saísse, não renovaria com o Fundo. Preocupado com a renovação ele ficou, mas disse que sairia depois de um ano", conta Babi.

Mas voltemos ao parto prematuro de Babi. Ela entrou na maternidade, numa Casa de Saúde no Méier, às onze da noite com Dona Nadir, Dona Aracy e Arly. No dia seguinte, por volta de meio-dia, descobriram que seu plano de saúde estava atrasado e, mesmo estando em trabalho de parto, foi expulsa e ficou no estacionamento. A orientação era que procurasse um hospital público. Como seu irmão Jorge Davi trabalhava no escritório da Golden Cross, foi à Brasília falar com o superintendente e conseguiu que Babi fosse para o Hospital Pio XII, em Botafogo. Vencida a primeira luta, a próxima era reverter o parto.

Médico: – Vamos ter que escolher ou a mãe ou o bebê.

Dona Nadir: –Você tem alguma dúvida? Minha filha com 20 anos de idade pode ter filho a vida toda. Salva a minha filha.

Babi: – Mãe, se você tá preocupada comigo, eu tô preocupada com meu filho. Ou salva os dois ou vai os dois.

As cenas inacreditáveis estavam apenas começando. Ao mesmo tempo em que enquadrava o médico, a baixinha Dona Nadir tentava dar na cara dele, bem maior que ela. Mas e por onde andava o pai, durante toda essa emoção? Estava tranquilamente em São Paulo, até porque não estava na hora do bebê nascer. Com a desculpa que estava fazendo umas produções, não muito bem explicadas, chegou ao hospital exatamente na hora que a bolsa estourou. Na camisa dele. Quando viu a placenta esverdeada misturada com sangue, só teve tempo de desmaiar. E Arlindinho nasceu de parto normal, sentado, todo roxo, um tanto asfixiado e, como não tinha UTI neonatal no hospital, foi transferido para o Hospital Neonatal da Lagoa. A mãe teve infecção na placenta e ficou internada por cinco dias.

O parto foi o mais animado que já aconteceu no hospital, com seis acompanhantes aos gritos: a avó Nadir, os tios Fátima, Vânia, Jorge Davi, Patrícia, esta grávida já desistindo de ter o filho, e o cunhado Otávio, policial, com a arma na mão gritando "não deixa ela morrer, não deixa ela morrer", mais o médico e dois enfermeiros. O hospital estava em polvorosa, pois tinha nascido simplesmente o filho do Arlindo Cruz do Fundo de Quintal e da porta-bandeira Babi, bicampeã do carnaval com a Mocidade Independente de Padre Miguel. Na recepção já estavam Sombrinha, Mário Sergio, Aluisio Machado, Beth Carvalho e seu empresário Ney Barbosa. E o pai desmaiado? Acordou e foi com Dona Nadir na ambulância levando o pequenino filho, que até então teria o nome de Pedro Ivo. "Eu queria um filho homem, como nome Pedro Ivo. Porque achava Pedro um nome lindo e Ivo era um tio meu, de quem gostava muito", conta Babi. A realidade era que Arlindo foi registrar o filho para ter a certidão de nascimento e poder usar na hora de fazer a certidão de óbito. Sim, porque o menino não tinha muita chance de viver. Aí, atendendo a um pedido do avô Arlindão, o pai foi para o cartório dizendo que ia registrar Pedro Ivo, mas voltou com Arlindo Neto. "E a mãe nem foi comunicada", reclama Babi. Nos 49 dias que Arlindinho ficou na UTI Neonatal, enquanto os médicos diziam que ele não vingaria, Babi e Arlindo tinham certeza de que o levariam para casa. "Ele dizia que o problema nos joelhos começou quando Arlindinho nasceu, porque ele ficava de joelhos de onze da manhã às onze da noite na UTI, rezando, pedindo, isso porque só podíamos ficar doze horas. E conheci meu filho pelas fotos de Polaroid que o Arlindo tirava, enquanto estava internada. Ele não tinha cílios, não tinha unhas. E Arlindo não me deixava chorar. Só em casa. Ali não podia passar fraqueza pro filho, só energia boa e positividade", lembra Babi, orgulhosa de Arlindo. "Ele teve vários erros comigo como homem e mulher, mas como chefe de família e como pai foi uma sumidade. No que se refere a responsabilidade sempre foi o melhor com os filhos. E, depois desse susto no parto, nunca deixou as crianças ficarem sem plano de saúde". Ao pegar o filho no hospital, levou uma lição da médica.

Arlindo: – Tanto sacrifício pra nascer, dando esse trabalho todo, daqui a pouco esse moleque vai virar roqueiro.

Médica: – O importante é ele ser feliz.

Em casa a situação financeira estava péssima. O berço, por exemplo, chegou quando Arlindinho já tinha quatro meses, um presente do compadre Élcio, do Tituti, um dos autores de Caxambu, sucesso de Almir Guineto.

NASCE KAUAN FELIPE

No início de 1992 o telefone começou a tocar na casa de Arlindo e Babi. E a notícia perturbou a paz do casal nos cuidados ao filho recém-nascido. Arlindo teria arrumado uma amante em São Paulo e um dia, sabendo que ele estaria viajando, ligou para Babi. "Parecia história de novela. A amante ligou pra denunciar que ele estava saindo com a amiga e que ela estava grávida. Ele negava o tempo todo", lembra Babi. Aí o circo estava armado e a paz encerrada, porque os telefones não paravam. Sobrou até para a produtora dos shows do Arlindo em São Paulo, Claudinha Almeida. "Pra mim foi uma dor de cabeça. A Babi achava que eu tinha levado a mulher pro Arlindo. Mas eu nem trabalhava com ele na época. Ele era do Fundo de Quintal. Quando Arlindo soube da gravidez, a chamou pra saber se era dele, mas ela disse que não, porque estava casada".

A confusão era tanta que até o pai da amante traída chegou a ligar para Babi para tomar satisfações. "Eu nem tava acreditando que passava por aquele absurdo. O senhor me liga e pergunta 'como vai ficar a situação do seu marido com a minha filha?'. Tentei me segurar, mas perdi a linha e falei o senhor começou direitinho. Se o marido é meu o que a sua filha está fazendo no meio dessa relação? Essa vagabunda, essa puta, pegadeira de marido alheio. E ele ainda disse 'você não sabe que ele conseguiu trair minha filha com a melhor amiga dela?'".

E como nesses casos a situação só piora, Babi resolve sair de casa, Arlindo termina com as duas e resolve se matar. No melhor estilo pastelão. Babi conta que a primeira tentativa foi com uma faca cega que não cortava nem manteiga e a segunda quando disse para o Toninho, gerente do Hotel Jandaia, em São Paulo, que ia se jogar da janela. E não se jogou. No final, tudo acabou bem e o casal "vai e volta" fez as pazes.

A vida segue e no dia 2 de julho de 1992 nasce Kauan Felipe Vieira. O menino vai crescendo, a mãe vai negando a paternidade de Arlindo, mas a verdade estava clara. "Ela dizia que não era dele, mas é o tipo de filho que nem precisa de DNA. Basta olhar. Acho esse menino mais parecido com o Arlindo que a Flora e o Arlindinho juntos", confessa Babi.

SINTONIA ENTRE PAI E FILHO

Em casa, a sintonia entre Arlindo e Arlindinho fluía na base da confiança e do respeito. E, mesmo com muitas gravações e muitas viagens, a lembrança de Arlindinho é de um pai sempre muito presente. "Sempre mesmo. Um pai muito foda, muito amigo. Com toda a vida desregrada que teve, com toda noitada, dava seu jeito de acordar cedo, de se fazer presente. Depois de um tempo ele me deixava à vontade e, quando passava do ponto ele vinha e...

Arlindo: – Qual é? Que que tá havendo? Vamos conversar?

"Ele nunca nem levantou a voz. Minha mãe não, ela dava uns gritos fodas. Ele nunca levantou a mão, falava baixo olho no olho. Falava uma vez e eu obedecia. E meu maior medo era decepcioná-lo", conta Arlindinho.

Arlindo era um paizão dos sonhos. Fazia mamadeira na madrugada, levava o filho ao pediatra, para a escola e ia para as reuniões de pais mais que Babi, a quem chamava de benevolente. Quando Arlindinho tinha dez anos, teve caxumba logo no início do ano e perdeu mais de um mês de aulas, tirando notas baixíssimas. No final do ano operou a apêndice e voltou a faltar. Arlindo foi para a reunião de pais e tomou uma dura da diretora do Colégio Faria Brito, onde o menino estudava desde o CA.

Diretora: – Seu Arlindo vê se o senhor consegue ajudar seu filho, seu pagodeirinho, a terminar pelo menos o ensino fundamental.

Educado, Arlindo ouviu em silêncio, engoliu a seco, mas sua pressão foi a 23 e foi levado direto para o Rio Mar.

Arlindo: – Essa mulher não podia ter dito isso pra mim e eu não podia ter intubado. Meu filho vai passar de ano e vou dizer pra ela quem é o pagodeirinho.

Recuperado, foi para casa e chamou o filho.

Arlindo: –Pagodeirinho você não é, teu pai não é. Teu pai passou em quatro faculdades federais e nós vamos mostrar pra ela que você não vai repetir o ano. Você vai pra recuperação e sair ileso, porque a gente vai estudar.

E foi exatamente o que aconteceu. Era ponto de honra esta vitória. O menino estudou com o pai, recuperou, gabaritou as provas finais, passou de ano com louvor e, na reunião final de pais, lá estava Arlindo Cruz. Calmo, como da última vez. Tudo estava tranquilo na reunião. Boletins entregues, despedidas, informações para o próximo ano, até que no final Arlindo pede a palavra. E aí foi que o bicho pegou.

Arlindo: – Bom dia a todos. Vim aqui com muito orgulho pegar o boletim do meu filho e dizer que pagodeirinho é a puta que te pariu. Sou sambista e meu filho vai estudar como eu estudei. Aliás, pra quantas faculdades federais a senhora prestou concurso? Em quantas a senhora passou? Nem precisa responder. Quero comunicar que estou tirando meu filho desta escola, porque não sabia que ele estava estudando tantos anos num lugar preconceituoso e racista.

A preocupação de Arlindo com o estudo sempre foi uma constante. Se preocupava também com as férias, colônia de férias e com tudo ligado às crianças. "E não era só em casa, mas com os filhos dos outros, sendo responsável por anos pelo material e uniforme de afilhados, sobrinhos, filhos de amigos...ele sempre quis ver crianças e adolescentes estudando", diz Babi. O engraçado era assistir às aulas particulares de matemática, física e português do terrível Professor Arlindo Cruz. O aluno estudava sob pressão, e o professor brabo chamava aquele que não aprendia a lição de burro, animal, orelhudo. "Ele dava soco na mesa. Tinha que aprender rápido. Arlindo achava português muito fácil e sabia a tabela periódica de cor", lembra Babi. Ao falar do irmão "professor", Arly volta no tempo, quando ele chegava da escola todo sujo e todo rasgado. "Vinha todo despinguelado, e como não tínhamos dinheiro, minha mãe costurava e ele ia pra aula assim mesmo. Agora, era um ótimo aluno, e como professor, achava que porque sabia todos tinham que aprender com ele. E muitos passaram pela mão do Arlindo. O Arlindinho, coitado, sofria nas aulas de matemática". E o filho confirma, mas salva o pai no final. "Ele era muito bom em matemática e dava aula pra geral, mas era impaciente pra caralho. Com meus primos era mais tranquilo. Mas comigo...

Arlindo: – Ah, mas você não quer estudar, meu filho. Você é muito burro.

"Apesar do sufoco, tirei ótimas notas, porque estudei com ele, que tinha uma didática funcional."

ARLINDO CRUZ SAI DO FUNDO DE QUINTAL

No início de 1992, após ter gravado o LP É Aí que Quebra a Rocha, título também da música que Arlindo fez com Zé Luis do Império Serrano, ele comunica aos integrantes do Fundo de Quintal que estava se desligando do grupo para seguir sua carreira solo. "Recebi muitas cantadas pra gravar, mas estava feliz no Fundo. Se o Sombrinha não saísse, estaria lá até hoje. Nada contra o Mário Sérgio, mas tem a amizade, a cumplicidade, e quando ele saiu ficou um clima estranho. Fiquei até chateado porque não sabia de nada. Eu ia sair até junto com ele, mas senti muita agonia. O Fundo de Quintal é um ideal e fiquei mais

Capítulo 10

um ano. Ajudei no primeiro show do Mário no Rosas de Ouro, a galera começou a gritar "Sombrinha, Sombrinha", mas segurei a onda. Nesse um ano teve um desgaste e saí", disse ao músico Rodrigo Morelli. Acompanhando bem de perto estava a mulher Babi. "Houve um período de discórdia e ele chegava muito nervoso dos shows. O Fundo não tinha mais espaço pra ele. O artista Arlindo Cruz precisava de asa para voar e um espaço onde pudesse cantar a obra dele, explica Babi. Fechada com o marido na sua decisão, ela se recorda de uma visita surpresa de Bira Presidente, logo após Arlindo ter ido a um compromisso. "Ainda estava de resguardo e foi ele sair e a campainha tocar. Achei que tinha esquecido alguma coisa, mas era o Bira".

Babi: – Presidente? Arlindo acabou de sair.

Bira: – Eu vi. Esperei ele sair para falar com você em particular.

"Era pra falar da saída do Arlindo do Fundo, porque tínhamos acabado de ter o filho e ele estava preocupado como íamos conseguir criar, como iríamos sobreviver. E, se eu tinha alguma dúvida quanto a saída do Arlindo, passei a ter certeza. E com todos o respeito e amor do mundo dei a minha resposta", diz Babi. Rápida, ela não pensou muito e respondeu à preocupação do Bira.

Babi:– Presidente, me escuta. Tudo que o Arlindo faz, ele faz diferente, faz do jeito peculiar dele. Ele me ensinou a ter confiança no que ele fala. Então, se a gente tiver que vender limão no trem a gente vai vender limão diferente. E vamos criar nosso filho dentro das nossas posses.

"Sinceramente? Eu achei uma traição. Ele poderia ter dito isso pro Arlindo, aliás ele deveria ter dito isso pro Arlindo ou se queria a minha presença, que nos chamasse para conversar. Não dessa forma. Esperar o Arlindo sair e vir falar comigo, sabendo do tamanho da minha opinião, da importância da minha opinião. Naquele momento poderia dar a minha opinião, deixar o Arlindo inseguro e talvez se violentar dentro dos projetos dele, da carreira, dos sonhos dele", desabafa Babi.

A preocupação era mútua, pois mesmo fora, Arlindo Cruz se preocupava com o futuro do grupo, com a instituição Fundo de Quintal e até ficar doente era uma espécie de consultor para os que estavam chegando, como já tinha acontecido com Ademir Batera como músico e depois quando teve a ideia de promovê-lo a integrante. E foi assim com o percussionista André Rocha, que já tinha tocado com ele e foi para a banda do Fundo e também novos integrantes como foi com Délcio Luiz e Márcio Alexandre. Arlindo saiu, mas sempre esteve por perto, cuidando!

Arlindo: – Bira, o Fundo de Quintal é um multiplicador de talentos e não pode acabar no palco. Vamos colocar substitutos à nossa altura, para não descaracterizar.

Arlindo e Fundo construíram em dez discos uma trajetória de vários sucessos, resultando em Discos de Ouro e de Platina. "O Fundo foi a minha escola. Tenho muito orgulho de ter aprendido muito com eles e ter participado numa época áurea. Escrevemos, talvez, o repertório mais forte do Fundo de Quintal de todos os tempos. Todo mundo canta as nossas músicas", disse Arlindo, orgulhoso, por também ser responsável pela mudança que o samba teve no final dos anos 70. "Hoje não tem mais samba sem o banjo, sem o repique de mão, sem o tantan. Todos os grupos têm o Fundo de Quintal como referência, notada nos instrumentos, no jeito de cantar o partido-alto, no pandeiro cortado do Bira. O Fundo de Quintal foi o grande marco da mudança do samba. E que também já era maravilhoso com Paulinho da Viola, Clara Nunes, Martinho da Vila, Roberto Ribeiro, mas numa forma instrumental e numa forma de se escrever, de se cantar e de se compor. Com as harmonias mais elaboradas do Almir Guineto e do Jorge Aragão, o nascedouro disso tudo foi o Grupo Fundo de Quintal, nos pagodes das quartas feiras. Sempre que começo a falar me emociono. O Fundo de Quintal mudou a história do samba e, graças a Deus, eu tava lá presente, junto com Zeca, Jorge, Jovelina, Sombrinha, Almir e outros bambas", conclui Arlindo emocionado. "Foi uma pena ele ter saído. Um cara muito amigo, não era marrento, muito pelo contrário, era fabuloso, um fora de série. E o Fundo perdeu aquele talento", lamenta Sereno.

Acompanhando de perto sua evolução no grupo, Babi também entendia que havia chegado a hora do vôo solo de Arlindo. "No Fundo era muito talento junto e esses talentos se chocavam. A gente sabia que existiam os três pilares (Bira, Ubirany e Sereno), mas também percebia o tamanho que ele era, sua qualidade. Ali ele teve o seu aprendizado, foi aonde se afirmou como autor. Mesmo assim ainda era muito inseguro, pois nunca foi a primeira voz, no Fundo era bem misturado".

Vivendo tempos difíceis ela se lembra da dificuldade em comprar roupas para o gordo Arlindo e de sua aversão aos sapatos. "Era um tempo que não tinha variedade nas lojas para gordos. Uma vez minha mãe de santo fez uma bata branca, na minha saída do candomblé, e ele ficou tão lindo, que resolveu um pouco. A bata veio a ser a sua identidade. Chegou a ter mais de quinhentas batas, até por conta do Esquenta", diz Babi. Boa parte das batas, entre outros pertences de seu acervo, ficavam guardadas numa casa em Pedra de Guaratiba. Mas, por conta de uma enchente em 2019, se perderam. "A Defesa Civil condenou a casa e nem pudemos entrar para pegar nada", conta Babi.

Assim como o parceiro Franco, ele também odiava sapato e tênis. "Sapato branco só pra atravessar o Sambódromo, e assim mesmo, por um tempo. Foi militar, viveu uns anos com regras e depois no Fundo, de novo com regras. De um lado, Bira, Ubirany e Sereno, muito elegantes, e, do outro, Arlindo e Sombrinha destoando totalmente no figurino. Era um Deus nos acuda. E acredito muito que uma das razões que o levou a sair do Fundo de Quintal foi o sapato. Ele odiava aquele momento de ter que calçar os sapatos, irritava ele ao máximo", diz Babi. Por falar em sapatos, ele não gostava de ir a pedicure. Dizia que 'homem não faz o pé'. Até que uma noite, num show em que estava num palco baixinho, uma mulher olhava para o pé dele com cara de nojo. Aí ele resolveu cuidar do pé.

O PRIMEIRO LP SOLO

O primeiro disco solo de Arlindo era pra ter sido gravado pela RGE, mas a ideia do diretor Vasco Borges não saiu das promessas. Entra em cena o produtor Mílton Manhães, que leva Arlindo para gravar pela Line Records, uma gravadora gospel que estava investindo no gênero popular. A reunião para definir a sua entrada na gravadora foi marcada pelo cantor gospel Kleber Lucas, após um encontro com o cunhado de Arlindo, o compositor Jorge Davi. O nome do disco é Arlindinho, em homenagem ao filho, então com dois anos, que também ganha uma dedicatória especial na música Mensagem de Amor (Luisinho Toblow): "dedico ao meu futuro poeta, meu filho Arlindo Neto (Arlindinho)". Com arranjos divididos entre o Maestro Ivan Paulo, Mauro Diniz, Jotinha e o próprio Arlindo, que também tocou banjo, o disco traz as participações especiais de Dona Ivone Lara, em A Vida é Assim (Sombrinha/Marquinho PQD/Lúcia Maria) e do seu parceiro Rixxa em

Tema das Rosas (Monarco/Toco/Kleber) e Santa Clara (Rixxa/Helinho do Salgueiro/ Jarbas).

E, se a partir do LP Seja Sambista Também, do Fundo de Quintal, eu trouxe de volta para os encartes dos discos os comentários de cada música que vi no LP Axé, de Candeia, desta vez estes textos são do próprio cantor. É Arlindo quem faz os comentários, que ajudam os fãs a terem mais conhecimento sobre cada música. Uma pena que anos depois o progresso e o novo formato musical acabou com os LPS, os CDs, entrando as plataformas musicais e saindo de cena, na maioria das vezes, as preciosas informações da ficha técnica. Infelizmente virou raridade saber quem tocou cada instrumento.

Portanto, neste encarte Arlindo lembra que conheceu o lindo samba dolente Me Alucina (Candeia/Wilson Moreira), na varanda da casa de Mestre Candeia, na Rua Albano, em Jacarepaguá e que Castelo de Cera (Arlindo Cruz/Zeca Pagodinho) e Só Pra Contrariar (Arlindo Cruz/Sombrinha/Almir Guineto), que regravou, são de um tempo feliz em que ele, Zeca, Almir, Sem Braço e Sombrinha iam para os pagodes da cidade. É no encarte que sabemos também que seu irmão Acyr Marques tocou o tantan, o parceiro Rixxa também estava no coro, Andrezinho, que no futuro seria o Andrezinho do Molejo tocou tamborim e que a companheira Babi Cruz estreou como assistente de produção. O primeiro comentário é sobre Dora (Aniceto), que não sairia mais de seu repertório: "Neste samba de roda outro grande mestre, o saudoso Aniceto (fundador do Império Serrano – minha escola), nos dá uma aula de como fazer um samba usando apenas uma rima e um ritmo contagiante (coisa de gênio). Essa eu dedico a toda Nação Imperiana". E dedicou cada música para alguém do coração: A todos os parceiros, em especial Sombrinha, os amigos do Fundo de Quintal, os pais Arlindo e Aracy, o carnaval de Salvador e do Rio, Lecy Brandão, os sambistas que fizeram e curtiram o Pagode do Arlindo, Grupo Raça, Reinaldo, a madrinha Beth Carvalho, Alcione e Beto Sem Braço.

Ainda no encarte um detalhe interessante. O baterista do disco foi o imperiano Wilson das Neves. Mas outro grande baterista também está entre os músicos, só que tocando repique de anel. Era Jorge Gomes. Filho de Risadinha do Pandeiro, ele aprendeu a tocar o repique de anel aos 15 anos de idade com Edmundo Pires de Vasconcelos, o Doutor, inventor do instrumento. E a primeira vez que Jorge gravou tocando o repique foi em 1977 no samba Com a Perna no Mundo (Gonzaguinha), no disco de Gonzaguinha.

O texto da contracapa é de Zeca Pagodinho, onde se lembra dos bons tempos deles no pagode das quartas no Cacique, elogia as participações de Dona Ivone, Rixxa, a produção de Mílton Manhães e termina assim "...Ainda dizem que o samba acabou. Boa sorte parceiro,"

Mas faltava um pequeno detalhe para marcar o primeiro disco de Arlindo Cruz. E foi um detalhe ao aroma da maresia, ou diria, no flagrante do cheiro deixado por vários tapinhas nos baseados do cantor. Como já se poderia esperar as gravações de base eram uma festa com amigos e familiares vibrando com o disco. E por lá estiveram a irmã Arly, a madrinha Beth Carvalho, o cunhado Jorge Davi, Nelson Rufino, o amigo Batata, Delcio Luiz, Jr Dom, Sombrinha, Marquinho PQD, entre muitos outros. Um desavisado que chegasse ia imaginar que estava num grande pagode. E não é que estava? Aí, na hora de colocar a voz definitiva, muito entusiasmado, Arlindo acendeu o cigarrinho e o cheiro ia descendo pelo duto do ar condicionado. "Estamos gravando um dos banjos do Arlindo, daqui a pouco chegou o bispo. E entrou naquele ambiente empesteado com o terrível cheiro de maconha", lembra Mílton.

Bispo: – O que é que está havendo aqui?

Mílton: – Estamos gravando um disco.

Bispo: – Sim, mas o cheiro está indo lá embaixo.

Mílton: – Chefia, os caras gostam. Mas estamos na paz.

Arlindo: – Tá legal, seu Bispo, a gente vai maneirar.

Com seu conhecido jeitinho simpático, Arlindo conseguiu acalmar o bispo, e a gravação seguiu. Na paz. Com menos maconha e menos maresia.

Disco pronto, o próximo passo é a capa e o resultado final na contracapa é o cantor sem camisa. "Foi por falta de roupa. No estúdio não tinha a camisa ideal para ele. Dizia que eram camisas de bancário, não eram de artista. Então falei bota esse peito pra fora. E ficou um charme. Eu sempre adorei e sempre achei que ele ficava sexy com o peito nu", disse a então assistente de produção Babi Cruz, que resolveu a questão do figurino.

GRUPO MOLEJO FOI A PRIMEIRA BANDA

O lançamento do disco foi na quadra do Império Serrano, em Madureira. A banda era formada por Anderson Leonardo (cavaco), William Araújo (violão), Andrezinho (surdo), Jimmy (bateria), Claumirzinho (pandeiro), Lúcio (repique de mão) e Vadinho (tamborim). "Ele sempre foi muito preocupado em agradar o público e não gostava de cantar músicas novas. Por isso não queria cantar as músicas do LP novo. Preferia cantar os seus sucessos de compositor e o repertório do Fundo de Quintal. Nós pedimos, pedimos e conseguimos que ele cantasse Demais e Me Alucina", disse Anderson Leonardo. A preocupação de Arlindo era que o público não fosse, que a quadra ficasse vazia. "Ele dizia 'não vai dar ninguém', mas ficou lotado graças a Deus e ele deu até um dinheiro a mais pra gente. E nos outros shows ele sempre pagou legal, nunca ficou devendo e às vezes melhorava o cachê", completou Anderson.

Os ensaios de Arlindo e sua banda eram no play do prédio no Engenho de Dentro ou no Sambola. "Não tinha uma direção musical, todos se ajudavam. Como a gente conhecia as músicas dele, sentávamos todos pra fazer o roteiro", lembrou Anderson. "Ele já era muito detalhista, perfeccionista. A gente criava e ele gostava, pois sempre foi vanguarda, pensava na frente e gostava muito de ensaiar", conta Andrezinho. "Para a abertura dos shows, fazíamos um tema com músicas que falavam de religião, como Receita da Sorte", disse Anderson Leonardo.

Ainda com a fama alcançada nos anos de Fundo de Quintal, Arlindo ia caminhando e, nesse início, principalmente em São Paulo, chegou a ter finais de semana com dois, três shows na noite. Alguns deles com pouco público. "São Paulo é outro país e sempre foi nosso local de trabalho. Fazíamos da comunidade até uma casa chique. E se estava vazio, o show era como se estivesse lotado. Ele nunca deixou a peteca cair", contou Anderson, que era o responsável por passar o som de voz e do banjo do Arlindo, além de afinar o instrumento. "Já era um profissional à flor da pele. No final dos shows fazia aquela fila e atendia a todos", lembrou Andrezinho.

Arlindo: – Não tem importância fazer show pra Família Garçom e pra Família Madeira. Aprendi com a Elza Soares.

Capítulo 10

O importante era seguir a trajetória, era trabalhar. E assim foi por quase um ano com os músicos fazendo coreografia no palco, tornando o show do novo artista bem dinâmico. "Ah, era a maior festa. A gente dançava, pulava e ele adorava", diz Andrezinho. Porém, Arlindo já previa o futuro.

Arlindo: – Vocês são muito animados, mas sei que vou perder vocês jájá. E vou ficar feliz, porque vocês têm muito talento.

E perdeu. Mas o ciumento Arlindo não ficou tão feliz assim que recebeu a notícia. Foi durante a festa de aniversário de dois anos de Arlindinho, na Associação do Encantado. Como sempre, sobrou pra Anderson Leonardo a difícil missão para comunicar a saída para Arlindo. Meio sem jeito, com sua gagueira bombando, lá foi ele tentar engatar um texto de primeira.

Anderson: – Ôooo Arlindão, poxa, te-tenho que falar contigo. Papo sério. Vamos ter que parar. Temos de ir pra São Paulo, porque meu pai con-conseguiu a graaavadora pra gente gravar. Pronto, é isso.

Arlindo: – Como assim? Mas vocês são foda, hein! Avisam assim, de repente...

Anderson: – Arlindão, ten-ten-tenta entender! A gente até já sabia, mas estava com medo de falar com você.

Andrezinho (tentando ajudar): – Ô da Cruz, é isso que ele falou. A gente não conseguia falar por respeito. Imagina como está sendo pra gente! Ninguém queria parar, mas é a nossa chance.

Arlindo ficou chateado, mas acabou entendendo, seguindo seu caminho com outros músicos e até mandou duas músicas para o CD de estreia do Molejo: Brincando de Samba de Roda, parceria com Franco, cantada por Andrezinho, e Estação das Águas, parceria com Acyr Marques e Jorge Davi, esta interpretada por William Araújo. Uma produção de Bira Hawaí, o pai do Anderson, para a gravadora Continental, hoje Warner Music. E que faturou um Disco de Ouro, pelas mais de cem mil cópias vendidas.

Quinto e último disco da dupla

CAPÍTULO 11

ARLINDO CRUZ E SOMBRINHA, ENFIM JUNTOS

DNA CONFIRMA PATERNIDADE DE ARLINDO

A DUPLA CHEGA AO FIM

❝O encontro das águas de Santos com as águas do Rio de Janeiro". Esta foi a definição que Arlindo Cruz deu ao convite que fez ao parceiro Sombrinha para, enfim formar a dupla, que já existia dentro dos shows do Grupo Fundo de Quintal. Quase que ao mesmo tempo, o produtor Mílton Manhães, um profundo conhecedor dos dois também teve a ideia. "Lembrei das duplas sertanejas e falei com eles para lançar a dupla. Eles gostaram e fomos direto para o disco", conta Mílton.

Era uma dupla perfeita que tinha no improviso de seus ping pongs nos discos do Fundo, dos seus bate-bolas no palco, a maior arma para contagiar o público. Quem sabe os anos de Fundo de Quintal serviram como ensaio para que formassem a dupla no futuro. "Nos conhecemos em 1980, ele ainda era Portela, era meio Império. Acho que conhecia mais o Arlindo do que a mim mesmo, e o Arlindo conhecia mais a mim do que a ele mesmo. Essa parceria era muito instantânea e muito espontânea, na música e fora da música. E se perpetuou por causa disso. A gente só não fazia sexo, mas vivíamos intensamente. No Fundo de Quintal já éramos uma dupla perfeita", contou Sombrinha no programa Samba na Gambôa, que Diogo Nogueira apresentou na TV Brasil.

Uma dupla perfeita que no início, nos tempos de Fundo de Quintal, não se dava. "A gente não se gostava. Ele me achava marrento porque eu usava as cordas Pyramid no meu violão. Aliás, a verdade é que todos eles acham que eu sou marrento e não sou, só gosto do que é bom. E eu também não gostava dele, porque ele bebia uísque, ficava bêbado, era chato, diz Sombrinha. "Engraçado que eu não gostava muito dele, nem ele gostava muito de mim. Um era meio avesso ao outro. Ele era meio marrento e achava que eu enchia muito a cara. Eu tomava conhaque e ficava meio perturbado", reconhece Arlindo.

"Até que um dia, do nada, na porta do Cacique, de dia, eu falei eu te amo e ele me falou eu também te amo. Choramos, nos abraçamos e foi bonito. A gente sentiu vontade de falar um pro outro, aconteceu", conta Sombrinha. A partir desta linda declaração de amor passaram a ficar sempre juntos. "Em nossos tempos de Fundo de Quintal saíamos juntos, íamos pros morros juntos, pras festas juntos, se saíamos com mulher estávamos juntos e ainda trocávamos! A gente comia da mesma comida, bebia da mesma bebida, isso todos os dias, não tinha jeito. Às vezes eu aconselhava às vezes ele que me aconselhava....", conta Sombrinha.

Após saírem do Fundo de Quintal cada um gravou seu disco, mas não estouraram. No início de 1992, Sombrinha lançou seu primeiro disco solo, que leva o seu nome, com produção de Rildo Hora. No ano seguinte foi a vez de Arlindo Cruz gravar o seu e, em 1994 Sombrinha lança Pintura na Tela, com produção do Maestro Ivan Paulo, e nome de uma das músicas, feita em parceria com Marquinho PQD. Já em meados de 1995, Albino Pinheiro, que já havia escrito a contra capa do primeiro LP de Sombrinha, os convidou para fazer uma semana no famoso Seis e Meia, do Teatro João Caetano.

Foi uma temporada marcante. Era a primeira vez que eles se apresentavam fora do Fundo de Quintal. Com direção de Túlio Feliciano, o show começava com os dois juntos. Entravam, se abraçavam, cantavam, Arlindo deixava Sombrinha no palco, para voltar depois e fazer sua parte. "De todos os shows de Arlindo Cruz e Sombrinha este foi o mais amistoso, o mais feliz, de muita amizade. Foi um grande evento e para definir quem cantava primeiro, eu disse que seria por idade. Para não achar que existia privilégio, o mais novo cantava primeiro", lembra Túlio. O mais engraçado foi Arlindo tentando convencer Túlio e Sombrinha de que o show teria de ter passistas, que nesta época eram chamadas de mulatas.

Túlio: – O show de vocês não é para vender bunda de mulata. O espaço que vocês desejam conquistar não é por esse caminho.

Arlindo: – Mas Tulíssimo, no final dos shows do Fundo tinha mulata sambando.

Túlio: – Tinha, mas eram alas de homens e mulheres do Cacique de Ramos com a fantasia de napa. Completamente diferente de uma mulata com fio dental requebrando a bunda.

Arlindo: – Mas a bunda de uma mulata todo mundo gosta.

"Mas era uma ideia sem nexo, não tinha como. E, como eu que iria decidir onde a mulata iria entrar, nem deixei chegar a essa parte e não teve mulata", disse Túlio. "E o Sombrinha queria cantar Choro Bandido (Edu Lobo/Chico Buarque). Aí, tive que dizer basta, né Sombrinha? Anos depois num show sozinho ele cantou e eu disse agora é a hora de você cantar Choro Bandido, não era no seis e meia", conta Túlio rindo muito.

Ao resolverem formar a dupla, os amigos, parceiros e compadres conversaram sobre o nome.

Arlindo: – Meu compadre, você se importa se for Arlindo Cruz e Sombrinha?

Sombrinha: – Não, tranquilo. Vamos embora.

No show de estreia, eles montaram um texto anunciando a dupla, em que falavam da tradição de duplas na música brasileira, citando Tom e Vinícius, Antonio Carlos e Jocafe, e outros. "Era um texto ótimo em que eles diziam, por exemplo, Tom e o povo completava com Vinícius", lembra Túlio. "Eles também falavam que eram como Tom e Jerry, Batman e Robin, várias duplas que existiam. E eu, pequena, pensava eles são muito famosos e dizia sou filha do Arlindo Cruz e Sombrinha, porque todo mundo me perguntava: você é filha do Arlindo Cruz e Sombrinha?, conta Anna Carolina, filha de Sombrinha. E, como faltava uma polêmica, neste show Arlindo voltou com a história da mulata, mas Túlio Feliciano não deu muito assunto.

Túlio: – Arlindo, essa história já foi discutida, lembra?

"Usei os mesmos argumentos do outro show e não teve mulata".

OS DISCOS DA DUPLA

Em 1996, pela gravadora Velas, foram para os estúdios da Cia dos Técnicos, sob a produção de Mílton Manhães e arranjos do maestro Ivan Paulo, fazer o CD Da Música, que é nome do samba feito para eles por Serginho Meriti e Cacá Franklin. Das músicas que marcaram, Pedras no Caminho, Silêncio no Olhar e Quem Sabe de Mim Sou Eu, todas de Arlindo Cruz, Sombrinha e Marquinho PQD. Na foto de Oskar Sjosted, para a capa, seguindo a moda da época, os dois estão arrumadinhos, com as camisas pra dentro da calça. No encarte, Arlindo de suspensórios. Na gravação, Sombrinha tocou cavaquinho e bandolim, Arlindo tocou o banjo, e seu irmão Acyr Marques tocou tantan em duas músicas. E assim, começavam a realizar o sonho de enfim dividirem o mesmo palco e o mesmo disco. De levarem para os shows o amor que os unia e que, por nove discos, conduziu a trajetória do Fundo de Quintal. "Amo ele, sempre amei, de amigo, de parceria. Nossa parceria era coisa de Deus. No palco a gente se olhava e já sabia o que fazer, não precisava de roteiro. Nas músicas, a gente se olhava e em quinze minutos já saía um samba. Em Recife, fizemos Onde Está? em dez minutos. A gente foi falando, conversando, quando vimos o samba tava pronto. Sempre era rápido. A gente já sabia o que um queria falar e o outro completava. Geralmente eu fazia a melodia e a gente vinha destrinchando a letra, mas ele também é bom de melodia", conta Sombrinha. Parceria dividida, as bagunças também eram, com uma pitada de rebeldia. "É difícil falar quem era o mais rebelde, ora um ora outro, mas caiu tudo na minha conta, porque uma vez teve uma entrevista, o cara ligou e queria falar sobre o pagode. Falei o pagodeiro da dupla é o Arlindo, liga pra ele.

"Meu pai me levava para as gravações no estúdio, os dois muito parecidos, muita risada, falando besteiras, saindo de manhã da Cia dos Técnicos", diz Anna Carolina.

Arlindo: – Ô compadre, vou levar minha afilhada no colo.

Sombrinha: – Nada disso, você não consegue, me dá que eu levo.

"Os dois sem condições de me levar no colo. Nem sei como dirigiam pra casa. Nem sei como viviam. No dia seguinte íamos todos para a praia e ficávamos o dia inteiro. Eles não queriam ir embora", conta Anninha.

Também foi em 1996 que Arlindo, Babi e Arlindinho mudaram-se para o Recreio. E a compra da casa saiu numa mistura da loucura de Babi e de sua fé. Ela teve a coragem de passar um cheque sem fundos para trinta dias e tirou a casa de venda, pois sabia que neste período iam entrar pagamentos de seu final de contrato com a União da Ilha do Governador e de direitos autorais de Arlindo. Era a famosa casa verde no Condomínio Vivendas do Sol no Recreio, onde moraram por vinte e quatro anos.

Babi: – Pai comprei uma casa.

Arlindo: – O quê? Comprou? Com que dinheiro?

Babi: – Nosso dinheiro que vai chegar.

Arlindo: – E se não chegar? O que eu faço?

Babi: – Calma, tenha fé.

"Deus foi tão bom, tão maravilhoso que o dinheiro que veio a gente quitou e comprou a casa. Quando mudamos, estávamos brigados, quase separados, e esse cheque rendeu muito. Qualquer coisa ele se lembrava do cheque", diz Babi.

Em 1997 a dupla lança, ainda pela Velas, o segundo CD O Samba é a Nossa Cara, música de Luizinho SP. Outra produção de Mílton Manhães, que teve como assistentes Genílson Barbosa e o compositor Marquinho PQD, com arranjos do Maestro Ivan Paulo e de Jotinha. No repertório, Teu Meu Trago na Palma da Mão, um samba de fé falando em várias santas, que Arlindo e Franco fizeram na intenção de Roberto Carlos. O samba dolente Papo de Homem e Mulher (Sombrinha/Franco) é um samba bem cantado nos pagodes. E o samba de roda Deixa Clarear (Arlindo Cruz/Sombrinha/Marquinho PQD) é a cara da dupla.

A vendagem do segundo disco não foi boa e o terceiro, Pra ser Feliz, veio em 1998 pela gravadora Polygram (hoje Universal). Foi uma produção de Rildo Hora, que dividiu os arranjos com Jotinha e Paulão Sete Cordas. Na capa Arlindo e Sombrinha estão elegantes, de blaser, e no encarte a elegância continua com direito a camisa social, gravata e suspensórios. O disco começa com É Sempre Assim (Sombrinha/Arlindo Cruz/Marquinho PQD), um samba que logo se tornou sucesso. Foi mesmo um disco pra levantar o astral e que trouxe regravações de sucessos, como Chama de Saudade (Serginho Meriti/Beto Sem Braço) e outras em pout-pourris, que já eram chamados de medley: Não quero Saber mais Dela (Almir Guineto/Sombrinha) e Só Pra Contrariar (Arlindo Cruz/Sombrinha/Almir Guineto), Boca sem Dente (Almir Guineto/Pedrinho da Flor/Gelcy do

Cavaco) e Eu não Fui Convidado (Zé Luiz/Nei Lopes), e ainda Água Benta (Sombrinha/Ratinho), Falange do Erê (Arlindo Cruz/Aluizio Machado/Jorge Carioca) e Na Paz de Deus (Arlindo Cruz/Beto sem Braço/Sombrinha). Anninha lembra da confusão na prova das roupas para as fotos do disco.

Sombrinha: – Ah, não! Eu não vou usar essa porra de suspensórios, de colete. Tá maluco! Não vou usar.

Arlindo: – Porra Sombrinha, você é foda.

Sombrinha: – Ô Arlindo, você sempre gostou dessas roupas, por isso que era do quartel. Não vou usar, usa você.

"Era uma briga de roupa na casa do meu padrinho. Eles discutiam e ficavam rindo. Mas no final ele usou. Meu padrinho tinha esse poder de convencimento."

O quarto disco de Arlindo Cruz e Sombrinha veio em 2000 na gravadora Indie Records, mantendo a tradição dos discos ao vivo, uma verdadeira paixão do diretor artístico Líber Gadelha. Foi Arlindo Cruz e Sombrinha Ao Vivo. "Eu tinha prazer em realizar os discos ao vivo e mais ainda em esfregar na cara dos presidentes das multinacionais, nos almoços da ABPD (Associação Brasileira de Produtores de Discos). Quanto mais sucessos eu gravava como foi com o Fundo de Quintal, Alcione, Jorge Aragão e este do Arlindo Cruz e Sombrinha, mais eu pensava nos almoços. Tive o prazer de conhecer o samba por dentro e mostrar pro mercado fonográfico a força deste samba", contou Líber Gadelha. Uma pena que a chance de fazer imagens foi desperdiçada e o samba fica sem um DVD da dupla Arlindo Cruz e Sombrinha.

A gravação foi no Consulado da Cerveja, em São Paulo, com direção musical e arranjos de Alceu Maia e produção de Pelé Problema, que na época era o empresário da dupla. "Gostava dos dois pela linha musical. O Arlindo favela e o Sombrinha cidade, praticamente MPB. A união é coisa de Deus, eles se completavam, tinham um dom fantástico. E o Arlindo conseguiu se aproximar da nova geração. Quando saiu Só no Sapatinho ele se aproximou da molecada de hoje", diz Pelé. O sucesso É Sempre Assim abre mais uma vez um disco da dupla, que traz quatro convidados especiais: a madrinha Beth Carvalho em Saudade que não se Desfaz (Sombrinha/Franco), Péricles em Só Chora quem Ama

(Wilson Moreira/Nei Lopes) e Não Tem Veneno (Candeia/Wilson Moreira). Para reviver os bons tempos dos duelos de partido-alto com versos de improviso nas quartas do Pagode do Cacique, Arlindo e Sombrinha versaram com Almir Guineto em Cavaquinho do Salgueiro (Sílvio Modesto), com Zeca Pagodinho em Serrinha (Tio Hélio do Santos) e com Almir e Zeca em A Barca (Ney Silva/Trambique/Paulinho da Aba), um dos mais cantados nas quartas do Pagode do Cacique. Nas despedidas nesta faixa, Almir agradece como sempre fazia quando encontrava Arlindo.

Almir: – Valeu Ursooooo.

O bicho pegou foi na hora da regravação de Estrela da Paz (Arlindo Cruz/Acyr Marques), sucesso do Soweto. "Meu padrinho desesperado porque meu pai odeia essa música e o jeito foi colocar o choro Alvorada (Jacob do Bandolim), que meu pai solou no cavaquinho. Meu pai cantou puto, mas cantou e meu padrinho sabia", conta Anninha.

Com Pelé Problema no comando da agenda, eram muitos shows, vários deles em campanha política. Porém, eram muitas também as ofertas das drogas que chegavam até eles por intermédio de "amigos" que traziam como presentes. "Jesus Cristo, mas era um troço absurdo. Como esse pessoal é baba ovo de artista. Que amigo é esse que quer ver o cara ruim? São amigos do mal. Não faltava pra eles. Aliás, todos os viciados têm esses baba ovos, e artista então, piorou! Comigo tinha sempre o respeito porque sabiam que eu não usava drogas e sou muito sério no trabalho. A nossa produtora Claudinha que segurava a onda", conta Pelé. "Eles tinham fama de complicados e o Pelé disse que só eu iria conseguir domar os dois. Até que consegui, mas o Sombrinha ciumento, dizia que eu era puxa-saco do Arlindo. Eu era motorista, rold, produtora, era tudo. E no carro só podia nós três e o rold Fulgêncio. Pelé dizia que se entrasse mulher no carro me mandava embora", contou Claudinha Almeida. Com relação às drogas, Pelé Problema ressalta que só teve um problema com eles, num show na Caprichosos de Piqueri, Zona Norte. "Quase não cantaram, estavam muito mal e tiveram que sair do palco pra darem uma respirada. Voltaram pro camarim, tomaram um banho de água fria, voltaram para o palco e terminaram o show".

Nas bagunças no famoso hotel Jandaia, que existia na Avenida Duque de Caxias, era o gerente boa praça Toninho quem resolvia todos os problemas. E a história do samba passa por este hotel, que no auge dos anos 80 hospedou muitos artistas e músicos vindos do Rio de Janeiro. Muitos deles ainda possuem uma toalha azul clara do Jandaia em casa.

PELÉ PROBLEMA E SUAS ORIGENS

O famoso e polêmico empresário e produtor Pelé Problema se chama Carlos Alberto Rosa. Até os dezessete anos foi um bom meia-esquerda ou ponta-esquerda do Nacional, do Juventus e chegou a fazer teste na Portuguesa e no Palmeiras, mas a noite interrompeu sua carreira. "Ela me engoliu. Era muita rua. Eu enganava um pouquinho como jogador, mas chegava em casa às cinco da manhã e tinha treino às nove". Seu pai, Seu Genésio Francisco Rosa, que cantava e tocava bateria, disse que ele teria de escolher entre a noite e a bola, que as duas não combinavam. A noite ganhou e, em 1985, Pelé começou como produtor. O nome Problema surgiu em 1990 nos preparativos da festa Os Melhores do Ano, que iria realizar na quadra do Rosas de Ouro. No mesmo dia, o Luizão, da Chic Show, produziria uma festa na quadra da Vai Vai. "Ele estava copiando as minhas atrações. Um cara muito inteligente, com quem aprendi muito, mas não poderia perder para o Luisão. E, faltando vinte dias pra festa arrumei mais seis atrações, entre elas Raça Negra e Alcione. Aí, fui regravar minha vinheta com o Banana, locutor de rádio".

Banana: – Meu, de novo? Você é problema.

Pelé gostou e pediu pro Banana colocar no final da locução realização Pelé Problema. "É um nome muito polêmico e eu também sou porque não dou muita confiança. Sou muito centrado no meu negócio, sou um cara sério, não fico dando sorrisinho, não faço gracinha". O nome foi indo, foi pegando, não teve como tirar e ficou Pelé Problema.

EXAME DE DNA COMPROVA FILHO DE ARLINDO

Neste mesmo ano, em meio ao sucesso do CD ao Vivo em uma nova gravadora, o mundo parecia desabar sobre Arlindo Cruz. Ele teve uma doença chamada paniculite, que é uma inflamação na camada de gordura abaixo da pele e, no caso dele, envolvia a tíbia e o perônio das duas pernas. E dói tanto que causa pânico. Arlindo ficou nove meses de cama, perdendo shows. "Ele usava fralda e era tudo comigo, no peito e na raça. Um momento de muita dificuldade financeira. Foi um contrato de exclusividade editorial que nos sustentou. O tratamento era caríssimo e depois de uns seis meses de cadeira de rodas e de andador, ele melhorou, mas nunca mais voltou a andar direitinho. Foi aquela luta para emagrecer, conseguiu perder vinte e cinco quilos, desinflamou, mas deixou uma artrose violenta eterna", conta Babi. "Éramos eu e o Alex, dois gigantes pra carregar os 140 kg do Arlindo, que foi muito carregado por amigos pra entrar no palco. Foi muito sofrimento", desabafou.

Por causa da doença foi ventilado que Arlindo ia morrer e, pra completar o cenário de terror, foi pedido em São Paulo um exame de DNA. Era a mesma mulher de oito anos atrás, com quem Arlindo havia se relacionado. "Ele ficou muito puto, porque antes ela tinha dito que o filho não era dele", conta Claudinha, lembrando que era uma época em que o quadro Teste de DNA do Programa do Ratinho, no SBT, estava em alta com os mais escandalosos e divertidos barracos. "Ela começou a vir atrás do Arlindo. Como ele não atendia seus telefonemas no hotel, ela me ligava me ameaçando. E me dizia que se ele não atendesse ia ao programa do Ratinho. Ele me tratava como irmã e fiz a cabeça dele pra conversar com ela, que foi ao hotel e levou o menino. Mas Arlindo nem conversava com ela" conta Claudinha.

Claudinha: – Arlindo esse menino é todo seu, não sei por que vai gastar dinheiro com exame.

Arlindo: – Claudíssima, a Babi vai me matar, mas ele é meu filho mesmo.

Até que Arlindo foi para São Paulo fazer o teste de DNA. "Ele teve que fazer, não dava pra fugir. A Babi é braba e estremeceu o barraco. Ele é a cara do Arlindo. Usando barba então é o Arlindo", disse Pelé Problema.

Arlindo: –Pra não ser preso, já que sou o pai biológico, vou assumir pra não dizer que abandonei. Mas nesse momento a escolha de não ter sido pai foi da mãe da criança, que negou por oito anos.

"Ele tinha muita vergonha dessa situação e se referiu como uma fatalidade. Ficou claro que ele ia pagar a pensão judicialmente, mas que num primeiro momento não daria afeto, não teria uma relação familiar, laços familiares e isso era uma coisa que eu exigia. Seria como sapatear em cima da minha ferida. Quando veio esse DNA, meu mundo desabou e me remeti ao momento em que estava parindo um filho prematuro, sem plano de saúde, expulsa da maternidade, jogada no estacionamento em trabalho de parto, de meio-dia às seis da noite, época de vacas magras, até conseguir outra clínica. E cair um filho de pára-quedas num momento tão sublime de uma relação é complicado. Foi muita cobrança e, mais uma vez, nos separamos", conta Babi.

Após o primeiro impacto da confirmação da paternidade de Arlindo fora do casamento, chegou a hora de contar para Arlindinho. Babi e Arlindo foram buscá-lo na escola. Ela chorando muito e ele não querendo contar naquele momento. Foram para a praia, mas Arlindo travou e não conseguiu contar. Em casa, deu um tapa num baseado, relaxou, demorou quase uma tarde inteira, e chamou Arlindinho. Só os dois.

Arlindo: – Filho tenho que te contar uma parada, a gente é homem. Eu e sua mãe, a gente brigou, nos separamos rápido, eu tive um relacionamento e você tem um irmão.

Arlindinho: – Quero conhecer meu irmão.

Arlindo: – Poxa, filho, não pode. Vai dar merda, tua mãe vai brigar comigo.

Arlindinho: – Mas pai, sempre quis ter um irmão e, se agora eu tenho, quero conhecer.

Arlindo: – Tá, mas vou te apresentar escondido.

E assim aconteceu. Arlindinho e Kauan Felipe se conheceram em São Paulo, às escondidas, sem Babi saber. Foram ao show do pai, jogaram videogame no hotel e se falam de vez em quando. "A gente não tem uma relação de irmão, mas uma relação de respeito. E eu gosto dele, gosto dele de verdade, me preocupo. Se souber de alguma vacilação dele de verdade, vou falar com ele, ô Mané tá dando mole? Hoje sou mais experiente que ele, vivi mais coisas que ele", diz Arlindinho.

E não é que a Claudinha Almeida e o Pelé Problema tinham razão? Kauan é a cara do Arlindo. "Realmente é muito parecido e parece com meu padrinho Acyr. É gordo, anda igual, é mais negão que a gente, lembra muito. Se olhar a foto dos tempos da aeronáutica, fica na dúvida de quem é quem. E é um cara maneiro, um ser humano educado. Parece ter sido bem criado e chega aos lugares bem. É cachaceiro igual a gente, eu e Flora. Ele me ouve, me respeita, eu e ele nunca tivemos um problema. Nenhum", afirma Arlindinho.

Depois de terem se visto no hotel e no dia do teste de DNA, a primeira conversa entre Arlindo e Kauan foi em 2009, um ano depois de ser reconhecido oficialmente e passar a se chamar Kauan Felipe Vieira Domingos da Cruz. Por umas três horas pai e filho conversaram no Hotel Feller. "Ele falou muito do Arlindinho, disse que ele cantava e que um dia eu iria conhecê-lo".

Formado em jornalismo, Kauan não canta nem toca nenhum instrumento, mas por escrever bem, recebeu pedidos para que fizesse uma biografia do seu pai. "Eu fiquei meio assim, porque só o conheço como artista. Não tínhamos uma relação tão próxima de pai e filho. Começamos tardiamente e preferi não me arriscar. Antes de ser registrado eu não tinha a dimensão do artista que ele era, mas depois, quando comecei a me aproximar, vendo muita gente enaltecendo ele, vi que era grandioso e muito importante para o samba", reconhece Kauan. "Fui percebendo com os sambistas da Casa Verde, que é o berço do samba em São Paulo, onde eu moro, dele ser uma referência para o seguimento".

Do pai pode se dizer que ganhou como herança o gosto pelos estudos e pela arte de compor. Kauan está se formando em ciências contábeis e tem disputado sambas enredo em algumas escolas de samba, como Unidos do Peruche, Gaviões da Fiel, Vila Maria e chegou à uma semi-final na Mocidade Alegre. "Tô sabendo que ele está envolvido nos sambas-enredo e uma hora vou fazer um com ele", disse Arlindinho.

O FINAL DA DUPLA

Em 2002, pela Indie Records, sai o último CD da dupla, Hoje tem Samba, nome também da música de Sombrinha, Arlindo Cruz e Maurição. Com produção do Maestro Ivan Paulo (a música Hoje tem Samba foi produzida por Mílton Manhães, enquanto o empresário Cosminho produziu Fases do Amor (Chiquinho Vírgula/Marquinho PQD/Fernando Piolho), que dividiu os arranjos com Jotinha, o disco traz as participações de Beth Carvalho em Consciência (Sombrinha/Arlindo Cruz/Sombra), Jamelão em Dona Neuma A Rosa (Arlindo Cruz/Sombrinha/Franco) e as Velhas-Guardas do Império Serrano e da Portela em Samba de Madureira (Arlindo Cruz/Maurição/Jorge Davi). E, por mais que nas fotos Arlindo e Sombrinha estivessem se divertindo a dupla estava chegando ao seu final. Querer saber o que causou o final, mais de vinte anos depois e sem Arlindo poder dar a sua versão, é muito delicado. "É tão difícil falar sobre isso agora, não é uma coisa fácil de dizer, até porque não adianta eu falar e não ouvir a outra parte. A coisa não andava boa, muita gente se metendo, muita discórdia e, como todo casamento tem um desgaste, o nosso também teve", conta Sombrinha.

Na fase final da dupla o empresário era Cosminho, que ficava no meio do conflito. "Ninguém acaba um casamento dizendo eu te amo. E eu era o juiz, tentando o consenso. E não sei por que acabou, é uma coisa muito deles, mas eu estava no meio tão envolvido e absorvendo as coisas dos dois lados, que tive um AVC. Foi stress puro", diz Cosminho. Ainda sem as manhas de um empresário experiente, estava começando e teve de se virar para resolver o que estava acontecendo na dupla. "É diferente de estar de um lado de uma separação. Era uma dupla e eu ali no meio, tinha as esposas, foi foda pra lidar com tudo aquilo. Eu ainda estava aprendendo, ainda não tinha maturidade nem bagagem pra lidar com uma crise de dois gigantes da música. Se a crise já vinha de antes eu não percebia. A gente só se encontrava nas viagens e era tudo muito alegre, tudo muito descontraído. Se tinha alguma coisa, era deles, era um almejando alguma coisa diferente do outro", diz Cosminho.

O último show foi em Belém do Pará, em novembro de 2002 e um dos primeiros a saber foi o músico e compositor Rubens Gordinho, que tocava pandeiro na banda. "Lembro que o show foi num clube, um galpão imenso, lotado. No hotel, Sombrinha me chamou no apartamento dele..."

Sombrinha: – A dupla vai se desfazer. O Arlindo vai seguir carreira solo.

"O Sombrinha estava muito abalado, triste e guardei pra mim o que ele me disse, meio que não acreditando, pois como fã não conseguia ver um sem o outro. Poxa, eles davam tão certo musicalmente", lembra Gordinho que, no entanto, apesar da parceria musical perfeita já percebia algo no ar há alguns shows. "Havia um clima pesado. Eles já estavam discordando na questão musical. No show viravam irmãos, mas no último disco já tinha uma divergência musical. O Arlindo tinha uma ideia e a colocou nos seus discos solo.

Mas nunca discutiram, nunca teve bate boca na frente da gente", diz Gordinho. E Arlindo contou para o diretor Túlio Feliciano.

Arlindo: –Tulíssimo não dá mais, a gente vai se separar mesmo.

Os músicos da banda nem foram comunicados oficialmente sobre o final da dupla. É que já era costume de, perto do final do ano Arlindo tirar férias. "Por causa dos sambas enredo ele só voltava depois do carnaval. E como não tinha show marcado só percebermos que tinha acabado quando soubemos do cd Pagode do Arlindo, no início de 2003", conta Rubens Gordinho.

Com o final da dupla o empresário Cosminho seguiu com Arlindo Cruz e, em dezembro, entraram num acordo que seria o mês do trabalho. Resultado? Trinta e oito shows.

Arlindo: – Meu compadre precisamos fazer dinheiro. Vamos pra rua!

"O acordo era pegar tudo. porque em show se nega muita coisa, como valor de cachê. Íamos nós dois com o banjo e ele atacava com a banda local", diz Cosminho.

Arlindo: – Vamos lá de pagode, que na hora eu resolvo.

E resolvia. Com a disposição de um garoto e a alegria de quem estava começando, ele fazia dois, três shows na noite, às vezes até quatro. "Literalmente nós passamos o carro, foi muito surreal. Ele estava mesmo muito feliz, confiante que ia conseguir caminhar sozinho. E comemoramos com um Natal muito farto na casa dele".

Por ter uma entrada muito boa com os contratantes da chamada era moderna, Cosminho se orgulha de ter colocado os shows de Arlindo em cenários importantes da música. "Foram vários festivais da galera nova, todos eles fãs do Arlindo. Foi importante vê-lo sentindo o carinho dessa galera, como foi no palco principal do Samba Recife. Os novos e ele. E também ver o Thiaguinho reverenciando ele no Tardezinha".

BIRRA SAUDADE E PAIXÃO

Se para os fãs que acompanhavam a dupla, ficou um vazio, para a jovem Anna Carolina, que tinha catorze anos e já vivia com intensidade o universo deles, era um desastre, que sua pré-adolescência não conseguia entender. "Foi uma loucura, parecia que tinha alguém morrendo, porque eu só lembrava deles sempre muito unidos, em todos os lugares, juntos o dia inteiro, todos os dias, um almoçando na casa do outro, um ligando pro outro e, quando se separaram viraram outras pessoas. Para os fãs simplesmente acabou, mas pra mim era ódio. Eles não se olhavam, não se falavam, não ficavam nos mesmos lugares...se um soubesse que o outro estava num lugar, não ia". E, como na maioria das vezes quem não tem nada a ver com o conflito acaba pagando o pato, a briga dos dois resvalou em cheio na menina. Anna Carolina não teve sua tão sonhada festa de aniversário de 15 anos.

Arlindo: – Minha afilhada vou te dar o Bello de príncipe pra dançar a sua valsa de quinze anos.

Sombrinha: – Se teu padrinho for à festa eu não vou.

"Pronto, acabou tudo. Como é que ia comemorar sem meu pai, que faz aniversário no mesmo dia que eu? Estava uma situação muito complicada entre os dois e não tive minha festa de quinze anos."

Mas o tempo cura todas as feridas e, com o passar dos anos, a saudade tomou conta de um e do outro. Tanto Sombrinha quanto Arlindo podia afirmar o contrário, mas no fundo sentiam saudade sim e queriam voltar a se encontrar. "Tudo que meu padrinho fosse fazer em Realengo, buzinava lá em casa, dizia que tava com saudade, dizia cadê aquele safado, igualzinho meu pai falava dele. Era um contando histórias do outro e eu sempre percebendo a saudade dos dois lados. Meu pai chorava e até hoje chora quando ouve as músicas da dupla. Aí, começa a contar as histórias que faziam juntos. Chegou uma hora em que passou a mágoa e começou a dar saudade". E com uma maturidade que acabou ganhando mais cedo, Anninha foi costurando a paz entre os dois com um papo aqui, outro ali e acabou conseguindo. "Eu ligava pro meu padrinho e pedia a ele pra ligar pro meu pai, que ele não estava bem e ele ligava. Aí, dava um tempo dizia pro meu pai ligar pro meu padrinho pra saber como ele estava. Ele ligava. Fazia essa ponte pra eles voltarem a se falar. Fiz isso muito, muito, muito, como uma doida e, graças a Deus, eles voltaram". Com essas investidas no pai e no padrinho, Anninha foi minando a resistência dos dois e, aos poucos passaram a se cumprimentar, a perguntar um pelo outro, a se zoar..."Nós três somos virginianos e virginiano é tenso. Voltar a se falar deve ter partido do meu padrinho, que é bem mais maleável".

Para esquentar esta história, o diretor Túlio Feliciano conta que eles se encontravam escondidos. "Se encontravam para compor, me contavam e me mostravam a música que estavam fazendo. Eu era o corta-jaca do namoro deles e em um desses encontros eu fui junto".

Até que em 2011, Anna Carolina fica grávida do músico Thiago Kukinha. Vai buscar seu pai no aeroporto e de lá vão para a Churrascaria Estrela do Sul, que ficava em frente à casa de Arlindo, no Recreio.

Anna: – Pai, preciso te contar, tô grávida.

"Meu pai bebeu umas três garrafas de champanhe e, como eles já estavam se falando, queria contar pro meu padrinho. Tia Babi foi pra churrascaria, se abraçaram, se beijaram, e meu pai foi pra casa do meu padrinho contar pra ele. Meu pai doidão, que não conseguia ficar em pé, segurando nas paredes", conta Anna.

No ano seguinte, Arlindo Cruz convida Sombrinha para cantar Da Música (Serginho Meriti/Cacá Franklin) e O Show Tem que Continuar (Luiz Carlos da Vila/Arlindo Cruz/Sombrinha) no DVD Batuques do meu Lugar, e em 2013, Sombrinha convida Arlindo Cruz para produzir seu CD Matéria Prima. E a vida segue!

Arlindinho no Pagode do Arlindo, no Barril 8000, na Barra. No cavaco, Márcio Vanderlei

CAPÍTULO 12

O CD QUE VIROU DVD

NASCE FLORA

AS 500 MÚSICAS GRAVADAS E AS FAMOSAS TOALHINHAS

Com o final da dupla, Arlindo Cruz retoma o Pagode do Arlindo. A diferença é que ele sai das mesas nos clubes para os palcos. As noites de segunda começavam no Teatro Rival e terminavam no Barril 8000, na Barra da Tijuca, onde a hora de terminar dependia muito de quem chegava. Por várias vezes a chegada de Zeca Pagodinho ou do Marcelo 2 às altas horas da madrugada, bastava para a hora de terminar desaparecer. E na terça a maratona de shows pelo país continuava como lembra D2. "Era uma guerrilha muito forte. Ficava impressionado como ele não parava. Na terça já estava em São Paulo, quarta ia pra Porto Alegre, quinta em Recife, sexta e sábado em São Paulo e domingo show no Rio. Na segunda voltava pro Rival e pro Barril e começava tudo de novo".

Atendendo a um pedido de Arlindo, Marcelinho Moreira montou a banda desta nova fase do Pagode do Arlindo. "O Arlindo ainda tocava, mas não estava com aquela vontade. Chamei Márcio Vanderlei, Pezinho, Fred Camacho, André Rocha, Ovídio, Nene Brown e, modéstia à parte a gente descolou um som e o Arlindo voltou a tocar com prazer, voltou a curtir. A gente tocava em função do banjo dele. Depois entrou o Miudinho no segundo pandeiro e o Julinho no lugar do Pezinho", diz Marcelinho.

Como bem disse Marcelo D2, era uma guerrilha, mas divertida e cheia de nuances, como tocar para apenas um casal no tempo frio e chuvoso ou até de manhã com o Barril 8000 lotado. Numa das noites que só teve o Barril, vazio, Marcelinho ligou para Arlindo, que ainda estava em casa.

Marcelinho: – Arlindo acho melhor você ficar em casa. O pagode tá o maior fracasso.

Arlindo: – Ô Marcelinho, olha só, se você quiser ir embora, pode ir, porque eu vou. Faz o seguinte, vai embora você, não precisa ficar não.

"Ele ficou puto. É claro que eu fiquei e o pagode ficou muito bom. Chegou Dudu, Andrezinho, Anderson Leonardo, Xande, eles gostavam de dar canja. Encher não encheu, mas foi muito bom, depois virou uma febre e passou a ter hora pra começar e não tinha pra terminar. E as canjas? Neguinho ia cantar e queria fazer disco. Eu falava duas no máximo, mas tinha cantor que não respeitava." Sempre muito tranquilo e muito paciente, um dia o patrão Arlindo pediu uma reunião com seus músicos. Um papo sério.

Arlindo: – Olha só, num aguento mais vocês! Marcelinho vem aqui. Vocês pediram aumento eu aumentei, eu dou aumento, dou maconha, e quando vejo tem um de pé, outro olhando mulher, o que vocês querem?

Marcelinho: – Gente ele tá certo, vamos parar a partir de hoje.

E todos caem na gargalhada, inclusive o patrão. "Mas a gente tocava pra cacete. Uma vez levantei e perguntei, Fred no Pagode do Arlindo tem plano de saúde? Ele ria, ele gostava da bagunça e era muito engraçado" diz Marcelinho.

Grandes amigos, Arlindo e Zeca destoavam no horário marcado. Era Zeca sempre chegando antes da hora e Arlindo sempre chegando bem depois. "No Pagode do Barril tinha que ligar umas duzentas vezes pra ele".

Zeca: – Pô cara, cadê você?

Arlindo: – Calma aé, rapaz, tô chegando.

"E nunca chegava. Ele era assim. Uma vez tava em frente a casa dele e liguei. Ele disse que estava colocando uma camisa. Tomei uns vinte chopps e liguei. De novo.

Zeca: – Vem cá, que camisa tu tá botando? Quantos botões tem essa porra? Já tô no vigésimo chopp. Quer saber? Não vou te esperar mais, vou embora.

"E fui. Ele gostava de se atrasar, eu não gostava de esperar. Aí às vezes não dava certo, mas de resto com Arlindo era tudo bom", conta Zeca.

As segundas no Teatro Rival foram importantes para seu trabalho de cantor ser mais conhecido e crescer como artista. "O Rival me ajudou a amadurecer meu trabalho solo. Ali fui muito homenageado, com muitas visitas, gente da mídia, gente importante que sou fã. Ali recebi a medalha Pedro Ernesto", disse Arlindo nos Extras do DVD do Pagode do Arlindo, onde também conta que no carnaval de 2006, com um samba de Luis Carlos da Vila, o Bloco do Pagode do Arlindo deu umas voltas por algumas ruas do centro com o enredo Arlindo Cruz, o Sambista de Ouro. E conta também, que em homenagem ao Império Serrano e a Almir Guineto, pintou seu banjo de verde. Já nos extras do DVD Batuques do meu Lugar, lembrou de um momento nos tempos do Teatro Rival. "Quase todos os instrumentos que toco tem decalque. Uma vez tava tocando no Rival e vendo as meninas rindo de mim. Aí me lembrei do decalque da Hello Kity. Tenho uma filha de três anos. Se ela colocou quem vai tirar? Ninguém. Deixa aí".

No Teatro Rival, além dos amigos e do público que já conhecia o trabalho do Arlindo, tinha a turma que saía do trabalho e ficava ali pelo centro. Já no Barril, bombava no verão, mas em junho, julho, beira da praia, aquele ventinho gelado vindo do mar, era pouca gente. "No inverno era meia dúzia de gatos pingados. Eu falava pra ele deixar na mão dos músicos e voltar no verão, mas ele dizia que não podia, tinha que ser tradição. Fazia do início ao final e cantava pra cinco pessoas como se estivesse cantando pra 5 mil. Muitas vezes era mais divertido quando o pagode tava vazio só com os amigos do que no verão cheio de turistas. Por isso que eu ia. Era dia de encontrar o Andrezinho, o Zeca, que aparecia nestes dias de inverno, que estava mais vazio", conta Marcelo D2.

No inicio de 2003 o empresário Cosminho falou com seu amigo Tom Capone, diretor artístico da gravadora Warner, da importância de registrar num CD ao vivo o que acontecia no Barril 8000. Chamou o produtor Prateado e começaram a idealizar o CD, que seria gravado no próprio Barril, com várias participações e os músicos tocando em volta de uma mesa. Na passagem de som, o chão de mármore não dava um bom resultado e Prateado trouxe um tapete da sua casa para ajudar. "Em 1988 conheci o Arlindo e comecei a compor. Fui muito criticado e ele me deu muita força. Então, tenho uma dívida eterna. Posso fazer 75 mil discos pra ele que não vou conseguir pagar a dívida. Tô na música hoje graças a ele, que foi o grande cara que me inspirou, me apoiou", reconhece Prateado.

Tom Capone teve a iniciativa de colocar duas câmeras para registrar a gravação e o material, apesar de ter imagens bem descompromissadas, ficou tão bom, tão natural, com a pulsação e a magia dos bons pagodes, que impressionou a todos na gravadora. Três anos depois, foi lançado em DVD. A baixaria do violão de 7 cordas de Jorge Simas dá o início à festa com o samba Bom Ambiente (Luis Carlos do Cavaco/Jairo). E logo no início já mostra um cantor bem animado, gesticulando e feliz por estar com amigos fazendo o que mais gosta. Arlindo está num banco alto, na cabeceira da mesa. Ao seu lado direto a madrinha Beth Carvalho e Dudu Nobre e do seu lado esquerdo, Zeca Pagodinho e Péricles. Em várias das músicas eles aproveitavam o microfone e reforçavam o coro, que estava atrás de Arlindo, com as presenças da mulher Babi e da sobrinha Debora Cruz. No mesão dos músicos, petiscos, refrigerantes e chopp, como se estivessem num bom pagode. E estavam. No Pagode do Arlindo. E de um novo Arlindo. No lugar das roupas arrumadinhas, com a camisa de linho pra dentro da calça, de cinto, ele já aparece de visual novo. Usando uma bata, que marcaria seu visual daí pra frente. Tanto que anos depois a marca de roupas D'Samba, do compositor Igor Leal, lança uma camisa com tamanho Arlindo Cruz e a assinatura dele. "É acima do EGG, tamanho 5G, que ele usava. Quando falei pra ele da ideia ele riu muito", conta o parceiro Igor.

Com o novo visual Arlindo fica mais à vontade, fica mais Arlindo Cruz. "Ele é único, singular dentro do samba. Arlindo é romântico, ousado, político, fala de coisas que jamais se imaginaria dentro do samba", diz o produtor Prateado. "Arlindo é muito mais do que é colocado no quadro da música brasileira", completa Babi.

Os convidados e suas performances ficaram assim, todos em duetos com Arlindo: Dudu Nobre cantou Mulata Beleza (Zé Roberto), imitando os trejeitos do Denny de Lima, que gravou este samba no seu único disco, de 1987. Cláudio Camunguelo e Dudu mandaram Meu Gurufim (Lino Roberto/Dominguinho/Bafo da Onça). Na hora do verso "...eu vou pedir à minha mãe...", Arlindo diz Cicica, apelido de sua mãe Dona Aracy, que está sentada na plateia. No final, Camunguelo diz seu famoso "um otário com sorte". Arlindo anuncia: "Beth Carvalho, representante do povo brasileiro como ninguém, vai cantar esse samba comigo. Chega mais madrinha". Ela beija o afilhado e canta Brasil

Moleque (Arlindo Cruz/Marquinho PQD). Com o amigo, parceiro e compadre Zeca Pagodinho dois pout-pourris, que fizeram muito sucesso nos áureos tempos do Pagode do Arlindo, em Cascadura e na Piedade: Depois do Temporal (Beto Sem Braço/Zeca Pagodinho), Ladeira do Chapelão (Paulinho da Viola), Nêga no Morro (Domínio Público), e Festa da Massa (Jorge Aragão), Resumo (Acyr Marques/Zé Roberto) e Lição de Malandragem (Arlindo Cruz/Rixxa). Nesta última, Beth e Dudu chamam Rixxa pra chegar pra mesa. Ele vem e reforça o coro, abraçado com Péricles, numa linda cena. O filho Arlindinho faz sua estreia, após a introdução da gaita de Rildo Hora em Cada Vida um Destino (Arlindo Cruz/Gilberto de Andrade). O pai canta abraçado com o filho, que timidamente canta baixinho uns versos, pra dividir o refrão final com o pai. Já Mauro Diniz canta Zé do Povo (Arlindo Cruz/Marquinho PQD /Franco) e Péricles canta Basta um Samba Só (Arlindo Cruz/Geraldão/Acyr Marques). Quem tocou o banjo em todo o DVD foi Fred Camacho. Arlindo tocou apenas na música O Banjo, do Trio Calafrio (Luiz Grande/Marquinhos Diniz/Barbeirinho do Jacarezinho), após as batidas dos pandeiros de Felipe D'Angola e João Sensação.

Com direção de Bernardo Palmeiro e dedicado à memória de Arlindão, Jorge Davi e Tom Capone, o DVD, que era para ser apenas um CD Ao Vivo, agradou muito e começou a mostrar mais quem era Arlindo Cruz. E a música que puxou o disco precisou de uma boa conversa entre Cosminho e Prateado com Arlindo Cruz. "Ele não queria gravar Além do Querer (Pezinho) de jeito nenhum e tivemos de conversar e convencer. Mas ele topou e abraçou a música. Aí conseguimos avançar muito e colocamos a carreira dele na pista", explica o empresário Cosminho. "Aquela gravação de Além do Meu Querer foi emocionante, uma das mais lindas que já fiz na minha carreira. Tenho o maior orgulho de ter aberto um grande caminho pro Arlindo com aquele arranjo que o Prateado me deu pra fazer", diz Rildo Hora.

UM PARCEIRO CRIA DA SUA PIEDADE

Para marcar ainda mais este Pagode do Arlindo, que traz o bairro da Piedade como uma de suas casas, um novo parceiro. Filho de Dona Dulcicléia, amiga de infância de Arlindo, o menino Roberto Campos Júnior foi se tornando fã, uma espécie de devoto do morador famoso. E chegou a pedir um presente especial no seu aniversário de 10 anos de idade. "Era apaixonado pelo Arlindo e pedi um bolo com o rosto dele, mas não ganhei. O bolo veio todo branco", conta o então novo compositor, que ganhou o nome artístico do ídolo, em 1993, para entrar na lista do astral, no encarte do LP Arlindinho, por ter ido às gravações no estúdio. E passou a se chamar Jr. Dom.

Será que é Amor? É a música que marca sua estreia nos discos de Arlindo. A música estava guardada, ainda sem um bom refrão. "Um dia fomos tentar fazer, a gente penando e nada do refrão aparecer. A Babi tava escutando da sala, daqui a pouco ela aparece e solfeja uma melodia linda. Era o refrão. Passamos a formar um trio abençoado com mais algumas músicas", lembra Jr. Dom. "A letra do refrão veio inteira na minha cabeça. Eu já tinha tomado uma cervejinha, estava mais descontraída e cantei pra eles: "não deixe o nosso desejo virar poeira/um oceano de amor que não pode secar/minha paixão eu te juro é pra vida inteira/e você pode usar e abusar de amar", lembra Babi.

Arlindo: – Olha o que ela fez!

Ao compor com Arlindo, Jr. Dom descobriu uma generosidade que ainda não conhecia. "Ele compondo estava me ensinando. Percebi por várias vezes ele me fazendo quebra cabeça, me testando. Dizendo versos que faltava uma palavra. Sabe o joguinho da forca? Era assim. Ele me dava liberdade pra eu falar, colocar minhas ideias, minha melodia e, quando se fala em parceria, o mais importante naquele momento é a música. Não pode ter ego, não pode ter vaidade. Era ele diante de um moleque e dando liberdade. Ele me acolheu e sempre acolheu todo mundo". Mas não escapou de ser zoado por Arlindo e por Sombrinha. "Por causa da minha cabecinha pequenininha e redonda, eles me perturbavam me chamando de Coquinho".

Mas, por bons anos ser parceiro do ex-vizinho não passava de um sonho. "Sempre respeitei o tempo e ficava compondo na expectativa do momento certo para ele se realizar. De um dia me encorajar e mostrar umas primeiras pro Arlindo, uma melodia, uma letra. Minha mãe ficava nervosa, dizia pra eu mostrar logo. Mas sou consciente e sabia que não era assim", diz Jr. Dom, lembrando das visitas que Arlindo fazia em sua casa, no seu quintal. "Toda hora vinha aqui pra fazer nada. Aqui em casa é onde recarregava as baterias dele. Ficava à vontade, descalço, dormia e roncava no sofá. Adorava as comidas da minha mãe, a carne seca com repolho e, no dia de São Cosme e São Damião, dava doces aqui no quintal".

O CUNHADO QUE VIROU PARCEIRO E AMIGO DE FÉ

Outro grande parceiro Arlindo conheceu quando começou a namorar Babi. E conheceu da forma clássica do cunhado bem ciumento. Era o DJ Jorge Davi, que tocava charm e rock em festas de bairros da zona oeste, mas que também gostava de fazer seus versos de partido-alto encarnando na família. Aos poucos foi se aproximando e mostrando umas letras para Arlindo, que não se interessava. Até que veio a primeira, que Arlindo e Marquinho PQD terminaram e foi um sucesso: Só no Sapatinho. "Foi muito criticada porque não era a linha do Arlindo, mas ao mesmo tempo foi uma quebra de preconceito", diz Babi.

Arlindo e Jorge Davi viraram irmãos e colecionaram histórias. Como quando diziam que suas mulheres, Babi e Patrícia estavam estragando o relacionamento deles dois. Outra foi durante a gravidez das duas. Arlindo e Jorge foram para o Morro da Matriz com Serginho Meriti e só voltaram às 9h30min do dia seguinte. Deram com a porta de casa trancada. "Como é que chegam aquela hora e querem a porta aberta? Trancamos. Eles pediram as cadeiras de praia do vizinho, sentaram no corredor e começaram a fazer o samba Abre a Porta Aí, cantando alto pra gente ouvir. Abrimos a porta com o samba pronto", lembra Babi.

No tempo de noivado entre Arlindo e Babi os já bons amigos se estranharam. Desde às 10hs jogavam sueca na varanda. Arlindo e Babi contra os irmãos Vânia e Jorge Davi, todos embalados por boas doses de caipirinha de cachaça na leiteira. Horas depois, Babi vacila no jogo.

Arlindo: – Porra joga mal pra caralho.

Jorge: – Ei, não fala assim com a minha irmã não!

E foi o suficiente para a pancada estancar entre Arlindo e Jorge. Pancada de soco, de virar a mesa, gritaria e geral separando. O final foi de comédia, com Arlindo chorando de um lado da rua, Jorge Davi do outro. Os dois preocupados.

Arlindo: – Vai ali ver como ele está.

Jorge: – Ele tá bem? Vai lá, vai lá.

No dia 17 de outubro de 2002, aos 41 anos de idade, o compositor Jorge Davi faleceu de infecção generalizada, após ter sido internado com muita febre, dois dias depois de ter engasgado no jantar com arroz e feijão, que acabaram obstruindo o canal do pulmão.

UMA FILHA PLANEJADA NOS DETALHES

Em casa, o sonho do menino Arlindinho era ter uma irmã e, desde seus sete anos fazia a sua campanha. Espalhava bilhetes com o pedido Não se Esqueça da Minha Irmã pela casa para os pais verem. Tinha bilhete na gaveta de calcinhas da mãe, na gaveta das cuecas do pai e nos espelhos da casa. "Quando a gente queria sair, dizia vai dormir que vamos ali fazer tua irmã. Foi quando saiu o DNA positivo em São Paulo, que mexeu muito comigo, porque eu tinha muito orgulho de ser a mãe do Arlindinho. E pensei vou salvar minha família, vou pedir a Iansã e vou ser a mãe de dois filhos do Arlindo", conta Babi. E a filha já tinha nome. Quando ainda estavam se conhecendo, Arlindo disse que nos seus planos para o futuro estava ser pai da Joana Flora, uma homenagem às suas avós. "Eu disse que não gostaria de ter uma filha com esse nome, mas Flora poderia pensar. A vó Flora foi uma das primeiras pessoas da família que ele falou. Até por não ter conhecido tinha verdadeira paixão por ela e tudo que lhe contaram da sua vida".

Decisão tomada, Flora começou a ser pensada apenas por Babi, pois mais uma vez o casal vai e volta estava separado e Arlindo morando no Barra Bella. "Foi uma época em que ele foi para um spa, perdeu 25 kgs, ficou todo garotão, se sentindo da hora, mas vacilou e, mais uma vez, separamos". Porém, como uma mulher decidida faz coisas inacreditáveis, Babi começou a desenvolver o seu projeto Mãe da Flora e o futuro pai nem imaginava. "Ela foi super programada e feita no dia 11 de março, às 23h45 de 2002. Eu media o grau de temperatura de aquecimento vaginal, porque acima de 45 graus tem chance de ser uma menina. Planejei tudo nos detalhes, contei os dias e no meu dia fértil dei o golpe da barriga no meu marido". Eles ficavam separados, mas para variar, o sexo sempre foi muito importante na relação deles. "Nos unia muito. O sexo salvou muito a nossa relação. A gente podia não se entender em outras coisas, mas sexualmente a gente se entendia. E a volta das brigas era sempre com sexo. E, se não fosse o sexo já teríamos terminado há muito tempo. Disso eu tenho certeza", analisa Babi.

Capítulo 12

O casal brigado e separado marcou um encontro e foram parar no Motel Dunas, na Barra. Quando acabaram de transar, o inocente futuro papai de Flora não acreditou no que estava ouvindo.

Babi: – Pai, meus parabéns! Você vai ser papai de novo e, se tudo der certo, vai ser pai de uma menina, da sua tão sonhada Flora.

Arlindo: – Ah, não, você não fez isso.

Babi: – Fiz sim, já tá pronta.

Ainda sem acreditar muito na novidade, Arlindo gostou, mas não voltou pra casa. Desencantada, Babi se arrependeu e teve uma decisão drástica: já que não tinha marido, ia fazer um aborto na Rua Maxwell, 635, em Vila Isabel. Bem, pelo menos ela tentou. E tentou por três vezes. Na primeira, foi com o irmão Jorge Davi. Caiu um temporal e o Ford K que eles estavam foi parar dentro do Rio Maracanã. Terminaram guinchados pelos bombeiros, inteiros, mas sem o aborto. Uma semana depois ela voltou com a sobrinha. De táxi. Tudo parecia que daria certo. A paciente já estava sendo preparada com o soro, quando a polícia invadiu o lugar e Babi sai algemada, mas para sua sorte decidiram liberar as pacientes. Na terceira vez o trânsito impediu que Babi chegasse na hora e também não foi dessa vez que fez o aborto. Ela entendeu que era um sinal e desistiu.

A vida foi seguindo com a grávida Babi em casa e o pai dando uma de solteiro no apart. Com uns três meses de gravidez, por volta das seis da manhã, ela acorda com uns gritos na porta. "Arlindo, Arlindo, ô compadre". Babi reconhece a voz e era ele mesmo.

Zeca: – Cadê Arlindo, tá em casa?

Babi: – Tã não, compadre.

Zeca: – Era disso que queria me certificar. Tô sabendo que o Arlindo tá vacilando. Ele salvou minha família, tô indo salvar a dele também, minha comadre.

E lá foi o decidido Zeca Pagodinho em direção ao Barra Bella, onde seu compadre levava uma vida de solteiro a todo vapor. Zeca chamou o chaveiro, invadiu o apart e acabou com a farra.

Zeca: – Vamos pra casa agora, que minha comadre tá grávida e você tá aqui com um monte de piranhas nas tuas costas, tá maluco?

E levou Arlindo pra casa. "É, a Babi tem razão, foi isso mesmo. Nem lembrava mais. Vai ver eu também tenha brigado um dia, ele me levou pra casa e eu dei o troco", confirma Zeca. De volta pra casa, os desejos que Babi não teve na gravidez de Arlindinho, dessa vez vieram com tudo: panela de pressão inteira de mocotó, duas vezes no mês, banana split uma da manhã, que eram quatro bananas com três bolas de sorvete em cada, e o quiabo com alho do Petisco da Vila. Que Arlindo ia buscar.

Babi também se lembra de outra aventura de Arlindo e Zeca. Estavam todos no Motel Jumbo, na Intendente Magalhães, em Campinho. Arlindo e Babi em um apartamento e Zeca e Mônica em outro. Na manhã seguinte, Arlindo e Zeca perceberam que estavam sem dinheiro. "Eu e Mônica ficamos no motel, empenhadas, enquanto eles saíram para buscar dinheiro. E voltaram bêbados, de noite. Mas com o dinheiro".

NASCE A CAÇULINHA FLORA

Flora nasceu pouco depois das onze da noite em 12 de dezembro de 2002, com três kgs. Babi tinha trinta e três anos e já estava tudo acertado para ligar as trompas, quando logo depois do nascimento, chega o pai na sala de parto. Um pai cheio de cerveja. Nesse instante, a mãe com a barriga aberta, pronta para o procedimento da obstetra Liliane, amiga da família. E aí, um diálogo de cena de novela.

Arlindo: – Liliane, não liga as trompas da minha mulher porque eu quero ter mais filhos.

Babi: – Liliane liga (meio sonolenta da anestesia)

Arlindo: – Não liga Lilane

Dra. Liliane: – Bem, nesse caso vou ouvir o pai, porque você está sedada. Não vou ligar.

Mais uma briga resolvida entre o casal, Arlindo muito feliz pela chegada de Flora, realizando o sonho de ser pai de uma menina, as trompas nem foram ligadas e o terceiro filho não veio. Três anos depois mais uma gravidez, mas Babi sofreu um aborto espontâneo e o xodó do papai continuou sendo a pequena Flora, que tudo podia e nunca estava errada. Quem quebrou isso aqui? Foi a Flora? Lá vinha o pai em sua defesa.

Arlindo: – A Flora? Ah, tadinha, não teve culpa! Mas também vocês deixam tudo jogado por aí, vem cá filhinha, vem.

Até mesmo para decidir se a música estava boa ou não a última opinião era da menina Flora. "É a lembrança mais antiga que tenho com meu pai. Eu com uns três anos na famosa mesa lá de trás na casa verde, ele me chamava, filha ouve aqui com papai e, se eu sambasse, se eu brincasse, aí a música tava boa. Eu tinha que aprovar", conta Flora. O paizão Arlindo ia às reuniões da escola e quando tinha alguma festinha ou apresentação do ballet no final do ano e estivesse viajando, pedia vídeo. Como fazia com Arlindinho, sentava pra estudar com a filha e, neste caso, puxava a orelha se a nota fosse vermelha. "Eu tinha tudo com meu pai, mas na escola o buraco era mais embaixo. Ele nunca me bateu, mas o assunto dele era a escola. E tinha castigo, tirava as coisas. Mas, como eu era a princesinha dos olhos dele, fazia chantagem emocional e conseguia burlar um pouco. O castigo dele era não poder sair, não encontrar as amigas nem deixar que elas viessem dormir aqui em casa. E me acordava cedo pra estudar tabuada. Era a semana da tabuada".

Estudos à parte, tudo que a filhinha fazia o papai babão achava lindo, mesmo que fosse um rabisco no papel da escola. Flora sempre foi muito mimada e era presente o tempo todo. "Meu primeiro gole de cachaça foi com meu pai. Tinha acabado de fazer treze anos e disse que queria beber.

Arlindo: – Claro que não, você ta muito nova. (Arlindo sai e volta). Vamos ali comigo.

Foram ao mercado e tomaram um porre juntos. Cantaram muito, riram muito, e voltaram felizes para casa. Eles sempre conversaram sobre tudo. Quando Flora ficou menstruada pela primeira vez estava de férias no Beach Park, em Aquiraz, no Ceará. Babi ligou pra contar a novidade para Arlindo. "Na volta tinha absorventes, flores e chocolate pela casa inteira. Ele nunca teve vergonha de comprar absorvente pra mim e ainda ia comigo na ginecologista. Um espetáculo de pai".

Em casa, Arlindo cobrava muito a vaidade da filha. Das viagens trazia as novas coleções de baton, cuidava se a unha estava quebrada ou se já estava na hora de pintar e até mesmo pra furar a orelha e colocar piercing fechou com ela.

Flora: – Ô pai, quero colocar piercing e minha mãe não quer deixar.

Arlindo: – Ah, mas sua mãe é muito chata. Marca que eu vou contigo.

"Meu pai sempre teve um espírito jovem, atualizado. Ele é imortal mesmo, tem o dom de rejuvenescer. Até as músicas dele são atuais. Caramba, ele trouxe o meu ídolo Gustavo Lins no meu aniversário de três anos sem me falar nada. Parou a festa, perdi o ar, quase morri. Ele sempre realizou os sonhos dos filhos".

Parceiro, conselheiro, amigo, fechamento, o melhor, são as definições de Flora para seu pai. Aos 5 anos de idade foi mascote da Ala do Banjo, no Império Serrano, mas antes de completar dois anos viu sua mãe desfilar pela última vez como porta-bandeira, na União da Ilha. Não demorou muito, Flora começou a querer desfilar como ela.

Flora: – Mãe, por favor, me ajuda.

Babi: – Flora, não inventa. Tá ficando maluca?

"Eu via e ficava fascinada, é muito mágico. Mas ela tinha medo por conta da comparação e tomei vários nãos, vários. Aí, fui ao meu pai porque sabia que ele embarcava nas minhas doideiras e ele foi de primeira.

Arlindo: – Você quer? Deixa que o papai vai dar um jeito.

Passou um tempo e no mês do seu aniversário a família foi almoçar na Churrascaria Estrela do Sul, no Recreio. A Vera Lúcia, então presidente do Império Serrano, estava lá com uma bandeira e um convite para que ela fosse porta-bandeira. "Eu quase tive um troço, não sabia se ria, se chorava, se tirava foto, não tive reação. E minha mãe olhando aquilo tudo.

Babi: – Eu não acredito que vocês fizeram isso. É filha, agora mamãe só pode te apoiar.

Capítulo 12

Flora desfilou como terceira porta-bandeira do Império Serrano até 2018 e, ao engravidar em 2019, parou para cuidar do filho Ridan. Mas ainda pretende voltar. "O samba nos deu tudo que a gente tem hoje. Sou muito grata ao samba pelo homem que meu pai se tornou e a história que ele carregou através do samba". Arlindo apoiava a filha em tudo que ela desejasse fazer. E olha que Flora já quis ser de um tudo: artista plástica, maquiadora, bailarina, chef de cozinha... "Mais nova, eu pintava muito e tinha as melhores tintas, os melhores cavaletes, os melhores pincéis, ele investia muito nos meus sonhos." Ele sempre dava um jeito de ver a filha feliz. Como as notas em matemática eram péssimas sentou com ela para estudar. Eram as famosas aulas do Professor Arlindo numa versão light, mais leve, sem stress, com o chamego do papai. Ela fez a prova e a nota foi muito baixa. Flora estava reprovada. Arlindo ficou bolado, não acreditou e foi conferir questão por questão. Achou o erro da professora e, cheio de razão, foi pra escola brigar pela filha. "Eu tinha estudado muito com ele e ia passar para o sétimo ano. Ele foi lá e conseguiu. A nota aumentou e passei." Ela voou em cima do pai, o abraçou e beijou muito.

Flora: – Caraca, pai, tu é foda, meu herói.

Arlindo: – Eu não sou injusto.

A parceria de Arlindo com a filha se estendia aos ensaios de rua das quintas e sábados. "Às vezes, no meio do ensaio ele chegava de surpresa, vindo de São Paulo. Ter desfilado foi uma realização minha e dele, uma conquista nossa". Também era Arlindo quem levava Flora aos domingos para o viaduto de Madureira, onde tocava o Soul mais Samba. "Era complicado com aquela muvuca e ele tendo de tirar foto com geral naquela paciência, só pra me acompanhar. Porque não era só levar, ele ficava comigo. E às vezes minha mãe ficava bolada".

Babi: – Porra Flora, levando teu pai pra rua.

Flora: – Não mãe, não sou eu, ele que tá me levando.

"Meus pais sempre foram muito acolhedores e sou muito grata a eles por tudo. Com eles tornei-me uma mulher com índole forte, guerreira, batalhadora, respeitadora. Sei o meu lugar, respeito o lugar do próximo, mas quero respeito e não me meto na vida de ninguém pra ninguém se meter na minha, porque não tenho muita paciência", explica

Flora, consciente de que foi dentro de casa que aprendeu o lado bom e o ruim da vida. "Sempre me ensinaram tudo e diziam o certo é esse, o errado é aquele, o caminho é esse. Se quiser seguir siga. Se não quiser você vai quebrar a cara e a gente vai estar aqui pra te apoiar. E assim tem sido nas várias etapas da minha vida, até quando engravidei cedo, aos dezesseis anos". Nem isso teria sido uma questão para Arlindo, que ficou doente dois anos antes, pois como conta Babi ele não era ciumento com relação a filha namorar e queria que ela namorasse logo, muito preocupado com o corpo da filha, que puxou a estética dele. "Era uma menina com corpo de Arlindo, com uma obesidade mais aflorada e ele queria saber se ela sofreria preconceitos, rejeições. Mas não teve problema, porque fomos criando a sua auto-afirmação de amor próprio nela. A colocávamos na frente do espelho e dizíamos você é linda do jeito que você é, nunca tenha vergonha do seu corpo, porque você é assim".

A sua primeira vez Flora falou com a sua mãe, mas se o assunto era namorado, o pai era o primeiro a saber. "Ele tinha medo dos garotos não ficarem comigo porque eu era gorda. Nunca me proibiu de nada, mas colocava dia pra namorar por causa da escola. Era quarta e final de semana, mas depois foi afrouxando e quando vi já tava quase casada".

Arlindo: – Ei, peraí, esse cara tá morando aqui? (piscava o olho). Não é assim, tenho que manter minha moral de pai.

Quem não gostava desta liberdade era Arlindinho, que cobrava do pai, que se via sem saída e cobrava ou fingia que cobrava de Flora. "O ciumento da família é meu irmão, sempre foi. Até hoje depois de eu ter sido mãe".

Uma menina de opinião desde cedo, Flora não quis fazer a cirurgia bariátrica, mergulhou no mundo plus size, tornou-se influenciadora digital e neste momento que você está lendo este livro, já deve estar com quase duzentos e cinquenta mil seguidores no seu perfil Flora Cruz Oficial no Instagram. Ou mais. É ali que Flora dá dicas de beleza, moda plus size, auto-estima e incentiva mulheres a se olharem com amor. Empreendedora, ela cuida da loja oficial de artigos (camisas, bonés, agendas e as famosas toalhinhas, entre outros) de Arlindo Cruz, O Meu Lugar, no Mercadão de Madureira.

Portanto, ela tem orgulho de seu corpo, posa de lingerie e biquínis na maior, demonstrando sua felicidade, assim como o pai, que também não estava nem aí. "Ele sempre foi um gordo assumido e feliz. Primeiro que as taxas sempre foram boas, o checkup vinha numa boa. Depois dos cinquenta que foi aparecer diabetes. Nunca se deixou abalar, nem mesmo quando tinha de comprar duas passagens de avião. Arlindo sempre foi muito resolvido", conta Babi. Uma nutricionista foi a ajuda de Regina Casé para cuidar da saúde de Arlindo. "Sempre me preocupei muito, nós todos, com a saúde do Arlindo. A Cris Rodrigues, nutricionista que fazia o nosso cardápio e cuidava da gente, mandei direto pra lá. Pra tentar mudar os hábitos alimentares deles todos. Ela se empenhou bastante, mas acho que não durou muito. Com aquela vida corrida, maluca, de viagens, uma pena". Arlindinho foi testemunha do esforço da Cris. "Ela até começou bem, meu pai tava comendo bem, sem fritura, mas aos poucos ele ia argumentando, ia corrompendo e no final liberou até o açúcar".

A VINGANÇA DE FLORA COM A FÃ ABUSADA

Mas nem tudo era flores nesta relação entre pai e filha. Na hora da briga ela sempre foi feroz. Brigava se ele chegasse tarde sem avisar e até por causa de fã na rua, achando que estava ficando com ele. "As brigas eram sempre por causa de mulher. Todas elas abusadas", confirma Flora. E por várias vezes. A melhor foi quando Arlindo foi cantar no Barril 8000, em Vista Alegre e não a levou. Flora tinha catorze anos. Saiu do ensaio do Império, em Madureira, e foi escondida pro pagode. "Ele sempre foi muito sonsinho, muito 171 e até hoje acho que aquela mulher era alguma coisa e ele não me contou". E lá foi a menina Flora decidida a descobrir porque o pai queria ir sozinho e, se possível, aprontar uma. Foi chegar e ver uma mulher perto dele no palco, que era um pequeno tablado. "Essa mulher quer me irritar". Arlindo viu Flora entrando.

Arlindo: – Minha filha tá aí, Flora chegou.

"Me anunciando, né? Aí tem. A mulher já tava bêbada, coitada e não se tocou que ele tava anunciando pra ela, tipo segura teu pagode aí que minha filha chegou".

Sem imaginar o perigo que estava correndo a mulher continuava sambando na frente de Arlindo e colocando a mão na perna dele. "Ela foi me irritando, me irritando, ai que ódio dela! Até hoje não consigo falar com ela, e já encontrei por aí". Inquieta, Flora ia aturando o abuso da fã, até que Arlindo começou a cantar A Sós (Cassiano Andrade/ Fred Camacho) e na hora dos versos "e nós a sós/nós dois e mais ninguém/algoz feroz/o amor, ai, ainda mata alguém...", não prestou. Flora foi rápida. Olhou para um lado, olhou para o outro e só tinha o balde de gelo com a água dos músicos. "Nunca vou esquecer. Foi a hora que mais me irritou, ela botou a mão na perna dele e cantou pra ele. Puta que Pariu, fiquei doida. Então, é esse mesmo que vai. Vap, joguei o balde em cima. Parecia cena de filme aquele gelo indo na cara dela, tudo nela. E ainda acertei no meu pai e no violonista. Ela nem reagiu. Também, toda errada ia fazer o que? E o pior, ela nem foi embora". Arlindo parou o samba.

Arlindo: – Tá maluca?

Flora: – Depois a gente conversa, continua o pagode.

Na hora de ir embora, Arlindo com a cara fechada...

Arlindo: – Você não pode fazer isso. Não vem mais.

Flora: – Não, pai. Tu sabe que tá errado. Melhor ficar quieto, é bom essa história morrer aqui.

"A abusada ainda debruçou na janela do carro, com o cabelo todo molhado. Eu tentei descer do carro, mas o Flavinho me segurou. Nesse dia meu pai voltou pra casa pianinho. Chegamos em casa e a minha mãe abençoada de camisola e cheirosa esperando ele. Eu puta da vida...".

Outro momento forte no crescimento de Flora foi quando, aos nove anos, soube do filho de seu pai fora do casamento. "Descobri no programa da Eliana. Alguém de um canal de TV ligou pro escritório, avisou e fui ver a matéria. Minha mãe já sabia, claro, mas eu cheguei no auge do furacão, minha mãe gritando, querendo matar, meu pai chorando. Hoje chega a ser engraçado, mas na hora fiquei muito chocada, chorei muito. A vida pública não é fácil, porque todo mundo erra. Quantos Arlindos e Joões, tem filho fora do casamento? Mas porque é o Arlindo Cruz sai no jornal, na TV, magoa a família, atinge o que não é pra atingir".

ARLINDO REENCONTRA UMA "AMIGA DE INFÂNCIA"

Na quarta-feira 6 de setembro de 2006, véspera de feriado, um Canecão lotado assistiu ao lançamento do DVD Pagode do Arlindo. Pisando pela primeira vez no palco mais emblemático da música brasileira, Arlindo Cruz recebeu a madrinha Beth Carvalho, Teresa Cristina, Marcelo D2, Leandro Sapucahy e o intérprete Nego com a bateria do Império Serrano, num show impecável. Entre os artistas que estavam na plateia, uma em especial ainda não conhecia Arlindo, mas já estava na pilha de ser apresentada a ele, com tanta propaganda feita pelo produtor musical Tom Capone, em 2003. "Ele já vinha me bombardeando, 'você tem que conhecer o Arlindo Cruz, você tem que conhecer esse cara, já conheceu?'. Me atazanou tanto que um dia...

Maria: – Me apresenta o cara então, rapá. Faz alguma coisa você, porque não sei como achar esse cara.

Mas Tom não teve tempo, falecendo meses depois. E foi o Marcus Vinícius, assessor de imprensa que tem várias estrelas da música na sua trajetória, que a levou para o Canecão. Enfim Maria Rita conheceu o tão falado Arlindo Cruz. "Foi amor à primeira vista. Amei o show, mas foi no camarim que a parada aconteceu. Parecia que a gente já se conhecia há décadas, parecíamos dois amigos que não se viam há vinte, trinta anos. Foi um abraço, uma alegria, tenho certeza que foi um reencontro. E a Babi também ficou histérica, correndo de um lado pro outro. Daí pra frente a gente não se largou nunca mais", lembra Maria.

Uns dois meses depois Maria Rita foi à casa de Arlindo e já chegou na maior intimidade tirando o sapato e sentando no sofá de pernas cruzadas. Como se fosse da família. "Foi sempre muito natural. Florinha tava com dor de ouvido e eu que pinguei o remédio". Em determinado momento Arlindo surpreende e mostra uma música que começou a fazer ao ouvir sua voz no Fantástico, em 2004, e terminou com Franco. Era o samba Tá Perdoado.

Maria: – Que samba foda.

Arlindo: – É seu.

Maria: – Como assim é meu? Eu não estou em estúdio.

Arlindo: – Não tem problema. Me inspirei na sua voz e estava guardando esse samba pra dar pra você.

Maria Rita levou a música e começou suas andanças pelo samba no Rio. Tanto ia pro Barril 8000 com Arlindo como ia comer churrasco de madrugada em Vila Isabel com Mart'nália. "Arlindo é um amor gigante, um cara que abriu a casa dele pra mim, a família dele pra mim. Os filhos dele me chamam de tia. Quando nos conhecemos ele foi pra além de conhecer a filha da Elis. Já conheci milhares de pessoas que estão conhecendo a filha da Elis e com ele não foi assim. Eu sei distinguir, sei separar o joio do trigo e ele não ia correr o risco de me trazer pro samba, conhecendo a tradição do samba, só por ser filha da Elis. Ele não é idiota, não é maluco. Ele abriu o samba pra mim, me trouxe no colo, viu a sambista em mim antes de eu ver, entender e me trouxe pela mão. Ele e Mart'nália".

Meses depois, numa reunião na gravadora Warner, é definido que Maria Rita iria entrar em estúdio. Arlindo manda umas dez músicas e entram seis no disco Samba Meu: Maltratar não é Direito e Tá Perdoado (ambas com Franco), Trajetória (com Serginho Meriti e Franco), Num Corpo Só (com Luis Cláudio Picolé), Pra Declarar Minha Saudade (com Jr. Dom) e O Que é o Amor (com Fred Camacho e Maurição). Tá Perdoado entrou na novela Duas Caras como tema da personagem Maria Eva (Letícia Spiller). Samba Meu ganhou Disco de Platina, por mais de 150 mil cópias vendidas e também o Grammy Latino, como Melhor Álbum de Samba. Mesmo com uma grande vendagem e prêmio importante, teve quem torcesse o nariz para o disco de samba de Maria Rita. A diferença é que, ao verem que tinham seis músicas de Arlindo Cruz e seus parceiros, tiveram que ouvir e pensar. "Arlindo me deu a chancela, o carimbo, mas levei um tempo pra entender até isso. Pra saber o que é receber uma bênção do Arlindo Cruz. Eu sempre tive muito respeito pelo samba, um entendimento da resistência, da história. Nunca deixo ninguém chamar samba de sambinha na minha frente. Posso estar correndo o risco de ser pedante, arrogante, mas sempre tive esse entendimento intelectual do samba. Morei oito anos fora e perdi muita coisa, mas ouvia Fundo de Quintal na AM em casa. Eu tinha uma ligação afetiva com esse universo". Porém, de tanto respeito, um dia tomou uma direta do padrinho.

Arlindo: – Você fica aí com esse respeito com o samba! Não precisa ter tanto respeito com o samba não. Você não é de fora, você é de dentro, você é nossa.

"Pronto, levei um chacoalhão dele. A Babi ficou me olhando de canto de olho. Por isso ele é uma das pessoas mais importantes da minha vida. Pelo amor com que a gente se trata, sempre se tratou".

Mas é claro que tanto amor não impediu que Maria também fosse zoada pelo especialista Arlindo. Uma vez o corretor do celular transformou Maria Rita em Marota e às vezes ele a chamava assim. Mas, sempre atento, um dia ouviu a história que ela tinha jogado futebol quando estudava em Nova Jersey, nos Estados Unidos. Bastou.

Arlindo: – Jogava bola, é? Jogava de que?

Maria: – Ai, Arlindo para, não enche. Jogava de meião, caneleira.

Arlindo: – Não, não, falando sério, jogava de que?

Maria: – Tá bom jogava na zaga.

Arlindo: – Tu na zaga?

Muitas gargalhadas, uma boa pilha e de vez em quando ele lembrava. "Acho que ganhei a vaga porque era muito competitiva e não deixava ninguém passar por mim. Eu era muito braba quando mais nova. Muito esquentada. O futebol era bem sério e tinha treino de segunda a sábado, com jogos fora da cidade. Eu amava, era divertido, mas durou pouco minha aventura, apenas um ano".

O MELHOR CD E AS 500 MÚSICAS GRAVADAS

No final de 2007 Arlindo Cruz comemora a marca das 500 músicas gravadas com o lançamento de seu melhor CD, Sambista Perfeito, pela Deck Disc, com produção de Leandro Sapucahy, co-produção do próprio Arlindo, arranjos de Jotinha e do violonista Julinho Santos, e direção artística de João Augusto. Na capa, com o Pão de Açúcar ao fundo, Arlindo e seu banjo, já pintado de verde. "Acho que tem uma lacuna no samba a ser preenchida por mim como um artista completo. Sou muito respeitado como autor, músico, partideiro e com esse disco acho que vou alcançar o lugar que eu mereço. Não só eu, mas parceiros como Sombrinha, Almir Guineto, Reinaldo, que tem talento, grande reconhecimento dos sambistas, mas talvez precisassem ser mais executados", disse Arlindo para Thiago Dias e Thales Ramos, do Jornal O Samba, no camarim do Teatro Rival antes do show de lançamento do CD, no início de novembro.

O disco já começa com Meu Lugar (Arlindo Cruz/Mauro Diniz), que se tornou o hino do bairro de Madureira, muito responsável pela nova fase que Arlindo passaria a viver. E ele tinha esta certeza. Como disse para a imperiana Paula Maria, que neste clipe faria seu primeiro trabalho com Arlindo e foi sua secretária por dez anos.

Arlindo: – Fiz uma música pra Madureira e tenho a impressão que essa música vai mudar a minha vida. Vou fazer um clip, mas a verba é pouca. Gosto muito do quintal da sua família e queria gravar num quintal de Madureira. Você me deixaria gravar lá?

E ali no quintal escolhido por Arlindo, na Rua Mano Décio da Viola, próxima ao Mercadão de Madureira, foi gravada a base do clipe, onde foi montado um animado pagode em que pai e filho tocam seus banjos junto com a banda de Arlindo e ainda o parceiro Mauro Diniz, Sereno, Maria Rita, Quitéria Chagas, Xande de Pilares, Andrezinho, Marcelinho Moreira, Zé Luiz do Império Serrano, Maurição, Carlos Sena, Da Ghama, Toni Garrido, Zezé Motta, Marcelo D2, Arly Cruz, Fátima, irmã de Babi, a menina Flora, entre outros. Ainda participaram do clipe: o comentarista Junior, Stepan Nercessian, Monarco, Tia Doca, Tia Surica, Mãe Bidu, Leandro Firmino, Tia Maria do Jongo, Dodô da Portela, Jongo da Serrinha. Ao final da gravação, Arlindo, Marcelo D2 e Xande foram com Maria Rita para a casa dela. Na falta de carne para um churrasco, pediram umas oito pizzas gigantes mais umas oito cocas e o samba rolou: "Lembro de chegar no quintal do clip e não lembro de sair. Mas lá em casa foi uma animação...minhas banquetinhas de acrílico viraram tantan e repique", lembra Maria.

"Foi Candeia que me levou a Madureira pela primeira vez como músico. Eu sempre fui a Madureira como suburbano que ia pra Madureira pra curtir, mas tocar profissionalmente, ganhar cachê, tocar com ele na roda de samba da Portela, foi ele. Com ele aprendi também o pouco que eu sei de negritude, de influências de músicas negras. Ele me ensinou o que era o maculelê, o que era o jongo. Antes de eu conhecer o jongo da Serrinha, já conhecia o jongo cantado pelo Candeia, e as cantigas de umbanda, de candomblé, samba de roda, partido-alto... Muitos partidos eu aprendi com o Candeia", contou Arlindo.

Participaram do disco: Zeca Pagodinho e as velhas-guardas da Portela e do Império Serrano em Se eu Encontrar com Ela (Arlindo Cruz/Zeca Pagodinho), com direito a Andrezinho usando o histórico apito que seu pai, Mestre André, usou muito para comandar a bateria da Mocidade Independente de Padre Miguel. Maria Rita na regravação de

O Que é o Amor (Arlindo Cruz/Maurição/Fred Camacho). Sereno, do Grupo Fundo de Quintal em A Rosa (Efson/Neguinho da Beija-Flor) e Flor que não se Cheira (Darcy Maravilha/Barbante). "Ele me chamou pra cantar com ele e colocamos a voz de primeira. Larguei o aço e ainda ganhei aquele elogio, que eternizou", diz Sereno sobre o elogio de Arlindo, que disse dele ser "a voz mais bonita do Fundo de Quintal de todos os tempos".

Participaram também: Marcelo D2 em Brasil é Isso Aí (Arlindo Cruz/Marcelo D2/Jr Dom). Xande Pilares, na época do Grupo Revelação, em Sujeito Enjoado (Arlindo Cruz/Xande de Pilares/Maurição). Nesta música, Arlindinho grava tocando banjo pela primeira vez. A mixagem foi feita por Cláudio Farias, um dos técnicos que mais gravou na fase áurea do samba nos anos 80 e que gravou muitas participações de Arlindo Cruz tocando seu banjo. A música Minha Porta-Bandeira (Julinho Santos/Neném Chama), serviu como mais um pedido de desculpas de Arlindo para Babi, em alguma de suas brigas. "Durante o processo do disco ele se desentendeu com a Babi", lembra Hélio de La Peña.

Hélio: – Arlindo, tudo bom?

Arlindo: – Ihh, Nem vem aqui hoje, que a situação tá feia.

"Mas toda vez que acontecia uma briga dessas o resultado era uma obra prima. Ele sempre reconquistava a Babi com uma letra maravilhosa. Durante esse disco foram várias idas e vindas do casamento deles. Eu lia a letra, 'ah, foi naquele dia que deu aquela merda, né Arlindo?'. E ele voltava de mansinho com o rabo entre as pernas e com a letra nova", conta Hélio.

ARLINDO CRUZ X GEGÊ D'ANGOLA, O DUELO

Após a gravação de Meu Lugar, um duelo de banjo e cavaquinho, entre Arlindo e Gegê passou a ser uma das atrações das apresentações no Teatro Rival. Era quando ficavam os dois com seus instrumentos duelando. O número de shows começou a subir e Arlindo resolveu parar de tocar. Gegê conversou com ele e criaram o duelo.

Gegê: – Você não pode parar de tocar o banjo porque você é minha referência e de toda a minha geração e a do meu filho. Lá atrás eu ouvia Castelo de Cera no rádio e hoje tô aqui tocando contigo. E não posso deixar você parar de tocar, vamos bolar alguma coisa.

Então, se ainda não viu, vai ao Instagram do Gegê (gegedangolaoficial) e veja que cena emocionante.

A DESPEDIDA DO PARCEIRO FRANCO

Um dos maiores parceiros de Arlindo Cruz não conseguiu curtir o sucesso do amigo e compadre. Ele estava com uma dor nas costas e foi internado na noite de domingo, 16 de dezembro. Não queria, pois pretendia estar na noite de terça no Teatro Rival, na festa de seu parceiro Arlindo Cruz. Com o carinho que sempre teve por Arlindo, Franco escreveu um texto com rimas, que iria ler na homenagem. Porém, infelizmente não conseguiu. Franco foi internado por seu amigo, Dr. Bigu. Foi para o CTI. Tentaram de tudo, mas sua hora havia chegado. E, por volta das 14h46 do dia 18 de dezembro de 2007 morre por pneumonia o Dr. José Franco Lattari, ou apenas Franco, como era conhecido. "Ele já tinha problema de enfisema pulmonar, fumava muito. Eram uns quatro pacotes de cigarro por semana. Apagava um e acendia outro. Até que foi proibido de fumar pelo médico e já estava há oito anos sem fumar. Ele teve um problema no pulmão, se internou, uma bactéria entrou, tomou uma vacina, que não surtiu efeito, intubou e no dia seguinte...", contou Santinha, ex-esposa e mãe de suas duas filhas.

Ao saber da notícia, Arlindo tomou um choque e, com certeza, passou um filme na sua cabeça dos momentos que passou ao lado do amigo compondo e aprendendo a ir atrás da inspiração. "O Franco me incentivava a compor com mais frequência. Eu era mais chegado a esperar um pouco a inspiração pintar, mas ele sempre dizia 'vamos trabalhar'. E é uma verdade. Depois que pega o hábito, esse exercício de buscar a rima é muito gostoso", disse Arlindo para o Jornal O Samba, que também entrevistou Franco. "Arlindo é um compositor de uma cabeça e uma sensibilidade incríveis. Falamos a mesma língua. Já me deu casa, já me deu dinheiro, é o amigo da minha vida", disse Franco que, pelas suas contas tinha umas cem músicas gravadas em parceria com Arlindo (foram 128) Entre elas alguns sambas pra criançada cantar com os personagens da TV: em 1992 a Escolinha do Professor Raimundo ganhou o Pagode do Boneco, que Seu Boneco (Lug de Paula) cantou com Bezerra da Silva, Dicró, Almir Guineto e Zeca Pagodinho). Em 1993 e 1994 foi a vez do infantil TV Colosso, com Tá Ruim pra Cachorro, gravado pelo Zeca e Eu sou Gilmar, gravado pelo Neguinho da Beija-Flor.

No enterro, Arlindo ficou muito nervoso e passou mal, mas o Dr. Bigu não deixou que ele tomasse um calmante e preferiu uma boa conversa. Com a partida de Franco, fica a imagem daquele cara grandão, de bata e tamancos de português, que pintava de branco. Fica a lembrança de um grande compositor, exigente, perfeccionista, polêmico e autor de expressões das mais populares em vários sucessos. Mas carregava uma ponta de mágoa por não ter tido o reconhecimento que merecia. "Eu não sou artista. Sou um sub-artista, um vice-artista. Não faço show, não gravo disco, não vou à televisão. Quem faz isso é artista. E outra: se o Chico Buarque tivesse criado a expressão 'eu vou tomar um porre de felicidade, estava imortalizado com estátua em praça pública", desabafou Franco.

AS TOALHINHAS PERFUMADAS DO ARLINDO

No embalo de Meu Lugar, Arlindo Cruz lançou mais um sucesso. E lançou de verdade, para os fãs, na plateia. Eram as suas famosas toalhinhas, agora em alta produção, uma ideia sua que surgiu pelos muitos pedidos. Como transpirava muito, ainda mais debaixo das luzes no palco, ele usava muito sua toalhinha para secar o suor. E não era uma invenção sua, mas uma tradição de sambistas em levar uma toalhinha no ombro. Assim como foi com Neoci Dias, com o irmão Acyr Marques e tantos outros. Arlindo também tinha a sua, mas a cada show voltava sem ela. Alguém sempre pedia, suada mesmo, e ele jogava. Ele chegou a pedir para a secretária Paula Maria, uma bordadeira para colocar suas iniciais nas toalhas, mas não iria dar vazão e resolveu produzir em larga escala. "Eram cerca de cinquenta para cada show e umas duzentas para eventos maiores, com várias cores, todas com as iniciais A.C. e com seu perfume borrifado em cada uma", conta Paula. Mas as fãs gostavam mesmo eram das que ele tinha acabado de usar, bem suadas.

O bolo e os noivos

CAPÍTULO 13

A CONSAGRAÇÃO NA MTV

ARLINDO E BABI, ENFIM CASADOS

O PRODUTOR MUSICAL ARLINDO CRUZ

Na noite de 13 de novembro de 2008 no palco do então Credicard Hall, em São Paulo, o samba de Arlindo recebeu o tratamento que ele merece. Um palco gigante, bem iluminado, uma banda com especialistas nos seus instrumentos tocando na pressão e no comando do show um sambista que, a cada dia, vai ganhando o reconhecimento do povo e da mídia. Todos estão ali para a gravação do DVD Arlindo Cruz MTV ao Vivo. Era a emissora do rock, do rap, do hip hop, símbolo de uma geração com nomes como Raimundos, Planet Hemp, Chico Science, Nação Zumbi e Marcelo D2, entre outros, que já tinha feito dois DVDs com Zeca Pagodinho, voltando a apostar no samba. Mas toda essa produção começou a ser pensada alguns anos antes. "Ele falava que eu botei ele lá, mas eu não botei porra nenhuma. A não ser dizer pra galera da MTV que ele era incrível, que eles tinham de ir ao Pagode do Arlindo. Eu sou cria da MTV e levei a galera pro pagode", explica Marcelo D2. "Sou muito amigo da Anna Butler, que era diretora artística da MTV. Ela vinha pro Rio, colava comigo e eu dizia temos que ir pro Pagode do Arlindo, ir no Zeca. Então íamos pro Rival e pro Barril. Aí eles sentiram o interessa de ter o samba lá dentro. Chegou uma hora que a galera da MTV já ia sozinha pro Arlindo, foram em Xerém com o Zeca".

A paixão de Marcelo por Arlindo, que o fez enxergar o samba de outra maneira, ajudou muito nesta ligação com a MTV. "Vi muito a galera do samba no final dos anos 90 tocando em lugar pequeno, uma quadrinha, com som ruim, palco balançando, uma guerrilha total. Quando o Zeca estourou, o mercado naturalmente começava a procurar outro

Zeca Pagodinho. E o Arlindo tinha todas essas características pra ir nesse rabo de cometa, o que é normal. O Planet Hemp estourou porque o Raimundos estourou. Sempre tem um que fura a bolha e nessa galera do samba foi o Zeca. E veio o Arlindo", diz Marcelo D2.

Com direção de Danilo Bechara, produzido por João Augusto e Babi Cruz, com direção musical do Maestro Ivan Paulo e arranjos do Ivan e de Julinho Santos, o DVD teve direção e roteiro do show de Túlio Feliciano e assistência de direção de Tânia Fayal. Logo na primeira cena dos extras, aparece o alto astral do camarim com Arlindo, Babi e a banda, todos de mãos dadas e os braços para o alto.

Arlindo: – Aquela oração que a gente sabe.

Todos (bem alto e com animação):– Canta, canta minha gente, deixa a tristeza pra lá, canta forte, canta alto que a vida vai melhorar.

Em outro momento, Arlindo identifica as imagens que estão no painel do cenário de Luis Henrique, ao fundo do palco. "Um pouco das minhas paixões, das paixões do povo brasileiro. O amor ali na rosa, o coração partido, sagrado coração não correspondido, a natureza, a pureza da flor. O glorioso São Jorge, padroeiro da minha escola de samba, Império Serrano. O cifrão quer dizer um pouco da cultura do rap, do hip hop. Vai ter um pouco dessa mistura aqui. O próprio sambista com suas medalhas, seus cordões (mostra o seu). O banjo representa meu lado músico". Do palco para o camarim, Arlindo mostra o altar com os santos que trouxe do seu congá, em casa. "Santa Cecília, protetora da música, São Brás, protetor da garganta, São Jorge, São João Batista na versão do candomblé, que é o Xangô, Cosme, Damião e Doum, um incenso pra dar aquela energia bonita e tudo rolar bonito lá em cima".

Ao final da oração com os versos do samba do Martinho, Marcelinho Moreira diz sério que quer dizer alguma coisa.

Marcelinho: – Bem-vindo ao Pagode do Arlindo.

Muitos aplausos, algazarra geral e todos seguem para o palco. O primeiro convidado é Zeca Pagodinho.

Arlindo: – Partido-alto é tão bom que dá pra tocar com cavaco e pandeiro. Eu e meu compadre que vai chegar daqui a pouco cansamos de fazer isso nas conduções. Muitas vezes a gente ganhava o sorriso de uma passageira, muitas vezes a gente ganhava uma bronca de quem queria dormir, mas a maioria das vezes a gente ganhava a passagem, pelo menos. A gente economizava pra tomar mais uma gelada no botequim e o pagode continuava. Era só fazer um verso pro trocador e tudo seguia normal.

Arlindo e Zeca cantam Vê se não Demora (Arlindo Cruz/Zeca Pagodinho). Em Ainda é Tempo pra ser Feliz (Arlindo Cruz/Sombrinha/Sombra), ele chama o músico Dirceu Leite para fazer a introdução de clarinete a seu lado. E Dirceu faz bonito, improvisando um solo antes de tocar a música inteira com a plateia cantando. Emocionante. Aliás, a galera cantou muito nessa gravação. Em Será que é Amor? (Arlindo Cruz/Babi/Jr Dom), no verso "..você pode usar e abusar de amar...", Arlindo completa: "De camisinha todo mundo pode usar e abusar de amar". Arlindo levanta e chama a próxima participação especial.

Arlindo: – Minha madrinha, Beth Carvalhooooo.

E cantam Saudade Louca (Arlindo Cruz/Acyr Marques e Franco). Já adaptado às batas, ele troca a vermelha por uma verde para a segunda parte do show. Após o hino Meu Lugar (Arlindo Cruz/Mauro Diniz), Arlindo Cruz fala sério.

Arlindo: – Sou um suburbano do Rio de Janeiro, uma cidade grande como São Paulo. Como todas as cidades grandes, temos vários problemas e às vezes temos o problema de ver a cidade dividida em favela e zona sul, rico e pobre, periferia e centro, enfim muita violência, às vezes exageradamente. A gente chega até a pensar, por exemplo, se o Mestre Cartola fosse vivo hoje, como veria a realidade. Talvez ele visse mais ou menos assim. Do jeito que a gente colocou.

E canta Amor à Favela, que fez com o parceiro Rogê. Para chamar Marcelo D2, de terno e gravata, e cantarem Mão Fina (Arlindo Cruz/Jorge Davi), e versarem ao final.

Arlindo: – Eu moro no Recreio dos Bandeirantes, no Rio de Janeiro tem já uns doze anos e a gente sempre aparece nos programas de televisão, carnaval. Tenho um filho de 17 anos e os amigos dele só passaram a perceber que eu era artista a partir do momento que eu apareci na MTV nos clipes desse cara.

"Ao mesmo tempo em que ele me ajudou muito eu rejuvenesci a imagem dele pra galera da MTV", diz Marcelo D2. "Ele dizia..."

Arlindo: – A galera jovem vai ao meu samba por tua causa, você que me botou nessa galera aí e agora tem que ir cantar comigo.

Entre os clipes de Marcelo D2 que Arlindo Cruz participou estão Qual é? (Davi Corcos), Numa Cidade Muito Longe Daqui (Polícia e Bandido) (Acyr Marques/Arlindo Cruz/Franco) e Dor de Verdade (Arlindo Cruz/Zeca Pagodinho/Marcelo D2). O clip de Qual é? levou um dia inteiro pra ser gravado numa casa de uma rua sem saída em Oswaldo Cruz, subúrbio do Rio. Completamente à vontade, Arlindo toca banjo numa feijoada com um pagode que tem ainda Bezerra da Silva, Falcão de O Rappa e Bira Show da Mangueira. No final a cena em que eles cantam A Fumaça já Subiu pra Cuca (Adelzonílton/Tadeo do Cavaco), sucesso do Bezerra, eles falam "qual é?". E Arlindo manda "qual é maluco?". Já no clássico Numa Cidade Muito Longe Daqui, rola um pagode numa laje, Arlindo toca banjo e Leandro Sapucahy toca pandeiro.

No DVD, sem usar bateria, mas com uma batucada da pesada com Thiago Kukinha, Marechal, Ovídio Brito, Azeitona, Marcelinho Moreira e Nene Brown, Arlindo Cruz tem o público nas mãos, coloca geral pra cantar e até mesmo levantar das cadeiras e dançar até embaixo. É a aposta da MTV dando certo e Arlindo melhorando ainda mais seu ibope com quem ainda não o conhecia.

Arlindo: – Dizem que o samba é herança, então vou chamar meu herdeiro, meu filho Arlindo Neto.

O nome Arlindo Neto não pegou. O herdeiro ficou sendo Arlindinho. E os dois cantaram O Império do Divino (Arlindo Cruz/Maurição/Carlos Sena/Aluísio Machado/Elmo Caetano) e o clássico dos clássicos, Aquarela Brasileira

(Silas de Oliveira). Ao contrário da timidez no DVD Pagode do Arlindo, agora Arlindinho mostra a que veio e canta bonito com o pai. "Estou mais do que feliz, mas não vou passar o bastão não. Ainda tem muito tempo pra eu ir e ele ir na dele", disse Arlindo nos extras.

O final é uma verdadeira festa no palco. Babi entra, seguida de Marcelo D2 de braço dado com Dona Aracy. E vão entrando Arly, Beth, Zeca, Acyr, Xande de Pilares, Arlindinho, Pelé Problema, Pedreira, o afilhado Luisinho, filho de Zeca, entre outros. "Meu samba bebe na fonte da velha guarda, mas também serve de inspiração para jovens que querem cantar samba. Estou sempre aberto a isso. Cabe certinho com a MTV", disse Arlindo. E coube certinho. Bem que merecia um bis.

O CHORO DO COMPADRE ZECA

Quando assistiu em casa o DVD, o amigo, compadre e parceiro Zeca Pagodinho se emocionou muito e teve uma crise de choro. "Era um choro de felicidade pelo Arlindo, ao ver a qualidade de como ficou o DVD. Ficou super feliz com aquela conquista do amigo", conta o filho Luisinho.

A emoção fez Zeca descer, pegar um táxi e ir para a casa de Arlindo. Ficaram até tarde juntos e Zeca voltou pra casa pela manhã. No dia seguinte, Arlindinho ligou pro Luisinho.

Arlindinho: – O que aconteceu com seu pai? Vocês bateram nele? Chegou aqui em casa chorando muito.

"Nessa noite eles fizeram um samba e esqueceram o samba. Mais um dia normal dos dois", diz Luisinho.

MEU PAI É UM ARTISTA

Arlindinho cresceu com a imagem de que seu pai era o compositor do Zeca. Foi quando ele apareceu no clip Qualé? de Marcelo D2 na MTV e virou a maior febre na sua escola que seu pensamento mudou. Seus coleguinhas diziam 'o pai do Arlindinho é famoso, é amigo do D2, canta com o D2'. E na famosa cena em que um amigo do condomínio pediu uma foto com seu pai é que a ficha caiu por completo. "Pensei, caraça meu pai agora tira foto com os moleques do condomínio, com meus amigos. Ali comecei a entender que o cantor Arlindo Cruz também era famoso. Mas ainda era muito novo e só fui entender o tamanho dele pro sambista depois. E fui me interessando pela sua obra. Fui ouvindo, resgatando, querendo ser sambista também". Arlindo não era contra, mas também não apoiava. "Se quisesse um instrumento ele me dava. Eu achava que ele queria que eu fosse músico, que eu estudasse música, entendesse a musica e de repente tocar numa banda". No lugar do cavaquinho, Arlindo queria que o filho estudasse violão, para ter mais possibilidades, e também queria que estudasse piano.

Arlindo: – Você tem que ler música, conhecer a parte teórica da música.

BATUQUES E ROMANCES

Em junho de 2011 a Sony Music, nova gravadora de Arlindo Cruz, coloca nas lojas o CD Batuques e Romances, que tem a volta de Leandro Sapucahy à produção. Os convidados são Zeca Pagodinho em Meu Poeta (Arlindo Cruz/Jr Dom/Zeca Pagodinho), Ed Motta em Bancando o Durão (Arlindo Cruz/Jr Dom/Maurição) e Marcelinho Moreira, que conversa com Arlindo em Batuqueiro (Arlindo Cruz/Fred Camacho/Marcelinho Moreira) e Meu Cumpadre (Élcio do Pagode/Dido do Cavaco). Ao final delas, os músicos no estúdio batem na palma da mão e mandam o refrão: "ouvi dizer/que lá no pagode na Penha/trunfo é pau/madeira é lenha". Do repertório, duas músicas seguiram nos shows de Arlindo: O Bem (Arlindo Cruz/Délcio Luiz) e Meu Nome é Favela (Rafael Delgado). Porém, o disco não foi uma unanimidade. "Eu detestei o Batuques e Romances. Alguém, não lembro quem, disse que meu pai tinha que andar com o pessoal da MPB, trabalhar menos e aumentar o cachê, fazer teatro. Tudo isso eu concordei, achava válido. Ser mais valorizado, todo mundo entender que o show do Arlindo era 100 mil reais. Só que era um trabalho que teria de ser feito com calma. Alguém colocou isso na cabeça do Leandro e ele entendeu que era pra fazer um som menos batucado. Fazer algo com sonoridade de samba de bossa nova. Aí não né?", desabafa Arlindinho, que também não entendeu porque Arlindo não tocou banjo no disco. "Teve banjo, mas não com meu pai. Nos partidos tem que ter os banjos dele, a pegada dele. Era piano, batera, baixo, voz. Era outro Arlindo, pouco explosivo. O disco tem poucas falas. Eu muito crítico falei pra ele, esse disco é ruim pra caralho. E, de fato, é o pior disco. O Leandro produziu o melhor,

Sambista Perfeito, e o pior, Batuques e Romances", diz Arlindinho, que era sincero quando o pai colocava pra ele ouvir.

Arlindinho:– Pô, pai, uma merda teu disco.

Uma boa lembrança do disco foi um vídeo feito na gravação de base da música Pelo Litoral (Arlindo Cruz/Acyr Marques/Rogê). Nas cenas em que Regina Casé, Marcelo D2, Leandro Sapucahy e Arlindo sambam miudinho, uma imagem rara, a de Zeca Pagodinho dizendo no pé. E a saudade fala mais alto em imagens de três pessoas inesquecíveis: do grande músico Gordinho tocando surdo, do Vadinho do Táxi também dizendo no pé e do Maestro Ivan Paulo regendo seu arranjo com a camisa do seu Fluminense.

DE FÃ A AFILHADA MUSICAL

Foi também em 2011 que Arlindo Cruz conheceu uma cantora curitibana que havia começado sua carreira em Santa Catarina e tinha chegado ao Rio para gravar seu primeiro disco, Você Merece Samba, com produção de Leandro Sapucahy, que lhe mostrou Quando Falo de Amor (Arlindo Cruz/Fred Camacho/Almir Guineto). Karinah foi ao Esquenta e cantou com Arlindo. "Ele foi a primeira pessoa que me acolheu. Virou amizade. Aonde ele ia me carregava, a Babi me chamava. Foi um encontro de almas, uma química acima de material. Acredito que tem a ver com ancestral, não tem explicação. Ele sempre teve esse carinho comigo, nem perto de ter algo machista. E falava pra mim que tudo que tem verdade dá certo", diz Karinah.

A sintonia entre Karinah e Arlindo foi além das notas musicais. Ao entrar em seu camarim, Arlindo acertou a futura gravidez.

Arlindo: – Quando é que vêm os nenéns? Você tem que devolver umas crianças pro mundo.

"Ele me olhou e profetizou, muito antes de imaginar que eu teria filhos. Sou filha de Iemanjá e, quando estive no Gantois, na Bahia, também ouvi a mesma coisa de Mãe Carmem. Esse meu irmão foi muito danado comigo e se não fomos compadres, ele é meu padrinho no samba", conta a mãe dos gêmeos Lílian e Gerd (Geraldo em alemão), nomes em homenagem a seus sogros, que nasceram prematuros em 30 de agosto de 2017.

Os dois iam se encontrando em programas de TV, festivais, shows e Karinah ia assimilando cada palavra, cada dica de Arlindo. "Eu cheguei miudinho aqui no Rio. Tinha receio de sofrer preconceito e sofri. Sou neta de preto, mas não sou preta. Arlindo me colocou embaixo das asas. Me olhava nos olhos e me dizia que eu tinha de seguir meu coração, cantar com a minha verdade, porque foi assim que ele chegou aonde chegou. Me falou de Clara e tantas outras mulheres que eu deveria seguir como referência, e levo pra minha vida". Em seus shows tem sempre um momento dedicado a Arlindo Cruz. "Tenho um bloco de músicas que este poeta fez. Sou afilhada e em qualquer momento que a família precisar estarei sempre às ordens".

ARLINDO E BABI, ENFIM CASADOS

Sabe quando o noivo enrola a noiva com maestria e nunca marca a data do casamento? Assim como capricha nas suas músicas, Arlindo Cruz também caprichou na enrolação e, quem sabe, pode ter entrado para o Guiness (Livro dos Recordes). "Sou realmente uma mulher muito paciente e agora carrego a cruz de verdade", afirma Babi. Mas a hora chegou. Após um animado noivado surpresa, de uma festa de três dias, e que durou 26 anos, enfim chega o dia do casamento do Arlindo com a Babi. E foi uma celebração emblemática, a partir da data escolhida, dia 13 de maio de 2012: dia das mães, dia de Nossa Senhora de Fátima para os católicos, e dia de Preto Velho para os religiosos do candomblé. O noivo, aliás, queria casar apenas no candomblé, mas com o falecimento de Mãe Bidu, mãe de santo de Babi, teve outra ideia.

Arlindo: – Ô, mãe, nós demoramos tanto tempo pra casar, que agora vamos chamar todas as religiões que cercam a gente, fazer uma cerimônia ecumênica e pedir pela nossa união.

Em tempos de forte intolerância religiosa, eles deram o exemplo e casaram numa celebração ecumênica: pela igreja católica, o Padre da Igreja de São Jorge; pelos evangélicos, o Pastor Vaguinho; pela Igreja Messiânica, a Ministra Verônica; pelo budismo, o Chefe Roberto e, pelo candomblé, Ojé Dudu. "Ele sempre teve essa ideia ampla, da união, da força, da liberdade religiosa. Lá nos anos 80, já falava disso no samba Quando te vi Chorando, que fez com o Zeca, dizendo eu rezo pra você na minha língua, você reza pra mim na sua", diz Babi.

Foram cerca de quatro meses de planejamento até a entrada dos noivos no Sítio Lajedo, em Vargem Pequena, Zona Oeste do Rio de Janeiro. Caiu um temporal daqueles, mas nada que atrapalhasse a cerimônia, que teve cerca de 750 convidados. A condução foi do juiz de paz Pastor Longuini, o cerimonial foi assinado por Beatriz Dias, a assessoria e projeto de decoração de Carlos Lamoglia e a trilha sonora ficou por conta do Coral Delfim Moreira e Orquestra. Como fiéis testemunhas, doze casais de padrinhos: Arly Cruz e Zeca Pagodinho, Gisele Cruz e Acyr Marques, Sombrinha e Taís, Marcelo D2 e Camila, Fátima, irmã de Babi e Túlio Feliciano, Marcelinho Moreira e Dani Barbará, Vânia e Albino, Regina Casé e Estêvão Ciavatta, Rogê e Paloma, Eliana e Pai de Santo Zezinho, João (primo) e Tia Léa (madrinha de Arlindo), Jr Dom e Dulce, que entraram ao som do choro Doce de Coco (Jacob do Bandolim).

O noivo foi levado pela mãe Dona Aracy, ao som de As Rosas não Falam (Cartola). Em seguida, dois casais de daminhas e pajens, ao som de Teu Jeito de Sorrir (Arlindo Cruz/Babi/Jr.Dom). Por fim, ao som de Ave Maria (Vicente Paiva), a tão esperada entrada da noiva, levada pelo filho Arlindinho, com um exclusivo vestido desenhado pelo figurinista Giovani Targa. A menina Flora levou as alianças sob uma "chuvinha" de flores. "Era eu, numa função que foi inventada pelo meu padrinho. Eu estava num fim de semana na casa deles e percebi meus padrinhos conversando sobre o que eu iria fazer no casamento. No dia seguinte me levaram pra experimentar uma roupa e eu, que não ia fazer nada fui atrás da Flora, jogando flores", conta João Pedro, um dos muitos afilhados de Arlindo.

Na saída de noivos e padrinhos, todos cantam O Show tem que Continuar (Luiz Carlos da Vila/Arlindo Cruz/Sombrinha). No alto do bolo os bonecos de Babi com a bandeira da Mocidade Independente de Padre Miguel e de Arlindo segurando o banjo. A festa foi até altas horas com as baterias da Mocidade Independente de Padre Miguel, do Império Serrano e um samba comandado por Arlindo e Arlindinho junto com Sombrinha, Ubirany, Luis Cláudio Picolé, Délcio Luiz, Marquinho PQD, Jorge Aragão e Andrezinho, entre outros, cantando sambas como A Amizade (Djalma Falcão/Bicudo/Cleber Augusto) e E Eu não fui Convidado (Zé Luis/Nei Lopes). "Não dá pra eu fugir dessa noiva. Nem ela fugir de mim. Nós estamos amarrados por todas as religiões. O mais legal é que a gente fez uma festa bem ecumênica. Todas as pessoas se divertiram bastante e dançaram, curtiram... quem era de beber bebeu, quem era de não beber só comeu... Foi uma grande festa o meu casamento", disse Arlindo.

ANTES DA LUA DE MEL...

Dois dias após o casamento, uma reunião do casal com o figurinista Giovani Targa e o diretor Túlio Feliciano sobre o DVD Batuques do meu Lugar.

Babi: – Eu vou ser muito franca. Estamos preparando o DVD do Arlindo, que será gravado em junho, na véspera do feriado de Corpus Christi. Vamos passar uma semana fora e o Arlindo quer que você faça o figurino do show, mas eu não quero.

Giovani: – Não quer?

Babi: – Não, porque eu não quero correr o risco de perder a sua amizade. Temos menos de um mês, sei que você trabalha muito no Esquenta...

Arlindo: – Mas eu não abro mão de ser você.

Babi: – Então, eu não quero me envolver nisso. Se der problema, aí o problema é seu e dele. Eu não quero perder você perto de mim (olhando para Giovani).

Túlio: – Mas não tem como não ser o Giovani, que tá cuidando do Arlindo há mais de um ano.

No dia seguinte, Arlindo e Babi partiram para a lua de mel no Hotel do Frade Goldf& Resort, em Angra dos Reis, onde ficaram por uma semana.

E NA LUA DE MEL... SEXO = SUCESSO

Uma semana num resort dos sonhos após o casamento não significava folga para a inspiração do compositor Arlindo Cruz. E, mais uma vez, ela chegou aflorada no meio de uma transa. "Nós paramos, ele pegou o violão para gravar a melodia e ficou muito emocionado...".

Arlindo: – Olha o que você me faz sentir.

"Chorava eu, chorava ele! Gravou e continuamos, mas em compensação foi mais do que um gozo, foi mais do que uma foda, foi maravilhoso", conta Babi, sobre o samba Vai Embora Tristeza, que terminaria dias depois com Gegê D'Angola e Julinho Santos e que entraria no DVD Batuques do meu Lugar.

NA VOLTA DA LUA DE MEL...

Arlindo e Babi voltaram e queriam ver o projeto. Arlindo queria um cortejo para a abertura, que falava dos sons de todo o Brasil. "Coloquei carimbó, reizado, Filhos de Gandhi... Apresentei os desenhos e ele ficou enlouquecido. Seu único pedido foi que Xangô, Iansã e Ogum estivessem no cortejo", conta Giovani. Se Arlindo estava adorando, Babi continuava preocupada, pois afinal de contas seria um trabalho gigante, com um elenco de vinte e um músicos, treze dançarinos, com três roupas para cada, cinco passistas, Jongo da Serrinha, incluindo a grandiosidade que seria no figurino do cortejo de abertura, mais as duas roupas de Arlindo, num total de cerca de cem roupas. E, faltando apenas treze dias para a gravação, nada do figurino estava pronto. E Giovani na maior tranquilidade.

Babi: – Eu nem vou ao ateliê.

Giovani :– Fica tranquila que vai dar tudo certo.

O DVD seria realizado na quadra do Império Serrano, daí o nome Batuques do Meu Lugar, numa homenagem à Madureira. Mas os Deuses do Samba resolveram ajudar e a mudança aconteceu para entrar na história. A quadra do Império entrou em obras e não ia terminar a tempo. Foi quando Babi perguntou:

Babi: – Por que não fazer no Terreirão do Samba?

Arlindo percebeu que tinha tudo a ver com o tema escolhido. Dos batuques estarem ali na Praça Onze, onde viveu Tia Ciata, mulher emblemática no início do samba, respeitada por sambistas, pela polícia e que teve em sua casa a criação do primeiro samba gravado, Pelo Telefone (Donga/Mauro de Almeida). No Terreirão estariam ao lado da estátua de Zumbi e do Morro da Providência, primeira favela carioca. "Mudou tudo. O que seria Batuques do meu Lugar, apenas de Madureira, virou batuques do Rio de Janeiro e do Brasil. Com tudo que influenciou o samba, todos os batuques primitivos que deram origem ao samba, ali no terreiro da Tia Ciata. Tivemos que contextualizar e ver que a minha obra pertencia a este universo. Bebi dessa fonte. Meu samba tem samba de roda, tem samba romântico, ijexá, cateretê, maculelê, o repertório cresceu", disse Arlindo para a Rádio Mania. Nos extras do DVD, uma das cenas é Arlindo com sua fonoaudióloga. "Tô aprendendo uns exercícios pra melhorar meu grave, que é mais difícil de cantar. Minha professora Carla tá aqui me ajudando a encontrar esse grave. Em busca do grave perdido".

O MILAGRE DE GIOVANI E SEU TIME

Chega o dia do show e ainda não estava tudo pronto. A equipe de vinte profissionais, entre bordadeiras, camareiras e aderecistas estava a todo vapor. Mas o desespero de Babi só aumentava. No ensaio geral a equipe inteira cruzou os braços e teve que esperar. Apreensiva, Babi viu que ainda faltava detalhes, como cabeças, sapatos... mas ela não sabia que estava tudo encaminhado.

Babi: – Eu avisei que não ia dar tempo. Avisei tanto... olha o que vai acontecer!

Giovani: – Calma Babi o show é às oito.

A tranquilidade do responsável por todo o figurino era de irritar qualquer um. O que ainda não estava pronto era justamente o figurino do cortejo da abertura. E o tempo voando. E o pior era que os dançarinos não tinham ensaiado em momento algum com a roupa. O tempo continuava voando. E Babi? Sabe siri na lata? Então...

Babi: – A roupa não vai ficar pronta e a gente vai ter que perder a amizade por conta disso.

Giovani: – Calma, Babi, é às oito.

Babi: – Filho, vou deixar você. Não tenho cabeça pra isso e vou ficar lá no camarim. Vou tomar minha cerveja e cuidar do meu negão.

Babi estava certa de que tudo iria dar errado e que não teria jeito. Giovani continuava com sua calma irritante, que nada mais era do que confiança em seu projeto e em sua equipe. Sua irmã e assistente Eliane, lembra do sufoco. "Foi uma grande loucura no dia. Não tinha um figurino do cortejo finalizado. Tudo pelo meio do caminho, tudo pela metade. O problema era a calmaria dele. E é sempre assim. A equipe toda enlouquecida e ele não se contém com o que tem. O que ele programou tem que estar lá. Ele é perfeccionista ao máximo".

No final o milagre do tranquilo Giovani aconteceu e todo o figurino ficou pronto. Ele foi ver como Arlindo estava e parou ao lado do casal. A cada entrada de um integrante do cortejo Arlindo e Babi iam se emocionando, os olhos enchendo de lágrimas. Ela abraçou e deu um beijo em Giovani. A equipe toda se emocionou e, apesar do esforço de todos, ninguém entendia como tinha ficado pronto.

Babi: – Isso daí você não fez sozinho, foi muita coisa. Tem gente lá em cima que tá te ajudando, não é possível! Você tem uma entidade muito boa. Sinceramente que não achei que ia ficar pronto a tempo, mas tá lindo.

Ela chorava e abraçava Giovani. "Foi um grande desafio que me orgulho muito de ter feito com minha equipe. É um DVD que tenho muito carinho".

UM DVD PRA FICAR NA HISTÓRIA

Por cada detalhe envolvido no processo de sua construção o DVD Batuques do Meu Lugar é mesmo para ficar na história do samba. Era Arlindo Cruz cantando para o seu povo carioca na Praça Onze. Após a entrada de um cortejo tão significativo, ele chega no silêncio, com uma bata azul marinho, inspirada no Bispo do Rosário, com o nome dos convidados bordados nas costas, reverencia o público e canta a música título que fez com o parceiro Rogê. "O Bispo foi um grande artista plástico das décadas de 70 e 80, que tinha problemas de sanidade mental e se dizia um profeta. Foi interno na Colônia Juliano Moreira por muito tempo, onde na sua viagem de loucura, fazia trabalhos de instalação. Ele passava dias desfiando lençóis e bordava no manto o nome das enfermeiras que cuidavam dele e dos amigos que fazia ali", conta Giovani Targa, lembrando que hoje existe o Museu Bispo do Rosário Arte Contemporânea, na Taquara, zona oeste do Rio de Janeiro, que possui um conjunto de obras que tem como tema a sua ancestralidade negra.

Toda a performance dos treze dançarinos da Escola de Dança Centro Cultural Carioca, com a coreografia de Isnard Manso dá o tom de elegância e ritmo do que viria a seguir pelo DVD. E, como já tinha virado costume, ele pergunta:

Arlindo: – Tá todo mundo aí? Bem-vindos aos batuques do meu lugar.

Com roteiro e direção artística de Túlio Feliciano, direção musical do Maestro Ivan Paulo, que fez os arranjos, divididos também entre Jotinha, Julinho Santos e Nélio Jr, direção executiva de Babi Cruz, o DVD pela Sony Music marcou. "Os batuques do Brasil têm uma conotação sagrada, mas que foram se profanizando. A gente tá colocando nesse espetáculo um pouco desses batuques de todas as formas. Desde os sagrados até os profanos. É centralizar na filosofia do batuque a arte de sambista do Arlindo" disse Túlio Feliciano nos Extras do DVD. E os convidados foram chegando: o Jongo da Serrinha em Mãe (Carlos Sena/Maurição/Elmo Caetano), Zeca Pagodinho em Meu Poeta (Arlindo Cruz/Jr. Dom /Zeca Pagodinho), Ainda é Tempo pra ser Feliz (Arlindo Cruz/Sombra /Sombrinha) e Termina Aqui (Arlindo Cruz/Zeca Pagodinho /Ratinho). "Meu compadre, meu amigo, meu irmão, estamos sempre juntos. Falamos juntos, sorrimos juntos, choramos juntos, cantamos juntos, compomos juntos, bebemos juntos", disse Zeca nos extras.

Com Arlindo cantaram ainda: Alcione em Quando Falo de Amor (Arlindo Cruz/ Fred Camacho/Almir Guineto), Caetano Veloso em Trilha do Amor (André Renato/ Gílson Bernini/Xande de Pilares). "Arlindo é uma das melhores coisas que há na música brasileira nos últimos anos, porque ele é um sambista total, uma musicalidade espontânea, um pé fincado no jeito do samba. Uma coisa maravilhosa, um dos caras que mais admiro", disse Caetano nos extras do DVD.

Arlindo troca de roupa e vem com uma bata verde, inspirada no Profeta Gentileza, com várias medalhas penduradas na barra como o Bispo usava em algumas roupas usando moedas e medalhas de santos. Nas costas, a coroa do Império Serrano, bem grande. E os convidados continuam chegando: seis dançarinos dão um show em Zé do Povo (Arlindo Cruz/Marquinho PQD/Franco) e Meu Cumpadre (Élcio do Pagode/Dido do Cavaco), em homenagem à entidade Zé Pilintra. Com a entrada de Rogê o palco se transforma num tremendo baile. Os dançarinos voltam, evoluem e Rogê e Arlindo dividem Quero Balançar (Arlindo Cruz/Rogê). Em seguida, Seu Jorge entra dizendo no pé com a dançarina Patrícia Costa, e divide com Arlindo e Rogê o contagiante balanço Suingue de Samba (Arlindo Cruz/RoGê). "Não tem limites, não existe fronteiras pro Arlindo", falou Seu Jorge nos extras.

Marcelo D2 canta Sem Endereço (Arlindo Cruz/Luiz Carlos da Vila). Com as pazes já feitas, Arlindo Cruz e Sombrinha se reencontram no palco.

Arlindo: – É muito bom poder reencontrar meu compadre, meu parceiro, meu amigo, meu padrinho...Sombrinha.

Sombrinha: – Fala meu compadre Arlindo. É um prazer, é uma honra.

Arlindo levanta da cadeira pra receber Sombrinha e a emoção toma conta dos dois. Um beija a mão do outro, se beijam no rosto e revivem a dupla mandando Da Música (Serginho Meriti/Cacá Franklin) e O Show tem que Continuar (Luiz Carlos da Vila, Arlindo Cruz/Sombrinha).

Um detalhe de pura emoção neste reencontro está no close da câmera no percussionista Anderson Marques, o Azeitona. Enquanto Arlindo fala de Sombrinha, ele tira um som de sua cuíca e, feliz e emocionado, chora. "Depois dos meus pais o que tenho de mais importante é a minha música. Nem falo de grana, de tocar com artista, mas da música. Foi um momento de emoção que não consegui conter. Eu tava felizão naquele dia, todos nós. E estávamos com moral com ele, que disse toquem do jeito que vocês quiserem", disse Azeitona.

Antes de cantar Meu Lugar (Arlindo Cruz/Mauro Diniz), Arlindo fala o nome de vários bairros do Rio e pergunta qual o melhor e o maior lugar do mundo. Claro que o povo responde Madureira, mas Arlindo surpreende com um lindo texto.

Arlindo: – O melhor lugar do mundo é a nossa casa. É lá que a gente chega depois de um dia de trabalho. É lá que a gente janta com a patroa, tem que dar um peguinha na patroa, pra não dar mole. Dorme e sonha com um mundo melhor e acorda com a realidade. Pra ir lutar tudo de novo. Por nossos filhos, pelos mais velhos, por nós. Esse lugar que a gente ama tanto, que a gente diz com o maior orgulho, sou nascido e criado aqui. Esse, esse, esse é o meu lugar.

E, no final tradicional com sambas enredo, ficam no palco Gegê e Márcio Vanderlei nos cavacos, Julinho Santos no violão, Angela Só, Debora Cruz e Ronaldo Barcelos no vocal e a bateria do Império Serrano sob o comando de Mestre Átila. Arlindinho sai do vocal para cantar com o pai os sambas do carnaval de 2012 da Vila Isabel e do Império Serrano, os dois com Arlindo na parceria, sendo que o do Império tem pai e filho, com Tico do Império. E fecham com o clássico Bum Bum Paticumbum Prugurundum (Beto Sem Braço/Aluisio Machado). Nos sambas do Império, vem casal de mestre-sala e porta-bandeira, passistas, velha-guarda, Jongo da Serrinha e o cortejo da abertura.

ARLINDINHO PRODUTOR DE ARLINDO

Em 2014 sai Herança Popular, último cd solo de Arlindo Cruz antes do AVC, em que alcança a marca de 700 músicas gravadas, e que marca a estreia de Arlindinho como produtor. "Ele me ouvia muito. Era zero teimosia. Meu pai é um cara que sempre colocou a música na frente. Quando ia compor um samba-enredo com ele, por exemplo, se eu chegasse com um refrão foda, ele aceitava. Nunca colocou a vaidade na frente da música", disse o produtor estreante, que teve a ideia de fechar o disco com a regravação de Ela Sambou eu Dancei, que Arlindo fez com o irmão Acyr e com Geraldão, e havia sido gravada pelo Grupo Raça, agora com a participação de Mr Catra, que faz algumas intervenções na letra.

Outra novidade foi chamar o amigo Marcelo D2 para ler o Salmo 91 na introdução do samba gospel O Mundo em que Renasci (Arlindo Cruz/Rogê). "Ele não me deixava ficar de fora. Tinha muita confiança em mim. Aliás, ele que me deu confiança pra cantar samba. Me ajudava muito, me colocou em todos os discos dele e até pra falar um salmo, que foi ideia dele. Olha só o que ele me fez fazer, eu um macumbeiro, falar um salmo...

Arlindo: – Tenho uma parada aqui que gostaria que você falasse.

Marcelo: – Pô Arlindo, tá de sacanagem?

Arlindo: – Não, é sério, vai lá, vai.

Zeca Pagodinho canta com Arlindo na regravação de um dos primeiros sambas deles, gravado nos anos 80 por Jair Rodrigues: Somente Sombras. Hamílton de Holanda toca seu bandolim na introdução e faz várias intervenções em Herança Popular (Arlindo Cruz/Fábio Henrique/Naílson Mota). Pedro Scooby canta em O Surfista e o Sambista, que Arlindo e Rogê fizeram pra ele. Maria Rita canta Paixão e Prazer (Arlindo Cruz/Fred Camacho/Marcelinho Moreira). Sob influência da filha Flora, Arlindo juntou-se a Maurição e Jr Dom e fizeram o samba de roda Wathsappiei pra Ela, com termos moderninhos das redes sociais: hastag, compartilhou, adicionou, curtiu, não me seguiu, postei, Instagram, Facebook, na minha rede. Uma pena que na ficha técnica não veio o nome de quem fez os arranjos das músicas. Tem até a famigerada selfie de Arlindo, mas o arranjador dançou.

ESPAÇO CULTURAL ARLINDO CRUZ

Em meados deste ano de 2014 é inaugurado o Espaço Cultural Arlindo Cruz, na Rua Marechal Joaquim Inácio, sem número, em Realengo, fazendo parte da ONG Subúrbio Carioca. Entre as atrações para os moradores carentes de todas as idades da região estão aulas de cavaquinho, violão, dança de salão, teatro e ginástica. A ideia inicial do Prefeito Eduardo Paes era que fosse em Madureira com o nome de Pólo Cultural Arlindo Cruz, mas o homenageado não aceitou, por um motivo nobre. "Arlindo disse que antes dele existiam muitos nomes em Madureira, como Silas de Oliveira, Dona Ivone Lara, Roberto Ribeiro e tantos outros. Dei a ideia de Realengo", diz Babi.

ARLINDO E ROGÊ NA VEIA

Algumas manhãs de domingo, das onze ao meio-dia, em 2015, na rádio MPB-FM ia ao ar o programa Música na Veia, apresentado por Arlindo Cruz e Rogê. Gravado no estúdio Cia. Dos Técnicos, em Copacabana, o programa era gravado terça ou quarta-feira, sempre com dois convidados da música. "O rádio era a mídia que o Arlindo mais gostava e um dia ouvindo a MPB-FM ele teve a ideia e desenvolveu o projeto. Cada programa tinha um tema. Se fosse o dia do índio, só valia música de índio", conta Rogê.

O tema de abertura, Na Veia, é uma parceria entre Arlindo, Rogê e Marcelinho Moreira. E cada convidado cantava cinco músicas. Ficou tão bom que explodiu no ibope, a gravadora Warner se interessou e lançou, no final de outubro de 2015, o CD Na Veia, com as músicas do programa, que chegou a ser indicado ao Grammy Latino, como melhor álbum na categoria samba/pagode, com produção de Arlindo Cruz e Rogê. Os convidados foram Marcelo D2, Zeca Pagodinho, Bebeto, Maria Rita, Luis Melodia, Wilson das Neves, Seu Jorge, Jorge Aragão e Xande de Pilares. "Dia de gravação era maravilhoso, porque era muita pilha, muita zoação e a Cia dos Técnicos é a nossa casa. No primeiro programa os convidados eram só o Marcelo D2 e o Zeca Pagodinho, que trouxe duas caixas de cerveja. Era uma verdadeira festa", conta Rogê. Apesar da alegria nas gravações, nos encontros, Música na Veia não durou muito. Era um investimento de Arlindo e Rogê, num momento de crise da rádio, que não demoraria a fechar as portas. A dupla não aguentou e Música na Veia chegou ao fim.

O PRODUTOR ARLINDO CRUZ

Fascinado pela rotina das gravações, um dos recordistas de horas com o seu banjo e com a perfeita consciência de que entendia da magia dos estúdios, a intenção de Arlindo Cruz era, cada vez mais, viver aquele clima e se tornar um produtor de discos. E chegou a produzir quatro deles.

A estreia foi em 2010 com o EP do Grupo Bambas de Berço, gravado na Cia dos Técnicos, com arranjos de Julinho Santos e arranjo de metais do Maestro Ivan Paulo na música Se não Der não Deu (Marquinho PQD/André Renato/Carlito Cavalcanti), que teve a participação especial do jovem Stephan, filho de Marcelo D2.

O Bambas de Berço, formado por filhos de músicos, foi uma ideia de Arlindo, que viajou na ideia de Babi. Ela queria que esse nome fosse uma linha de fraldas e de enxoval para crianças, mas acabou mesmo virando o grupo, que tinha Arlindinho, Marquinhos Nunes (filho de Marquinho PQD), Marco Antônio Esgulebinha (filho de Esguleba), Paulão Rufino (filho do Sérgio Rufino, do Revelação), Henrique Arcanjo (filho de Mestre Coé da Mocidade), Ricardo Fonseca (sobrinho de Andrezinho) e Renato Moraes (filho de Regina Moraes). "Grupo é aquele bagulho pra você se fuder no início, né? Tocar no quiosque umas trezentas horas, tocar e não receber, mas aprender", diz Arlindinho, que acabou se destacando neste aprendizado, como na temporada que o grupo fez no Bossa Nossa, rede de casas (Parque das Rosas, Rio II, Lapa e Nova Iguaçu), que Jorge Aragão era um dos sócios (2008 a 2011) e me chamou para ser o diretor artístico. Numa festa fechada para o final de ano de uma empresa, na Lapa, a organizadora, que já sabia que teria um grupo de samba no dia, resolveu ao chegar à casa que preferia a cantora Bia Falcão, que estava fazendo voz e violão naquele momento. Tentou me convencer que o samba não era a "vibe" dos funcionários. Disse a ela que teria de ser, pois além de já ter sido combinado, o Bambas de Berço já estava chegando. Assim que chegaram, chamei Arlindinho, disse o que estava rolando e que precisava muito dele para ganhar o público na terceira música. Ele fez melhor. Na segunda música a pista estava lotada, incluindo a tal organizadora, rebolando até o chão. Claro que fui até ela, parei na frente e perguntei tá gostando?

Como acontece na maioria dos grupos era certo o assédio em cima do cantor principal. Os convites começaram a chegar para Arlindinho. Fez uns shows sozinho em alguns estados, mas quando foi a Brasília e faturou três mil reais levou um susto. "Era um dinheirão e parei pra pensar, mas a pilha maior foi do Reinaldo. Ele que me tirou do grupo."

Reinaldo: – Meu sobrinho, você vai ficar com esse negócio de grupo? Tem muita discussão, muito problema, tem de ficar cantando o maior tempão. Você tá cantando bem, tá aprendendo, tem um nome maneiro, tem que ter a sua carreira, você é filho do Arlindo.

Arlindinho acreditou, começou a fazer umas "passadinhas" em São Paulo e engrenou na carreira solo.

FÉ NO BATUQUE

O primeiro cd foi o do compadre Marcelinho Moreira, em 2012. Arlindo Cruz e Rogê assinaram a produção de Fé no Batuque, com arranjos de Maestro Ivan Paulo, Mauro Diniz, Jotinha, Rafael dos Anjos, Cláudio Jorge e Alessandro Cardoso. "Foi um produtor supercuidadoso, pontual, muito dedicado. Ele que me fez fazer um samba pro meu time, o Botafogo".

Arlindo: – Porque você não faz?

Marcelinho: – Vamos fazer.

Arlindo: – Eu não, aí já é demais, eu fazendo samba pro Botafogo. Faz com o Cláudio Jorge.

E fizeram Nosso Amor é Preto e Branco, que teve as participações dos alvinegros Zeca Pagodinho, Beth Carvalho, Hélio de La Peña e Regina Casé. Com Seu Jorge cantou O Dia se Zangou (Mauro Diniz/Ratinho), com Martinho da Vila, Samba sem Letra (Martinho da Vila/Marcelinho Moreira/Fred Camacho) e, com Arlindo Cruz, Pra Bom Enté Meia PaláBá. "Essa ele fez com o Lenine e assim que acabou me ligou, cantou e disse que só eu podia gravar. E ele que queria tudo em tom alto".

Arlindo: – Marcelinho, aumenta esse tom, tá com medo?

"Costumo dizer que sou devoto de Martinho e Arlindo, meu amigo, meu compadre, meu afilhado de casamento e meu produtor. Arlindo sempre me cobrava. Dizia que eu tinha de parar de tocar pra cuidar da minha carreira", lembra Marcelinho. "E no lançamento do meu primeiro disco no Teatro Rival ele tinha show e não convidei pra cantar. Aí ele se convidou".

Arlindo: – Ô, Marcelinho, como é que eu não vou? Pode botar meu nome. Eu vou cantar contigo, meu compadre.

MATÉRIA-PRIMA

Em 2013 Sombrinha atendeu um pedido da filha Anna Carolina e chamou seu compadre Arlindo Cruz para produzir seu terceiro disco, Matéria Prima. Com arranjos do Maestro Ivan Paulo, Rafael dos Anjos, Fernando Merlino, Jorge Cardoso e da dupla Arlindo Cruz e Sombrinha, o disco traz as participações de Zeca Pagodinho e Hamílton de Hollanda em Quando eu Jogo a Rede (Sombrinha/Marquinho PQD/Rubens Gordinho), do irmão Sombra em Perdeu o Valor (Sombrinha/Sombra), de Chico Buarque em A Flor que eu não Esqueço (Sombrinha/Nilton Barros/Marquinho PQD), Arlindo Cruz em Guerreiro Protetor (Sombrinha/Arlindo Cruz) e de Chico Buarque, Arlindo Cruz, Hamílton de Hollanda e a Velha-Guarda da Mangueira em Deixa Solto (Sombrinha/Chico Buarque/Arlindo Cruz). "Meu padrinho foi muito dedicado e esse disco do meu pai é muito elogiado. Lembro que ficava prestando atenção no meu padrinho e ele sabe muito do que faz, mas os dois se metiam em tudo. Aí sim, via porque formaram uma dupla. Eles se entendem e um ensinou muita coisa para o outro.", analisa Anna Carolina.

O BOM APRENDIZ ARLINDO NETO

Em 2014, ao lado de Rogê e Jeromínho Fernandes, Arlindo produz o DVD do filho, Arlindo Neto Bom Aprendiz, com arranjos do Maestro Ivan Paulo, Jeromínho Fernandes, Gegê D'Angola, Rafael Prates, Nélio Jr e Julinho Santos, com direção geral da mãe Babi Cruz. O DVD começa com uma emocionante homenagem para seu avô, o cavaquinista Arlindão. Sua imagem é projetada no telão, com uma mensagem que escreveu para o neto: "desejo ao meu neto paz, saúde e que ele seja a continuação da família no caminho da boa música". Arlindo Domingos da Cruz. Enquanto imagem e mensagem aparecem Arlindinho entra tocando cavaquinho e cantando Esta Melodia (Jamelão/Babu), fazendo o lalaiá a antiga, exatamente como foi gravado pelo conjunto do avô, Mensageiros do Samba da Portela. "Meu tio Arlindão, os tios,...Arlindinho vem de uma linhagem grande do samba. Precisa saber aproveitar, levar na responsa como o pai dele. Tem que continuar produzindo, compondo, compondo, não pode se acomodar. Ele é bom, tem a quem puxar, tem DNA", disse Zeca no Making Off. E, na tradicional oração do camarim, momentos antes de entrar no palco, todos abraçados, Arlindo pede a palavra.

Arlindo: – Hoje não vamos fazer o Canta Canta. Como é o primeiro trabalho do meu filho, um trabalho sério, vou pedir um Pai Nosso e que todo mundo rezasse com a gente.

E, logo após o Pai Nosso, todos rezaram a tradicional oração dos shows de Arlindo Cruz: Canta canta minha gente, deixa a tristeza pra lá, canta forte, canta alto, que a vida vai melhorar. As participações foram: o tio Acyr Marques em Seja Mais Você (Acyr Marques/Geraldão/Délcio Luiz), Sem Querer por Querer (Acyr Marques/Serginho Meriti) e Insensato Destino (Acyr Marques/Chiquinho Vírgula/Mauricio Lins), Jorge Aragão em Já É (Jorge Aragão/Flávio Cardoso), Marcelo D2 em A Batucada dos Nossos Tantans (Sereno/Adílson Gavião/Robson Guimarães), Stephan em Se não der não Deu (Marquinho PQD/Carlito Cavalcanti/André Renato), Thiago Martins em Ele Ainda é o Tal (Arlindo Cruz/Sombrinha), Os De Paula, trio formado por filhos do Netinho de Paula: Levi, Viny e Dudu, em Rio Sampa (Arlindo Cruz/Rogê) e Arlindo Cruz em Meu Caminho (Arlindinho/Marquinho Nunes/Jorge Davi Jr.), Parceiro mais Novo (Arlindo Cruz) e Meu Povo (Arlindo Cruz/Arlindinho/Renato Moraes). "Isso aqui não é um chamado, é uma ordem. O garoto tá mostrando pro que veio. Pra que a gente possa ter garantias que o futuro do nosso samba está em boas mãos. Ele tem histórias pra contar de dentro da família e fica muito melhor a gente procurar representatividade, que são poucos", conclui Jorge Aragão.

Era o pai produzindo o DVD do filho e indo, ano a ano, no caminho de realizar o sonho de tornar-se um produtor musical. "Ele tinha esse sonho. E seria um dos melhores, sem dúvida nenhuma. Ele diversificava os arranjadores, dividia as gerações de músicos, se envolvia, sabia tudo de cada trabalho. Às vezes, quando chegava atrasado, e a gente ia adiantando, ele do corredor na Cia dos Técnicos já ia dizendo o que tava errado. Ele tinha muita percepção, era um produtor pronto", diz o produtor Felipe Bueno.

Quinteto pesado: Rogê, Zeca, Arlindo, Marcelo D2 e Marcelinho Moreira

CAPÍTULO 14

ARLINDO CRUZ É POP

ENCONTROS COM MARCELO D2 E ROGÊ

Atenção! Este é um capítulo à parte na biografia deste sambista.

Por aqui, o banjo, a batucada e os versos de improviso do partido-alto juntam-se aos improvisos do rap, às mixagens do DJ, ao violão balançado dos bailes e o resultado final é uma pura amizade.

Um artista que nunca teve preconceitos musicais e que sempre prestou muita atenção às novidades que o cercavam. Arlindo Cruz ultrapassou as fronteiras do samba, se rendeu ao hip hop e ao rap de Marcelo Maldonado Gomes Peixoto, ao balanço de Roger José Cury, e os trouxe pro samba. Nesta boa mistura, a música uniu, para não mais separar, Arlindo, Marcelo e Rogê.

O primeiro a chegar à vida de Arlindo foi Marcelo D2, em 1998. Mas o que o rapper não sabia é que ele já era do samba. De berço. Nasceu em Madureira, mas com apenas dois anos de idade foi morar no Morro do Andaraí. "Já era muito perigoso, muita arma, e minha mãe não me deixava ficar na rua até tarde. Mas como minha família é toda de Padre Miguel, ia pra lá no finais de semana e passava minhas férias inteiras. Minha mãe me colocava no trem no Engenho de Dentro, ia sozinho até Realengo ou Padre Miguel e meu tio me pegava. Lá eu podia ficar na rua até tarde. Era rua de terra, não passava carro, pegava fruta na árvore e tinha muitos amigos. Era tipo um sonho", conta D2, voltando no tempo e lembrando de seu primeiro grande ídolo na música. "Foi Mestre André, que eu vi fazendo a paradinha com a bateria. Sou Mocidade e me contagiei por ele. Mas fui muito influenciado pela música americana, por James Brown, Marvin Gaye, e depois o rap, o punk rock".

Para o encontro com Arlindo Cruz acontecer o rapper teve de conhecer primeiro a magia dos pagodes das quartas na quadra do Cacique de Ramos. Em 1986, enquanto Arlindo Cruz gravava o LP Mapa da Mina, do Fundo de Quintal, Marcelo D2 estava no quartel, mas foi parar numa quarta, no Cacique. "O Coelho, um neguinho gay, do Estácio e que servia comigo era meu parceiro pra caramba. Ele perguntou se eu gostava de música, se já tinha ouvido Fundo de Quintal e que a gente tinha de ir lá pro Cacique. Meu pai já ouvia essa galera, mas era música do meu pai, eu não dava muita atenção. Eu fui e o pagode estava comendo solto. Lembro que vi o Zeca e uma mulher que me chamou a atenção, porque era a única na roda. Era a Jovelina. Foi uma porrada. Voltei algumas vezes, era um lazer barato e bom, adorava, mas esqueci. Só fui lembrar em 97, quando resolvi fazer meu disco solo e ficava imaginando como ia fazer minha carreira. E lembrei das minhas idas ao Cacique". Ao virar músico a mistura do que tinha visto naqueles pagodes das quartas junto com o que o Fundo de Quintal vinha fazendo nos discos deu um clique na cabeça do jovem Marcelo. "Comecei a ir aos shows do Fundo de Quintal e essa noção de orgulho suburbano nato esses caras me deram muito. O que mais gosto na música é subversão e transgressão, mas demorei a entender que o samba é transgressor pra caralho. Achava que samba era só de sambar no pé e não sabia que o sambar no pé era transgressor, era resistência. Entendi a importância daquilo para o mundo e ali foi meu norte como músico. Depois do Planet Hemp, basicamente eu queria juntar rap com Fundo de Quintal. Antes fui cantar rap como uma plataforma de manifestação pra xingar a polícia, falar dos problemas de um jovem da favela do Rio de Janeiro, da zona norte, queria resolver aqueles problemas ali. O rap me deu voz pra isso, e quando o Planet estourou, eu já tinha estúdio, sabia fazer as paradas, vi que queria misturar rap com o samba que tinha visto lá na tamarineira, porque era a minha essência de subúrbio do Rio de Janeiro. Aí sim, eu consegui falar de verdade com o povo".

E foi em 1998 que rolou o primeiro encontro, após lançar Eu Tiro é Onda, seu primeiro disco solo, sua primeira investida em misturar o rap com samba. Era um tempo em que sempre aparecia no Pagode da Tia Doca, aos domingos, em Madureira. Numa dessas idas, foi parar na gravação de um clip da Beth Carvalho na quadra do Arranco, no Engenho de Dentro. Foi levado para o camarim, onde já estavam Arlindo, Sombrinha, Almir Guineto e João Nogueira. Arlindo apontou pra ele...

Arlindo: – Caralho! O maluco da banda da maconha, porra tu é foda, hein!

Os dois já começaram a conversar e não demorou muito para a pergunta fatal.

Arlindo: – Você dá uns tecos?

Marcelo: – Dou.

Arlindo: – Então vamos lá fora, que a Beth não gosta que faça nada aqui dentro.

E lá foram os dois animadíssimos para fora da quadra e ficaram por umas duas horas ali no meio dos carros. "O santo bateu na hora e a gente virou melhor amigo na primeira noite que a gente se viu. Esquecemos o clip da Beth, minha mulher foi embora e colei com ele. Dali a gente foi pro Morro do Juramento e cheguei em casa umas dez da manhã. E colamos de uma maneira que os dois primeiros meses da nossa amizade a gente se via quase todo dia. Ficamos apaixonados um pelo outro", diz Marcelo D2, confirmando a atração de Arlindo pelo novo. "Ele era um cara que tinha muita curiosidade com o que era diferente do mundo dele. O novo o deixava instigado e ele não tinha medo. Naquela época o rap ainda era uma música underground pra caramba e eu ainda não tinha estourado com meu disco solo, mas começamos a andar juntos pra tudo que era lugar, várias festas rap. Íamos pra Zoeira Hip Hop, onde eu tocava de DJ, na Rua Riachuelo, 19, e no samba também. Andávamos muito colados, viramos parcerões e casamos. Nunca mais nos separamos". E Marcelo vai falando de Arlindo com uma alegria contagiante. Os assuntos vão brotando e vai lembrando os detalhes. "Com certeza foi o melhor amigo que ganhei na música. Ligava ao menos duas, três vezes na semana pra saber como eu estava".

Arlindo: – E aí D2, tudo bem? Tudo certo? Sua filha melhorou da gripe?

"E eu nem lembrava que ela estava gripada", afirma.

O PROFESSOR ARLINDO CRUZ

Marcelo sempre diz que Bezerra da Silva e Arlindo Cruz são seus grandes professores no samba. Se Bezerra foi seu primeiro contato, por todo o clima sarcástico e da crítica social, características típicas do rap, foi Arlindo que introduziu o novo amigo no meio da galera do mundo do samba. "Por muitos anos ele foi um suporte pra mim no samba. Em todo lugar que eu chegava ele me apresentava a todo mundo e as pessoas me recebiam porque eu era o rapper que era amigo do Arlindo Cruz. Ele e o Bezerra foram os caras que assinaram. Sendo amigo dos dois, com o tempo percebi que o Arlindo era mais do samba que o Bezerra, que era quase que um outsider do samba. O caminho que o Bezerra gostava era de encontrar com os compositores e o Arlindo era o compositor. A história dele pequeno tocar com Candeia me fascinava muito", afirma D2.

E o mais engraçado eram as reações de cada um sempre que estava no universo do outro. No Bar Mangueira, em São Paulo, ou em algum pagode no Rio de Janeiro, a orientação de Arlindo é que Marcelo tinha de cantar.

Arlindo: – Vamos cantar comigo. Se você chega num samba tem que cantar. Se não cantar é falta de educação. Todo mundo sabe que você tá aqui, tem que chegar e cantar.

"Poxa eu vim de outro lugar da música, do rap, do rock, era diferente. Vim desse ambiente em que as festas de rap são festas animadas, mas um clima de vai sair porrada a qualquer momento e aí começo a andar com o Arlindo, que me leva no samba onde o cara levanta e puxa a cadeira pra tua mulher e diz 'ô minha comadre senta aqui, quer um franguinho a passarinho, uma cerveja?'. E já vem alguém com uma garrafa. Um ambiente totalmente diferente do rap", explica D2,

Quando estavam em Nova York pro Brazilian Days, foram a uma churrascaria brasileira e tinha um grupo de pagode tocando...

Arlindo: – A gente vai ter que subir e tocar.

Marcelo: – Porra, mano, na churrascaria? Sério?

Arlindo: – Temos que tocar, temos que cantar.

Subiram e cantaram. E cantaram muito. Foi exatamente nestas andanças com Arlindo que Marcelo D2 pôde entender cada vez mais o universo do samba. É que, apesar de ter crescido no subúrbio carioca, sua jogada era outra. "Era um adolescente rebelde que não queria saber da música dos meus pais, que samba era coisa de velho. Queria fazer a minha parada. Meu pai, Seu Dark, era um boêmio, um dos fundadores do Bloco do Tramela, na Abolição. E lá em casa também tinha samba, com rabada, com feijoada",

Capítulo 14

Arlindo: – Na primeira vez que te vi, já sabia que você era do samba,

A verdade é que um não deixava o outro na mão e embarcava nos mandamentos de cada área. E, se era engraçado ver Marcelo D2 sair da sua zona de conforto e sair cantando samba por aí, imagine Arlindo Cruz nesses rolês encarando uma balada de rap.

Arlindo: – Vocês são malucos, ficar numa caixa preta com a luz piscando, som alto pra cacete, teto baixo, todo mundo fumando maconha nesse lugar trancado, uma fumaceira do caralho. Vocês têm que ir pra um terreiro, um quintal. Como você aguenta essa música alta pra caralho? Vambora, Vambora".

"Ele não aguentava ficar meia-hora, queria ficar pouco tempo, ficava uma hora no máximo. Mesmo assim ia pra tudo que era lugar comigo, principalmente em São Paulo, que tinha muita balada de rap, todos os dias. E aqui na Lapa, nos finais de semana", contou.

A BRIGA NA FINAL DA TAÇA GUANABARA

Arlindo zoava muito Marcelo D2 por causa das constantes mudanças de visual, como quando ficou louro e quando passou a usar um chapéu de palha. "Aí ele me chamava de Gadú, Maria Gadú. Sempre tinha um apelido. Só não me zoava de comida porque eu era igual a ele. Bebia igual a ele, cheirava igual a ele, comia igual a ele. E a gente tinha a zoação particular do rap e do samba, cada um defendendo o seu. Quando tinha briga no samba eu falava, tá vendo? No rap não tem isso, e ele 'não? Mas vocês brigam a toda hora'. Arlindo e Marcelo falavam de tudo, mas o assunto que conversavam mais, até mais que música, como bons rubro-negros, era o Flamengo. "Era assim, eu em Curitiba, ele em Brasília e tinha jogo. A gente ligava no viva voz e íamos comentando o jogo. Éramos dois torcedores doentes que se achavam técnicos, sabiam de tudo e resolviam tudo."

No domingo 24 de fevereiro de 2008, os amigos levaram os filhos Arlindinho e Stephan ao Maracanã para assistirem a final da Taça Guanabara contra o Botafogo. Ao lado do camarote deles estava uma galera botafoguense. E, após Diego Tardelli fazer o gol da vitória, aos 46 minutos do segundo tempo, não teve jeito. A pancada estancou. "O Botafogo fez um gol, os torcedores zoaram a gente, fiquei puto e fui pro banheiro. Quando volto, cadê os moleques? Sabe aquele ar de confusão? E aí vejo o Arlindo tentando pular a muretinha, porque teve um gol do Flamengo, eles comemoraram e a porrada comeu!!

Os dois pularam pro lado deles, voltei e os puxei de volta. O Flamengo ganhou de 2x1 e foi campeão", conta D2.

Arlindinho: – O cara era muito folgado e na hora que o Botafogo fez 1x0, deu um tapa no meu pai, encarnando. E quando o Flamengo virou com o gol do Diego Tardelli, meu pai fez a mesma coisa e o cara botou o dedo na cara dele e o empurrou. Meu pai caiu pra trás, levantou igual um bicho, invadiu o camarote e socou o cara. Aí foi um caindo por cima do outro e saíram na porrada.

Ao final do jogo eles reencontram com o alvinegro da briga no elevador. Maior climão.

Alvinegro: – Poxa, sou muito fã de vocês, não queria brigar com vocês e não queria ir pra casa brigado com vocês.

Arlindo: – É mesmo, deixa pra lá.

Todos se abraçaram e ficou tudo certo. E com eles sempre estava tudo certo. Arlindo e Marcelo viveram momentos dos mais ingênuos, com a família, com os filhos, num churrasco na casa de um ou de outro, saindo pra jantar, mas as noitadas, as madrugadas e o envolvimento com as drogas também foram fatores de união. "Sempre fui muito louco e essa parada nos ligou muito. Acho que a maioria das vezes em que estivemos juntos, foi metendo o pé na jaca. A gente gostava muito e não era um perigo pra gente", reconhece D2.

A certeza que se tem é que Marcelo D2 sempre fala com prazer do amigo Arlindo Cruz. E que apenas algumas páginas de um livro não conseguem explicar. "A vida é isso que é, mas você achar que as pessoas só colam porque querem pegar sua fama é desdenhar da sua habilidade de ser um bom parceiro. Acredito que todo mundo quer estar ao lado do Arlindo mais por ele ser sangue bom do que ser famoso", explica D2, que se empolga e rasga mais elogios ao amigo. "Ele é um cara de luz pra cacete. Quem teve a oportunidade de dividir como eu tive momentos na vida com o Arlindo sabe como foi especial. E ele tratava quem conhecia há vinte anos e quem conhece agora do mesmo jeito. Ainda tinha essa lenda de ser este grande boêmio. E a galera que leva essa vida boêmia quer colar no cara que é uma lenda dessa vida boêmia, da noite, sempre muito interessante. Andar pelos bares da cidade, pelos pagodes da cidade. Ele era muito acessível. Quantas noites ficamos com Maurição e Acyr na barraca na frente do Império Serrano? A gente chegava com a quadra vazia, a quadra enchia, esvaziava, e a gente tava lá...".

CHEGA ROGÊ, O PLAYBOY DO ROCK AND ROLL

Arlindo e Rogê se conheceram em 2001, mas antes disso o jovem Rogê já curtia o que o samba fez nos anos 80. "Nasci em 75, mas já gostava muito desses caras que revolucionaram o samba quando a mídia estava de costas pra zona norte e pra esse movimento e só se falava em Rock Brasil, quando o país deveria era ter parado pra reverenciar Zeca, Jovelina, Fundo", explica com propriedade de fã, mesmo sendo do Arpoador e, que por isso volta e meia esbarrava em Bezerra da Silva, o mesmo Bezerra tão importante na vida de Marcelo D2. "Minha vida foi na contramão. Achava incrível os versos de improviso no partido-alto. O Bezerra era do Galo (Morro do Cantagalo), sempre malandrão, de branco, de boina, achava um pinta braba, cara de mau. E aí, anos depois fui trabalhar no mesmo escritório dele. E o Afonso (Afonso Carvalho), que era o empresário, me chamava pra ir nas viagens. Eu ia no ônibus só pra ouvir as histórias do Bezerra e fiquei parcerião dele", lembra Rogê, um frequentador dos pagodes. "Ia pro Cacique, fui ao Pagode do Arlindo no Teatro Rival e ficava de longe vendo o Arlindo, barbudão, marrentão, ficava meio grilado com ele. Também fui ao João Caetano na homenagem ao Beto Sem Braço. Esse eu queria ter conhecido".

Até que em 2001 o evento Rio de Verdade, que aconteceu na Marina da Glória para 4 mil pessoas, jovens em sua maioria, nas quintas de janeiro, colocou Arlindo Cruz e Rogê no mesmo palco. Era um projeto de Rogê, em que ele recebia, a cada show, dois convidados de gêneros musicais diferentes, como, por exemplo, Marcelo D2 com Bezerra da Silva ou Falcão com Luis Melodia. E, para surpresa de muitos, Rogê levou o nome de Arlindo para a reunião. Os patrocinadores pensando num casting de nome, perguntavam quem era Arlindo Cruz. "Tive que peitar o Arlindo naquela edição. Eu que ligava para os artistas e pra chegar neles era uma dificuldade, mas com o Arlindo foi muito simples, era acessível. Percebi que ele ficou encantado com a estrutura, em poder cantar pra juventude. Era um bagulho bem bancado, rico e ele ficou amarradão. No ensaio ele tava cabreiro comigo e me chamava de Playboy do rock androll", conta Rogê. Num cantinho do estúdio tinha uma bola. Rogê, que já tinha sido juvenil do Flamengo e júnior do Fluminense, em Xerém, começou a fazer umas embaixadinhas e o papo foi evoluindo.

Arlindo: – Ih, o playboy joga bola.

Rogê: – Qual é compade? Eu sou bola!

Arlindo: – A gente tem um time lá no Pau Ferro, quer encarar?

Rogê: – Vai ficar ruim pra vocês, hein...semana que vem tô lá.

A provocação de Arlindo não deu certo. Rogê levou um time que tinha acabado de ser campeão no Aterro do Flamengo. "A molecada tava voando e foi um esculacho, passamos o carro. Foi 17x1 e meti uns dez gols. Na semana seguinte o Arlindo formou um timaço e o bagulho ficou sério. A porrada comeu, mas ganhamos de 9x8. Ele era torcida, mas não gosta de perder. Nem purrinha. Era tipo o patrono do time. Pegamos uma afinidade ali e começamos a sair todos os dias. Ele abriu a porta do samba pra mim, porque a distância da zona sul pra zona norte é maior do que daqui pra SP. Existe um abismo. Nós ficamos muito parceiros e as pessoas estranhavam tanto do lado de lá quanto do lado de cá", explica Rogê, o novo imperiano por causa do novo amigo, que no carnaval seguinte já o levou para desfilar na famosa ala do banjo, ao lado de Beth Carvalho, Almir Guineto, Junior e outros.

Logo depois Rogê fez um show no Morro da Urca e chamou Arlindo e Bezerra como convidados. Houve certo estranhamento, porque apenas Bezerra ainda tinha uma entrada na zona sul. Nos anos seguintes Arlindo esteve em outras edições do Rio de Verdade. "E cada vez mais à vontade com o evento e com o público mais jovem. Eu me sinto um dos responsáveis por ter trazido o Arlindo pra zona sul, É claro que o Marcelo com uma expressão muito maior que a minha", diz Rogê.

A LIDERANÇA DO PAIZÃO

Ao convidar o agora novo amigo para seus shows e até "brigar" por sua presença, Rogê se revela um fã incondicional do talento de Arlindo Cruz. O que não imaginava é que iria se tornar parceiro e aluno deste talento. "Ele me ensinou a fazer samba. E eu queria mais era aprender a rima fechada, a rima aberta, as divisões, as nuances, ele dizia aonde tinha que estar mais malandreado. Foi o cara mais generoso que conheci na vida, não tem igual. Um parceiro que nunca quebrou, sempre fechado, que tinha essa de colocar os parceiros em tudo quanto era lugar. E não sossegava enquanto não conseguia. Era assim comigo, com Marcelinho Moreira, queria era trazer todo mundo. Era o nosso líder", afirma.

Arlindo e Rogê se falavam todo dia, sempre com uma melodia nova pra desenvolver. É quando Rogê conhece o lado competitivo do grande compositor. Uma das primeiras orientações foi explicar que o trabalho do compositor é fazer e mandar. Se vai entrar, não dava pra saber. Na teoria a explicação é até correta, mas na prática chegava a ser divertido o que acontecia quando o grande Arlindo Cruz mandava uma música para algum artista. Aí, entrava em cena a concorrência por uma vaga e um cara que não gosta de perder. Ele não sossegava enquanto não entrava no disco.

Arlindo: – E aí? Como é que tá? E a música? Não gostaram? Como é que não gostaram?

"Ele queria entrar, torcia e vibrava com essa porra. Ele é muito compulsivo. Já cheguei na casa dele e ele com umas dez pessoas fazendo uns 5 sambas enredo ao mesmo tempo. Cinco grupos diferentes. O tesão era de fazer música. Quando fazíamos música pelo telefone, ele me mandava uma melodia e meia hora depois perguntava, já acabou? Ficava me agulhando! Tenho maior orgulho em dizer que vi crescer seu reconhecimento como artista".

NA COPA DO MUNDO E NA OLIMPÍADA

Em julho de 2014 o Brasil foi sede da vigésima Copa do Mundo de Futebol da Fifa e, em agosto de 2016 o Rio de Janeiro sediou os XXXI Jogos Olímpicos. E, se um trio de ataque formado por Arlindo Cruz, Rogê e Arlindinho não ganhou medalhas nem levantou a taça, fez dois temas importantes: O tema do Fuleco, o tatu-bola mascote da Copa do Mundo, e o tema das Olimpíadas. "Foi uma ideia total dele, essa cara genial. Veio a parada toda pronta. Fiquei chocado, tudo definido", diz Rogê.

No clipe oficial, com a voz de Arlindo Cruz, o Tatu Bola faz embaixadinhas, dá uma bicicleta, chutes de efeito, toma água de coco, deita na rede e manda beijos pra galera. E a letra é essa: Ô ôô ô/Ô ôô ô/Sai da toca vem tatu tocar na bola/futebol é uma escola e o mundo inteiro quer jogar/brasileiro de primeiro de janeiro/um moleque tão ligeiro tão difícil de marcar/ele brinca na pelada, no bobinho/show de bola lá no baba/arrebenta no rachão/balança pra lá balança pra cá/explode nosso coração/balança pra lá balança pra cá em cada comemoração/só faz gol de placa é a sensação/tatu bom de bola ele é campeão/Ô ôôô/ ô ôôô".

Dois anos depois vem o tema oficial dos Jogos Olímpicos e um clipe com um elenco de primeira linha, tanto cantando quanto em participações muito especiais, com uma primorosa direção de Estevão Ciavatta. Um balanço irresistível com uma metaleira à frente em ataques que fazem dançar, num arranjo do mago Lincoln Olivetti. Cantam Ed Motta, Arlindo Cruz, Mart'nália, Zeca Pagodinho, Thalma de Freitas e Diogo Nogueira. O rap ficou por conta do vozeirão de Mr Catra. No final, a hora é de jogar uma fuleira enquanto roda o refrão.

Zeca: – Os Deuses vão ficar por aqui, não vão querer voltar pro Olimpo não.

Catra: – Quem treinou, treinou, quem não treinou não treinou.

E a letra...

"Os grandes deuses do Olimpo/chegaram na nossa cidade/e o Rio continua lindo/Um Pantheon de verdade/Apolo adorou o som/o por do sol e à tarde/Poseidon olhou o mar e disse/é isso que é felicidade/ficaram na roda de samba até clarear/ficaram até de perna bamba/de tanto sambar/ôôôôôôôô/ Hermes mensageiro falou pro pessoal que o Rio de Janeiro é sempre carnaval. Até o Dionísio saiu na bateria e Afrodite era rainha da folia (rap). Hera se encantou com a lua no Arpoador/Atena se encantou com a vista lá do Redentor/ôôôôôôôô/Hércules falou pro povão trabalhador. Artemis na floresta se enche de amor. Hefesto disse a Ares o Rio é demais e todos responderam o Rio é demais (rap)/Zeus mandou dizer que os Jogos estão pra chegar".

Os Deuses Cariocas são; Rodrigo Santoro (Apolo), Hélio de La Peña (Poseidon), Renê Silva (Hermes), Ernesto Neto (Dionísio), Carolina Dieckman (Afrodite), Fernanda Montenegro (Hera), Nélida Piñon (Atena), Roque dos Santos (Hércules), Regina Casé (Artemis), Nelson Sargento (Hefesto), Adílio (Ares) e Martinho da Vila (Zeus), sendo que a cena com o vascaíno Nelson Sargento e com o rubro negro Adílio, cada um com a camisa de seu time, apertando as mãos deixa a mensagem da paz.

No coral: Buchecha, Danilo Forfun, Fundo de Quintal, Gabriel Moura, João Cavalcanti, Jorge Aragão, Marcelinho Moreira, Mu Chebabi, Nina Becker, Pedro Luis, Roberta Sá, Ronaldo Bastos, Sandra de Sá, Toni Garrido, Zélia Duncan, as Velhas-Guardas da Portela e do Império Serrano, a Velha-Guarda Musical de Vila Isabel e Rogê.

DEVOÇÃO POR ARLINDO

O encanto de Rogê por Arlindo remetia ao fascínio de um filho pelo pai, que passa a ser o seu herói. E motivos não faltaram para essa devoção. "Ele me adotou, me ensinava, me levava pra tudo que era canto. E sair com o Arlindo era o seguinte: 'me encontra no estúdio'. Ia pro Tuiuti e parava o morro. Quando ele entra na Mangueira, a quadra para e rufam os tambores. Ele vai entrando e parecia Moisés abrindo o mar, uma imagem muito bonita, nunca vou esquecer".

Silêncio. E Rogê chora. Ele chora como se estivesse vendo cada cena descrita.

"É brabo, mas não dá pra segurar! Numa noite só, ele falava com os bandidos, com os policiais, ele é o Rei do Rio. Esse cara manda no Rio de Janeiro, pelo menos no Rio que eu sempre quis o que poucos tem acesso. Ele é considerado em todos os lugares, é o Arlindo que chegou, no asfalto, no morro, com os homens, em todas as quadras", afirma Rogê, que assim como Marcelo D2 não consegue parar se o assunto é Arlindo Cruz. E, se o ídolo chamava, não tinha tempo ruim. Rogê ia. "Pensa que acabou? Aí, às cinco, seis da manhã ele queria comer. Podia ser uma sopinha num posto de gasolina na Mena Barreto, perto do cemitério, em Botafogo, ou perto do Maracanã. E quando ele chegava em qualquer lugar da zona sul, me ligava".

Arlindo: – Meu compade, tô na tua área. Onde é que tu tá?

"Eu largava tudo que estivesse fazendo e tô indo, porque era muito importante pra mim. Eu amava estar ao lado dele, nessa onde de aprender, a vida, a ótica dele. Ele é mais que um músico, é uma lenda. Teve Nelson Cavaquinho e teve Arlindo Cruz. Eu enxergo assim. Como não vou viver essa lenda? Ia pro meu estudiozinho na Gávea e pedia a padaria inteira. Queria pão, mortadela, manteiguinha, queijinho colonial...e tudo era música, uma pilha que virava música, uma sacanagem que virava partido, tudo era uma inspiração".

Como não poderia deixar de ser em se tratando de Arlindo Cruz, o novo parceiro gente boa não escapou de uma boa pilha. E foi rápido. Bastou dizer que não comia carne.

Arlindo: – Ih, o playboy não come carne. Feijoada? Tem que ver se o feijão tem carne porque o playboy não come carne.

"E eu morrendo de vergonha, mas não comia carne desde os dezoito anos. E chamar de playboy? De onde eu vim, playboy é otário. Ele gostava de botar pilha. Aí, pedia pra ele não me chamar assim".

Arlindo: – Ô meu cumpade, você é um playboy responsa. Alô (virando pra galera), só eu posso chamar de playboy, hein, só eu. Ele é meu playboy.

E o "playboy responsa" encontrou em Arlindo Cruz a melhor definição de um ídolo. "Tem artistas que você conhece e perde um pouco o encanto, porque você vai ver que ele não é do tamanho da obra dele e outros que você fica mais encantado. E o Arlindo é um cara assim. Ele não é um personagem, ele é aquela poesia. Tem artistas que são personagens, mas ele é de verdade, é tudo aquilo que ele cantou. Ele é o sambista perfeito, ele é o samba", conclui.

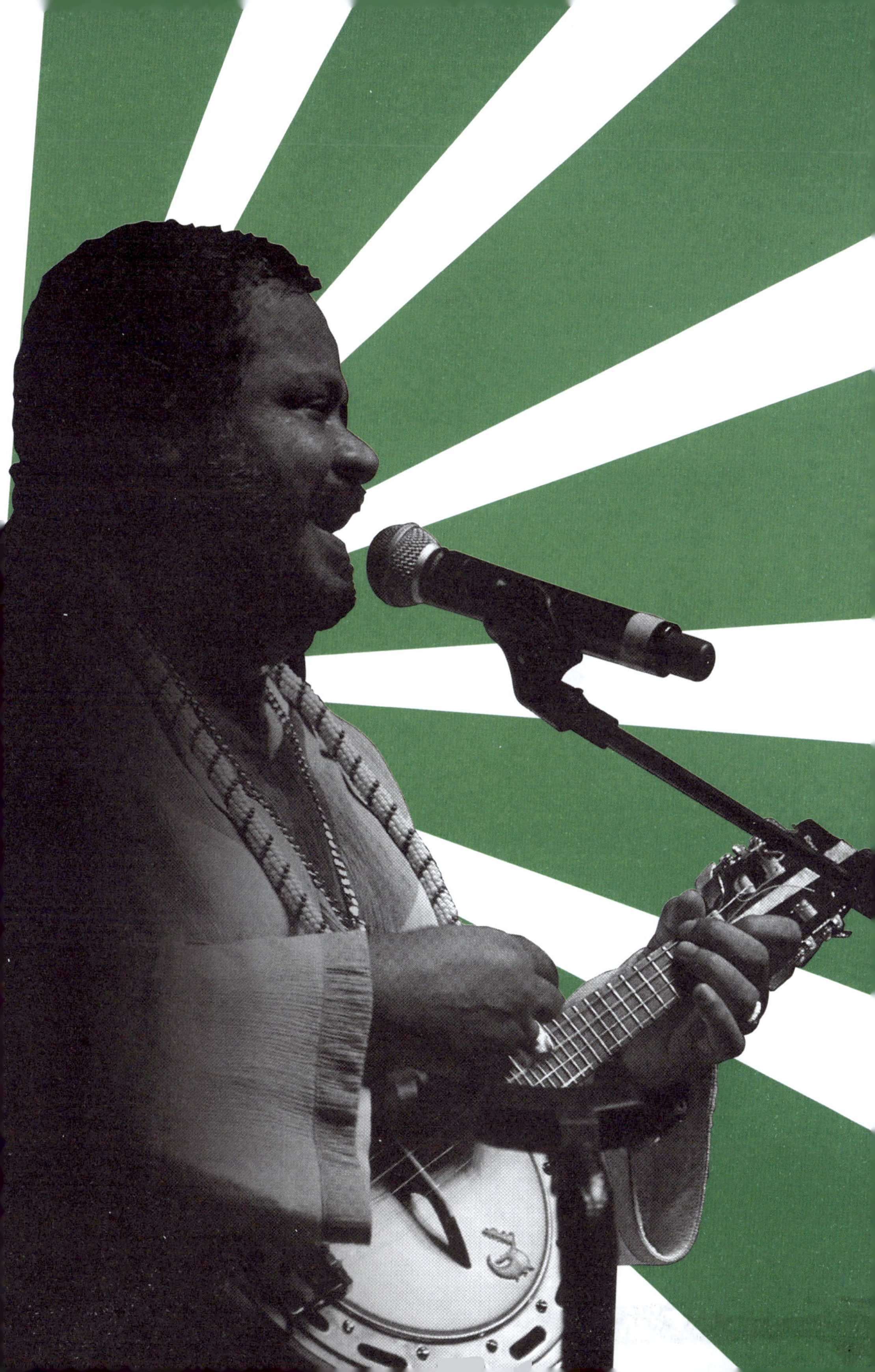

Tio Joni, avô João Bambu,
vó Flora e mãe Aracy

O pai Arlindo Domingos da Cruz, o
Arlindão

Tio Ary da Liteira

Tio Ary da Liteira e Wilma Nascimento, casal de mestre-sala e porta-bandeira da Portela, no carnaval de 1959

Da esquerda para a direita, Arlindão, Casquinha, Candeia, Picolino e Jorge do Violão na capa do LP A Vez do Morro, do Conjunto Mensageiros do Samba da Portela

Casamento dos pais de
Arlindo, Aracy e Arlindão

Arlindão, um policial premiado

Os noivos e o bolo

No alto: Arlindo, em baixo: Arly e Acyr; nas pontas: Arly e no meio: Acyr; de óculos, Arlindinho

O menino Arlindinho, o Binda

Disco Samba de Roda, de Candeia, onde Arlindo gravou pela primeira vez, tocando cavaquinho

O aluno Arlindo (último à direita na segunda fila) no Pedro II

Arly e seu pai Arlindão

Os alunos Cruz, Viana, De Brito, Milano, Ramalho, Silva Jr, Paiva e Da Motta

O Conjunto Sambizâncio em 1975: Silva Jr, Da Motta, Viana, Brites, Jesus, Cruz e Jeferson

Os alunos Bitenca e Gérson comemoram com Arlindo a vitória no festival

Os alunos Viana e Cruz

Arlindo e a mãe Aracy na cerimônia da Academia da Força Aérea Brasileira, em Pirassununga, quando recebeu o espadim

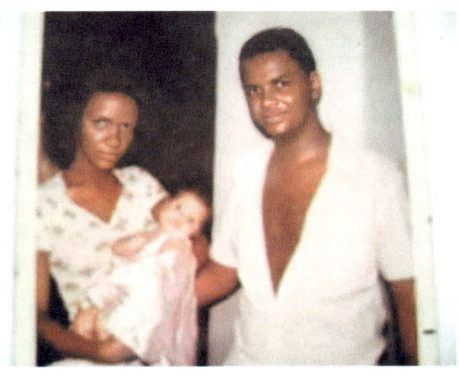

Arly, Arlindo e a sobrinha Gisele, sua primeira afilhada, com dois meses

Os 15 anos de Arlindo, com o irmão Acyr e a mãe Aracy

Matéria do Jornal Correio da Manhã, que fala na prisão de Arlindo Crioulo, pai de Arlindo

Polícia prende um dos companheiros de Mariel

Policiais da Delegacia de Homicídios prenderam ontem, em Copacabana, o agente da Polícia Judiciária César dos Santos, acusado de pertencer à equipe do Detetive Mariel Mariscot. César dos Santos foi preso no apartamento 202, do prédio 12 da Praia do Flamengo, residência do Detetive Francisco Queirós, da 1ª Delegacia de Polícia e que trabalha também como motorista do Deputado Mac Dowell Leite de Castro.

O Delegado Jacinto da Silva Júnior, de Homicídios, e o Promotor Silveira Lôbo, encarregado do inquérito, possuem provas de que César, Mariel e os policiais José Carlos Tavares e Luís Carlos da Silva, o Tigrão, além do motorista do cantor Agnaldo Timóteo, Waldemiro Teixeira Gomes, foram os autores do assassinato do ladrão de carros Odair de Andrade Lima, o Jonas, crime ocorrido no dia 4 de julho do ano passado. Tigrão, através de seu advogado, prometeu se apresentar ao delegado de Homicídios.

Depoimento

O agente César dos Santos foi interrogado pelo Promotor Silveira Lôbo e pelo Delegado Jacinto da Silva Júnior, durante tôda a madrugada de ontem, e prestou longo depoimento que vem sendo mantido em sigilo pelos agentes da Delegacia de Homicídios. Foi divulgado apenas que êle negou ter participado do crime, mas admitiu que conhecia o ladrão assassinado.

Após ter sido ouvido, o policial foi removido para o DOPS e, como seus colegas Mariel, Arlindo Domingos da Cruz e Silvio Carneiro, teve que colocar o macacão côr de abóbora, que, obrigatoriamente, é usado por todos os presos, ali recolhidos, desde a fuga de Silvinho e do terrorista Antônio Frazão Vasconcelos.

Mariel

O agente Mariel Mariscot Mattos, que teve a prisão preventiva decretada pelo juiz Francisco de Deus, do II Tribunal do Júri, bastante aborrecido, está recolhido ao xadrez do DOPS, na mesma área em que se encontram os seus companheiros. Até ontem, êle não havia prestado depoimento, de acôrdo com informações das autoridades do DOPS. Acredita-se, no entanto, que suas declarações não serão de imediato divulgadas, pois delas depende uma série de diligências.

Mariel é acusado de uma série de crimes e, em todos êles, houve participação de outros policiais, o que agora está sendo apurado em detalhes. Os demais agentes que, sabidamente, acompanhavam as ações de Mariel e que com êle eram vistos em farras na Barra da Tijuca e Copacabana, já estão sendo detidos. O detetive responde a 18 processos na 4ª Comissão de Inquérito, desde simples agressão ao homicídio, todos mandados instaurar pelo ex-secretário de Segurança Pública, General Luis de França Oliveira, o mesmo que o fêz "Homem de Ouro" da Polícia.

Suspenso de suas funções policiais, Mariel estava proibido de usar arma e a carteira de policial. No entanto, ao ser preso estaria portando revólver e munido de sua carteira funcional. Há algum tempo encontrava-se à disposição da Superintendência de Administração e Serviços — só assinando ponto —, sem função policial, até que ficassem devidamente apurados todos os crimes.

— Olha, nunca usei minha arma ou fiz valer minha condição de policial contra pessoas de bem.

Com Wilson Moreira
na quadra da Escola de
Samba Quilombo

Manchete do jornal
Luta Democrática
com o então foragido
Arlindo Crioulo, pai
de Arlindo.

Arlindo (ao violão), Aracy e Arly em mais uma visita a Arlindão, no Caetano de Farias. De pé, o policial Luis Carlos da Silva, o Tigrão, também preso, e sentado, de branco, outro preso, De Paula

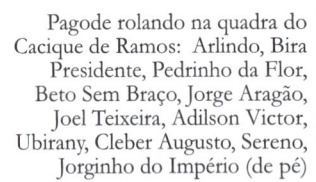

Pagode rolando na quadra do Cacique de Ramos: Arlindo, Bira Presidente, Pedrinho da Flor, Beto Sem Braço, Jorge Aragão, Joel Teixeira, Adilson Victor, Ubirany, Cleber Augusto, Sereno, Jorginho do Império (de pé)

Na gravação do Especial do Rei Roberto Carlos, em 1986: Anderson Leonardo, Arlindo, Sombrinha, Cleber Augusto, Ubirany, Sereno, Bira Presidente (sentados); Ique, Almir Guineto, Lan, Jovelina, Chico Caruso, Zeca e Ramade

Arlindo, Ubirany e Sereno. Fundo de Quintal recebendo primeiro disco de ouro do Chacrinha, em 1985

Arlindo participa da temporada de Zeca no Teatro Carlos Gomes. Ainda na foto: Jorginho Bombom, Bira Hawaí, Jorge Gomes e Marcos Salles, integrantes da Banda Molejo, que acompanhava Zeca

Arlindo Cruz e Mário Sérgio. Um dos últimos shows de Arlindo no Fundo de Quintal

Primeiro disco da dupla Arlindo Cruz e Sombrinha

Segundo disco da dupla

Terceiro disco da dupla

Quarto disco da dupla

Estudando piano

Na quadra do Cacique de Ramos com a mãe Aracy, tio Jony e Ivone;

Com a mãe Aracy na quadra do Cacique.

Com o fiel parceiro Franco e a mãe Aracy na quadra do Cacique de Ramos.

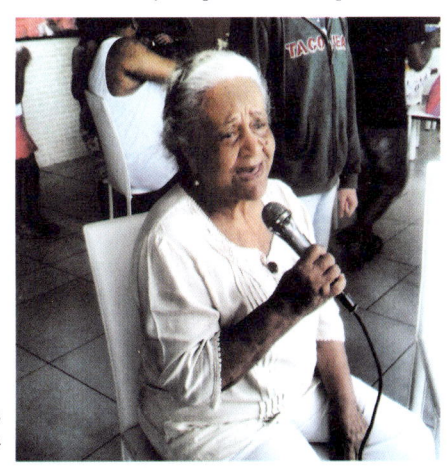

Mãe Aracy relembrando seus bons tempos de cantora

Pai e filho

Sombrinha, Babi, Arlindo e afilhada Anninha, filha de Sombrinha

Babi e Arlindo

O casal Cruz

Massagem para relaxar no estúdio

Com o irmão Acyr e o sobrinho e afilhado Lucas Fionda

Com a filha Flora

No camarim com a sobrinha Debora Cruz, vocalista de sua banda. atrás, o produtor Felipe Bueno

Com os irmãos Sueli e Marcelinho Moreira, e a irmã Arly

Aracy e Arlindão, pais de Arlindo

Com a sobrinha e afilhada Gisele, e o compadre Andrezinho do Molejo

Com o afilhado Luisinho, filho de Zeca

Antes de um show com o produtor Alex Santos

Na famosa Ala do Banjo, no Império: Arlindo, Beth Carvalho, Almir Guineto, Geraldão e Ronaldinho

Com o parceiro Sombrinha

Numa das turnês do Prêmio da Música, com João Bosco, Camila Pitanga, Maria Bethânia, Lenine e Zélia Duncan

No Teatro Rival com o filho Arlindinho e o parceiro Rixxa

O segundo disco solo. Aquele que virou DVD

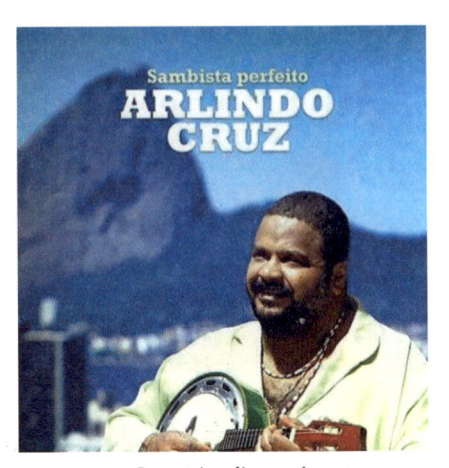

O terceiro disco solo

Sucesso no Japão

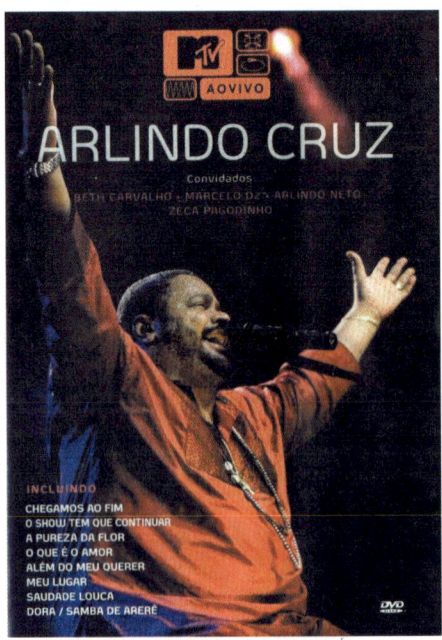

MTV Ao Vivo, a consagração.

Disco de Platina com Arlindinho, Babi e Arlindo

Batuques e Romances

Batuques do meu Lugar, um DVD pra ficar na história

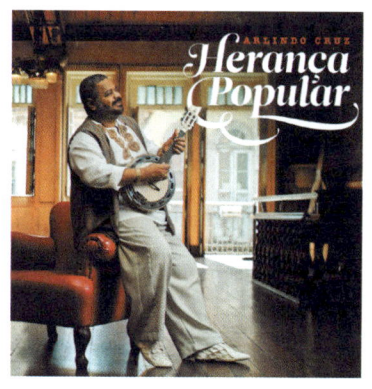

O último CD Solo

Na Veia: Uma parceria com Rogê que deu certo

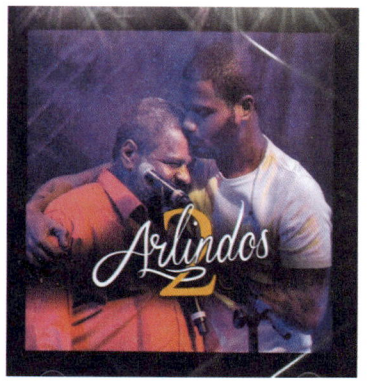

O disco derradeiro com o filho

Dueto com Caetano Veloso

Arlindo e Zumbi dos Palmares

A mãe Aracy leva o filho para o altar

O abraço dos compadres, agora padrinho e afilhado, observado pela mãe Aracy e pela irmã Arly

O filho Arlindinho leva Babi para o altar

O Cara da TV

Um ex-aluno diplomado no Pedro II

Com o parceiro imperiano Aloisio Machado

Com o amigo Xuxu, de Salvador

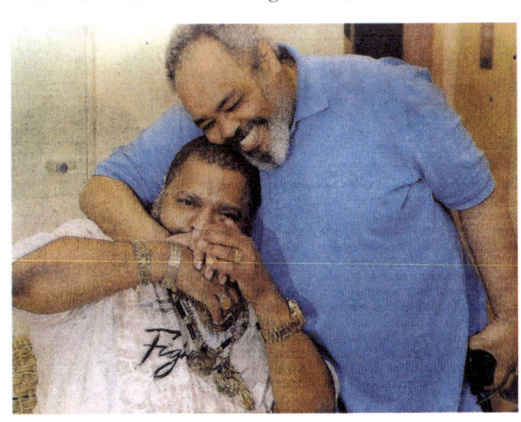

Tomando a bênção do poeta Jorge Aragão, a quem substituiu no Fundo de Quintal

Com Almir Guineto e Dudu Nobre

Apostando corrida de cadeira de rodas com a madrinha no aeroporto

Um dos últimos Pagode 2 Arlindos

O penúltimo show

Primeiro LP solo

A última vez num palco: no musical Cartola

Corrente de fé para Arlindo Cruz

Arlindo é recebido em casa pela família em plena Copa do Mundo da Russia

Com a irmã Arly

No Natal com o filho Arlindinho

Arlindo Cruz após o AVC

Minutos antes do desfile do Império Serrano, em 2023, a ex-porta-bandeira Babi Cruz beija a mão da porta-bandeira Danielle Nascimento

Délcio Luiz e o banjo

Arlindo Cruz, enredo do seu Império Serrano

Marcelo D2

Arly Cruz e Péricles

Péricles, Arlindo e Flora

Babi, Arlindo e Flora

O homenageado no enredo do Império Serrano em seu carro

Loja com produtos Arlindo Cruz no Mercadão de Madureira

As emblemáticas toalhinhas do Arlindo

REPERTÓRIO SHOW SALVADOR

1- SEU BALANCÊ / VERDADE
2- PRA VOCÊ MENINA / LAMA NAS RUAS
3- AINDA É TEMPO PRA SER FELIZ
4- MANEIRAS
5- CORAÇÃO EM DESALINHO / VAI VADIAR
6- QUANDO A GIRA GIROU
7- OGUM / MEU LUGAR
8- PRA SÃO JORGE / NÃO SOU MAIS DISSO / TIA NASTÁCIA / MINHA FÉ / PATOTA DE COSME
9- SAUDADE LOUCA
10- DEIXA CLAREAR / DEIXA A VIDA ME LEVAR
11- TERMINA AQUI
12- QUANDO EU CONTAR (IAIÁ) / SÃO JOSÉ DE MADUREIRA / SPC / VOU BOTAR DENDÊ / CAMARÃO QUE DORME / BAGAÇO DA LARANJA
13- FAIXA AMARELA / VACILÃO / SAMBA PRAS MOÇAS

O roteiro do show em homenagem a Zeca Pagodinho, que não aconteceu

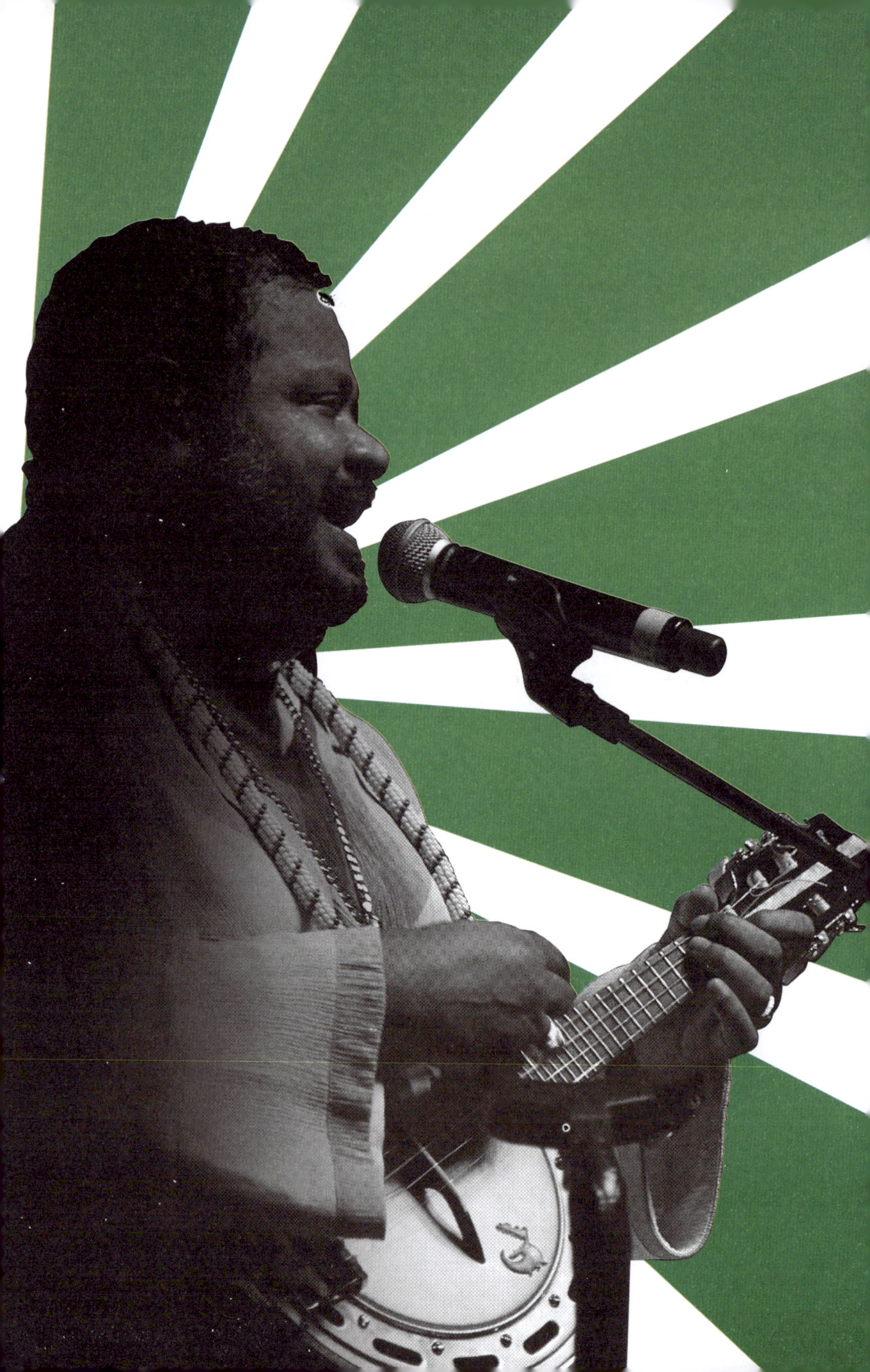

Um aniversário de Arlindo com o amigo e parceiro Hélio de La Peña

CAPÍTULO 15

A MÍDIA ABRAÇA ARLINDO CRUZ

O casamento de Arlindo Cruz com a televisão tem um clima de namoro à moda antiga, daqueles em que o casal namorava no sofá sob a vigilância dos pais da namorada, onde até mesmo pegar na mão da moça era pecado, imagina um beijo. No caso do samba, Arlindo chegou ao cenário num tempo em que a principal emissora de TV do país torcia o nariz para os sambistas, assim como os pais da antiga para o namorado da filha. Até dava uma moral de vez em quando, mas era mesmo de vez em quando. Arlindo Cruz estava no Fundo de Quintal, quando em 1986 participou de dois momentos decisivos para a abertura definitiva das portas da TV Globo ao samba.

O primeiro desses momentos não foi um programa de auditório ou uma novela de grande audiência, mas da área do jornalismo. Foi um Globo Repórter, apresentado por Eliakim Araújo, sobre a explosão do pagode. As primeiras imagens são do Pagode do Arlindinho, no Clube Piedade, com a galera cantando o sucesso Cadê Iô-Iô (César Veneno). "Primeiro, vamos ao pagode. Este é o nome popular das festas de fundo de quintal, onde os pagodeiros comem feijoada, bebem cerveja e improvisam o samba. São 2000 pagodes, só no Estado do Rio, um movimento espontâneo que traz de volta as raízes do samba", dizia Eliakim. Na cena seguinte, a repórter Sandra Passarinho está com o Fundo de Quintal sob uma das tamarineiras, na quadra do Cacique de Ramos. Eles cantam Doce Refúgio (Luis Carlos da Vila). "O pagode nasceu há muito tempo nos fundos de quintais de casas no Rio de Janeiro, mas cresceu mesmo aqui debaixo dessa tamarineira...",explicava Sandra, que entrevista o Fundo. Em seguida cantam E Eu Não fui Convidado (Zé Luis/Nei Lopes). Logo depois, Sandra está no Pagode do Arlindinho: "...O povo que vem aqui não vem pra ver um espetáculo. Ele faz o espetáculo". Todos cantam Vai Por Mim (Sombrinha/ Adílson Victor), Insensato Destino (Chiquinho Vírgula/Maurício Lins/Acyr Marques) e vão aparecendo personagens destes pagodes como os compositores Sapato, Acyr Marques, Gisele, filha de Acyr, sobrinha e afilhada de Arlindo, Sandra Esguleba e Pedrinho da Cuíca. Foi um programa a favor do samba produzido pela Luciana Savaget, com direção de Tereza Cavalheiro e articulação do produtor Manoel Alves, um amante do samba.

O segundo desses dois momentos fundamentais foi o Especial de Roberto Carlos, no final deste 1986. No carnaval seguinte o Rei seria o enredo Roberto Carlos na Cidade da Fantasia, da Unidos do Cabuçu, e o samba teria um peso no seu programa. Roberto cantou com Zeca Pagodinho, Almir Guineto, Jovelina Pérola Negra e o Fundo de Quintal. Arlindo, com seu banjo azul, versou com Jovelina: "Esse pagode ficou da melhor qualidade/foi tão bom que esse sonho se tornou realidade" e a Pérola Negra respondeu sorrindo: "A galera bate palma, fica toda agitada/quando ouve o seu cantar/és o Rei da Jovem-Guarda". E todos cantaram o refrão: "No tempo da Jovem Guarda fui Rei/E até hoje não tem pra ninguém/Sonhei, sonhei que o Rei cantava pagode também...", de um samba feito no camarim por Almir, Sombrinha e Arlindo. "Os reis do pagode no Brasil nessa revolução musical maravilhosa", finalizou Roberto Carlos, ao lado de um garoto, que dançava com ele. Era Anderson Leonardo, que viria a ser do Grupo Molejo.

A partir destes dois momentos, o samba passou a ser melhor recebido na TV Globo. Anos depois, já em carreira solo, a cada participação Arlindo Cruz foi se sentindo mais à vontade na TV, ora cantando, ora compondo e até tirando onda de ser ator. "Estou quase um Tony Ramos", dizia Arlindo.

OS PARCEIROS HÉLIO DE LA PEÑA E MU CHEBABI

Em 2004 a fotógrafa Ana Quintela foi à casa de Zeca Pagodinho fotografá-lo para a Revista Trip. Mas a missão não estava rendendo. Em determinado momento surgiu o nome do Hélio De La Peña.

Zeca: – Você conhece o Hélio de La Peña?

Ana: – Sou esposa dele.

Zeca: – Esposa dele? Então chama ele!

Ana chamou e Hélio chegou na casa do fã. "Quando cheguei a situação mudou completamente. Ele se levantou numa alegria e fez foto de tudo quanto é jeito. Foi pra academia, pegou peso, disse que ia sair um pernil, virou uma festa. E chamou o Arlindo. Ele chegou com aquele alto astral, rolou um samba e eu ali encantado com meus dois ídolos", lembra Hélio De La Peña. "O samba está nessa dupla, Zeca e Arlindo, o resto é derivado. Podia estar numa coisa séria que largava tudo para estar com eles. Já aconteceu de estar em plena reunião do Casseta, recebia uma mensagem dizendo que iam gravar, eu dizia tô com um problema sério e tenho que ir. E ia. Chegava tão feliz em casa, com uma alegria de estar com esses caras, de ver como tudo acontece, como é que surge, como eles criam tanta poesia", confessa.

Fascinado com o universo do samba que acabara de descobrir, Hélio disse para Arlindo que queria muito fazer uma música com ele. "E conheci um cara de uma generosidade absurda e uma criatividade muito grande. Ele percebia que eu tinha vontade, era apenas um fã, mas não era do ramo. E me recebeu como fã, respeitou a minha ignorância e ia me instruindo. Incrível a facilidade com que o Arlindo criava uma melodia, ali na hora. E fomos ficando parceiros", conta Hélio.

Arlindo ganhava então dois parceiros. Sim, pois junto com Hélio chegou Alfredo José Murilo Chebabi ou simplesmente Mu Chebabi, que era da banda do Casseta Popular e Planeta Diário e depois passou a produtor musical do programa da tv. "Eles me chamavam de Maestro Sambinha, porque eu fazia vários sambas, mas eram sambas de branco. Eu sou muito garoto zona sul, mais pra bossa nova, pra tropicália. E do samba gostava do mais tradicional, de ícones como Cartola. Com Arlindo mais presente na cena, o Rogê disse que eu tinha de prestar mais atenção. E fizemos um trio", diz Mu, também encantado com Arlindo Cruz. "Íamos pra casa dele agradecendo aos deuses, aos orixás e a tudo que existe de melhor. Fora ser um privilégio estar ali, que era uma escola impressionante. Tenho parceiros bem feras, me impressiono com todos eles, mas com o Arlindo me impressionei muito mais. As soluções que ele encontrava, como é que as ideias vem, de que caminho ele tira. Ele vem acompanhado de gente pra caramba. Não é possível, ele não é um homem só", afirma.

O SAMBA DA GLOBALIZAÇÃO

O melhor momento de Hélio e Mu com Arlindo foi o Samba da Globalização, a vinheta da programação da TV Globo, que teve cinco edições (2008 a 2012). E tudo começou em 2007, numa brincadeira de Arlindo e Franco juntando nomes de artistas da emissora num jogo de palavras. Hélio e Mu acharam genial e o que era apenas uma brincadeira virou trabalho, quando chegou aos ouvidos do Luis Erlanger, então diretor de comunicação da emissora na época, que aprovou a ideia. Saíram os nomes de artistas e entraram os nomes dos programas. "Era um período de muita gravação e quando marcamos pra fechar o samba, fiquei preso no Projac com uma dor de cotovelo daquelas e não pude ir para o Arlindo. Trocamos letras por telefone, o Mu felizão em conhecer o Franco e certa hora me ligaram pra dizer que tinham acertado tudo, mas poucos dias antes de entregarmos a vinheta o Franco faleceu", diz Hélio.

Com direção de Lúcia Novaes foi ao ar a primeira versão do Samba da Globalização. As imagens começam no banjo de Arlindo e passam a mostrar vários monitores de TV numa sala, que exibem Arlindo, as logos dos programas e os músicos Marcelinho Moreira, Ovídio Brito, Gegê D'Angola, Julinho Santos, Azeitona, Marechal e Flavinho Miúdo. Na versão de 2009, os monitores estão na vitrine de uma loja e as pessoas param para assistir as imagens de Arlindo, seus músicos e as logos dos programas, com pequenas alterações na letra, mas o refrão continua o mesmo: "Não é mole não, meu irmão/Não é mole não/A vida imitando a arte/Isso é globalização".

Já em 2010, ano da Copa do Mundo na África do Sul e de eleição presidencial, ganha por Dilma Rousseff, a produção mudou e começa com as luzes dos refletores de um estádio acendendo. No gramado o time de monitores posa para um batalhão de fotógrafos. Na torcida estão as TVs, mostrando as logos dos programas, agora com sons de suas próprias vinhetas. Em um dos monitores aparece Mu Chebabi gritando "vai ter eleição" e o refrão muda para "nessa copa vai dar Brasil/salve a Seleção/e o povo escolheu a globo/isso é globalização".

A cada ano a vinheta mudava e, para a versão de 2011 foi gravado um making-off, mostrando a gravação da base no estúdio, onde Mu Chebabi dá uma ideia na letra e Arlindo passa o microfone para ele cantar a mudança. Na hora de gravar as cenas, o humor em primeiro lugar.

Arlindo: – Este ano, revelando um novo intérprete.

Hélio de La Peña: – Eu tive de vir pra dar uma força, o negócio tava meio caído. O Arlindo virou a voz da Globo, é o Cid Moreira da Globalização.

Desta vez, a vinheta começa com alguns músicos (Flavinho Miúdo, Gegê, Tico, Dudu Dias e Julinho) afinando seus instrumentos. Arlindo e Hélio entram num bar com várias televisões que vão exibir vários apresentadores, como William Bonner, Fátima Bernardes, Angélica, Sandra Annemberg, Galvão Bueno, Ana Maria Braga e Pedro Bial, entre outros. Hélio e Mu fazem dueto com Arlindo e, enquanto Gegê, Azeitona e Mu sambam, Marechal toca a tamborica (máquina de tamborins).

Na última versão, em 2012, Arlindo Cruz ataca de ator com seu banjo, cantando nos cenários dos programas e interagindo com personagens e apresentadores. A vinheta começa na sala da casa da Grande Família e Arlindo está com Bebel (Gute Stresser), Augustinho (Pedro Cardoso), Dona Nenê (Marieta Severo), Lineu (Marco Nanini) e Tuco (Lúcio Mauro Filho). Daí pra bancada do Jornal Nacional com William Bonner e Patrícia Poeta. No cenário do Bom Dia Brasil com Chico Pinheiro e Renata Vasconcelos, que abraça Arlindo. No estúdio do Fantástico com Renata Ceribelli, Tadeu Shcmidt e Zeca Camargo e, em seguida recebe o abraço de Luciano Huck. Daí pro cenário do Altas Horas com Serginho Groissman. Arlindo aparece ainda com Fátima Bernardes e, na bancada do Jornal Hoje, com Sandra Annemberg e Evaristo Costa. Fernanda Lima cai no samba para Arlindo e Angélica, além de dizer no pé manda beijinho pra ele. Em cena todo descontraído, Arlindo aparece nos cenários do Vídeo Show com Ana Furtado e André Marques, no do Mais Você com Ana Maria Braga e Louro José e do Globo Esporte com Thiago Leifert, terminando com sua banda e a Globeleza Aline Prado. A cena final é com Arlindo Cruz fazendo o plim plim.

O CARNAVAL NO CÉU

Ainda em 2008, antes do Samba da Globalização começar, Arlindo Cruz foi um dos protagonistas da maior reunião de sambistas já realizadas no Morro da Urca e no Pão de Açúcar, no Rio de Janeiro. Na manhã de 31 de janeiro, no Bom dia Brasil, o repórter Marcos Uchoa conduziu o Carnaval no Céu, com uma verdadeira seleção do samba, reunida por uma seleção de produtores: Manoel Alves, Teteu José, Denise Carla, Daniel Targueta, Danilo Vieira e Anderson Baltar.

Dona Ivone Lara, Leci Brandão, Beth Carvalho, Martinho da Vila, Neguinho da Beija-Flor, Fundo de Quintal, Monarco, Nelson Sargento, intérpretes da Escolas de Samba, Cordão da Bola Preta, entre tantos outros, estavam na festa. Com direito ao miudinho do irmãos Bira e Ubirany, também rolou duelos de versos de partido-alto. O refrão era Não Quero Saber Mais Dela (Almir Guineto/Sombrinha). E saíram versos assim:

Arlindo: – Ô Sombrinha, ô Almir, quem tá falando é o Arlindo, aqui de cima vou dizer que o Rio de Janeiro continua lindo. Fala Almir, fala Major.

Arlindo: – Olha o carnaval no céu, meu compadre, isso aqui é sensacional. Com o Jorge Aragão, com o Grupo Fundo de Quintal

Sombrinha: – É mentira, é conversa fiada, me diga a verdade, diga como foi. Eu sei que a galinha se casa com o galo, a pata com o pato e a vaca com o boi.

Arlindo: – Meu compadre Luis Carlos da Vila, gente fina, gente boa e atrás do microfone, meu compadre Marquinhos Uchoa.

Do partido para a poesia de Luis Carlos da Vila, Acyr Marques e Arlindo Cruz, um lindo momento em que Leci Brandão canta Fogueira de uma Paixão, acompanhada pelo banjo de Arlindo, que faz o contracanto, como já tinha feito do LP da Leci, nos anos 80.

SAMBA ESPERANÇA

Em agosto de 2009 Arlindo Cruz esteve na comunidade do Cantagalo e visitou o Espaço Criança Esperança. Ao final da visita ele conversou com as crianças e cantou com os meninos da bateria mirim de Mestre Adaílton Silva a versão do samba da Globalização para o Criança Esperança, que ficou com esta letra: "Uma grande família ensina/E aprende ao ver o seu filho crescer/E vai dar no Jornal Nacional/Não existe criança que não saiba ler/Mas a luta ainda continua/Com tanto talento perdido na rua/Em cada sinal, um menor se perder/Virou coisa banal, muita gente não vê/Com alegria até altas horas/ Eu vivo a sonhar/Que a saúde no nosso país é espetacular/Eu me pergunto será que o dinheiro/Que eu pago ao imposto/Chega ao seu destino ?/A gente podia cuidar/Bem melhor dos meninos/É brincadeira de pipa e de bola/Criança na escola fazendo a lição/E sem abuso/Sem trabalho escravo, sem exploração/Não é mole, não meu irmão/Não é mole, não/Criança esperança é arte/Que se faz com o coração".

Capítulo 15

No programa Criança Esperança, em agosto, na Arena do Rio, que teve direção de Wolf Maya, Arlindo Cruz foi apresentado por Angélica e Luciano Huck e voltou a cantar a mesma versão, num dueto com seus parceiros Hélio de La Peña e Mu Chebabi, com os músicos Gegê D'Angola, Julinho Santos, Marechal, Thiago Kukinha e Azeitona. O detalhe é no áudio. Era um BG (base gravada), onde estão os instrumentos e o vocal. Ou seja, Arlindo, Hélio e Mu cantaram, mas os músicos, embora estivessem tocando, dublavam. "Ele não precisava da gente, a gente é que precisava do Arlindo, mas ele se sentia seguro com a gente, encontrava na gente uma família. Ele não quis ir sozinho fazer um playback. Mandou comprar umas camisas pra gente e nos levou", lembra Azeitona. "Indo pro camarim demos de frente com o Rei Pelé. Paramos e travamos. O Pelé veio, abraçou o Arlindo, falou com ele, com a gente, foi incrível, coisa de sonho. Ele gostava de estar com a gente. Onde podia levar levava, fosse novela, outros programas...não sei se ele se preparou pra isso, mas ele era muito forte e passava essa segurança pra gente", lembra Gegê.

Arlindo: – Vambora, vocês estão comigo.

Foi tudo lindo, mas uma pena que nos créditos finais o nome do compositor Franco não aparece no samba. Ainda bem que, na apresentação Luciano fala o nome de Franco, que havia falecido em 2007.

ATOR DE NOVELA

No capítulo 55 da novela Insensato Coração, de Gilberto Braga e Ricardo Linhares, que foi ao ar no dia 21 de março de 2011, Arlindo fez uma participação especial. Vestindo uma bata salmão e trazendo a famosa toalhinha, Arlindo Cruz contracenou com Guilherme Piva (Gabino Damasceno), Deborah Secco (Natalie Lamour), que o enche de beijos e Roberta Rodrigues (Fabíola), além de cantar Não Dá (Arlindo Cruz/Wilson das Neves) e O Show tem que Continuar (Luis Carlos da Vila/Arlindo Cruz/Sombrinha), acompanhado de Gegê, Julinho, Marechal e Azeitona.

Ainda em 2011, Arlindo participa da novela O Astro, fazendo um show para o personagem Natal (Antonio Calloni)

Em 2012, os parceiros Arlindo Cruz e Mauro Diniz permitiram a mudança da letra do sucesso Meu Lugar. Mais precisamente onde está Madureira, entra Divino, bairro da novela Avenida Brasil, de grande audiência. O refrão ficou assim: "o meu lugar, é sorriso é paz e prazer/o seu nome é doce dizer/é Divino, lá, laia/é Divino, lá, laia".

UM BANJO PARA GRISELDA

O autor Aguinaldo Silva pensou em Zeca Pagodinho para fazer o tema da personagem de Lília Cabral na novela Fina Estampa. E encomendou a ele numa churrascaria. Zeca chamou Sombrinha e o compadre Arlindo e fizeram o samba Griselda, para a carismática Griselda Pereira da Silva, também conhecida por Pereirão, a faz tudo da novela das nove da TV Globo: "Partiu de Portugal/e veio pra vencer/faz serviço braçal, tem muito o que fazer/É muito mulher, disposição/não é pêra doce não...".

O produtor Rildo Hora, que conheceu a música com Zeca cantando entusiasmado pelo telefone, fez o arranjo e convenceu Arlindo Cruz a gravar com o banjo verde. "Ele não queria mais gravar banjo, dizia que tava cansado, mas o Rildo insistiu, colocou ele no meio do estúdio e aí foi uma celebração, parecia filme. E foi a última vez que ele gravou tocando banjo", conta o produtor Felipe Bueno.

A VOLTA DE ARLINDO AO ESPECIAL DO REI

26 anos depois, Arlindo volta a cantar com o Rei no Especial Roberto Carlos Reflexões, em 21 de dezembro de 2012, que teve roteiro de Marcelo Saback e direção geral de Jayme Monjardim e João Daniel Tikhomiroff. Os ensaios, no estúdio de Roberto, na Urca, e no Via Parque, foram regados a pastéis, vinho e empadões. "Estava passando a novela *Avenida Brasil* e ficamos bem à vontade falando da novela e comendo pastel. Roberto perguntou para o Arlindo porque ele escolheu a canção O Homem (Roberto Carlos/Erasmo Carlos) e ele disse que era porque lembrava do Arlindão, seu pai. No final, Roberto deu um disco autografado pra gente", conta Flavinho Miúdo. Para o cavaquinista Gegê D'Angola, mesmo com a orientação de não ir com roupa escura nem usar o celular, ficou marcada na memória a simplicidade do Rei Roberto Carlos. "Ele foi muito gentil, muito generoso, sempre elogiando, perguntando se o tom tava bom, nos deixando bem à vontade. Quando acabou o ensaio perguntou 'vamos comer um empadão de frango? Tomar um vinho?'. Ah, calma aí, o Rei chamando pra comer um empadão de frango? Fiquei todo bobo. Eu fui, queria ter essa prova. E brindamos o momento. Ele falou do Cadilac

que tinha acabado de comprar, que estava feliz, que foi em Copacabana e voltou pra Urca. Parecia uma coisa normal, bem simples. Ele deu uma aula de simplicidade junto com o Arlindo, uma conversa de compadres", disse Gegê. "Na gravação todos emocionados e dava pra perceber o Roberto muito feliz ao lado do Arlindo".

Em cena, Arlindo é apresentado de uma forma imponente.

Roberto: – Tem um cara que canta a zona norte, a zona sul, canta o carioca, canta o Brasil. Ele é o retrato do samba na alegria do samba, na emoção do samba, na poesia do samba, em tudo. Ele é o próprio samba. Ele é um dos maiores compositores que eu conheço em toda a minha vida. O grande, o querido Arlindo Cruz.

O cenário é a Lapa boêmia. O bondinho anda em cima dos Arcos e ainda aparecem barcos à vela, o calçadão de Copacabana e o Cristo Redentor. A emoção está no ar. Arlindo entra de bata prateada, conta branca (Oxalá) no pescoço e a inseparável toalhinha, branca.

Arlindo: – Roberto, você conhece o subúrbio do Rio?

Roberto: – Conheço, morei no Lins de Vasconcelos.

Arlindo: – Conhece Madureira?

Roberto: – Conheço Madureira sim, os arredores de Madureira.

Arlindo: – Então, vamos mostrar pra todo o Brasil o meu lugar.

E cantam Meu Lugar.

Arlindo: – Quero cantar uma música tua também, ter o maior prazer, a maior honra de cantar essa música que fala num dia especial, que é o dia de Natal. No nascimento desse homem, esse Homem.

Roberto: – Vamos homenagear o homem então, tá lá em cima.

Arlindo: – Lá de cima olhando a gente, cuidando da gente.

E, sob intensa emoção, cantam O Homem (Roberto Carlos/Erasmo Carlos).

Arlindo: – Viva Roberto Carlos!

Roberto: – Viva o Arlindo!

Arlindo: – Que honra, que presente.

Se abraçam e se desejam Feliz Natal

RAUL GIL REVERENCIA ARLINDO CRUZ

No dia 20 de setembro de 2014, Arlindo Cruz é o convidado do programa Raul Gil, na TV Record, no quadro Homenagem. Ele se emociona com depoimentos de amigos e familiares, destaca a importância de Chacrinha e Raul imita o Velho Guerreiro. E fala sobre sua saída do Fundo de Quintal.

Arlindo: – Toda despedida tem um pouquinho de dor, de tristeza, mas foi necessário. Foi uma opção minha, assim como quando a dupla acabou. É olhar pro lado, ih agora é tudo comigo mesmo, mas todo mundo tem que seguir o seu caminho, sua vocação, seu destino.

O filho Arlindinho entra, toma a benção do pai e juntos cantam Meu Caminho (Arlindinho/Marquinhos Nunes/Jorge Davi Jr.).

Arlindo: – Meu maior orgulho, um grande filho. Tá solteirinho, mas já tenho uma herdeira, já tem uma herança de um ano e meio. Quem quiser ajudar a criar...

Arlindo: – Canta bem! A gente já sofreu tanto no meio, que fico assim dos filhos seguirem o mesmo caminho. Você deve ter tido essas dúvidas, mas é tão gratificante, tão importante saber que tem várias pessoas que seguem teu caminho e mais importante sendo seu sangue.

A emoção vai tomando conta de Arlindo ao assistir os depoimentos dos irmãos Arly e Acyr. Ele não resiste e chora.

Arly: – Meu amor, meu compadre, meu tudo. Hoje não vou falar das mordidas. Você é um irmão que sabe cuidar da sua família, cuidar de todos que te cercam e isso me deixa muito feliz. Eu quero te agradecer meu irmão em especial aquele momento de agosto de 2012 que você foi uma tábua de salvação na minha vida. Abaixo de Deus e dos nossos orixás, tenho que te agradecer porque fui acometida de uma doença grave e com teu amor e a tua fé, tua força de ir me ver todo dia no hospital foi muito importante. E peço a Deus que você nunca emagreça porque senão seu coração não vai caber no teu corpo. Te amo, te amo, te amo, te amo, te amo...

Os dois choram.

Acyr: – Agradeço a Deus por você existir e que fico muito feliz por ser teu irmão. Que morro de saudade e a semana que não consigo te ver, boto um DVD pra lembrar de você e fico conversando no imaginário contigo. Batendo papo pra gente recordar nossos tempos de tocar juntos.

Arlindo: – Família sempre emociona muito. Lembro da infância, das dificuldades, não só financeira, mas doenças e outras que o destino nos reserva. Mas a família é o grande ponto de equilíbrio de qualquer pessoa.

Arlindo contou que estava aprendendo uma nova lição com Zeca. "Tá me ensinando a beber vinho. Na primeira aula bebemos três garrafas e fiquei meio ruim". Em seguida, pai e filho cantam O Mundo que Renasci (Arlindo Cruz/Rogê).

Arlindo: – Quem tem fé faz muito barulho aí.

Raul Gil: – Essa música é evangélica?

Arlindo: – Fala de Deus, da bíblia. Logicamente todo mundo que me conhece sabe que eu tenho uma doutrina espírita, sou espírita, mas todas as doutrinas do bem nos levam a ler a bíblia.

Raul: – A finalidade é uma só.

Arlindo: – Atingir a Deus, alcançar a Deus. Na gravação meu compadre Marcelo D2 cita o salmo 91. A Bíblia é o maior livro do mundo. Fiz questão de fazer essa música em sua homenagem.

ESPECIALISTA EM FUTEBOL

Cada vez mais entrosado na televisão o rubro-negro Arlindo Cruz também recebeu convites de programas esportivos. Pelo Globo Esporte esteve com Alex Escobar no campo do Madureira, para comentar a final da terceira edição da Taça das Favelas de 2014. Tomam um cafezinho e Arlindo dá o seu recado.

Arlindo: – Em Madureira fico à vontade, meu nome é favela é do povo, do gueto, a minha raiz, becos e vielas...

Na final feminina o time da Cidade de Deus faturou o bicampeonato derrotando o Cabral de Nilópolis, nos pênaltis. Já no masculino, o campeão foi Vila Kennedy, que venceu, de virada, a Cidade de Deus. Arlindo entregou a taça e pediu: "faz muito barulho aí".

EXPERT EM COPA DO MUNDO

Do campo do Madureira para as arenas que iriam sediar a Copa do Mundo no Brasil, Fernanda Gentil e Cristiane Dias apresentavam o programa Rumo à Copa. E no dia 7 de abril a 65 dias da estreia do Brasil contra a Croácia pediram ajuda ao Arlindo para saber quem iria jogar contra quem e quem estava em qual grupo. Ele fez um samba explicando e o clip já havia aparecido no Fantástico. "Foi genial. Lembro bem que fiquei chocado quando chegou com tudo feito. Arlindo é um gênio, que saudade dele, é sempre bom falar do Arlindo." conta Rogê emocionado.

Os dois estão juntos no clipe, com Arlindinho e os músicos da banda de Arlindo. E a sua generosidade tão falada nunca permitia que estivesse sozinho em alguma situação.

Rogê: – Como é que vai ser essa parada da Copa?

Arlindo: – Calma que eu vou explicar.

E o samba ficou assim: A Copa do Mundo é nossa/nós vamos organizar/pra que todo mundo possa entender/agora eu vou explicar/são oito grupos, doze cidades/32 países vão participar/736 atletas, 64 jogos pra gente vibrar/No Grupo A somos nós brasileiros os anfitriões/enfrentando de cara a Croácia, o México e Camarões/vamos vencer/No Grupo B o couro come vai rolar a bola/Tem Austrália, Chile, Holanda e a atual campeã Seleção Espanhola/No Grupo C/Na verdade é o mais equilibrado pra mim/Tem Colômbia, tem a Grécia, tem Japão e a Costa do Marfim/No Grupo D é o Grupo da Morte quem der mole cai/Costa Rica e três campeões/Inglaterra, Itália e também Uruguai/No grupo E de esperança/Honduras, Suíça, Equador e França/No F Bósnia-Herzegovina enfrenta Nigéria, Iran e Argentina/No Grupo G é o grupo da vida é um perde e ganha/Estados Unidos, Gana e Portugal/E a sempre temida Alemanha/Pra terminar/Se liga meu povo/Só pra terminar/ a Bélgica, Argélia, a Russia e a Coreia do Sul estão no Grupo H/ Quero ver quem vai ganhar"

ARLINDO DIZ NÃO PARA BELA GIL

A participação de Arlindo em Bela Cozinha, o programa da chef e nutricionista Bela Gil no GNT, em 2014, entrou para a história dos programas de culinária por um simples não. O tema era petiscos e a ideia de Bela era apresentar opções mais saudáveis e tão saborosas quanto os tradicionais petiscos que ele havia se acostumado a comer, de samba em samba. Mostrar que os petiscos saudáveis também podem fazer parte da festa.

Arlindo: – Na roda de samba a gente come tudo que termina em Ada: feijoada, rabada, macarronada, menos salada. Salada a gente não vai muito. Samba tem que ter sustância pra gente poder segurar o pagode a noite inteira. Eu acredito nesses naturebas da Bela, tô louco pra provar, aliás, vamos logo, o mais rápido possível.

Bela vai preparando o prato ao som de Meu Lugar. E Arlindo se lembrou de uma feijoada em Salvador. "Há uns dez anos atrás lembro que cheguei às seis da manhã de um bloco em Salvador. E tinha uma feijoada. A gente cansado de cantar a noite inteira. Eu caí pra dentro da feijoada. Depois dormi o dia inteiro. Acordei com um remorso, uma dor no peito, aí acho que eu vou...(ri muito). Não façam isso em casa crianças".

Arlindo entra em cena, brinca dizendo que vai ter batuque na cozinha hoje e pergunta se tem coisas gostosas para experimentar.

Bela: – Tá cheio de coisa boa.

Arlindo: – Olha que eu gosto de prato bem cheio.

Bela: – Oba. Vou preparar uma pipoca no dendê.

Arlind:o – (dá uma risada). Não como pipoca nem dendê.

Bela: – Ai meu Deus! Nem me fala isso, jura?

Arlindo: – Juro.

Bela: – Gente, é a segunda gafe que eu dou no programa.

Arlindo: – Eu sou de candomblé, sou de Xangô Airá, que é uma qualidade de Xangô, que só usa branco e tudo que é feito pra ele é no azeite doce. E pipoca já não é comida pra Xangô. Às vezes passa mal, mas dizem que é pior quando você não passa mal, porque faz mal ao santo, ao espírito.

Bela: – Eu, por causa do meu santo, não deveria comer tangerina.

Arlindo: – É a nossa raiz toda, a culinária brasileira foi feita lá no porão, na senzala. Eu como de tudo, basicamente como de tudo. Tem até uma frase do Marcelinho Moreira, meu parceiro, que ele fala o seguinte: 'não fui criado com luxo, mas adocicaram meu paladar'. A gente come de tudo.

O papo vai rolando enquanto Bela faz uma pipoca apimentada no dendê

Arlindo: – Olha que lindo, amarela e branca. Fica parecendo um fio de conta de Oxum. Pena que eu não posso comer. (olha pra câmera) Olha, tá um cheiro maravilhoso. Dendê, hoje não, um dia, quem sabe...

Bela: – Vou deixar a pipoquinha aqui e vamos lá pra mesa petiscar os outros

Arlindo comeu e aprovou a batata doce de baroa, que parece frita, mas era assada com molho de coentro, o bolinho de arroz, que também não foi frito, mas assado com painço ("é algum pai de santo?" perguntou).

Arlindo: – Eu como arroz branco, mas já houve épocas que comia arroz integral, macarrão integral, quando precisei mesmo. Gordo só fecha a boca quando o bicho tá pegando. Com muitas dores no joelho, problema pra andar, perdi 27 kg, depois engordei de novo. Sou sem-vergonha.

Arlindo também provou e aprovou a barrinha com castanha, amendoim adocicado com tâmara, sem açúcar, tipo uma paçoquinha.

Arlindo: – De 15 em 15 eu venho aqui. Vou apelidar de Pé de Moleque do Arlindo. Adorei tudo. Quando quiser me chamar pra conversar, pra comer...

Neste programa faltou o depoimento, por exemplo, da irmã do Arlindo. "Se ele fosse pra cozinha fritar um ovo pegava fogo a frigideira. Se colocasse o arroz pra esquentar, queimava. Mas para comer sempre foi maravilhoso. Com ele não existia eu não gosto. Comia de tudo. E muito. Bife à milanesa era o prato que ele mais amava. Comia uns cinco, seis bifes sozinho", entrega Arly, que se lembra daquelas datas em que vários pratos vão para a mesa, como Natal, Ano Novo, aniversário. E nunca houve problemas. "Se viessem três, quatro pratos diferentes, ele comia todo, fosse bacalhau, carne assada, linguiça frita. E na hora da sobremesa, comia no mesmo prato. Colocava bolo dentro do pão, passava manteiga, colocava queijo, presunto, mortadela, patê, marmelada, goiabada...o que tivesse ia colocando. E fazia um X-Tudão", confirma.

Por fim, dizer que o prato preferido de Arlindo era o cheio, seria chover no molhado. Ele queria era fartura, quantidade e com toda autoridade adivinhava todos os temperos. "Era isso mesmo, podia ficar de olhos vendados que descobria. Um paladar que não se enganava. E sabia quando era minha comida", diz Babi, que confirma o que Arly disse sobre não ser bom na hora de fazer. "Era muito desastrado e muito preguiçoso, mas tentava e tinha ideias. Sua especialidade era o famoso Molho Asdrúbal, com restinhos de tudo no macarrão".

ARLINDO ENSINA HÉLIO DE LA PEÑA A SER CRIOULO

No dia 17 de outubro de 2016 estreou no Multishow a série Procurando Casseta & Planeta, com roteiro dos cassetas Beto Silva, Claudio Manoel, Hélio de La Peña e Hubert Aranha, com direção geral de Gualter Pupo. Era uma espécie de documentário de mentirinha, misturando ficção e realidade, onde cada integrante do grupo tinha sua história, mas a pergunta era uma só: o que estariam fazendo os integrantes do Casseta e Planeta? Cadê aqueles caras que faziam sucesso e sumiram da TV? Aqueles que só comiam caviar e que entraram no SPC? Que ninguém mais ouviu falar?

Logo no primeiro episódio, Cadê os Caras?, a participação especial de Arlindo Cruz. Uma participação que começou numa brincadeira do amigo Hélio de La Peña. "Ao contrário do Arlindo, fui criado num meio branco. Desde que saí da Vila da Penha, aos dez anos, fui estudar num colégio semi-interno, o São Bento. Isso cortou o meu cordão umbilical com a esquina. Passava o dia inteiro no colégio, chegava em casa e ainda tinha que estudar. Chegava nas férias ficava isolado, fui perdendo contato da galera e, por outro lado, não tinha intimidade com a galera do São Bento. Nas férias eles viajavam pra Disney, pra Europa e eu ficava em casa. Daí, na minha solidão ia ler. Peguei o caderno e comecei a escrever", recorda Hélio, que conheceu Arlindo numa fase em que o programa da TV estava com a audiência lá em cima. "Eu já tinha adquirido certa auto-estima e tava buscando um contato com a Vila da Penha, com o subúrbio, com o meu passado e conversávamos sobre tudo isso.

Arlindo: – Comigo você vai voltar a ser crioulo.

Hélio: – É sério, Arlindo? Você me ensina a ser crioulo?

Quando a série começou a ser elaborada, Hélio de La Peña se lembrou das brincadeiras e pensou em Arlindo Cruz para ser o cara que iria ensiná-lo a ser preto. "Era uma brincadeira real, porque eu estava mesmo interessado na questão da negritude, da cultura. Era uma busca autêntica", afirma Hélio.

No episódio, ele tenta entrar no show do Arlindo, pedindo pro segurança liberar sua entrada, dizendo que é vip.

Hélio: – Não tá me reconhecendo?

O segurança fica em dúvida, passa um fã, pede pra tirar a famigerada selfie, o confundindo com o ator Luis Miranda. O segurança pede desculpas e libera sua entrada. Hélio chega ao camarim e contracena com Arlindo. Um Arlindo, aliás, bem à vontade no papel de ator.

Arlindo: – Hélio de La Pena, meu compadre, tá sumido! E as novidades?

Hélio: – As coisas vão bem devagar, sabe? Depois que o Casseta parou o bicho pegou pro meu lado, tô até negativado.

Arlindo: – Ô, compade, minha aba tá lotada, rapá, não tá sobrando nem pra mim.

Hélio: – Não, meu negócio não é dinheiro não, preciso é voltar pra ativa! Tô querendo entrar nesse mercado afro negão, essas paradas assim de samba, hip hop, comunidade, filme de favela, programa da Regina Casé.

Arlindo: – Ah, entendi, tu quer voltar a ser crioulo?

Hélio: – Exatamente, mas eu tô meio fora de forma, meio afastado, sabe? Tu me dá um help?

Arlindo: – Pra começar, esse visual aí não é de negão não compade

Hélio: – Sério?

Arlindo: – É, camisa pólo por dentro da calça... Vamos fazer o seguinte, tá vendo aquela arara ali? Tem uma sandália, tem uma bata, acho que uma vai ficar boa em você.

Hélio troca de roupa e mostra para o professor.

Hélio: – E aí?

Arlindo: – Caraca compade, ficou bonito.

Hélio: – Gostou, né?

Arlindo: – Tipo malandro de Madureira, Império Serrano, verde e branco...

Hélio: – Império, gostei. É só dar uma apertadinha aqui, um ajustezinho, né? Vai ficar maneiro e ainda vai sobrar pano pra vestir a família toda.

Arlindo: – Tá querendo me sacanear, compade?

Hélio: – Não, tô falando que tô muito magro. A situação ficou difícil pra mim, mas eu quero saber o seguinte, tu topa me treinar?

Arlindo: – Vamos fazer um teste. Como é que tá o samba no pé?

Entra uma batucada e ele tenta sambar. O professor Arlindo Cruz ri do aluno Hélio.

Arlindo: – Pra virar Hélio da Lapa vai dar muito trabalho. Tamos juntos!

Hélio: – Ah, garoto!

O texto era do próprio Hélio, mas ele nega. "Mal ou bem foi o Arlindo que escreveu aquele diálogo, só não sabe...", conclui.

A família Cruz no Esquenta de Regina Casé

CAPÍTULO 16

ESQUENTA– UM CAPÍTULO À PARTE

Entre tantos programas na televisão, foi o Esquenta o que deu a maior visibilidade a Arlindo Cruz. Ele é mesmo um capítulo à parte em sua trajetória. Por sua vez, a importância de Arlindo no mundo do samba também deu ao programa uma importância por ter em seu elenco um artista da sua grandeza, um verdadeiro baobá da música. E que teve seu nome lembrado desde os primeiros passos do programa. "Quando propus um programa de samba à Globo, ele foi a primeira pessoa que falei", lembra Regina Casé, que o chamou numa noite na produtora Pindorama. "Ele subiu aquela escadaria toda. E disse a ele, que é uma enciclopédia, quero fazer se for com você, vamos fazer juntos", completa. Um cara que nunca correu de desafios, Arlindo nem pediu tempo pra pensar. Topou na hora e, naquela mesma noite, o sonho começou a tomar forma. "Sim, nós começamos a sonhar. Já pensou um programa de samba na televisão? Vamos fazer assim, ter uma roda fixa, vamos fazer isso, fazer aquilo... e isso com certeza aproximou a gente muito mais. A gente se via pelo menos uma vez por semana, umas oito horas por dia, fora as reuniões". Marido de Regina, o diretor de TV Estevão Ciavatta, que foi um dos diretores do Esquenta também se lembra deste início. "Eu e Regina conversando, já sabíamos que esse programa tinha que ter o Arlindo, pra dar um peso. E ter uma roda de samba era quase que uma transposição do que já acontecia na nossa casa. Pra ele também deu uma explosão de visibilidade".

De início o programa seria exibido apenas em temporadas de verão e iria se chamar Regina de Janeiro, Fevereiro e Março. Porém a boa audiência, já como Esquenta, alterou os planos. O então novo programa, que estreou no dia 2 de janeiro de 2011, passou a ser semanal, teve cinco temporadas e honrou seu lema O que o Mundo Separa o Esquenta Junta. A primeira união foi obra de Hermano Vianna, parceiro de Regina na criação do programa que chamou Gilberto Gil para fazer o tema do Esquenta. E fez numa parceria com Arlindo Cruz: "bateria arrebenta/todo mundo comenta/e feito pimenta o programa domingo esquenta....". E esquentava numa naturalidade que vinha da galera da música, sob o comando do Arlindo. "No programa ele era uma referência não só pra gente como pra todo mundo que ia ao Esquenta. Era uma pessoa que dava o norte de tudo que tava acontecendo ali, Se o Arlindo Cruz tá ali, vamos chegar pianinho. E não tinha texto, era zoação mesmo, vamos zoar e depois a gente vê o que fica na edição. É lógico que a Regina tinha um roteiro, mas a participação dele e das outras pessoas não, era espontâneo", explica o diretor Estevão.

O Esquenta era uma atração completamente sem preconceitos, tanto musicalmente quanto nos temas abordados. Quando o Esquenta começava nas tardes de domingo a festa se estendia para as casas dos telespectadores. O cenário tinha piscina, churrasco na lage e o resultado? Muitas brincadeiras, piadas, boas histórias e comida gostosa. Tinha moda, homenagens, muita pilha, mas também tinha papo sério e temas polêmicos. O povo ficava à vontade para dar sua opinião, como, por exemplo, no quadro O que Queremos para o Brasil. E, se de um lado tinha a boa música garantida por Leandro Sapucahy, Péricles, Xande de Pilares e Mumuzinho, sob o comando de Arlindo Cruz, do lado do humor tinha Fábio Porchat, Victor Sarro, Douglas Silva, Preta Gil e Luis Lobianco, fora os que iam chegando a cada programa. Quem fazia música também fazia humor e o clima era mesmo de uma grande festa, exatamente como Arlindo Cruz gostava. Ele se sentia em casa e ainda era respeitado por todos. "Às vezes estávamos falando um negócio mais sério do mundo, ele contava uma piada ou gritava 'muito barulho aí pro fulano'. Então tinha esses dois lados, um de todo mundo respeitar, não só o artista imenso que ele é e o conhecimento todo que ele trazia pro programa, o que sabia tudo, a memória do samba que os meninos mais novos, Mumuzinho, Leandro, Douglas, ouviam e reverenciavam, mas ao mesmo tempo moleque como eles e ficava falando besteira. Parecia que estava na escola e, volta e meia eu tinha que enquadrar o Arlindo", conta Estevão..

Regina: – Arlindo, você me dá mais trabalho que o Mumu e o Douglas juntos.

E, no programa ou em suas casas, as risadas aumentavam quando ele e Zeca estavam juntos. "Arlindo é engraçado, o Zeca é engraçado, mas os dois juntos, um potencializando o outro era uma loucura, cada história melhor que a outra", conta Regina. "Quando o Zeca ia ao programa era piada o tempo todo, todos rindo muito. Ele e Arlindo se olhavam e começavam a rir. A gravação parava toda hora", conta o produtor Felipe Bueno, que na época trabalhava com Arlindo. "O dia que o Zeca ia ao programa era dia de diversão, de vermos dois grandes parceiros ali cochichando e rindo muito, maravilhados, como se fossem dois adolescentes", lembra Péricles. E mesmo curtindo os momentos engraçados no programa, Pericão volta aos bons tempos de Exalta e traz o sentimento de respeito a quem sempre admirou na música. "Nunca perdi o olhar de reverência e de respeito ao ídolo. E Arlindo tinha na gente esse olhar de alguém que ele poderia passar o bastão, o pensamento de que o samba estaria em boas mãos no futuro e também nos olhava com esse olhar de respeito, de carinho". E quando tinha alguma competição no Esquenta? Aí entrava em cena o Arlindo Cruz jogador, o que nunca gostava de perder. "Ele brigava muito, era extremamente competitivo. E pra nós era um barato ver o Arlindo brabo porque tava perdendo o jogo ou feliz porque tava ganhando, sem nunca perder a reverência, perder o respeito", conta Péricles.

E aquela mistura de respeito e molecagem que Regina falou também fazia parte do roteiro. Num dos programas, Péricles e Arlindo revelaram para Regina, no ar, uma decisão muito importante. Aliás, não foi bem assim, mas foi desse jeito: de repente, Mumuzinho entra fantasiado de Péricles e a gargalhada foi geral.

Mumuzinho (de Péricles): – Regina Casé! Queria deixar uma notícia bombástica aqui. Estão dizendo que vou fazer carreira solo. Não vou fazer, não vou fazer. Até porque eu sozinho valho por uma banda inteira. Não vou fazer! Eu vou, sim, fazer uma dupla com Arlindo Cruz.

Regina: – Ah, é Arlindo? Chega aqui Arlindo.

E Arlindo vai se levantando, meio escabriado...

Mumuzinho (de Péricles): – Mas não é esse Arlindo aí não, esse aí já era.

Nesse momento quem entra em cena, com a bata da mesma cor, toalhinha, conta no pescoço e de mãos dadas com Babi, é Douglas Silva, fantasiado de Arlindo.

Douglas (de Arlindo): – Alô Esquenta, faz barulho aí.

Arlindo (o verdadeiro): – Peraí! Tu me imitar tudo bem, mas levar minha mulher, poxa, é sacanagem!

Douglas (de Arlindo): – Lançaram o Fat Family e agora nós vamos lançar os Fat Brothers.

Péricles (o verdadeiro): – Essa barriga tá maior que a minha.

Mumuzinho (de Péricles): – A gente queria convocar pra fazer parte do nosso time a Camilão. Vamos começar a turnê nos melhores spas do Brasil.

Douglas (de Arlindo): – Camilão, o pagamento vai ser em rizoli, coxinha e quibe.

Camilão: – Tô dentro, tô dentro.

E a zoação, as pilhas não acabavam. Mas também tinha papo sério sobre cultura na Biblioteca do Esquenta. E nada melhor que Arlindo, que foi um aluno estudioso, indicar um livro. No programa de 7 de dezembro de 2011, ele pega a obra prima de Jorge Amado, Capitães da Areia, e conta histórias.

Arlindo: – Eu tinha 11 anos, estava no Pedro II e talvez tenha sido o primeiro livro que eu tenha lido, que tenha despertado o meu prazer por ler. Eu que gostava de ler gibis de aventura, o Zorro, comecei a ler com heróis de verdade. Um bando de meninos que davam seu jeito de sobreviver morando na rua. Outra passagem que este livro tem a ver comigo foi quando meu filho tinha 9 anos de idade, teve uma crise de apendicite e teve que operar. Eu tava viajando e na volta pra casa comprei um exemplar pra ajudar a ele, a ter coragem e lutar pra superar o sofrimento e não achar que é o mais infeliz do mundo, mas que tem solução pra tudo. Todos os Arlindos e netos e bisnetos vão ter como livro de cabeceira.

E leu uma parte do livro.

Assim seguia o Esquenta, sempre com surpresas, brincadeiras e um clima bem à vontade que alavancava a audiência. Mas dirigir Arlindo Cruz é que era a grande questão. "Ele era indirigível. Ele pervertia a turma toda, que achava que podia ser Arlindo Cruz. A molecada ia atrás dele e só se ferrava. Ele contava muita piada e às vezes tinha que cortar na edição. Um bando de homens falando merda, mas ele tinha propriedade pra interromper a Regina e todo mundo achava que podia ser como ele. Aí, eu virava e dizia ô Douglas, você não é Arlindo Cruz não", conta o Estevão, que numa das gravações acabou ficando

Capítulo 16

embaixo de Arlindo. De verdade. "Foi na rampa. Eu ainda tava andando com muita dificuldade. Fui abraçá-lo, desequilibrei, fui caindo pro lado e ele caindo em cima de mim. Foi muito engraçado, sou um sobrevivente do Arlindo Cruz". Mas bem antes do Esquenta, um cd de Arlindo e, especialmente um de seus sambas, ajudou na recuperação de Estevão, na tragédia que o acometeu em seu sítio em Mangaratiba. Em 2009, em meio a um tranquilo passeio em seu cavalo Popó, o pior aconteceu. Popó queria um caminho, Estevão outro e, após um pinote do cavalo, foi jogado ao chão. Após vinte dias internado e quase ter ficado tetraplégico (sem movimentos do pescoço para baixo), Estevão foi se recuperando. Além dos cuidados médicos, muita fisioterapia e muitas rezas de várias religiões, o samba Quem Gosta de Mim (Arlindo Cruz/Franco) também esteve muito presente em sua recuperação. "Sambista Perfeito foi o melhor disco de samba que ouvi, em casa sem poder me movimentar. Eu alucinei, que disco incrível! Mostrei pra Regina, pro Caetano. E me deu força pra continuar vivendo, me deu astral e bateu muito fundo naquele momento. Cada um tem sua história e agora sei quem gosta de mim". Foi no mesmo sítio que o jeito de Arlindo surpreendia o novo amigo. "Fomos nos aproximando como fãs. Sempre me espantou essa tranquilidade e humildade do Arlindo, de não se mostrar numa posição de eu sou assim, eu sou assado. Tivemos noites maravilhosas, de lua cheia, em família no sítio e ele sempre tranquilão. E, geralmente, músico não quer tocar, não quer cantar, mas o Arlindo já levava o violão, tocava, cantava e ficamos amigos da família, de frequentar as casas, as festas dele para São Jorge...", diz Estevão. "Podíamos ter ido ao show, que no dia seguinte de manhã tinha uma mensagem dele 'e aí tudo bem Casé? Como você tá, como estão as coisas?' Ele era um amigo muito presente, mandava mensagens brincando como se fosse um moleque, um amigo nosso da escola. Minha filha Benedita também teve uma relação muito próxima e carinhosa com ele de trocar mensagens o tempo todo. Estevão e meu genro João também. Fomos construindo muitos laços e eu, além de gostar muito dele como pessoa e me divertir, sempre busquei aprender o máximo que eu podia, porque via a quantidade de conhecimento e de coisas que eu precisava aprender" diz Regina. Nessas visitas ao sítio, Estevão não se esquece de um bloco que Arlindo e Babi resolveram fazer. "Era um trio elétrico pelas ruas de Mangaratiba e não tinha nenhum esquema, mas tinha os fios elétricos. Falei pra Regina, isso vai dar merda e não dava merda. Mas era a vida por um triz, que era um pouco o Arlindo, de viver perigosamente".

Neste convívio que ultrapassava as gravações do Esquenta, os amigos viraram parceiros. Estêvão gravava uma série pra HBO e mandou pra Arlindo umas ideias para uma música. "Fizemos a primeira e depois mais umas quatro. Ele naquela generosidade dando espaço sem impor nada, me deixando tranquilo. Eu ficava pensando, tô aqui compondo com o Arlindo Cruz, que coisa doida é essa que tá acontecendo? Que situação incrível, eu de superfã e ele não tava nem aí pra nada. Pra ele era a coisa mais tranquila e natural", conta Estêvão, lembrando que a primeira, Rio Preamar, eles terminaram com Bernard Ceppas e Seu Jorge, que gravou a música.

DUETO COM A MÃE

O tema família era recorrente no roteiro do Esquenta. E uma vez Regina Casé perguntou.

Regina: – Sua mãe, Dona Aracy, ela arrebenta?

Arlindo: – Minha mãe arrebenta, minha mãe é demais. Minha musicalidade vem da família. Ela cantava super bem, canta ainda, tá envergonhada hoje (de mãos dadas com ela). Aprendi tudo de música dentro de casa.

Regina: – Queria tanto ouvir a senhora cantar... nem uma palhinha, a capela sentadinha na cadeira?

Arlindo: – (para a banda) Faz um dó maior bem leve.

Dona Aracy recebe o microfone e Arlindo começa.

Arlindo: – Nós iremos achar o tom.

Dona Aracy: – Os acordes com lindo som.

Arlindo: – E fazer com que fique bom.

Dona Aracy: – Outra vez.

Os dois: – O nosso cantar/e a gente vai ser feliz/olha nós outra vez no ar...

Dona Aracy: – O show tem que continuar.

Todos aplaudem e, emocionado, Arlindo levanta e aplaude a mãe de pé.

Dessa vez deu certo, mas o programa preparado para homenagear Arlindo quase não acontece. Um programa dedicado a ele, com a presença da família, do Império Serrano, contando a trajetória dele, seu casamento com Babi, mas a gravação, que em geral começava duas da tarde atrasou. Ao meio-dia, Arlindo e Babi ainda não haviam chegado. Deu uma da tarde, duas e nada do casal aparecer. Todos ligavam e ninguém atendia. Até que alguém conseguiu e a resposta não foi boa. Sim, os dois brigaram mais uma vez. E justamente na hora de sair de casa para a gravação. "Ameacei, ajoelhei, implorei e foram", explicou Regina. E foi difícil convencer o casal.

Babi: – Não vou de jeito nenhum.

Arlindo: – Não vou nem quero ver a cara dela na minha frente.

Regina: – Mas o programa inteiro é sobre vocês, como vocês vão fazer isso comigo? Então vou mandar embora sua mãe, seus irmãos, todo o Império Serrano...

Arllindo: – Tá tudo bem eu vou, mas não quero falar com ela.

Era um programa todo sobre o amor, mas Arlindo estava sentado num canto e Babi do outro lado. Brigados, não se olhavam. E Regina ali no meio, sem graça e sem saber o que fazer. Uma hora, tomou uma decisão e...

Regina: – Esse programa é todo de verdade, todo transparente e vou contar a verdade. A gente idealizou um programa pra falar do Arlindo e eles deram de brigar hoje, resolveram se separar. Vem aqui Arlindo, vem aqui Babi, vamos lavar a roupa suja. O que houve?

Regina Casé foi desenrolando uma conversa com os bicudos e conduzindo as pazes. "Eles mais pareciam crianças brigando. Falei dá um beijo nele, dá um beijo nela e acabou que fizeram as pazes ali ao vivo no programa, E perguntei, mas vocês tanto tempo juntos e nunca casaram? Vamos marcar esse casamento. Marcaram ali mesmo e me chamaram para ser madrinha. E o programa, que parecia um velório, acabou tudo bem", lembra.

AS BATAS DE ARLINDO

Outro destaque do programa eram as batas usadas pelo Arlindo. Diferentes a cada programa, passaram a ser responsabilidade do figurinista Giovanni Targa. "Eu fazia de uma forma divertida, porque ele era o paizão, o mais velho, grandão, bonachão, engraçado. Então sintetizava na bata dele o tema do programa", diz Giovani, confirmando que Arlindo só via as roupas no dia da gravação. "E não me lembro de nenhuma que ele não tenha gostado ou que não quis usar. O Arlindo sempre embarcava muito e nunca foi um artista de interferir no trabalho de outro profissional. Ele sempre me respeitou muito. Eu direcionava e ele aceitava, porque respeitava o que estava sendo proposto".

Foram batas de várias cores e temas. Teve arco-íris, de macramê com fitas de cetim em degradé, com missangas cor de água e, para a páscoa, quando o programa teria as cores marrom e rosa, um coelho. "Fiz uma bata nesse tom de rosa pink mais escuro, mais fechado e na pala da bata onde eu podia brincar um pouco mais, fiz o rosto de um coelho estilizado com as orelhas. Ele gostava muito, se divertia e se entregava muito ao figurino", conta Giovani.

A partir do CD Batuques e Romances, de 2011, quando preparou quatro batas em três dias, passou a cuidar das roupas de shows e discos de Arlindo. "A Babi pediu pra eu cuidar dele e o fazia com muito carinho porque ele é um baluarte do samba no Brasil, praticamente uma entidade do samba".

Entre tantos figurinos para shows e gravações de programas de tv, dois marcaram a trajetória de Giovani Targa com Arlindo Cruz. Um foi o evento do Cristo Redentor no Aterro do Flamengo e, por ser no meio de semana, Giovani não poderia ir. O Celso, camareiro de Arlindo no Esquenta, levou a bata branca, toda em algodão. No dia seguinte Giovani foi até a casa de Arlindo, que estava na sacada da varanda.

Arlindo: – Bonito, hein senhor Giovani!

Giovani: – Arlindo, deu tudo certo ontem?

Arlindo: – Tudo certo? Você queria se vingar de mim? Então deu tudo certo!

Giovani: – Mas o que houve?

Arlindo: – A bata não cabia em mim, cantei todo apertado e suando.

A costureira fez a bata menor e era a única que tinha para ele vestir. Giovani muito sem graça, mas tudo acabou em muitas gargalhadas e Arlindo sempre se lembrando deste dia depois.

O outro momento foi quando Arlindo esteve no Programa do Jô, na TV Globo, e foi com uma linda bata que tinha a partitura da música O Bem (Arlindo Cruz/Délcio Luiz). "Eu pedi a partitura da música e mandei bordar na bata, o que chamou muito a atenção do Jô Soares. Eu sempre procurava algo diferente, por trabalhar com um artista tão icônico quanto o Arlindo e que já possuía uma indumentária tão particular dele. Então, a cada trabalho eu buscava a identidade dele, do próprio trabalho e a minha".

Foram uns três anos direto com Arlindo, mas ao ser transferido do Esquenta para a dramaturgia da TV Globo, o tempo ficou mais apertado e Giovani teve de sair dos trabalhos com Arlindo, além de ter aberto sua produtora e se tornado um empresário. "Mas sempre que posso estou por perto".

OS FAMOSOS ATRASOS

Regina: – Ele é um dos compositores mais amados desse país. Eu acho que ele é um dos maiores compositores que o Brasil já teve, tem e terá. Quero agora todo mundo de pé para aplaudir esse músico genial, é o dono do meu pagode, o chefe da casa, Arlindo Cruz.

Esta foi uma das muitas reverências de Regina Casé para Arlindo Cruz durante as cinco temporadas do Esquenta. Ele era querido mesmo e respeitado mesmo por todos no programa. E nem seus famosos atrasos mudavam essa adoração. Por várias vezes a gravação começava sem ele, para não estourar os horários do estúdio e da equipe técnica. "Ele atrasava e me ferrava todo dia. Digamos que estava havendo um momento sério, eu dizendo hoje nós vamos tratar da violência contra a mulher, todo mundo muito emocionado ou então uma pessoa cantando uma música bem baixinho...ele entrava daquele jeito dele, adernando de um lado pro outro, o público via e ovacionava. A pobre da pessoa que tava cantando ou a pobre da infeliz, que era eu, falando alguma coisa séria, o pessoal batia palma e ele fazia assim 'muito barulho aê'. Aí, acabava a música, acabava o texto, era a entrada triunfal dele no meio do programa. E isso muitas vezes...mas era impossível dar esporro nele, uma pessoa doce, adorável", diz Regina. "Às vezes nesses atrasos ele colocava o óculos escuros, passava por trás da Regina e acenava pra plateia, que vinha abaixo, gritando, aplaudindo", confirma Felipe.

"Atrasos eu me lembro de vários. Uma vez o programa já tinha uma meia-hora que tava rolando, daqui a pouco ouvimos o apupo da galera. É o Arlindo chegando como se estivesse duas horas adiantado, andando extremamente devagar, com passos de tartaruga, acenando e sendo ovacionado pela galera e atrapalhando o que já estava acontecendo', esse é o Arlindo Cruz", conta o fã Péricles, que ficava fascinado por todo conhecimento de Arlindo. "Nesse ponto ele era incrível. Qualquer assunto ele sabia, tinha opinião sobre tudo, que vinha carregada de muito conhecimento. Fora a inteligência das sacadas, umas tiradas que ele tinha, sempre inteligentes. Muito rápido no raciocínio, engraçadíssimo. Com certeza o partido-alto deu isso pra ele".

Nas lembranças da convivência com Arlindo nos anos de Esquenta, Regina Casé fala das pilhas que colocavam nele por conta de seu estilo de se vestir. "O pessoal zoava muito porque só ia de chinelo e às vezes a roupa era muito arrumada, um terno, uma bata toda bordada. Até que um dia conseguiram botar um tênis ou um sapato, mas rendeu um programa inteiro. Porque, podia ser a roupa mais arrumada que fosse ele metia um chinelão e ficava ali de boa. E a toalhinha, que tenho muitas guardadas".

Mas, infelizmente, como tudo que é bom, dura pouco, no dia primeiro de janeiro de 2017 foi ao ar o último Esquenta. "O que eu e Arlindo gostávamos sempre foi a bagunça, de ficar como era na minha casa e como era na casa dele. E o final se deve muito a terem tentado organizar o Esquenta. Acho que atrapalhou. E, modéstia a parte, o Esquenta contribuiu bastante para diminuir esse preconceito, essa divisão da MPB e do samba. E ali todas essas pessoas da MPB puderam reverenciar o Arlindo, encantados com ele. O Esquenta criou pontes com outros artistas que ele não convivia", afirma Regina. "Uma vez a Orquestra Sinfônica Heliópolis, do Instituto Baccarelli tocou Meu Lugar (Arlindo Cruz/Mauro Diniz). Eu chorava muito de emoção. Era algo que a gente que ama o Arlindo sempre imaginou pra ele, um show com orquestra e ele teve essa homenagem. Eu não conseguia cantar, só chorava. Finalmente ele teve esse reconhecimento", lembrou um emocionado Pericão.

Capítulo 16

Coincidentemente, o Esquenta, programa que levou o Arlindo a ser reconhecido por outras plateias, acabou pouco mais de dois meses antes do seu grave problema de saúde. Ou seja, muito difícil ter o programa sem ele. "O Arlindo era nossa referência e alguém de humor, que trazia muito humor ao programa, sem preconceito, que gostava da molecada, das novidades. Mesmo quando iam cantores gospel ele não tinha nenhum tipo de preconceito. Então, fica difícil pensar o Esquenta sem o Arlindo. Ele era a pessoa que a gente tinha a confiança, ele era muito livre", diz Estevão Ciavatta. "Trabalhar com ele foi uma delícia. O Arlindo era uma faculdade de samba, de humor, de conhecimento de Brasil, de história da cultura negra, afro brasileira, uma escola mesmo, além de um convívio maravilhoso", reconhece Regina.

Foi-se o programa, mas ficam as lembranças de vários momentos, como no dia em que a funkeira Valeska Popuzuda foi convidada. E, claro, causou o maior alvoroço entre a rapaziada. Arlindo quieto, observando...

Regina: – Quero fazer uma experiência, quero ver se apoio minhas fichas na sua bunda, se isso é possível. Não, uma caixa de fósforos.

Valeska: – Vai escorregar (diz rindo)

Regina: – Isso, arrebita. Vai dar, quase, peraí, deu genteeee, agora duas caixas de fósforo, isso, não se mexe.

Todos atentos. Arlindo, que até então estava apenas observando com muita atenção...

Arlindo: – Deu até vontade de fumar.

Após a experiência, Valeska diz que colocou 550 ml, que seu biquíni é G, e que, por isso, às vezes, quando está de short, fica pagando cofrinho.

Arlindo: – Isso é um cofre forte, não é cofrinho.

Com Maria Rita

CAPÍTULO 17

OS FIÉIS ESCUDEIROS

A EXIGÊNCIA DO PATRÃO

VIAGENS COMIDAS E GARGALHADAS

Em sua base no Rio de Janeiro, Arlindo Cruz teve três inseparáveis produtores: Alex Santos, Felipe Bueno e Flavinho Santos. Eles foram roadies, carregaram bancos, afinaram banjos, foram motoristas, produtores, organizaram fila dos fãs para fotos depois dos shows, arrumaram malas e ajudaram no que tivesse de ajudar. E foram amigos. São amigos. Alex, Felipe e Flavinho formam um trio de extrema confiança, que aprenderam fazendo e tornaram-se, na convivência com Arlindo, produtores de alta responsabilidade. Vamos a eles, cada um com suas histórias, suas opiniões e seus aprendizados.

ALEX SANTOS O PEQUENO GIGANTE

O baixinho Alexander Santos de Andrade, um fã do Fundo de Quintal. Fã dos bons tempos de entrar na enorme fila para assistir o Seis e Meia no Teatro João Caetano, era o motorista da van do Rondônia Palace Hotel, no Flamengo, que levava pra lá e pra cá artistas como Belo e os grupos estourados na época, como Kiloucura, Soweto, Exaltasamba e também Arlindo Cruz. No início de 2002 o empresário Cosminho perguntou se ele queria dirigir para o Arlindo durante o carnaval, levando para a Marquês de Sapucaí, onde Arlindo iria comentar os desfiles na FM O Dia. "Não pensei duas vezes e aceitei na hora. Foi amizade de cara e no desfile das campeãs ele me chamou pra dirigir pra ele e disse que ia me ligar. Tá bom! Arlindo Cruz? Me ligando? Vai nada! Mil coisas na cabeça, vai esquecer", lembra Alex. Um mês depois, num domingo, o telefone tocou.

Arlindo: – Alex? Meu compadre, pega um táxi, vem pra cá que eu pago aqui.

Meio escaldado com promessas, Alex foi na van Recreio-Castelo e chegou bem na hora do almoço.

Arlindo: – Quer almoçar?

Alex: – Não, obrigado, já almocei.

"Mas eu ainda não tinha almoçado e tava era cheio de fome. Conversamos e ele queria começar já. Acabei comendo, todo envergonhado, e fomos pra quadra do Império Serrano. Aí, eu almoçando na casa do Arlindo Cruz? Contei pra todo mundo e ninguém acreditava, diziam que era mentira".

Percebendo que o baixinho era um gigante na vontade de aprender, depois de uns meses Arlindo foi dando oportunidades para o atento motorista e perguntou se ele queria aprender a trabalhar no palco. "Topei, mas não queria deixar de dirigir. Era a época da dupla, muitos shows nas lonas culturais, eu já levava o banjo, a cadeira dele e ficava ao lado do palco prestando atenção em tudo. Tava criando um elo de ficar perto do meu ídolo. Ele me ensinou a afinar o banjo e o Sombrinha me ensinou a afinar o cavaquinho e a trocar as cordas", disse o então motorista e agora roadie. Com o final da dupla, Arlindo começa a montar sua banda e Alex passa a ser o produtor do Arlindo Cruz. "Ele sempre me dando uns toques, me ensinando e sou muito grato a ele por este aprendizado. Hoje sou reconhecido no meio por estar esse tempo todo com ele". Em sua gratidão pelos ensinamentos, o melhor era poder trabalhar com seu ídolo. "Era uma grande satisfação (Alex se emociona). Desculpa, eu sou chorão. Foi a melhor coisa que aconteceu na minha vida. Conheci pessoas que jamais imaginava conhecer e pude conviver com toda essa nata do samba. Arlindo me ensinou que devia ser dedicado, fazer tudo com carinho, independente do que estivesse fazendo, porque tem sempre alguém te observando. E ser dedicado não é ser puxa saco", conta Alex, que foi conhecendo o ídolo com o tempo. Sabia, por exemplo, que em jogos do Flamengo, todo cuidado era pouco. "Um rubro-negro roxo. Reclamava muito e, se alguém falasse durante o jogo, ficava puto. E se perdesse não podia encarnar nele".

Sua primeira viagem com Arlindo na carreira solo foi para Vitória, no Espírito Santo, quando foi fazer uma participação no show do Erlon do Banjo. A partir daí as exigências eram: atenção total em Arlindo, ter sempre o copo com água, que ele bebia muito, a cadeira e o banjo nos lugares e atenção para o público na hora das fotos após o show. Nos hotéis, como não gostava de ficar sozinho, Arlindo ficava no mesmo hotel dos músicos. "Eu ficava no mesmo andar que ele, que avisava 'se fizerem churrasco me chama'. Não tinha máscara. O mesmo Arlindo que cantou com o Roberto Carlos era o mesmo que ficava nas barracas na porta do Império". Alex arrumava a roupa de show, passava quando precisava e, na hora de voltar pra casa, o papo rolava no carro. "Era o nosso confessionário, onde falávamos dos próximos trabalhos. Sempre foi bom de papo, pra qualquer assunto, um cara inteligentíssimo. Era uma aula conversar com ele". Esse tratamento que recebia do patrão Arlindo era fascinante para o jovem Alex, que não abusava e respeitava sua posição. "Sempre me chamava para comer com ele e nunca me tratou como empregado. Claro que se tivesse algo errado chamava a atenção, mas em qualquer lugar que entrássemos, fosse um restaurante ou na casa da Beth ou do Zeca, dizia vem comigo. E eu sempre soube até onde era meu lugar". Alex percebia que o tratamento se estendia à nova geração do samba, que, por incomodar a alguns na mídia, passou a ser chamada de pagodeiros. Mas com Arlindo nunca houve preconceito, distinção de pessoas. Dava atenção a todos, tirava fotos e o universo conspirou mesmo a favor, quando colocou o "playboy" Rogê no seu caminho. "Com ele o Arlindo entrou num outro mundo, da zona sul. E o pessoal do outro lado do túnel ficou maravilhado com o Arlindo". O bom mesmo era na hora da comida, pois Arlindo, como bom sambista, gostava de comida com Ada: rabada, feijoada, macarronada...

Arlindo: – Eu trabalho pra viver bem, pra comer bem, pro meu conforto e da minha família.

"Eu e ele adorávamos o bife à milanesa da mãe dele, Dona Aracy, outra pessoa a quem tenho uma gratidão imensa. Lembro dela cantando muito bem, a Rainha Mor".

Mas, como em todo trabalho, uma hora o bicho pegou e cantor e produtor discutiram feio. E Alex ganhou uma bronca federal para que tivesse mais atenção.

Alex: – Mas eu pensei que você quisesse que fizesse assim, como da outra vez.

Arlindo: – Você não é pago pra pensar.

Alex: – Eu não sou burro de carga não, eu penso. Também sou inteligente, sei ler e escrever.

Outra vez na casa dos pais, Arlindo estava tocando o banjo e, quando parou, ao invés de entregar para Alex, colocou em pé encostado na parede. O banjo caiu e quebrou o braço. "Ele olhou pra mim e começou a reclamar comigo".

Arlindo: – Tá vendo? Olha só que você fez.

Arlindão: – Mas você deixa de ser moleque. Foi você que colocou o banjo ali na parede. Você que tá errado, toma vergonha na sua cara.

Fortes emoções à parte, até hoje Alex está nos trabalhos com a família Cruz. Em 2009 passou a fazer a pré-produção indo antes aos locais dos shows para deixar tudo pronto. Ia pegar Arlindo, levava pro show, voltava com ele pra casa e voltava pro local do show para pegar o equipamento. Anos mais tarde trabalhou um tempo com Jorge Aragão e voltou para a produção de Arlindinho.

FELIPE BUENO, O REFORÇO QUE DEU CERTO

Sobrinho do Totonho do Grupo Raça, a primeira vez de Felipe Bueno em uma produção foi com Andrezinho do Molejo, a convite de Babi. Ao mesmo tempo passou a ser o produtor do grupo Balacobaco. Ao sair em 2011, Arlindo e Babi chamaram Felipe, mas ele ainda não estava preparado. "Os dois primeiros meses foram um desastre, eu não sabia nada. Não tinha preparação técnica. Num show no Dona Marta consegui a proeza de esquecer o banjo do Arlindo. Só descobri quando chegamos lá e voltei de moto pra pegar o banjo no Recreio. Ele falou pra caralho com razão, né?", conta Felipe, que ia melhorando e construindo uma relação de pai e filho com Arlindo. "Dia dos pais eu estava com ele e, quando ele viajava, eu ia pra reunião de pais da Flora e nas festas juninas do colégio".

Atento a seus erros e acertos, Felipe resolveu se especializar. Soube de um curso de marketing cultural na UERJ, com o craque Rafael da Benguela Produções, mas precisava fazer a inscrição e pediu a Arlindo.

Felipe: – Arlindo, tô precisando de uma moral nesse curso.

Arlindo: – Porra, Filipeta, não vou dar porra nenhuma não.

"Esbravejou, saiu, voltou e jogou o dinheiro em cima da mesa. Pedi porque realmente não tinha condições". Com o estudo e a manha que já tinha da rua, foi ganhando mais a confiança de Arlindo, que passou a levá-lo para reuniões importantes, de alto escalão, dando até liberdade para sugestões no repertório. Arlindo passou a levar Felipe para suas férias. O detalhe é que não eram as férias de Felipe, mas do Arlindo. Numa dessas Felipe escapou e foi passar uns dias em São Paulo. Vendeu vários shows e o ciumento Arlindo ficou incomodado.

Arlindo: – Tá gostando, né? Fica aí, não precisa voltar mais não.

"Ele não guardava nada. Se estivesse puto resolvia na hora, não deixava pra depois. Ele nunca soube mentir, com ele não tinha meio termo. Ia de frente pro problema, não ficava dando voltas".

A gente brigava e depois me chamava..."

Arlindo: – Tá putinho ainda, tá?

"Nas viagens éramos só nós dois. Ele não gostava de muita gente e nem tinha segurança. Então, eu andava com minha bolsa atravessada, minha mochila, minha mala, a dele, o apoio de pé e o banjo. E minha rotina era de fazer a mala dele, de escolher a cueca que ele ia viajar, o pijama. Eu tinha esse zelo, esse carinho". E, se não atrasava no show, Arlindo fazia jus à fama de atrasado era na hora de chegar aos aeroportos. Eram os tempos da facilidade em trocar as passagens, em trocas que eram feitas três, quatro vezes, principalmente na volta para casa. Por falar em atrasos de Arlindo, que viraram uma de suas marcas, uma vez Felipe perdeu a linha e deu-lhe um esporro. Era uma matéria com o Otávio Jr, sobrinho da Babi e filho da Eliana, para o Globo Esporte. Ele jogava no Nova Iguaçu e Arlindo faltou. A gravação foi remarcada, mas Arlindo chegou atrasado e também não aconteceu. Na terceira vez, todos aguardando, ele atrasado, Felipe ligou.

Felipe: – Poxa, Arlindo, cadê você que não chega? Tem que ter responsabilidade, acha que aqui tem alguém brincando?

Arlindo: – Ih, Filipeta, foi mal, foi mal, desculpa, tô chegando.

Passaram uns cinco minutos e o telefone de Felipe toca. Era Arlindo.

Arlindo: – Ô, Filipeta, vai tomar no cu, você não manda em mim porra nenhuma! Se eu quiser atrasar eu atraso, vai ficar me perturbando?

Eles eram assim. Patrão e produtor, pai e filho, amigos que se entendiam na paz ou no stress. E pelo comprometimento com o trabalho tudo dava certo. Mas teve um dia que não deu. E o fim começou a acontecer logo após um terremoto chamado Samba in Rio. A determinação era baixar o cachê de toda a equipe e o porta voz era Felipe.

Arlindo: – Vocês ganham mais que um médico.

Felipe: – Então, manda o médico tocar, manda o médico produzir, cada um na sua.

E no sábado do desfile das campeãs, em 2016, a gota d'água. Foi fechado, na mesma noite, um show em Maricá, às 23hs, e outro no Camarote da Boa, no Sambódromo, onde Arlindo deveria entrar pontualmente à meia-noite. A pessoa responsável pelo camarote soube do show em Maricá e avisou que se houvesse atraso, teria multa no valor do dobro do cachê. Felipe e Alex se reuniram e traçaram um esquema pra fugir da multa e fazer os dois shows. Em Maricá, conseguiram colocar Arlindo mais cedo no palco e, após 45 min de show, entrou Arlindinho para fechar. Em seguida, Felipe, Flavinho Santos e Arlindo entraram no carro e vieram quase voando para chegar a tempo no camarote. "O trânsito todo parado e estávamos todos muito nervosos, mas conseguimos chegar meia-noite e cinco no camarote. Me senti incomodado com tudo que aconteceu e no final, quando cheguei em casa, caí na rua, em frente à porta com hipoglicemia. Sou diabético e precisei de um doce para melhorar".

Uns dias depois Arlindo se internou na Clínica São José por causa do problema no joelho. Felipe foi visitá-lo e dizer que ia sair. A conversa foi tensa, porque Arlindo não imaginava que um dia Felipe sairia. Justamente pelos laços familiares que os unia, que ele resolveu não levar esta conversa difícil para a casa de Arlindo. Sua filha Clarissa é afilhada de Arlindinho, chama Flora de madrinha e é chamada de minha neta por Arlindo. E o carinho entre os dois era tamanho, que no final da conversa, Arlindo perguntou se Felipe precisava de uma carta de referência. "Não precisava, porque eu saí pra ficar em casa, não fui para lugar nenhum. Depois que o Xande me chamou". E no primeiro show de Arlindo ao sair da clínica, no 4 Linhas, em Bento Ribeiro, ele subiu no palco com a netinha Clarissa, e o fotógrafo Evandro mandou uma foto para Felipe. "Eu travei no viaduto de Cascadura, não conseguia dirigir, minha perna esquerda começou a tremer e comecei a chorar compulsivamente. Muito nervoso, sem saber o que fazer, liguei pra Flora e pedi desculpas. Choramos muito e ela disse que eu nunca ia deixar de ser da família, que nossa relação era além do trabalho". E realmente era. Com momentos de filho mais velho. "Ele ia cagar eu ficava no banheiro com ele, me chamava pra conversar. Eu dizia, Arlindo, não dá, mas eu ia. Ele queria conversar sobre qualquer parada. Eu tinha prazer em passar o creme no pé dele, porque ele não tinha condição de fazer, não era frescura. Ele tinha dificuldade de passar, em qualquer lugar. Tinha mesmo o maior carinho com ele".

Felipe Bueno saiu e deixou um substituto a altura. Naquela conversa definitiva na clínica, disse que Arlindo já tinha na empresa a pessoa certa, que já sabia como fazer o trabalho. Era Flavinho Santos.

FLAVINHO DE SOBRINHO A PRODUTOR

Flávio Costa Santos é filho de Ronaldinho, que entrou no Fundo de Quintal para substituir Arlindo Cruz. Mas ao contrário do pai e do irmão, também Ronaldinho, ele não toca, não canta, não compõe, mas é um dos bons produtores da nova geração do samba. "Comecei a trabalhar com minha tia Babi. Estava em casa, liguei pra ela e disse que precisava de um trabalho. E ela disse que iria resolver. Eu era produtor do grupo Produto Final, mas não conseguia viver de música. E não toco nada, não tive essa sorte. Faço uma batucada de leve, mas nada profissional. Cheguei a começar a aprender cavaco, achei que tava demorando muito e parei, mas me arrependi". De início o trabalho era resolver assuntos no cartório, correio, informática, até passar a ser produtor do Marquinhos Sensação, quando foi empresariado por Babi. Em seguida foi, por uns três anos, motorista de Arlindo e ia observando tudo que o produtor Felipe Bueno fazia. Na saída de Felipe, ficou ansioso, sonhando em assumir o cargo. Um dia Babi e Arlindo chamaram Flavinho para sair e, enfim, veio o convite.

Arlindo: – Felipe saiu e nós vamos precisar de outro produtor. Eu não queria te colocar. Tenho você como um sobrinho, sou amigo do seu pai desde moleque e não quero estragar a nossa amizade. Você sabe que sou chato pra caramba, dou esporro mesmo;

Flavinho: – Mas chefe isso é o normal e esse trabalho é o meu sonho.

Arlindo: – Já sei, tua tia já falou e tem que ser você, mas olha não vai ficar chateado. Se fizer merda vou dar esporro, vou xingar e, se der mole vou mandar embora.

Flavinho: – Tudo bem, não vou te decepcionar não.

E sempre fez de tudo para que isso não acontecesse, mas Flavinho confessa que não escapou dos esporros do chefe, como chamava Arlindo. "Ih, levei um monte. Colocar muita gente no camarim pra tirar foto, esquecer o banquinho dele de levar pro show. Esse foi uma três vezes, mas arrumava um emprestado no local. O que não teve jeito foi no Samba Recife, de 2016, na área externa do Centro de Convenções. Mas graças a Deus foi um erro que deu certo. O palco era gigante e ele tava gostando muito da cadeira de rodas motorizada. Ficou bem à vontade brincando com a cadeira". Arlindo tinha artrite e artrose no joelho esquerdo e teve de usar a cadeira de rodas, porque no início nem conseguia andar, mas o sonho passou a ser ter uma igual a da Beth Carvalho, que parecia uma moto. "Ele fazia piada dele mesmo e dizia que não era cadeira, que era o carrinho dele. E ainda me sacaneava nos aeroportos. Dizia vambora e disparava na frente. E não pretendia deixar a cadeira, queria era trocar por uma mais moderna".

Arlindinho conta que o médico passou três meses de cadeira de rodas. Arlindo alugou e não devolveu. "Ele pagou a dívida do aluguel, a gente queria tirar e ele não queria devolver. E era uma bagunça, as mulheres sentavam no colo dele pra tirar foto, criou até um personagem, o Dr. Xavier". Arlindinho dizia para o pai que era feio, que o povo ia ficar com pena, mas Arlindo nem ligava e queria tanto continuar que prometeu uma cadeira para Nelson Sargento, no período em que os três disputaram o samba na Mangueira para o carnaval de 2017. Mas o novo parceiro recusou o presente.

Nelson Sargento: – Muito obrigado, mas vou de muletinha mesmo. Depois que eu sentar não levanto nunca mais. Já tenho 92 anos, deixa eu ir me arrastando, mas eu tô em pé.

Voltando ao Samba Recife, foi nos bastidores deste festival que Arlindo Cruz encontrou com a rapaziada da Turma do Pagode e revelou uma faceta de seu lado compositor, que certamente o grande público não conhecia. De que ele se preocupava em não entrar num disco, que se incomodava quando alguma música sua não era gravada. Reuniu o grupo todo e mandou seus lamentos. Arlindinho lembra bem como foi.

Capítulo 17

Arlindo: – Vem cá, vocês são o unico grupo de pagode que não tem uma música minha, o único. Será que tô ultrapassado? Se tiver algum de vocês que seja compositor posso fazer junto, me manda uma primeira que eu termino.

"O Caramelo do banjo começou a chorar. No disco seguinte eles gravaram seis músicas do meu pai, em dois pout-pourris", conta Arlindinho.

Na rotina das viagens com Arlindo, o que definia se o hotel era bom era o café da manhã, que deveria ser maravilhoso. Flavinho pesquisava e um fator muito importante era ter pudim. "Arlindo conhecia tudo que era restaurante de comida boa. Ao menos uma vez por mês ele arranjava algo pra fazer perto da subida da Grajaú Jacarepaguá pra comer o joelho de porco a pururuca que tinha por ali. Ou então ir pro Enchendo Linguiça, na Avenida Mem de Sá ou na Churrascaria Estrela do Sul, onde tinha uma conta. Era chegar e pedir anota aí que é pro Arlindo. Às vezes a gente chegava pra almoçar e o gerente mostrava uma 'continha que o Arlindinho tinha deixado. Ele achava que era uns cem, duzentos reais e vinha uma conta gigante. Depois que ficou fitness as contas pararam".

Quanto às exigências de camarim, nem de longe chegavam perto das estrelas sem noção com pedidos que viraram lenda, como muitas toalhas brancas e uma bicicleta ergométrica, entre tantas sandices. Na lista tinha cerveja, whiskie, energético, refrigerante, mesa de frios, frutas, tudo isso pra equipe de produção, para os músicos ou algum convidado que ele sempre chamava, família, amigos. "É onde se vê a diferença, na simplicidade dele. Pra ele mesmo eram duas águas geladas com gás e salaminho, pra limpar as cordas vocais. Ele falava que a gordura do salame ajudava na hora de cantar", confirma Flavinho. "E quando ele começava a beber tinha que deixar alguém bêbado. E ele é o cara que zoa muito os outros, mas não gosta de ser zoado".

O CABOCLO SEU CANTINHO DE ARUANDA

Era exatamente no camarim, após os shows, que baixava o Caboclo Seu Cantinho de Aruanda. E Arlindo era o cavalo. Melhor explicar, né? É que na hora dos tradicionais dois beijinhos na fã o cantor escorregava e beijava o cantinho da boca. "A fã chegava, tirava foto, a gente ficava olhando e era certo que Seu Cantinho estava na terra", lembra o empresário Cosminho, às gargalhadas. "Tinha até musiquinha, Seu Cantinho de Aruanda chegou, chegou, chegou. Ele vinha, dizia muito prazer e o beijinho era no cantinho. Aí eu falava Chelby você não presta. Em assunto de mulher ele era mesmo muito sonso", conta Marcelinho Moreira. Já o produtor Flavinho alivia a barra do famoso Seu Cantinho. "O Mumuzinho que colocou esse apelido no Arlindo, mas graças a Deus ele não deu muito trabalho não. Ele era comportado, porque sabe que Dona Babi é braba e não podia fazer muita graça. Era só foto, um beijinho e tchau. Nada, além disso. Se fosse solteiro ia dar merda".

A EXIGÊNCIA DO PATRÃO

E quais eram as exigências do patrão Arlindo Cruz com os músicos da sua banda? Sim, porque por mais gente boa que fosse, com certeza existia alguma cobrança, uma forma que Arlindo gostaria que os músicos trabalhassem. "Era que chegasse na hora do palco, botasse pra derreter pra levar felicidade pra galera", diz o percussionista Flavinho Miúdo. "A única cobrança era que a gente tocasse pra caralho. Ele dizia pode beber, quem é de fumar fuma, quem é de cheirar cheira, é com vocês mesmo, mas subiu no palco toca. Ele dava essa liberdade pra gente", lembra o percussionista e vocalista Thiago Kukinha. "Ele queria que a gente tivesse a mesma dedicação que ele tinha, que a gente acreditasse, que estivéssemos focados. Ele dizia que o samba era a vida dele, era a nossa também e que era pra sempre. Então a gente caía dentro", conta o cavaquinista Gegê d'Angola. Já nos últimos shows antes do AVC, Arlindo quis experimentar ter dois diretores na banda. Eram os dois fazendo arranjos e os dois regendo nos shows, Gegê e o violonista Rafael dos Anjos. "Ele confiava na gente e nos chamava pra irmos pra casa dele e construirmos o roteiro juntos. Sempre muito ativo, com uma musicalidade muito profunda, mesmo assim não se metia nos arranjos. Nos shows ele dava uns pequenos toques, mas que faziam uma grande diferença. Como patrão exigia muito pouco. Não lembro nenhum momento que ele tenha sido escroto, que tenha brigado, até porque não tinha motivo, éramos bem responsáveis e chegávamos no horário", diz Rafael. Para Arlindo bastava que eles amassem o que estavam fazendo. "Ele dizia muito pra gente que o importante é gostar do que se faz e fazer gostando. Ele ficava puto quando via alguém tocando de má vontade ou tocando sem saco", conta o percussionista Azeitona.

Capítulo 17

TREMEDEIRA, CORRERIA E CONSELHOS

Num de seus primeiros shows com Arlindo, no Teatro Rival, em 2005, Gegê D'Angola, que na gravação do Pagode do Arlindo, dois anos antes no Barril 8000 era roldie de seu pai, o percussionista Felipe D'Angola, tremeu na base. Não conseguiu tocar, não conseguiu fazer nada. Antes de estar ali naquele palco, desiludido com a profissão de músico, tinha desistido de tocar e seguia a vida na sua área de administração. Quando percebeu estava ali ao lado de seu ídolo. "Passou um filme na minha cabeça durante o show inteirinho. Eu pequeno com meu pai, vendo Arlindo no estúdio Hawaí, no estúdio Transamérica, no pagode do Oposição...e pensava será que tô aqui mesmo? É possível isso?". Até que Gegê foi acordado de suas lembranças. Era Arlindo Cruz o chamando pra sambar na frente do palco. Aí foi que ficou esquisito pra ele. "Que vergonha que passei! Perguntei, eu? Ele disse que era e eu não consegui sambar. Fiquei parado olhando pra todo mundo, sem ver nada, tudo preto. Caramba, mas eu tô falando a verdade, é sério! Deus abençoou, estava tocando com meu ídolo e do lado do Márcio Vanderlei, do Julinho, mas fiquei com uma vergonha! Era eu parado e ele se balançando e rindo! Me tremi todinho", revelou Gegê.

Arlindo: – Vamos tocar, vocês sabem tocar.

Gegê: – Poxa, mas é difícil tocar do seu lado, você é nosso ídolo, crescemos te ouvindo. A gente nem acredita que tá do seu lado e você pedindo pra gente tocar como se fosse um amigo nosso.

Arlindo: – Mas eu tô aqui pra ajudar e, como as pessoas foram boas pra mim, me ajudaram, tô aqui pra ajudar vocês também.

"Ele sempre muito generoso, muito humilde. Ele instigava a gente pra tirar o nosso melhor. E quando aconteciam alguns erros ele vinha com as piadas dele", diz Gegê.

Com a sobrinha Debora Cruz, filha de seu irmão Acyr, o pedido era pra cantar no momento certo e ajudar quando estivesse com a voz rouca. "Mas era muito difícil, quase não precisou. E eu não o via como um tio, mas como um artista. Meu pai falava pra manter o profissionalismo antes de qualquer coisa, pra chegar no horário marcado, independente de ser meu tio. Era o que eu fazia".

Um bom papo no lugar de um esporro ajudou Flavinho Miúdo a corrigir seu problema com o andamento no surdo. "Eu corria muito. Eu tava tocando com meu ídolo e não tinha aquela frieza. Pra mim era sempre emoção, era sempre intenso, e nessa euforia ele ficava puto, mas não chamava a minha atenção, não brigava comigo. Tentava me corrigir musicalmente, tocando". Até que uma noite, num intervalo do pagode no Barril 8000, Flavinho tomou a iniciativa.

Flavinho: – Quando estiver errando me dá um salve, fala comigo, pra eu tentar me corrigir.

Arlindo: – Pôxa, Flávio palco não é lugar de corrigir ninguém, a gente não tá ensaiando, vou cortar tua onda? Palco é lugar da gente se divertir, não de ficar chamando atenção de ninguém, ficar brigando. Se você quiser melhorar toca com metrônomo, estuda em casa.

"Ele só me deu papo fera e uma vez me disse 'na hora do trabalho não vacila, eu não vacilo, eu não dou mole, então não vacila'. Ele nos deixou evoluir e fomos impondo o nosso som", conta Flavinho.

Após tocar com craques como Marcelinho Moreira, Nene Brown, Márcio Vanderlei, Ovidio Brito, Fred Camacho, André Rocha e outras feras, Arlindo Cruz estava lançando uma nova geração de músicos, jovens talentos que caíram como uma luva na pressão que ele gostava que fosse seu show. Num dos primeiros Samba Recife, hoje um dos festivais de grande importância, rolou uma prova de fogo. Eram várias bandas com no mínimo doze integrantes e Arlindo era o único fazendo pagode de mesa com seis músicos: Gegê, Julinho, Ovídio, Thiago, Marechal e Azeitona. "A gente tava peidando, com o maior medo, vendo os caras todos equipados com bateria, baixo, teclado, cinco vocais, bem pesados e a gente magrinhos. Aí o Arlindo foi ao camarim", conta Azeitona.

Arlindo: – Que caras são essas? Ah, não fode porra, vocês tocam comigo, vambora.

"Era um palco enorme, o público vibrando e lembro até agora do som do baixo de quem tocou antes da gente. Mas ele acreditava muito. Queria que quem estivesse do lado dele também acreditasse, Virou pra mim e disse 'conta compadre, vambora'. Levo isso todo dia comigo", conta Gegê. "E foi sinistro, o maior showzaço. a gente olhava pra ele com cinquenta e poucos anos e ele não parava, uma máquina em cima do palco. Foi um dos maiores shows que fizemos com ele. Era impressionante como um cara fazendo uso das coisas que ele fazia, que comia da maneira como que ele comia tinha mais energia que a gente, com vinte anos, mas tinha gana de conquistar, de chegar, e não era pela grana, mas pela satisfação da música, de ver o povo cantar a música dele", diz Azeitona. "Outra vez teve uma crise de labirintite no ônibus indo pra Vitória. E subiu no palco normal. Parecia que nada tinha acontecido, era incrível".

ARLINDO CRUZ x VS e CLICK

Em meados dos anos 90 vários artistas internacionais, dentre eles O Rei do Pop Michael Jackson, começaram a usar o recurso do VS (Virtual Sync) para sincronizar no show, não só o áudio de seus instrumentos e vocais, como também a iluminação, fogos de artifício, efeitos sonoros, locuções, projeções para os painéis de led e qualquer outra criação da direção do show. A novidade chegou ao Brasil e vários cantores e bandas foram aderindo ao VS, que no popular, leva para o palco o áudio dos instrumentos e vocais já gravados em estúdio e que não precisarão ser tocados ou cantados no show. O detalhe é que os músicos e vocalistas deverão fazer exatamente o que foi gravado no estúdio e está no VS. Do contrário um observador mais atento vai perceber algo errado no que está ouvindo e no que está vendo. E vamos combinar que tem sempre um que presta mais atenção. E essa engenharia também vai do gosto do artista, pois existem casos em que no VS vão apenas o áudio dos instrumentos que não estão sendo tocados ou então, quando o VS tem todos os instrumentos que estão no palco, os músicos tocam junto para ganhar na soma do áudio final.

Vários sambistas gostaram da facilidade e embarcaram na onda. O que não foi o caso de Arlindo Cruz. Ele não gostava nem do VS nem do click. Preferiu não ficar, nem ele nem sua rapaziada, engessados no áudio já gravado.

Arlindo: – Foda-se o fulano usa protools. O meu samba é desse jeito aqui. Não quero nada gravado antes. Aqui, DVD é na hora. Eles tocam comigo o tempo inteiro, a gente se conhece no olhar.

Arlindo já gravava num tempo em que o click, o metrônomo dos estúdios, era o surdo do Gordinho ou do Pirulito. E ninguém corria. O andamento da batucada era perfeito. "Os DVDs do Arlindo são ao vivo e sem refazer nada. Uma vez ou outra que a harmonia ia refazer um ou outro solo, mas a percussão era valendo. Por isso tinha celebração o tempo todo. Tinha um suingue foda. Se eu tava tocando liso, tinha outro fervendo, aonde deixava o meu liso bonito. A galera mais nova, infelizmente não sabe o que é groove. Pra eles é você fazer uma virada em cima da outra, mas o Arlindo explicou pra gente que groove é uma conversa dos instrumentos, onde ninguém vira, só toca e é natural", explica o percussionista Azeitona, que compartilhava com Arlindo a opinião de que poucos fazem a condução de pandeiro, que ele gostava tanto. "Tudo virou partido e isso é muito ruim. É difícil falar, porque logo dizem que você toca igual um velho. Mas, como Arlindo falava, o samba não é partido o tempo inteiro. Aí não é música. Ele tinha razão. O grande barato do show é o ao vivo, são as merdas que acontecem no show. É não estar preparado para fazer aquela virada e fazer outra ou ficar em silêncio. E quando tá gravado não dá pra improvisar", diz Azeitona.

A batucada era um ponto forte da banda de Arlindo. O percussionista Fábio Cardoso Castello Branco, o Marechal, se lembra das cobranças de Arlindo, que poucos artistas fazem.

Arlindo: – Vocês deviam estar por aí, tocando muitos projetos, vocês têm talento, mas só tocam aqui.

"E éramos muito felizes tocando ali com ele, com aquele som. Eu tinha até medo de perder o encanto que as pessoas tinham com a gente. Foi muito gratificante ver o resultado de um trabalho que a gente vinha construindo, ele sendo bem aceito pelas pessoas", disse Marechal.

TRAPALHADAS E COMIDAS NAS VIAGENS

A zoação entre Arlindo e seus músicos nas viagens sempre rendeu boas histórias. Mas uma das melhores pegou Arlindo Cruz de surpresa, num hotel em Manaus. Ele estava no décimo primeiro andar e, ao acabar de almoçar no quarto, foi colocar a bandeja com o prato do lado de fora. A porta fechou, só abria por dentro e Arlindo ali fora, apenas de cueca. Ele começou a gritar pelos músicos, pelo produtor Alex e nada. Estavam todos na recepção. Tranquilamente, ele entra no elevador e vai para o hall. Na recepção umas fãs esperando Gustavo Lins para tirar foto. O elevador chega ao térreo, abre a porta e aparece Arlindo de cueca.

Arlindo: – Porra Marechal, tô te gritando um tempão lá em cima e você não responde. Pega minha chave aí. A culpa é tua.

Marechal: – Como assim a culpa é minha?

Arlindo: – É sim, você que não me ouviu.

Em meio a discussão, o alvoroço estava formado. Sem Gustavo Lins as fãs resolveram fotografar o cantor de cueca. Foi a maior gritaria, uns músicos na frente de Arlindo, Alex puxando as garotas, Marechal pegando a chave, mas as meninas respeitaram e não tiraram foto. Depois, já vestido, Arlindo tirou foto com elas e, no final, Marechal passou a ser o culpado de tudo. "Tudo ele falava que a culpa era minha. No ônibus a pilha era comigo e tudo era eu", conta Marechal. Uma vez, em Londres, Arlindo abre a mala para pegar uma camisa e descobre que só as roupas de show estavam corretas, as outras eram do Arlindinho. "Ele gritava ninguém cuida de mim. Ô Alex! E mandou o Alex comprar roupa pra ele. Alex sofria", lembra Thiago.

Nas viagens tem comida? Então, várias histórias de Arlindo Cruz para contar na volta, como essa de um carnaval em Salvador. "Depois de doze horas de trio, com vários artistas, chegamos ao hotel pela manhã. Encontramos uma feijoada. E lá vem o Arlindo com uma travessa cheia. Todo feliz, me deu uma colher.

Arlindo: – Vamos matar essa parada aqui e agora. Eu e você.

"Ele comendo desesperadamente, eu acompanhando. E depois pra dormir? Eu ligava pra ele. Ele ria muito", lembra Marechal.

Arlindo: – Ah, não tá conseguindo dormir? Também, só come comida de criança! Tem que comer comida de adulto,

"Com ele não tinha hora mesmo não. Era mocotó às três da manhã, feijoada às quatro, ele comia mesmo. E dizia pra gente tem que comer, não pode ficar com fome", diz Flavinho Miúdo. O empresário Cosminho se lembra do prato preferido de Arlindo no Largo do Arouche, em São Paulo. "Ele sempre pedia o mesmo prato. O fettuccine com molho calabresa e bife a role com molho ferrugem, que tenho de reconhecer, era sensacional". Thiago Kukinha completa o papo de comida lembrando de outra preferência de Arlindo em São Paulo. "Ele gostava muito do sanduíche de pernil com queijo do Estadão. Ele ainda mandava colocar a pururuca do pernil, vinha grandão e ele matava, com um litro e meio de água com gás. Essa não faltava".

Em casa, Babi confirma que o prato predileto de Arlindo era o prato cheio e que seu paladar era o mais aguçado que já conheceu. "Podia vendar os olhos pra ele provar qualquer comida. Ele adivinhava todos os temperos. Sabia se era ou não a minha comida. Mas na cozinha era muito desastrado. Tinha ideias, tentava, mas não acertava muito.

Voltando às viagens, os momentos comendo junto com a banda serviam também para montarem o show seguinte, como conta o então diretor musical Gegê. "Ele gostava de almoçar com a gente, de ter aquele mesão bonito, farto. E nunca ficava sozinho, chamava a gente e ficávamos horas conversando, combinando antes o que íamos fazer no show e comendo. Era muito macarrão, empadão, muita comida". O que encantava mesmo a Gegê era ter vivido a trajetória do início, ver o crescimento e perceber que nada tinha mudado com Arlindo. "Peguei o início até chegar o topo e ele nunca mudou. Enquanto outros artistas na mesma condição não queriam mais contato, ele continuava o mesmo e nos surpreendendo. Vi Caetano, Zélia Duncan dando beijo nele, muita gente consagrada beijando ele, que tinha mana de cuidar, de se preocupar. Em plena terça-feira, do nada, ele me ligava.

Gegê: – Vai ter trabalho?

Arlindo: – Não, tô ligando pra saber como você está.

"Dá até vontade de chorar, era de ser humano pra ser humano. Infelizmente hoje em dia tá difícil ter uma resposta dessa de outra pessoa. Não era pra falar de trabalho, pedir dinheiro, pra chorar, era pra saber como eu estava. E fazia com qualquer um de nós. E lembrar disso emociona, ainda mais vindo do nosso ídolo" diz Gegê.

Para Marechal, ter tocado com Arlindo foi fundamental na sua carreira. "Foi um divisor de águas na minha vida. Foram nove anos e não esperava que fosse colher tantos frutos. As pessoas me conhecem pelo Arlindo, sou vinculado ao som do Arlindo e isso me deixa muito feliz, porque foi um cara que me ensinou muita coisa. Uma escola de música e de vida, de tudo. Ele ensinou muita coisa pra gente", diz o músico que, entre tantos ensinamentos, aprendeu o que muitos não conseguem entender, de que música não é uma diversão, mas um trabalho. "Essa foi a maior lição, o jeito de lidar com a música, de como tratar a música com mais carinho. De ter aquela responsabilidade como qualquer trabalhador".

Arlindo: – Isso aqui é o nosso trabalho. Somos que nem um cara que trabalha das oito às dezessete numa empresa.

BASTIDORES DO BRAZILIAN DAY

No dia 6 de julho de 2009, a partir das 13 horas, na Rua 46, bem no coração da ilha de Manhattan, em Nova York, começava o Brazilian Day, com um público de cerca de 1,5 milhão de pessoas. Com apresentação de Regina Casé, passaram pelo palco Elba Ramalho, Alcione, Marcelo D2, a dupla Vítor e Léo, Carlinhos Brown e Arlindo Cruz. As famosas e disputadas toalhinhas bordadas com as suas iniciais A.C. e borrifadas com o seu perfume estavam em cena. Para delírio do público, Arlindo beijava, limpava o suor da testa e jogava as toalhinhas verdes, enquanto cantava Dor de Verdade (Arlindo Cruz/ Zeca Pagodinho/Marcelo D2) com D2. No final fizeram versos de improviso. Aliás, quem estava na noite em que Arlindo e Zeca começaram a fazer esta música, conta como foi a aventura. "Estávamos em casa com o Seu Orlando, o Seu Orlando das Tintas, grande amigo do meu pai. Meu pai chamou pra ir na casa do meu padrinho. Lá, eles dois entraram no quarto umas oito da noite. Eu e Seu Orlando vendo toda a programação de televisão, novela, jornal e eles lá dentro fazendo uma música. De vez em quando saíam e um dizia 'esse verso não ficou bom' e voltavam pro quarto. De vez em quando ligavam pra alguém e mostravam o samba ou tia Babi saía do quarto e dizia o samba tá lindo. Sei que voltamos pra casa umas três da manhã e tínhamos ido no meu padrinho só pra fazer uma visita", conta Luisinho.

Mas voltando aos bastidores do Brazilian Day, Arlindo e sua rapaziada passaram uma semana em Nova York com apenas o compromisso do show do dia 6 de julho. Com

Arlindo estavam Gegê, Julinho, Azeitona e Marechal. E, como ninguém falava inglês, ficavam juntos andando na rua o dia inteiro. E Arlindo junto. "A gente andava com um dicionário, mas não dava certo. Eu tinha rádio e ficava falando com um amigo, que pedia o que eu queria pelo rádio nas lojas e restaurantes. Mas tinha horas que era desesperador", conta Marechal. Uma hora grudou em Arlindo, pra facilitar tudo. "O Arlindo tinha sempre alguém do lado dele, era o dono da bola, então eu colava com ele".

Mas como seu joelho não ajudava muito, Arlindo passava mais tempo no quarto e iam todos pra lá. "A gente ficava trocando ideia com ele, comendo um sanduíche novo, ele mostrando um samba novo. Fomos fazer compras no outlet e Arlindo nem pensava nele. Comprava presentes pro Arlindinho e pra Flora. E no café da manhã, quando a gente chegava, ele já estava num mesão comendo", conta Azeitona.

Tocando cavaquinho num desfile do Império Serrano

CAPÍTULO 18

DA PORTELA PARA O IMPÉRIO SERRANO

OS SAMBAS ENREDOS

HERANÇA DE PAI PARA FILHO

A Portela e o Império Serrano sempre estiveram no DNA de Arlindo Cruz. E, se pelo lado azul e branco, o menino Arlindinho seguia a tradição de sua família portelense e do ídolo Antônio Candeia Filho, pelo lado verde e branco sabia que sua avó Joana tinha morado na Rua Piraquê, que fica entre os morros da Congonha e do Cajueiro. O Império começou a flertar com o menino Arlindinho em suas visitas ao Cajueiro e ao Morro da Serrinha, levado ironicamente por dois portelenses: seu tio Valtenir e o ídolo Candeia. Aos poucos a admiração pela verde e branco foi crescendo dentro do seu coração. Com a chegada de Beto Sem Braço e Aluísio Machado em sua vida, aí não teve jeito: o portelense Arlindo Cruz virou a casaca e se tornou um verdadeiro imperiano. "Eu passei algumas férias em Madureira, que é a Capital do Subúrbio carioca, com seus bares, cinemas, o carnaval, onde se fazem as compras de Natal, era tudo ali. Passei várias férias na Travessa Descalvado, quase chegando a Vaz Lobo, e fui muitas vezes à Serrinha" disse Arlindo. Nas manhãs de domingo, iam para o Bar Clube do Cabelo Branco, no campo do Cajueiro, onde surgiu a Ala do Cabelo Branco. "Lá eu encontrava Beto Sem Braço, Seu Fuleiro, Aniceto, Tio Hélio dos Santos, Galinha Comeu, Nilton Campolino, Juranda, gente da Velha Guarda do Império. E eles praticamente me adotaram, ali, no ambiente, eu tocando cavaquinho e eles versando pra caramba. Eu já adorava versos e ficava ali, curtindo". Era verso, verso, comia rabada...Eu ficava maluco de ver os caras versando, ver o partido-alto que me formou como músico. Eu fui mimado ao som do partido-alto, de Candeia, Casquinha, Nei Lopes, Velha, o LP*Partido em 5*. Convivi com todo mundo da Portela. Era pra ser portelense, e meu tio é um dos culpados. Ele morava em frente ao bar, bem no pé da Serrinha", conta Arlindo, que também já ouvia Jorge Bem, Caetano, Gil. "Comecei a tocar violão e ouvia aquelas harmonias encantadoras, ouvia João Gilberto. Tinha ouvido bom, tirava as músicas. Todo samba da minha geração bebeu no choro, na bossa", contou Arlindo, que anos mais tarde continuaria frequentando os pagodes da área nas folgas da aeronáutica ou quando não tinha show com Candeia. Nestes pagodes na Serrinha um detalhe dos compositores imperianos começou a encantar o jovem compositor: "Eu gostava muito dos refrões, eram sempre uma beleza de melodia: "Não, eu não posso lembrar / daquele amor que não volta mais" (Amor Inesquecível, de Dona Ivone Lara e Délcio Carvalho)... "Qualquer criança / Toca um pandeiro um surdo e um cavaquinho" (Prazer da Serrinha, de Tio Hélio dos Santos e Rubens Silva)... "Eu não quero mais amar essa mulher / Ela magoou meu coração" (Eu Não Quero Mais, de Tio Hélio dos Santos). Era uma beleza muito contundente, dava até mais inspiração", disse Arlindo.

A mudança aconteceu ao ganhar seu primeiro samba-enredo no Império Serrano, em parceria com Beto Sem Braço, Aluisio Machado e Bicalho. Foi no carnaval de 1989 no enredo Axé Brasil – Jorge Amado, quando o Império ficou com o décimo lugar. "Depois deste desfile, quando vi a escola de samba toda cantando com o maior entusiasmo, foi que virei Império Serrano mesmo. Foi uma emoção tremenda. Eu já tinha vários sambas com o Beto, mas esse era muito bonito e foi o primeiro samba-enredo que ganhei. Eu, de uma família portelense, tinha atravessado a rua. Eu era a ovelha verde e branco da família, com certeza", assumiu Arlindo Cruz. Porém, quase que ele não desfila. Momentos antes, na concentração, ele teve câimbras nos dedos das mãos. Queria desistir e deixou Beto uma fera.

Arlindo: – Eu não vou subir no carro de som, eu não vou conseguir tocar.

Beto Sem Braço: – Não vai tocar? Tá maluco? Tu é frouxo? Vai amarelar agora? Eu confio em você

Mas Babi fez algumas massagens e ao tentar o primeiro acorde, Arlindo tocou e desfilou. "A partir daí ele ficou feliz, completamente apaixonado, vestiu a camisa imperiana e a Portela? Tchau", define Aluisio Machado.

A PARCERIA COM BETO E ALUISIO

A dupla Beto e Aluisio já tinha vencido três sambas enredo no Império, mas Beto resolveu reforçar o time.

Beto Sem Braço: – Aluisio, como nós não tocamos nada, vou chamar o Arlindo Cruz, que é bom de cavaco e escreve bem.

Aluisio Machado: – Chama.

Os dois foram para a casa de Arlindo e fizeram o lindo samba, elogiado pelo próprio Jorge Amado. "Fiquei muito feliz. Com ele ficou uma joia porque ele já tinha uma harmonia linda. E como batia bem no cavaco! Na criatividade Arlindo é nojento. Não ficou tímido e ganhamos mais qualidade. Em tudo ele se destaca e com toda certeza Arlindo e Beto foi a minha maior parceria", afirma Aluisio Machado.

Após terem entrado para a história não só do Império Serrano, mas do carnaval brasileiro com o samba Bum Bum Paticumbum Prugurundum do campeonato de 1982, Beto e Aluisio vencem no ano seguinte com Mãe Baiana Mãe, se desentendem e abrem a parceria. Beto Sem Braço vence sozinho em 1985 com Samba Suor e Cerveja, o Combustível da Ilusão, enquanto Aluisio ganha no ano seguinte com Eu Quero, em parceria com Jorge Nóbrega e Luis Carlos do Cavaco. Com as pazes feitas, voltam a parceria e vencem em 1987 no enredo Com a Boca no Mundo, Quem não se Comunica se Trumbica. Já em outubro de 1987, a disputa de samba para o carnaval de 1988 não acaba bem. Enfurecido com a derrota, Beto Sem Braço termina com a festa na quadra. Saca o revólver e atira pra cima do vice-presidente Roberto Cunha e do presidente Jamil Salomão Maruff, o Jamil Cheiroso, que também já tinha sido feirante e tinha como ajudante um grande compositor da Velha Guarda da Portela. "Eu ia para o mercado na Praça XV e ajudava a pegar o peixe e levar pra feira. Depois ele me deixou responsável por uma barraca, até que fui trabalhar no peixe por minha conta", me contou Hildemar Diniz, o Monarco, da Velha-Guarda da Portela..

Com a morte de Beto Sem Braço no dia 15 de abril de 1993, por tuberculose, Aluisio seguiu na parceria com Arlindo e outros parceiros com mais seis vitórias no Império Serrano, incluindo o último em 2016, no enredo Silas canta Serrinha (Aluizio Machado/

Arlindo Cruz/Arlindinho/Lucas Donato/Andinho Samara/Zé Glória), quando a escola foi a quarta colocada da Série A. Ex-mestre-sala da Imperatriz Leopoldinense, Aluisio Machado tornou-se Baluarte do Império, Cidadão Samba e o maior vencedor de sambas enredo da escola, com 17 conquistas (até o Carnaval de 2025), duas a mais que Silas de Oliveira e cinco a mais que Arlindo Cruz, incluindo Lugares de Arlindo, em parceria com Sombrinha, Carlos Sena, Beto BR, Rubens Gordinho e Ambrósio Aurélio, uma homenagem a Arlindo Cruz, em 2023.

Arlindo e Aluisio seguiram também fazendo outros sambas, chamados de "meio de ano". "Eu chegava umas dez da manhã, ele ainda dormindo, esperava acordar. Arlindo sempre mais versátil, fala de forma diferente. Aprendi muito com ele, a usar as metáforas, a antítese. Absorvi muito com ele", explica Aluizio. "Ele me chamava de Velho e eu o chamava de Gordura Localizada. Nosso entrosamento foi rápido, sempre dava certo e lembro também do Rixxa e do Quinzinho defendendo nossos sambas na quadra do Império".

A CHEGADA DE MAURIÇÃO

Cria da Vila Cruzeiro, Mauricio da Silva Quintão, o Maurição foi outro grande compositor que fez parceria com Arlindo Cruz nos sambas enredo. "Vencemos oito vezes, cinco no Império e três na Grande Rio. Arlindo é um exímio compositor. O sambista perfeito. Infelizmente perdemos um dos nossos maiores sambistas. Ele era uma coisa do outro mundo. Qualquer ideia que eu levasse pra fazer uma música ele já sabia. E sabia bem mais do que eu porque era mais estudado do que eu", diz Maurição.

Depois de sua parceria com Jorge Lucas e Luis Carlos do Cavaco ter vencido a de Arlindo Cruz para o carnaval de 95, com o enredo O Tempo não Para, a parceria de Maurição perdeu para a de Arlindo no ano seguinte em Verás que um Filho teu não Foge à Luta. E, entendendo que não podia viver só com sambas enredos, resolveu parar. Arlindo não deixou, o convidando pra ir à sua casa para compor. "Fui pra casa dele na Piedade e começamos a fazer muitos sambas. E tudo que a gente fazia era gravado. É muito bom fazer música com ele. Arlindo tem os caminhos pra enriquecer a obra. Eu, novo, não tinha muita certeza se era compositor, ele muito rápido, me ensinou muito". Até então a escola de Maurição era na linha de Beto Sem Braço, que tinha conhecido na festa da Igreja da Penha. "Também me ensinou muito. Nunca vi ninguém igual ao Beto e ao Arlindo. Ainda

Capítulo 18

tá pra nascer, se nascer igual, né? O Beto fazia três músicas numa noite. Não esquecia e não misturava. Guardava tudo na cabeça. Ele e Arlindo eram dois caras muito iluminados", conta Maurição.

É claro que, entre dois gordos, o assunto comida será sempre tratado intensamente. Mas nessa, Maurição perdeu para o parceiro. "Sempre fui gordo, desde criança. E como legal, mas igual ao Arlindo nunca vi. Ele comia muito e de tudo. Saía da casa dele empapuçado e com a diabetes alta pra cacete".

Embora o Império Serrano fosse uma paixão que o arrebatou já adulto, Arlindo Cruz já acompanhava as evoluções da escola, sem imaginar que um dia seria um imperiano de coração. Uma dessas evoluções criada por um mestre que chamava sua vó Joana de madrinha. "O Império foi a primeira escola de samba preocupada com o futuro das escolas de samba. E Mestre Careca criou a primeira escola de samba mirim, a Império do Futuro. E tem na família toda a geração de irmãos. E criou a primeira ala de passistas coreografada", explica Arlindo. "O Império, apesar de se manter tradicional, consegue ser uma escola muito criativa, principalmente na linguagem dos sambas enredo. E tem os poetas, né? Talvez o mais famoso e mais forte de todos os poetas de samba-enredo, Silas de Oliveira, que é o nosso... nosso líder. Mas todos eles têm um grande interesse, uma grande importância pra gente. O próprio Beto Sem Braço, que veio com uma mudança de fazer um samba mais guerreiro, mais calangueado, mais balançado. Então, a gente tem uma escola que tem raiz pra criar coisas dentro da raiz. O Império Serrano não é brincadeira, não", disse Arlindo.

Arlindo Cruz compôs, com diferentes parceiros, um total de doze sambas enredo para o Império Serrano, mas não teve a felicidade de alcançar um título na avenida. Muito pelo contrário. Foi vice em 1993 e 2012 e, por três vezes sua escola foi rebaixada com sambas seus: 1997, 1999 e 2007.

Além dos sambas enredo Arlindo Cruz também teve uma ala muito conhecida na verde e branco, a Ala do Banjo, onde desfilaram nomes como os de Beth Carvalho, Almir Guineto, Zeca Pagodinho, Acyr Marques, Sombrinha, Maria Rita, Anderson Leonardo, o comentarista Junior, Marcelo D2, Bello, Péricles, Ronaldinho, Cléber Augusto e Délcio Luiz, entre tantos outros, com cerca de cem pessoas na ala, cada uma com seu banjo. "Uma vez Da Cruz me colocou de diretor e eu passava um sufoco danado com os artistas da ala. Era uma grande confusão! Até quem não era artista saía, e eu que tinha de organizar. Teve um carnaval que cheguei e eles estavam dentro do box da bateria. Um bendito diretor disse pra eles ficarem atrás da bateria. E lá fui eu explicar que não podia ser a bateria a ala e o carro de som, que tinha de ser a bateria, o carro e a ala, e eles não queriam. E o Arlindo junto. Aí, fui lá pra fora e fiquei esperando. Saiu a bateria com eles atrás, veio a harmonia e tirou a ala. Voltei a falei pro Arlindo, não te avisei? Ele ria!", conta Andrezinho. E o sufoco não parava, principalmente quando vinha alguma câmera da transmissão de TV. "Era eu sozinho, gritando anda! Segura! Anda! Artista via câmera parava e eu sofrendo".

Andrezinho: – Tu gosta de mim né Da Cruz? No ano que vem não tem, né? Tira essa ala de banjo! Eu não vou fazer mais.

No carnaval seguinte Arlindo confirmava que Andrezinho seria, mais uma vez, o diretor da Ala do Banjo. "E lá estava eu de novo. Como é que eu ia dizer não pra ele?".

ANDRÉ DINIZ, NOVO PARCEIRO E IRMÃO

Durante as temporadas que fez no Teatro Rival com o Pagode do Arlindo, uma nova parceria de alta qualidade de samba-enredo acabou se formando e Arlindo Cruz ganhou um novo amigo. Em 2006, perto do carnaval, os convidados eram os compositores dos sambas que iriam para a avenida. Cada um entrava no palco e Arlindo perguntava o seu nome. Na hora do samba da Unidos de Vila Isabel...

Arlindo: – E você, quem é?

André: – Sou o André Diniz.

Arlindo: – Ah, você é o André Diniz?

André: – Você me conhece?

E Arlindo deu uma daquelas suas risadinhas enigmáticas, que deixou André Diniz sem entender nada. O detalhe é que tanto Arlindo quanto André faziam sambas enredo para várias escolas sem assinar. Eram os chamados sambas de escritório ou pombos. "Foi o primeiro choque que ganhei. "Era muito fã do Arlindo, ia a show, mas na minha concepção ele era intocável. Então, como esse cara me conhece? Eu sabia que ele fazia pombo, então a gente se esbofeteava em tudo que era escola, um sabendo do outro, mas os dois sem assinar. Perdi pro Arlindo na Grande Rio, na Porto da Pedra, ganhei dele na Vila, mas nem imaginava que ele sabia da minha existência", conta André. Em 2011 André Diniz voltou ao Pagode do Arlindo no Teatro Rival e foi apresentado com muitos elogios.

Arlindo: – Vou chamar pra vir aqui ao palco uma figura muito importante do carnaval. Esse cara mudou a estética do samba-enredo. Com vocês, Andre Diniz da Unidos de Vila Isabel. Rapaziada, esse cara aqui e um gênio do samba-enredo.

André: – Olha quem fala!

Arlindo: – Quero aproveitar e fazer um convite na frente de todo mundo. Ano que vem quero fazer um samba com você pra eu aprender com você.

André: – Tá combinado, ano que vem faremos samba na Vila Isabel.

Arlindo: – Mas tu sabe que eu sou Império.

André: – Mas o Império tá no outro grupo.

Arlindo: – Mas meu Império vai subir.

André: – Então, fica combinado assim: se o Império subir a gente não faz samba junto. Se não subir você é meu parceiro na Vila ano que vem.

Passa o carnaval, o Império Serrano não subiu e Arlindo vai fazer um show na quadra da Vila Isabel. Começa um jogo de empurra entre os parceiros pra ver quem vai falar com Arlindo. Leonel toma a frente e vai ao camarim.

Leonel: – Arlindo, você disse no Rival que se o Império não subisse você ia fazer samba com o André Diniz na Vila. Tá tudo certo?

Arlindo: – Não lembro que falei isso. Falei mesmo?

Leonel: – Falou.

Arlindo: – Então, se eu falei, vai ser uma honra trabalhar com vocês. Vamos marcar lá em casa.

E lá foram André Diniz, Evandro Bocão e Leonel para casa do novo parceiro, já com uma parte do samba pronta e a ideia de fazer um contracanto. Mas a primeira missão foi convencer Arlindo em assinar a parceria. Ele não queria estar numa disputa de samba contra Martinho da Vila nem contra a Mart'nália. Na confirmação de que eles não iriam concorrer, Arlindo aceitou. Aí, André explicou a ideia do contracanto, no estilo de Fogueira de uma Paixão (Luis Carlos da Vila/Arlindo Cruz/Acyr Marques). "Se eu fizesse era um cara doente, mas se o Arlindo fizesse ia dar um pedigree ao samba e ia ter outra aceitação", diz André. Ao ouvir atentamente a ideia, ele gritou pra Babi.

Arlindo: – Ô, mãe, tem uma missão pra você. Descobrir qual a maconha que eles estão vendendo em Vila Isabel, porque esses caras têm umas ideias de maluco. Isso não vai dar certo nunca. E a harmonia vai aceitar?

Conversa daqui, conversa dali, começaram a construir o samba e Arlindo veio com a ideia do contracanto.

Arlindo: – Vou explicar porque a resposta é a minha aposta. Primeiro porque não sei se isso é possível numa escola de samba. Se a gente misturar uma voz com a outra vai virar uma bagunça. São quatro mil pessoas, muitas completamente bêbadas, se der errado faz o canto e a resposta com a mesma voz. Vamos deixar na prateleira, porque corre o risco da Liga não aceitar que a escola não esteja cantando uníssona.

Quando entregaram o samba souberam que a Mart'nália estava inscrita. Arlindo não gostou. Ficou muito incomodado, mas foi pra disputa. Na final com o samba da Mart'nália os camarotes das parcerias eram um ao lado do outro e Arlindo ouviu muita besteira, do tipo "sai daqui, vai pro Império" ou "mas que sacanagem com a Mart'nália". Arlindo não ficou para saber o resultado. Mas a primeira vitória na Vila com a nova parceria se confirmou.

Ao todo foram quatro sambas vencidos na Vila Isabel, em que Arlindo Cruz e André Diniz variaram as parcerias, como pode ser visto no capítulo das estatísticas. E o campeonato veio em 2013 com um samba inesquecível no enredo A Vila Canta o Brasil, Celeiro do Mundo – Água no Feijão que Chegou Mais Um (André Diniz/Arlindo Cruz/Leonel/Martinho da Vila/Tunico da Vila), um samba feito muito pelo telefone e por vários e-mails, pois eles não tiveram tempo de se encontrar. "Quando comecei a aprender a tocar cavaquinho, tudo que gostava era música do Arlindo. Fiquei apaixonado pela obra dele, uma harmonia que não era óbvia, mas queria era ser da bateria da Vila. Digo sempre que sou ritmista do Mestre Mug emprestado para ser compositor. Eu não pensava em compor, mas a vida foi me levando a ser um compositor", conta o ritmista André, que toca tamborim e tarol.

No início da parceria o maior problema não era a procura pelo refrão perfeito ou pela linda melodia, mas o fuso horário. Professor de história, André Diniz acordava bem cedo e, mais cedo ainda, Arlindo Cruz ligava para ele. "Ele me ligava às três da manhã. Por causa das aulas eu não sou da madrugada, mas se o telefone toca à uma hora dessas eu atendo. E nesse início eu não ia falar pro Arlindo Cruz deixar eu dormir". E como eles começaram a fazer samba pra tudo quanto era escola, Salgueiro, Unidos da Tijuca, entre outras, o diálogo era muito engraçado.

Arlindo: – Ô cumpadre, você tá acordado?

André: – Tô Arlindo (ainda dormindo).

Arlindo: – Sabe aquele nosso samba praquela escola?

André: – Qual? (monossilábico e cheio de sono).

Arlindo: – Não posso falar, é segredo. Vou dar uma dica: Colibri Nilopolitano.

Vários sambas depois, com mais intimidade, André Diniz enfim reclamou. "Pô meu cumpadre, posso te pedir um negócio? Não liga a essa hora não. Fode meu sono e vou ter que estar às seis da manhã de pé pra estar às sete na sala de aula. Só que, no dia seguinte ele ligava no mesmo horário. Aí, já fazia de sacanagem. E comecei a ligar oito da manhã", conta André.

Arlindo: – Meu cumpadre, tô dormindo.

André: – Agora vai ser sempre assim.

Arlindo: – Não faz isso não.

André: – Então, vamos estabelecer nossos horários? De meio-dia à meia noite?

Trato feito, tudo resolvido com relação ao horário, no entanto, quando estavam compondo, André ficava impressionado com Arlindo. "Eu sou rápido pra fazer samba-enredo, mas não dá pra acompanhar a velocidade do Arlindo. Ele pegava o banjo e o samba saía em cinco minutos. Fazia muito na levada de partido-alto. Quando acelerava, tinha muito mais letra que melodia, mas dava muito certo". Além da rapidez, André foi percebendo que, muito mais que qualquer vício ilícito, Arlindo era viciado mesmo no ofício de compor. E na sua trajetória de não ter preconceitos e ir derrubando barreiras musicais, era como um craque, sempre treinando e se aperfeiçoando. Era capaz de ficar um tempão ouvindo música francesa, ouvindo ópera, não para copiar, mas para se ambientar, ampliar seu horizonte e diversificar seus caminhos harmônicos. "O momento mais feliz da vida do Arlindo era compondo. Ele acordava e ia dormir pensando em composição. Era o dia inteiro trabalhando em música, estudando. Ele me mostrava que não precisa falar difícil pra ficar bonito e que um linguajar popular cabia e dava resultado". E quando André queria colocar alguma palavra mais sofisticada...

Arlindo: – Tem necessidade ou podemos colocar algo mais simples? As pessoas não vão entender isso que você tá colocando. E também tem que pensar em quem vai cantar!

Como tudo que envolve Arlindo Cruz, até mesmo no processo de compor samba-enredo a comida tem um papel importante. E, por serem sempre recebidos com a mesa lotada de comida, André, Bocão e Leonel entenderam que também deveriam colaborar nesta parte. E passaram a preparar um farnel e levar numa bolsa os quitutes que Arlindo gostava. Ele reclamou e disse que não precisava.

André: – A gente vem todo dia fazer samba-enredo e sempre tem comida. Como é isso? Não vamos ficar comendo sua comida todo dia. Não somos parasitas.

Babi: – Olha, vocês são muito diferentes. Todo mundo que vem aqui come da nossa comida, bebe da nossa bebida, fuma da maconha do Arlindo e, no final, o Arlindo faz o samba todo, eles ficam olhando e o Arlindo ainda bota dinheiro. Vocês não deixam o Arlindo botar dinheiro, ele vai ao ensaio quando ele quer, no estúdio só entra pra botar a voz, vocês não fumam porra nenhuma, não cheiram porra nenhuma e ainda trazem a comida. Nunca vi isso.

E assim, André Diniz e Arlindo Cruz foram ficando amigos e o que mais assustava André era ir descobrindo que ele não era só um cara brilhante, mas dono de uma humildade impressionante. De reconhecer o talento do parceiro e de ser sempre a mesma pessoa, sem decepcionar quem se aproxima. "Tenho algumas experiências de virar amigo de alguém que era fã e não são das melhores. Eram de muita vaidade e com o Arlindo era diferente. Eu ia a show dele e ele me anunciava e me elogiava. Eu tomava um susto, porque dizer que eu conduzi o Festa do Arraiá é de uma dignidade e de uma humildade gigantesca. Ele me mostrou que os mais humildes são os mais brilhantes. O que mais aprendi na amizade com o Arlindo foi sobretudo o nível de humildade dele, de acolhida. Conheci o Arlindo carinhoso, genial, que abre a sua casa, que me dava muita moral. O tempo inteiro ele fazia questão de não me esconder, querendo me colocar nos holofotes", diz André.

Arlindo: – Preciso tirar você desse anonimato, você é bom demais pra não aparecer na mídia. Eu vou tirar você desse lugar.

André: – Meu compadre, eu não vou abrir mão da minha sala de aula por causa de sucesso. Sou um professor e, se tiver que conciliar tudo certo, mas você pode queimar seus cartuchos. Se tiver de escolher vou dar aula, que é a minha paixão.

Arlindo: – Você tem que lançar um disco. Fazemos as músicas juntos, você fica sendo meu afilhado.

André: – Mas eu vou trocar uma viagem pra aplicar uma prova. Não vou abrir mão do que me realiza.

Quando fizeram o samba para comemorar os 60 anos do Zico aconteceu o único arranca rabo. "Ele levantou a voz e eu também. Eu queria uma parte e ele, outra. Cheguei com o refrão e ele foi fazendo. E o bicho pegou.

Arlindo: – No samba-enredo tu é foda, baixo a cabeça pra você, mas no meio de ano, na linha do sucesso, fica quieto, quem sabe sou eu.

André: – Eu acho que estou certo, mas como é que eu vou discutir com o argumento que você acabou de me dar?

O samba é de Arlindo, André, Evandro Bocão, Rogê e Marcelo Tijolo. O vídeo oficial começa com o decisivo gol de Zico cobrando falta, o segundo na vitória por 2x0 frente ao Cobreloa, do Chile, no título da Copa Libertadores da América, com narração do rubro-negro Jorge Curi, da Rádio Globo, em 1981. A partir daí uma seleção de estrelas cantam: Ronaldinho, Délcio Luiz, Alcione, Dudu Nobre, Xande de Pilares, Arlindinho, Dominguinhos do Estácio, Jorge Aragão, Marcelo Serrado, Júnior, Buchecha, Reinaldo, Léo Jaime, Neguinho da Beija-Flor, Frejat, Sandra de Sá, Ludmilla e os autores Arlindo, André, Bocão e Rogê. O filho de Zico, Bruno Coimbra e Marcelo D2 fazem a parte do rap.

O HERDEIRO NOS SAMBAS ENREDO

O que Arlindo Cruz não percebia nem imaginava é que tinha dentro de casa um herdeiro que também iria ser um vencedor nas disputas de sambas enredo. Na época das viagens da dupla com Sombrinha bombando, Babi começou a levar Arlindinho para os ensaios nas escolas de samba e o menino se apaixonou pelos sambas enredo. Um dia, um acidente danificou uma fita cassete onde estava um samba que Arlindo fazia para o Império Serrano. E foi o filho, de apenas oito anos, quem lembrou o samba todo. Com o tempo passou a ir com o pai para defender os sambas na quadra. "Em outra vez, Arlindo perdeu o vôo e não conseguiu chegar à final na quadra do Império. Quem administrou tudo no palco foi o Arlindinho, com uns 14 anos de idade", conta Babi.

Depois de ter desfilado na escola mirim Império do Futuro, aos treze anos Arlindinho compôs seu primeiro samba-enredo, foi o intérprete e campeão na escola mirim Estrelinha da Mocidade. Aos dezessete anos, tomou coragem e mostrou dez sambas para o pai. "Ele não gostou de nenhum, mas um chamou a sua atenção, elogiou uma parte da letra, que vem a ser Bom Aprendiz. Só fiz o refrão. Ele fez o resto de letra e a melodia toda. Foi ali que ele viu que dava pra escrever alguma coisa"

Aos dezoito anos, estava disputando a semifinal no enredo Dom Quixote de La Mancha, o Cavaleiro dos Sonhos Impossíveis, na União da Ilha do Governador, e foi pedir uma força para o pai. "Fiz pra brincar, pra me divertir. E tinha vergonha de mostrar pro meu pai. Ele podia brigar. Como precisava de uma grana pra ajudar, fui falar com ele. Disse que tinha feito um samba com uns amigos na Ilha e que estávamos na semifinal. Pedi cinco mil reais. Só que ele tinha ajudado um outro samba e não sabia que eu estava na mesmo disputa. Resumindo, ganhei do samba do meu pai" diz Arlindinho, que ganhou em parceria com Grassano, Gabriel Fraga, Márcio André Filho, João Bosco, Gugu das Candongas, Marquinho do Banjo, Barbosão, Ito Melodia e Léo da Ilha, em 2010. No ano seguinte foi bicampeão no Enredo O Mistério da Vida, com os parceiros Gugu das Candongas, Marquinho do Banjo, João Paulo, Márcio André Filho e Ito Melodia. Como gostou do primeiro samba, neste segundo ajudou o filho com umas ideias de melodia. "Em 2011 disse que agora que estava ganhando podia ser parceiro dele, e me chamou pra fazer o samba pro Império. Eu só gostava de samba-enredo e meu sonho era ser parceiro dele. Consegui realizar". E, logo na estreia pai e filho foram campeões no enredo Dona Ivone Lara, o Enredo do meu Samba, tendo ainda Tico do Gato na parceria para o carnaval de 2012, ano em que a verde e branco de Madureira conseguiu o vice-campeonato da Série A. Em 2016 outro samba de Arlindo Cruz e Arlindinho na avenida pelo Império Serrano, agora em parceria com Aluisio Machado, Lucas Donato, Andinho Samara e Zé Glória, no enredo Silas Canta Serrinha.

Arlindinho engrenou, tem vencido vários sambas enredos e, além de União da Ilha do Governador e Império Serrano, já venceu em escolas como São Clemente, Unidos do Viradouro, Salgueiro, Grande Rio, Unidos de Padre Miguel e, em São Paulo, Acadêmicos do Tatuapé, X-9 Paulistana e Acadêmicos do Tucuruvi.

COMENTARISTA GLOBELEZA

Em 2013 a TV Globo começou a transmitir os desfiles da Serie A, nas sextas e sábados do carnaval. Os comentaristas eram Arlindo Cruz e os carnavalescos Mílton Cunha e Chiquinho Espinoza, que ficavam no cenário Esquina do Samba, logo no início do Sambódromo. Em 2014 e 2015, Arlindo dividiu os comentários com Pretinho da Serrinha e novamente com Chiquinho Espinoza. "Ele tem o dom da palavra e conseguia agradar tanto no popular quanto no intelectual. O Boninho dava uma flexibilidade para o Arlindo, que conseguiu desfilar pelo Império e pela Vila. Ele trocava de roupa, desfilava, voltava e, quando não desfilou no Império, largou os comentários e ficou encostado no vidro para assistir", lembra Felipe Bueno, na época produtor do Arlindo. Ele lembra que em 2013, quando a Portela homenageou Madureira e, claro o Império Serrano, Arlindo viria de destaque, no alto de um carro alegórico. Porém, ao ver um destaque subindo pelo carvalhão...

Arlindo: – Subir aí? Vou subir é o caralho. Não vou! Desisti!

E Arlindo não desfilou.

Tudo ia bem até chegar o carnaval de 2016, quando a equipe da Serie A passaria a estar no mesmo estúdio da equipe que transmitia o desfile do Grupo Especial. Mas desta vez o bicho pegou. Arlindo estava em cima do trio elétrico do Bloco Alerta Geral, no carnaval de Salvador e deu um conflito de agenda. Ele não conseguiria chegar para a transmissão de sexta-feira, pois estaria cantando num camarote, também em Salvador. "O produtor Cabeça ligava direto pra gente e já estávamos negociando para vir na transmissão de sábado", lembra Felipe. Mas não teve negociação certa. Completamente irado, por não ter sido avisado a tempo, Boninho bateu o martelo: "Tira o Arlindo. Acabou não quero mais".

Na quadra do Cacique de Ramos com Sombrinha, Beto Sem Braço, a então namorada Babi, Maria dos Olhos Verdes e Marquinhos Sathan

CAPÍTULO 19

AS DROGAS FORA DO TOM

Dizer que Arlindo Cruz é querido por muita gente é chover no molhado. Em criança, o pequeno Binda era o xodó da mamãe, das titias, das primas. Em sua trajetória de vida, por onde quer que passasse exercitava com maestria a arte de fazer amigos. Sua humildade é uma marca que sempre carregou e mostrava isso a todos, no lugar da máscara que muitos que subiram passaram a usar em algum momento. Sua generosidade em ajudar parentes, afilhados, amigos e até a quem não tinha tanta intimidade assim também é muito conhecida. Prejudicar alguém, fazer alguma maldade? Que apareça este depoimento! Porém, partindo da premissa de que ninguém é perfeito, Arlindo não escapou de ser uma pessoa que fez um mal muito grande nesta sua trajetória. Não foi um mal que tenha feito com alguém, mas a si mesmo. Da mesma forma que era um compositor e um comilão compulsivo, Arlindo também foi um consumidor compulsivo de maconha e cocaína. Para Arlindo a droga costumava chegar muitas vezes em forma de presente. A fama alcançada por ter sido do Grupo Fundo de Quintal nos frenéticos anos 80 facilitava do pequeno baseado às grandes carreirinhas de cocaína. O piano que existia nos estúdios da Som Livre, que existiram na rua Assunção, 443, em Botafogo, serviu muito para cheiradas históricas da música popular brasileira. Incluindo Arlindo Cruz.

Neste capítulo delicado familiares, amigos, músicos, produtores, gente que estava sempre por perto de Arlindo, alguns tendo usado com ele, lembram destes momentos. E confirmam que ele assumia ser um viciado, que tentava parar, mas não conseguia. Até conseguia por um tempo, mas infelizmente acabava voltando. "Cigarro ele nunca fumou. Acredito que tenha sido herança daquela época dos anos 80. Ele procurava não estar perto de minha mãe quando usava as drogas dele. E a gente também a poupava muito sobre esses assuntos. Mas ela sabia. Dizia 'eu não sou boba', desconversava e saía de perto", diz sua irmã Arly.

Arly: – Poxa, Arlindo dá um tempo, vai mais devagar, vê como ficaram todos esses que usam.

Arlindo: – Irmã, tô sabendo. Sou uma pessoa controlada.

"O problema é que, onde ele estava aonde ele ia, sempre tinha aquele cara que chamava, que levava, que dava. Ele nem precisava comprar. Pra mim sempre foi muito triste, tanto ele quanto Acyr, que também reconhecia que não conseguia parar", diz Arly.

No primeiro dia em que ficou com Babi, após saírem do Pagode do Arlindo, dentro de um carro, abriu o jogo e mostrou um cigarro de maconha. "Minha cara foi no chão. Eu era uma menina de comunidade, morava na entrada da Vila Vintém e nos moldes das décadas de 70/80, quem usava drogas tinha local. Nove da noite era toque de recolher, eu não tinha acesso à droga. Foi a primeira vez que vi um cigarro de maconha de perto. Sentia o cheiro da maconha de longe, da favela. Ali senti de perto", conta Babi, que para se mostrar muito madura, em seus 15 anos de idade, procurou não demonstrar espanto e apenas ouviu a justificativa do então novo namorado.

Arlindo: – Eu tenho tanta vontade de ficar com você o resto da minha vida, que você tem que saber da cada detalhe do que eu amo. Eu uso a droga, mas a droga não me usa.

"Eu quis me mostrar mulher para estar à altura dele e procurei entender. Ele fala que conheceu a maconha aos catorze anos na burguesia do Colégio Pedro II, um colégio de elite, com uma menina. E a cocaína foi no samba, na década de 80. E chegava mesmo com muita facilidade. Ninguém traz o leite, mas traz a droga".

Ela explica que, durante muito tempo, Arlindo conseguia manter um equilíbrio mental muito forte com a droga e não usava antes dos shows. Mas com o passar do tempo este seu domínio sobre o vício se perdeu e em vários shows, usava momentos antes. Ou seja, Arlindo assumia o vício, a doença, tentava, mas não conseguia parar. Como ter filhos estava nos planos do início do namoro, Babi tentou usar a gravidez como artifício para ele parar. "Dizia a ele que eu queria ter filho com ele saudável, com seu organismo limpo. Ele foi me dando exemplos de amigos que usavam e eram pais com filhos saudáveis. Aí, perdi esse álibi". A seu lado, por dez anos, Arlindo tinha uma esposa careta radical. A ponto de brigas acontecerem porque ela jogava a droga fora. Em algumas vezes nem era dele, mas já tinha jogado. Até que em 1996 ela usou cocaína pela primeira vez. Foi após a missa de sétimo dia da morte de sua mãe. Pegou uma garrafa de Martini, achou a cocaína no armário aonde Arlindo guardava e foi para o cemitério. "Usei sozinha e ele levou seis anos sem ter noção que eu tinha usado. E usei mais de uma vez. Quando ele viajava. Eu gostava daquela sensação de dormência que a droga dá e dormente era tudo que eu queria ficar", confessa Babi. Por quase dois anos, deixou de ser careta para ser uma cúmplice. E cheiravam juntos, mesmo que em proporções diferentes. Um dia, resolveu parar. "Tive de ficar quarenta dias recolhida para uma obrigação pro santo. Levei quatro caixas de remédio pra dormir, mas não abri nenhuma. Voltei ilesa, limpa. Ficava perto de pessoas usando e eu numa boa, com o mesmo sorriso. Olhava com desprezo e sem apetite pra droga. Isso foi nos distanciando e começou a trazer um outro tipo de problema pra nossa relação". Em vários momentos, os horários de Arlindo e Babi iam ficando opostos. A hora em que ela levantava pela manhã pra levar o filho pra escola, era a hora que ele estava indo dormir. Tinha também os dias em que o grilo pintava e Arlindo não queria que Babi saísse de casa, nem pra levar criança pra escola. Ficava com medo de morrer e pedia sua ajuda. "Queria que eu ficasse ao seu lado zelando pelo sono dele. Trancava a porta e colocava a chave embaixo do travesseiro..."

Arlindo: – Minha mulher fica aqui comigo, fica! Você vai tomar conta de mim, né? Você não vai deixar eu morrer, né mãe?

Babi lembra de uma vez em que, por pouco uma tragédia acontece. O início de uma overdose. Por conta do crônico problema no joelho esquerdo, Arlindo havia tomado uma forte medicação. A mistura dessa química com a cocaína causou um acelerado processo alérgico. Eles estavam em casa e correram para o hospital para salvar Arlindo. "A língua inchou muito e saiu uns quatro dedos pra fora. Ficou pendurada, pesada. Foi uma overdose de droga lícita com ilícita. Mas graças a Deus não chegou a ter uma parada cardíaca. Deu tempo de resolver e agradeço muito a minha irmã de santo Sandra, que conhecia os efeitos e foi fundamental naquele momento pra gente correr com ele para o médico".

ARLINDO ABRE O JOGO PARA OS FILHOS

Com a chegada dos filhos a melhor decisão era ele mesmo contar sobre as drogas. E assim fez Arlindo. Antes, porém, Arlindinho resolveu contar para o pai que estava bebendo. Aos 12 anos de idade.

Arlindo: – Mas o que é isso? Tá louco? Não pode contar pra sua mãe! Ela vai acabar comigo!

"Pra ela não tive coragem de contar. Tinha medo dela me bater. Ele ficou muito puto, chorou, ficou nervoso. Depois, bebíamos juntos nos jogos. Pra minha mãe só fui contar no meu aniversário de treze anos".

O garoto desconfiava da maconha, pois já conhecia o cheiro da casa de um amigo de colégio, cujo pai era maconheiro. E, certo dia, Arlindo chamou o filho e contou.

Arlindo: – Filho tenho um vício, uma doença. Eu uso droga, uma droga da qual eu sou dependente.

Da cocaína que Arlindinho nem imaginava. Apesar de sentir que, às vezes, seu pai tinha um transtorno de personalidade e que ficava muito tempo acordado, mas era uma criança e não entendia. "Ele me contou tudo e tudo passou a fazer muito sentido, acabou com a minha curiosidade. Mostrou, perguntou se eu queria fumar, mas eu nunca quis, nunca foi a minha. E criei um trauma, porque vi um cara tão vitorioso, tão grandão, tão gigante de carreira, como pai, ter derrotas. Tudo que ele errou, que perdeu e o tornou menor artisticamente num determinado momento foi por causa da droga. A questão financeira que não afetou tanto, porque ele ganhava muito". O filho confirma o que muitos dizem, que muitas vezes ela chegava de graça. Diz que o pai nunca precisou vender nada, como muitos fazem, para ter a droga. Para quem dava a cocaína ou a maconha para o ídolo, era um prazer. "Teve uma hora que ele começou a me dar liberdade de eu me meter, tipo pai hoje você não vai cheirar não. Aí, ele não cheirava nem bebia antes do show. Era uma regra. Quando começou a perder essa regra, foi quando a carreira começou a perder a força. Teve o auge dos 100 mil reais do cachê, em 2010, e depois voltou pros 30 mil. Teve uma queda porque começou a se apresentar mal, a tirar tempo de shows. Como pagar 100 mil para cantar 40 minutos e ir embora?", conta Arlindinho.

Pai e filho sempre muito parceiros e já dividindo palco no Pagode 2 Arlindos, conversavam muito sobre parar com as drogas. "Ele chegou a parar. O início de 2017, ano do AVC foi disparado o melhor dele. Não tava nem bebendo, só fumando maconha, que ele dizia que não ia parar nunca. Falaram que ele tava cheirado no dia do AVC. Zero. Não estava. É claro que o histórico atrapalhou na recuperação, mas meu pai estava limpo. Há uns sete, oito meses sem cheirar".

Arlindinho se orgulha de nunca ter se envolvido com drogas, mas não escapou de aprontar uma, completamente bêbado com o amigo Marquinhos Nunes. "Tinha medo de ficar bêbado, ele saber e ficar puto comigo, mas fiz umas merdinhas". Numa delas, aos dezoito anos, saiu com o carro que tinha ganhado do pai e voltou sem o carro. Bêbado, nem lembrava aonde tinha deixado. "Até achar deu uma merda! Eu e o Marquinhos chegamos bêbados, umas sete da manhã. Meu pai não abria a porta. Tocava o interfone e ele não ouvia. Peguei uma pedrinha e joguei na janela. Errei a força e quebrei a janela". Finalmente quando Arlindo acordou, desceu e abriu a porta, a cena era lamentável: os dois deitados no chão, os vizinhos já acordados passando e vendo tudo. "Era um bagulho muito feio. Foi a primeira vez que bebemos vodka e ficamos enlouquecidos, horrorosos. Como eu tava um pouquinho melhor consegui ajudar a arrastar o Marquinho, todo vomitado". Arlindo ficou quieto o tempo todo e ficou por uns quinze dias sem falar com o filho. "Esse foi o castigo dele, eu nunca mais errei. Quando tentava falar, ele saía de perto, respondia seco. Só veio falar quando se acalmou".

ARLINDO CONVERSA COM FLORA

Aos 6 anos de idade, em meio a uma das festas juninas que aconteciam em casa, a menina Flora viu o pai no portão, dando um tapa num baseado. Ela perguntou o que era aquilo e a resposta foi depois papai te explica. Não demorou muito Flora viu numa reportagem na televisão uma apreensão de maconha e associou ao que tinha visto no portão. Em sua cabeça de criança, relacionou aquilo com agressão, com as brigas dos pais. "Pedi pra minha mãe não beber quando ele estivesse bebendo, pra eles não brigarem. Lembro que pedia pra minha mãe separar do meu pai e pedi pro meu pai ir embora de casa, porque eles não estavam felizes, estavam se desrespeitando muito. Tanto ele, quanto ela. Era briga, xingamento, agressão e tudo isso me marcou muito. E me levou a brigar muito com meu pai, porque eu via que ela sofria mais que ele. Fui caindo pra dentro dele e dizia pai, tá errado. Nem entendia porque tava errado, mas eu sabia que ele tinha batido na minha mãe e não tava certo", desabafa Flora.

Aos oito anos, Flora soube que seu pai usava cocaína, através de uma prima, que lhe mostrou a droga. "Eu não sabia o que era. Se me falasse que era talco eu acreditava. Aí, me vieram vários flashes na mente, não de ver usar, pois ele sempre me respeitou e nunca usou na minha frente, mas das consequências. Aí, fui falar com ele.

Flora: – Ô, pai, não vou aceitar não, hein! Você usa droga, né?

Arlindo chorou muito e conversou com a filha. Explicou que era um vício, uma doença, que precisava de ajuda, mas que aquilo não fazia a sua cabeça, que não fazia ele desrespeitar ninguém, que não perdia a índole dele, que nunca deixou de cumprir um compromisso. E foram levando um papo abertamente. O detalhe é que, desde cedo Flora mostrava um amadurecimento fora da curva e, sofrendo muito por não aceitar o vício do pai, com o passar do tempo foi se afastando dele. Percebendo a distância do seu xodó, Arlindo começou a lhe dar muitos e muitos presentes. Flora aceitava, até que nos seus dez anos ela recusou um presente bem caro, algo importado. De cara feia. Ela lembrou que nessa semana ele tinha agredido sua mãe. E o que se viu foi uma conversa de gente grande. No melhor estilo acerto de contas.

Flora: – Pai, eu não quero não. Sabe por quê? A solução não é dando presente. Ela tá aqui dentro!

Arlindo: – A solução de quê?

Flora: – Da nossa vida, pai! A nossa vida não é tão feliz como a gente pensa que é. Presentes não vão me comprar mais. Eu cresci pai!

Babi: – Filha, calma! Não faz isso com seu pai.

Flora: – Mãe é necessário.

Quando Arlindinho falou que ia ser pai, Flora chamou Arlindo pra mais uma conversa séria. Parecia que ela era a mãe, e ele, o filho. Flora falava com propriedade e Arlindo prestava atenção.

Flora: – Pai é a última vez que vou conversar contigo. Poxa, você tá realizando o maior sonho da sua vida que é ser vô. Só que, pra você ser vô, você tem que ter saúde. E com droga e com a vida que você leva, é uma certeza que não vai ver seus netos. E essa é a última vez que tô falando pra você se cuidar. É a última vez que tô te oferecendo ajuda. Você quer se cuidar?

Arlindo: – Quero.

Articulada e usando palavras duras, mas corretas para a situação, que sempre foi grave, Flora parecia ser bem mais velha, mas surpreendia com apenas seus 11 anos de idade. Encontrou uma clínica em Botafogo, onde Arlindo fez um tratamento, se cuidou, fez dieta, emagreceu e toda a família fez dieta. "Foi maravilhoso. Foi uma época muito gostosa, tudo fluiu bem. Minha mãe estava bem, o casamento ficou ótimo, foi quando decidiram casar. Mas a Maria Helena nasceu e voltou tudo a estaca zero. Aí, falei, pai quer saber? Chega!'. E foi minha última conversa com ele relacionada a isso".

A POLÊMICA FOTO DO DIA DE SÃO JORGE

O dia de São Jorge era um dia sagrado para o devoto Arlindo Cruz. Mas este dia 23 de abril de 2015 ficou marcado por uma foto que se espalhou com a rapidez de um foguete pelas redes sociais. Uma foto que trouxe muita tristeza para a família Cruz e mais um alerta para Arlindo, de que a hora de parar estava demorando. A foto, feita por uma fã, mostrava Arlindo Cruz com o nariz sujo de cocaína.

Na véspera, Arlindo realizou um grande evento no Clube dos Suboficiais e Sargentos da Aeronáutica, em Cascadura. Por volta das 3h30min chamou o produtor Flavinho para irem à Igreja Matriz São Jorge, na Rua Clarimundo de Mello, em Quintino. Ele já estava com a cocaína, mas ainda não tinha usado. Entrou no carro, usou e foram para a igreja. Nesses momentos em que já se sabia que iria ter uma multidão e que os pedidos para fotos seriam inevitáveis, Flavinho sempre se lembrava do que Arlindo havia falado.

Arlindo: – Muito artista está famoso e não quer mais tirar foto. Eu não sou assim. Eu pedi a Deus pra ficar famoso e as pessoas tirarem foto comigo. Então, não fica nervoso, porque podem ser duzentas, trezentas pessoas, que eu vou tirar foto com todo mundo.

A ideia de Flavinho era subir direto até a igreja, Arlindo fazer sua oração e, na descida, vir tirando foto, até entrar no carro e ir embora. A estratégia estava dando certo. Eles subiram, todos respeitaram, ele fez a oração, fizeram fotos na descida e entraram no carro.

Dentro do carro Arlindo usou de novo a droga. Filé, amigo de Arlindo, que estava tirando fotos, foi comprar uma rosa numa das barraquinhas, Flavinho andou uns metros com o carro e parou. Duas meninas encostam-se no carro. Uma bateu na janela.

Fã: – Arlindo, eu te amo. Deixa tirar uma foto com você.

Arlindo preferiu não tirar foto naquele momento. E a menina insistindo muito, dizendo ser sobrinha da Dulce, uma das comadres de Arlindo, de quem ele gosta muito. Arlindo arriou um pouquinho o vidro e disse que não ia tirar foto, mas antes de fechar...

Arlindo: – Minha querida eu amo a Dulce, mas vamos tirar essa foto depois, não dá pra eu tirar agora.

E fechou o vidro. Ela continuou insistindo. Ele arriou mais o vidro e voltou a dizer que não. Fechou e abriu de novo, decidido a tirar a foto, mas antes ela apertou o botão. E fotografou sem ver. "No dia seguinte, às seis da manhã, já tinha recebido centenas de mensagens com a foto. Levei um susto! Levantei e corri pra casa dele. Arlindo ainda dormia e não tinha visto. Ao olhar pra foto, creio que foi uma das maiores tristezas da sua vida. Mesmo as pessoas sabendo que ele usava, sempre existiu esse cuidado para que isso não acontecesse",conta Flavinho. "Ele chorou quando viu a foto. A primeira atitude dele foi ligar para a Mônica Almeida, diretora do Esquenta, e falou a verdade para ela. A produção do programa começou a derrubar os blogs sem força", contou o produtor Felipe Bueno. Mas uma bomba ainda estava para cair nos braços de Arlindo. Logo depois da feijoada de São Jorge que aconteceu em casa, Arlindinho chamou Flora e mostrou a foto. "Meu mundo caiu e foi por isso que decidi oferecer ajuda a ele mais uma vez", contou Flora.

No dia seguinte, 24 de abril, Arlindo tinha um show marcado no Centro de Tradições Nordestinas, em São Paulo, mas receoso com o que poderia acontecer não queria ir. O produtor Felipe Bueno o encorajou e ele foi, meio sem graça. Para sua surpresa a recepção no show foi com muito apoio, muitos cartazes da galera, o que levantou sua auto-estima. "Foi quando resolveu dar um tempo e, de abril a novembro, parou com a cocaína. Rezava com o terço todo dia às seis da tarde, ia aos orixás dele, e virou outra pessoa. Conseguiu segurar a onda", disse Felipe.

Um dia depois, outro show em São Paulo e Arlindo ainda meio cabreiro com a recepção do público e num baixo astral. Os músicos conversaram e foram falar com ele, que estava deitado de lado, pensativo, numa cama de cimento do vestiário, que servia como camarim. "Nós éramos família mesmo, de trocar ideia, dele dar conselhos, da gente comemorar as vitórias juntos, de irmos pro quarto dele, pra ouvir músicas novas, tinham almoços comemorativos... e foi a primeira vez que vi o Arlindo assim frágil, tristão. Ele sentou...", disse Azeitona.

Arlindo: – E aí, rapaziada? Que foda essa parada, hein!

"Acho que ele ficou mais triste nem foi pela imagem dele, mas pelos filhos. Ele não tinha essa onda de se importar com ele. Estava sempre preocupado se quem estava ao redor estava bem, comendo bem, bebendo bem, fumando bem, e com ele era tudo muito, ele era compulsivo", conta Azeitona. No palco, o show foi um pouco menor. "Em vez de 1h30, fez 1 hora de show. E mesmo nesse dia que ele tava fudido, destruído, no palco ele foi o artista, com sorriso no rosto e arrasou", completa Azeitona. Nesse final de semana depois da foto, Arlindo fez um pedido para o cavaquinista Gegê.

Arlindo: – Eu não quero mais. Me ajuda, fica perto de mim, não me deixa sozinho.

Gegê: – A gente tá junto Arlindo, pode contar com a gente.

Em casa, abalada, Flora só voltou para a escola uma semana depois e foi fuzilada pelas mais variadas perguntas: se seu pai tinha sido preso, se tinha morrido, se tava usando crack...Todos queriam saber o que tinha realmente acontecido com seu pai. Desesperada, Flora ligou para o pai.

Flora: – Pai quero ir embora. Quero sair dessa escola e não voltar aqui nunca mais. Tô com muita vergonha.

Arlindo; – Calma filha. Vou te buscar aí pra todo mundo ver que eu tô vivo, que não tô preso, que não sou traficante, nem tô escondido.

E ele foi. Entrou no colégio e foi até a sala de Flora. Ela arrumava suas coisas com as lágrimas rolando. Arlindo bateu na porta e abriu.

Arlindo: – Vim buscar minha filha.

Ninguém esperava. A turma em silêncio tomou um susto ao ver Arlindo. Ele entra na sala e desaba num choro. Leva Flora pra casa e conversam no carro. "Pediu muitas desculpas, mas aquela foto me trouxe muita coisa negativa, porque é muito ruim ouvir falar de quem a gente ama. E meu pai é muito maior, mas muito maior do que um usuário de drogas. Ele não se resume a isso. É muito além, é outro nível de ser humano. Pra mim foi foda, mas ele foi muito homem mais uma vez". Dessa vez foi o próprio Arlindo quem tomou a iniciativa de se cuidar.

Arlindo: – A droga já afetou muita coisa na minha vida, na minha saúde, na minha família, na minha carreira. Não posso mais deixar isso acontecer. Agora não falta mais nada.

"Daí em diante meu pai mudou a vida, relacionado a tudo, principalmente relacionado a droga. Ele até voltou, mas não do jeito que era. Voltou de forma bem reduzida, assim esporadicamente", contou Flora, que o acompanhava no retorno à mesma clínica, onde fazia terapia um dia inteiro, às terças e quintas. "Ele conseguiu se reerguer. Ele sempre muito fênix, mas dentro dele nunca esqueceu a história da foto. Ficou essa marca, essa ferida pra ele e ensinamento pra todos nós. Foi tudo bem doloroso", diz Flora.

Completamente arrasado por tudo que aconteceu por causa da tal foto, Arlindo foi reclamar com o parceiro Rogê e tomou uma chamada.

Arlindo: – Poxa, playboy, seu São Jorge quase me fudeu.

Rogê: –Fudeu nada, ele tá é te salvando. Você que não tá sabendo, não se ligou. Foi um recado pra você.

E Arlindo, que tinha resposta pra tudo, desta vez ficou quieto, num profundo silêncio. E viveu, por um tempo, ouvindo broncas daqueles que se importavam com ele, como o amigo Jr. Dom.

Jr. Dom: – Poxa, Arlindo. Tua carreira tão bonita! Você lutou tanto! Olha como é que as coisas podem acabar de uma hora pra outra. Você tem que se blindar mais, se proteger mais.

Como fez com Rogê, ele ouviu e apenas olhou para o amigo. "Aí ele deu um bom tempo, só que é difícil. E as pessoas nem entendem e só conseguem fazer o julgamento".

Quando os dois estavam no quarto de Arlindo fazendo o samba Gasta Aqui Gasta Lá, em homenagem a Babi, gravado por Dudu Nobre, rolou um incômodo. "Ele sempre me respeitou, nunca me ofereceu nada, mas nesse dia teve um momento dele com a cocaína que me incomodou um pouco. Vi ali a transformação dele real, da hora que cheguei pra fazer a música, à primeira inalação quando começou a se transformar. Talvez não respondendo muito a questão da música, da melodia, da letra. Ele tinha até o costume de compor dessa maneira, mas não é o caminho. Aí tomei coragem...

Jr. Dom: – Arlindo, já pensou em parar?

Arlindo: – Não compadre, não tenho essa intenção não. Eu preciso dessa parada porque tem horas que não aguento a verdade do mundo que tenho de encarar.

"E não entrei mais no assunto",

NAS ANDANÇAS COM ANDREZINHO

A preocupação dos que estavam mais próximos de Arlindo com relação à droga era grande. Mas também existia o cuidado de saber a hora certa de entrar no assunto. Com Andrezinho, padrinho de Flora, a única vez de uma conversa sobre parar com as drogas foi quando sua afilhada colocou o pai contra a parede.

Arlindo: – Tô me segurando porque ela me cobrou e tô tentando parar.

E o compadre Andrezinho foi testemunha de vários desses momentos. "Sabia que a gente ia subir o morro pra ele usar, mas não falava nada. Ia como fã, como amigo e ficava lá trocando ideia. Sempre aparecia um banjo, um cavaco, um tantan, virava em samba, amanhecia, azulejava e chegávamos em casa de manhã. Fiquei feliz de vê-lo tentando parar. Até porque nem precisava comprar, chegava de montão, em qualquer lugar. Era a onda deles, responsabilidade de cada um e nenhum deles me ofereceu, muito pelo contrário. O Da Cruz dizia que não queria me ver usando. O respeito era mútuo e ia com ele amarradão para todos os lugares". Um desses lugares foi o antigo Pagode do Leão, que acontecia nas noites de terça dos anos 80 na antiga quadra da Estácio de Sá, na Rua Miguel de Frias, bem ao lado do prédio da antiga TV Rio e da famosa Vila Mimosa. Após o pagode, comandado por Bira Hawaí, Arlindo, o irmão Acyr e Andrezinho foram tomar cerveja e jogar sinuca na Vila Mimosa. De vez em quando Arlindo e Acyr iam pro banheiro dar um teco. Um policial notou o movimento suspeito e resolver acabar com a festa dos irmãos. "Foi tenso, um entrevero num lugar pequeno com uma mesa de sinuca no meio, mas acabou sendo engraçado. O Acyr e o Arlindo quase deram no polícia. Um pegava uma garrafa daqui, outro gritava dali o famoso você não sabe com quem tá falando...aí começou a chegar uns amigos e queriam pegar o policial... empurra daqui, segura dali, puxa arma não puxa...a mulher do negócio ficou louca".

Acyr: – Vamos fazer na mão. Tira essa farda que eu vou te meter a porrada.

Arlindo, que também queria bater no policial, já estava mais calmo, desenrolou com ele e, de repente, a confusão morreu. Terminaram bebendo cerveja junto com o polícia, rindo muito.

Arlindo: – Meu compadre, vai domingo lá no meu pagode.

DROGAS NO SOBRADO E NO HOTEL JANDAIA

Marcelinho Moreira lembra os loucos e divertidos tempos que passaram no famoso sobrado da Clarimundo de Mello, onde acontecia de tudo. "Era muita confusão, muita maconha. Arlindo não me deixava fumar. Um dia, eles na seca, lembraram que dentro do case do banjo tinha um saco de arroz com maconha. Acharam e, de tão feliz, Arlindo parecia criança em dia de doce de Cosme e Damião. Pulando na cama, se jogando no sofá... quando acabava tudo ele ia dormir e roncava". Outro momento de doideira foi durante uma competição de ginástica artística pelos Jogos Pan-Americanos de Santo Domingo, na República Dominicana, em 2003. Os dois, de "juízes", assistindo pela TV no Hotel Jandaia, em São Paulo. "Ficávamos dando as notas nas provas de salto, numa alegria, que mais parecia gol do Brasil".

Sempre que podia, Marcelinho entrava no difícil assunto parar com a droga.

Arlindo: – Eu tento, mas é muito difícil. Sonho que estou numa montanha, um morro de cocaína. Mas, peraí, tá pensando que manda em mim? Você é cheio de marra, hein!

"Quando eu falava pra ele parar, me chamava de chato. A gente viajava e eu não deixava ele usar. Modéstia à parte ele respeitava. Conversamos sobre ele ter uma postura diferente e ele queria parar, mas nas viagens a gente no maior lazer, sempre tinha um que conseguia passar, entregava na mão dele escondido. Quando via eu barrava mesmo, mas quando já tava eu não podia interferir, que aí eu ia arrumar um problema. Só olhava pra ele e saía. Não tinha jeito. Na manhã seguinte ele ligava, me chamava e dizia que tinha pedido um café bacana pra gente. E nem deixava eu responder, desligava. Eu ia e nem tocava no assunto. Era mais um dia de disputa com todos que traziam, mas às vezes eu conseguia barrar", conta Marcelinho. Uma vez presenteou Arlindo com um livro de autoajuda, Quem Mexeu no meu Queijo, de Spencer Johnson, onde o queijo representa aquilo que você deseja, e o labirinto as dificuldades que se enfrenta para conseguir o que quer. E Arlindo leu. "Lembro também que, quando percebia que ficava ruim pra ele, não tinha paranóia nem ficava grilado. Bebia muito e dormia".

PAPOS SÉRIOS COM MARCELO D2

Em meio a tantas loucuras provocadas pelas drogas, a dupla Arlindo Cruz e Marcelo D2 curtiu o seu momento da melhor forma sem pensar no amanhã. "Sinceridade? Nós não estávamos nem aí. Queríamos era curtir a vida. Os dois fazendo muito sucesso, no auge de nossas carreiras, o desejo era viver", assume Marcelo. E viver para eles era também cair dentro, onde a droga aparecia como uma defesa. "A gente vem de um lugar que não tem um auto-cuidado. É meio foda falar isso, mas a gente é moldado para sobreviver, não para se auto-cuidar, ter uma alimentação boa, fazer exercício. Não! A gente tem é que sobreviver, nossa caminhada é essa. Falo isso porque minha vida é parecida com a do Arlindo. Pra gente as drogas eram uma válvula de escape fudida. Era onde esquecíamos um pouco dos nossos problemas. Não só pra gente, mas pra todo mundo. Só que tem gente que consegue beber a cerveja no final do dia, acordar de manhã, ir trabalhar e viver a vida bebendo socialmente, eu e Arlindo não conseguíamos. E digo mais, fiquei muito impressionado quando entrei no mundo do samba. Achava que o samba era mais cervejinha e que os roqueiros é que eram foda. E aí descubro que os roqueiros são bebezinhos perto desses caras".

Porém, ao mesmo tempo em que escancaravam, também conversavam sobre parar com a cocaína. Eram papos que começavam naquele já conhecido dia seguinte da bebedeira e da cheiração, quando acordavam de ressaca e um ligava pro outro e prometia que ia parar. "Eu parei algumas vezes. Em 2011, quando gravei Delegado Chico Palha, no Quintal do Zeca, estava fazendo um ano sem beber. E lembro que falei pro Arlindo parar de beber, porque só assim iríamos parar de cheirar, Não dá pra parar sem parar de beber. Cheguei na roda todo mundo na cerveja, eu de água, até dei um gole na cerveja, mas estava devagar. Anos depois voltei a beber".

Com o passar do tempo, Marcelo D2 entendeu que a vida tem vários outros prazeres. E gostaria que o amigo estivesse bem para curtir com ele uma nova vida. "Eu não acho que o avc foi por causa da droga, mas foi por causa da droga. Também. Arlindo levava uma vida desregrada pra caralho, com aquele peso, comendo de tudo. Uma hora a conta vem, mas pra gente isso nunca foi um problema, não pensávamos muito em ter que parar. Quando eu parei as duas primeiras vezes, essa foi a terceira, uma vez fiquei dois anos, depois um ano, foi pra tentar viver a vida de uma outra maneira. Como qualquer coisa na vida tem o seu tempo, não dá pra fazer sempre a mesma coisa, ficar vivendo essa vida de noitada, balada, virar a noite, não consigo mais. Isso é pra quando você tem vinte, trinta anos. Quando chega nos quarenta tem que mudar o jogo. Tentei mudar o jogo e mudei, eu consegui. Pensei, já me diverti o bastante e tá na hora de cuidar dessas crianças, ficar aqui pra curtir uma outra parada. E tem uma outra maneira de ficar doidão, sem ser com droga, de brincar com minha filha. Dar tchau quando ela vai brincar é uma onda fudida também. Quando você tá doidão, de ressaca, não dá muito valor pra isso".

MAIS PAPOS SÉRIOS COM ROGÊ

Na convivência com Rogê, as conversas para se afastar da cocaína também aconteceram e até renderam certo mal estar. "Nunca gostei de pó, sempre fui da esquadrilha da fumaça. Andava com os mais velhos, jogava bola com eles e vi muita gente morrer. E falava, pô compadre não cheira não. Mas uma vez ele reclamou na frente dos outros, fez uma brincadeira comigo na frente dos caras...

Arlindo: – Esses playboys pancadões vem falar pra gente pra não cheirar, vê se pode.

Rogê: – Pô meu irmão vou te dar um papo, foi a última vez que te falei essa parada.

"Quando ele cheirava eu não gostava de estar muito perto, ficava triste, porque faz muito mal. Ele tava muito gordo, tinha glaucoma, a parada no joelho e no final ele andava com uma cartela de remédio pra tudo. Os médicos que eu conhecia falavam teu amigo é uma bomba relógio, ele tem que mudar a vida dele, a qualquer momento vai estourar em algum lugar. E uma época ele tentou".

Arlindo: – Pô, meu compadre! Você acha que eu não quero parar? Quero muito parar, só que eu não consigo, é muito difícil, eu sou viciado.

Rogê: – Pô meu irmão, vamos tentar.

Arlindo: – Quero muito parar, tenho filha pequena e ainda tenho muita coisa pra fazer.

AS BRONCAS DO DR FRANCO LATTARI

Um dos maiores parceiros musicais de Arlindo Cruz, o Dr. Franco Lattari não poupava o amigo se o assunto era a droga. Ao mesmo tempo em que vivia aconselhando, também dava altas broncas. "Ah, de vez em quando ele soltava os cachorros no Arlindo. Até minha filha Natália, afilhada dele, uma vez deu-lhe uma chamada que ele chegou a chorar", lembrou Santinha, então esposa de Franco. Ela também lembra que na vez que o apartamento deles na rua São Francisco Xavier estava em obras e preparavam-se para passar um tempo em Araruama, Arlindo ofereceu o famoso sobrado da rua Clarimundo de Mello para eles ficarem até a obra acabar. Santinha foi limpar o apartamento e ia encontrando uns flagrantes pelos cantos. "Às vezes eles estavam compondo e vinha a turminha chamar Arlindo, o que deixava o Franco muito irritado. Por duas vezes foi cuidar dele por causa de overdose. Mas ele sempre me respeitou.

Arlindo: – Aqui não. Na casa da Santinha não tem bagunça.

A 300 KM POR HORA COM MAURIÇÃO

Se na parceria com Franco, o que Arlindo encontrava era conselho e broncas, com Maurição a sintonia era fina no universo das drogas. Só que, mesmo indo fundo, Maurição também reconhecia tanto o perigo quanto a dificuldade em parar. "Parar com a droga é muito difícil. Só tem um jeito de parar. Só Deus. Fiquei três anos parado, mas... então se você tá feliz você usa, se tá infeliz você usa. É muito espiritual, muito negativo. É boa pra compor, mas é negativo porque no outro dia você acorda mal, espiritualmente não se sente bem. Você fica escravo e não quer fazer mais nada", diz Maurição.

Por muitas vezes Maurição e Arlindo voltavam do show para compor. Varavam a madrugada e iam até umas nove, dez da manhã. "A droga é uma droga, mas na hora de compor é extraordinário. Imagina o cara inteligente como Arlindo com a velocidade da droga na mente! Só saíam coisas lindas", afirma, lembrando que várias músicas foram feitas com a cocaína como fiel parceira. "Foram quase umas cem. Uma foi O Fim da Tristeza. Aliás, pra dizer a verdade, foram poucas as que fizemos de careta, as que fizemos de dia, porque geralmente era na madrugada. Fiz muita música com o gordão. Tenho muitas saudades de compor com ele. Depois de ir dormir pela manhã, a gente acordava lá pelas quatro, cinco da tarde, e já acordávamos no rangão. Daqui a pouco, era meter a venta de novo. Mas era um bagulho assim sadio, pra trabalhar. Nunca foi pra fazer maldade, ruindade com ninguém. Quer dizer, sadio em termos né? Pra gente não era sadio, nunca vai ser, nem pra gente nem pra ninguém".

O PARCEIRO CARETA ANDRÉ DINIZ

Arlindo: – Rapaziada, eu preciso parar de cheirar. Mas é muito difícil.

André: – Você tem um amigo aqui. Como você sabe, eu não uso, mas se eu não consigo parar com refrigerante, como é que vou te recriminar por não conseguir parar com a cocaína? Não posso te julgar. Então, nós estamos aqui pra te ajudar.

A conversa aconteceu em 2015, pouco tempo depois da foto do dia de São Jorge. E o apoio de parceiros que não consumiam a droga era fundamental para a missão que era se afastar dela. E André Diniz procurava estar sempre atento e disponível para qualquer pedido de ajuda. Ele, Bocão e Leonel. André estava por perto quando Arlindo fez um acompanhamento terapêutico, tomando remédio, indo ao psiquiatra, em 2015. E também quando teve uma recaída e voltou para a clínica em 2016. Arlindo também pedia ajuda para Verônica, esposa de André. Para que ela ministrasse jorei nele e colocasse seu nome no altar, na Igreja Messiânica. "Sou testemunha que ele lutou muito para parar com a cocaína, conversamos muito, mas infelizmente, voltou com bastante força".

Nos momentos de compor os sambas enredo, as diferenças surgiam claras. E Arlindo tinha a ideia de que a droga aumentava o seu desempenho. "Nós fizemos uns quarenta, cinquenta sambas. Sempre que a gente começava, ele tava careta e funcionava muito. Ele voava, mas quando a música empacava, ele acendia o charutão, falava agora vou arrebentar, mas atrapalhava e o seu rendimento caía sensivelmente. Ele era mais brilhante careta, pelo menos na minha frente. Era o dia inteiro com o cigarro de maconha na mão, o que atrapalhava o processo de criação. Ele começava a viajar demais, a contar ideias e sair do enredo. E perdia aquele caminho que o enredo pedia", completa André.

Num desses encontros André surpreendeu Arlindo com um pedido.

André: – Vou te fazer um pedido que nunca fiz.

Arlindo: – Ah, não acredito. Você vai fumar um baseado comigo?

André: – Claro que não. Não temos uma foto juntos. Eu quero tirar uma foto contigo.

Arlindo: – Mas que decepção! Que coisa sem graça...

REFLEXÕES DE UM PARCEIRO DO CASSETA

Nos encontros com Hélio de La Peña eles abriam uma cerveja, rolava um baseado, mas quando entrava o pó...

Hélio: – Não é a minha.

Arlindo: – Mas você se importa?

Hélio: – Eu me importo pela sua saúde, mas não mando em você, faz aí o que você quiser.

Arlindo se sentia à vontade para usar, acabava usando menos porque Hélio não embarcava na jogada, mas não deixava de usar. "Ficava pensando, poxa, um cara gordo usando pó, era uma combinação que não ia dar certo. Mas recorrentemente falava em parar, em dar um tempo. Às vezes dizia que estava pegando mais leve, na comida também. Por um período deu uma aliviada, mas não conseguia e quando ficava muito empolgado, aí não tinha quem segurasse. E o pior é que tem gente que acaba se aproveitando, porque o cara gostava e tinha recursos. Então, chegavam aqueles caras duros, doidos pra meter o nariz, sabiam que tinha e iam puxando ele pro buraco, pra depois falar...", disse Hélio.

MACONHA E COCAÍNA? ALÔ PRODUÇÃO!

E como funcionava o consumo das drogas durante os shows, as viagens? Existe uma máxima no setor de entretenimento, seja na TV, seja nos shows, nos eventos, que tudo que acontece é a produção. Principalmente o que dá errado. Tem até aquele famoso grito: ô produção! Cadê a produção? Nos shows de Arlindo Cruz não poderia ser diferente e a atuação de um bom produtor era fundamental para tudo. Exatamente para tudo. E, em várias situações eram esses mesmos produtores que cuidavam de Arlindo. Como anjos da guarda.

Nos tempos de Alex, os dois iam conversando no carro, enquanto Arlindo dava o seu tapinha num baseado.

Arlindo: – Não faça isso que eu faço.

Alex – Mas por que você faz?

Arlindo: – Não sei Alex, não sei explicar, foge do meu raciocínio.

Alex: – Mas vê se manera, não vai desse jeito, isso um dia vai te prejudicar.

"Até que apareceu aquela foto e eu passei a ter ainda mais cuidado de não deixar ele se expor quando estava no carro. Era não abre o vidro, não atende ninguém, vamos embora direto pra casa. Porque não era ele que estava ali, era outra coisa. E ele me ouvia. Muitas vezes a gente saia pra caminhar pela praia e íamos conversando", disse Alex.

Fora do Rio, em muitos momentos a droga chegava até Arlindo sem que ele pedisse. Quando não era no hotel o presentinho chegava ao camarim. Bastava Arlindo entrar e alguém ia oferecendo. Nessa hora o pequenino Alex crescia na atitude e soltava os bichos pra cima do "amigo". Numa dessas quase sai no tapa com um.

Alex: – Ô gente, ele acabou de chegar. Nem dão um boa noite, nem querem saber como ele está...Arlindo me desculpa mas não parece que é seu amigo. Você vai fazer um show, milhares de pessoas te esperando ali fora...é muito chato isso.

Já o produtor Felipe Bueno se lembra de histórias mais sinistras de quando trabalhava com Arlindo e acabava tendo de resolver os presentes que chegavam para ele, nas mais diversas situações. "Ele ficava engraçado, ria, zoava muito. O problema é que é a droga do inferno, uma situação muito triste. Nunca me ofereceram, e olha que eu participava ali com ele, mas ele sabe qual é a minha, por isso que tinha confiança, porque não me envolvia".

Como muitos sabiam, Felipe confirma que Arlindo tinha a consciência de que não conseguia parar. "Mas ele nunca saiu de si. Estava sempre consciente, sabendo o que estava fazendo. Uma pena, porque é gênio. A gente viajava e tinha esses momentos que ele chamava de momentos de felicidade. Mas teve um show em São Paulo que alguém levou os papéis e me entregou. Um dos papéis estava furado, passei a mão na minha boca e ela ficou toda dormente. Caramba, fiquei com muita raiva. Quando já estávamos no hotel fui ao apartamento dele.

Felipe: – Hoje foi o último dia que coloquei a mão em cocaína. Se quiser comprar trago o cara até você, mas não meto mais a mão.

Arlindo: – E como é que eu vou fazer?

Felipe: – Não sei.

O produtor Felipe ficou muito incomodado e realmente não meteu mais a mão. Se alguém ligava, dizia pra vir entregar diretamente a Arlindo. "Ele ficava puto comigo, porque me entregavam e eu não pegava. E a nossa relação começou a estremecer um pouco", explica Felipe.

Momentos de puro stress pela demora da chegada da droga aconteceu em São Luis, no Maranhão. Um cara estava vindo para o hotel entregar a droga, ficou preso no trânsito e o que era pra chegar em uns quinze minutos, levou umas duas horas. Desesperado para usar, chamava Felipe de dez em dez minutos.

Arlindo: – E aí, cadê o cara? Cadê o cara?

Felipe: – Calma, o cara vai chegar.

Arlindo: – Calma? Tu fala isso porque não é viciado, tu não usa. Tem que ver como é que eu tô.

Felipe: – Então, para com essa porra, Arlindo. Se interna, eu fico contigo lá.

E Arlindo estava transtornado pra poder usar. O cara chegou e resolveu a sua ansiedade.

O produtor Flavinho é outra testemunha de que, nos shows, nas viagens ou mesmo que fosse no Rio, sempre tinha quem trouxesse a cocaína para Arlindo. "Isso não faltava. Ele gostava de tirar a onda dele em casa e depois do trabalho. Podiam levar pra ele na hora do show, mas não iria usar ali. Levava pra casa".

Nesta voltas pra casa dos shows no Rio os dois vinham conversando no carro. "A droga é a parte triste da trajetória do Arlindo, um cara tão maravilhoso. A gente conversava muito e eu pedia pra ele não fazer e já chegamos a brigar, a discutir. Eu falava que não ia mais buscar, mas não adiantava, porque ele dizia que, se eu não fosse, pediria pra outro e o outro a gente não sabia quem seria. Então preferia eu fazer porque iria entregar na mão dele e não iria fazer nenhum tipo de covardia. Infelizmente era uma missão ruim que ficou comigo. Ele cansou de me falar que iria parar, mas que o vício era mais forte e ele não conseguia". Nos meses em que se tratou na clínica, Arlindo tomava uma pílula de manipulação e pedia que Flavinho fosse com ele. E lá iam os dois na hora do rush, do Recreio pra zona sul. Quase duas horas na ida e mais duas na volta. "Era um trânsito horrível, mas pra tentar sair disso valeu a pena. O primeiro mês levou de boa, conseguiu, mas no segundo, já deu uma recaída. Ficou mais um mês tentando, mas não deu certo. E esse era um problema que não era só dele. Era nosso, de quem convivia e gostava dele, pois imaginávamos que uma hora ou outra ia acontecer o que aconteceu ou bem pior", lamenta Flavinho.

Em São Paulo, a fiel produtora Claudinha Almeida também passou por poucas e boas com seu patrão e ídolo. Ela levava Arlindo para pegar, mas também tinha uma mulher que levava no hotel. E uma vez, hospedado no Hotel Comodoro, a situação ficou tensa. "Ouvimos barulho de helicóptero, a polícia entrando no hotel, ficamos desesperados e jogamos tudo no vaso sanitário. Mas o que estava acontecendo era que um hóspede havia se jogado pela janela e caído em cima de um carro".

Já o empresário Cosminho negociava com Arlindo os momentos em que ele iria usar a droga. "Ele era muito senhor das coisas dele e não tinha essa resenha com ele de vai passar mal. Como todo cara que usa acha que dá conta de tudo, mas atrapalha. No outro dia tinha dificuldade de acordar, atrapalhava a comunicação. Ele dizia que sabia o que estava fazendo e a negociação era pra ele cumprir os compromissos da melhor forma possível". Cosminho tentava blindar Arlindo de todos os jeitos, mas reconhece que era uma situação complicada. "Com seu jeito simpático, atraente, ele é muito carismático e todo mundo queria agradar e achavam que trazendo, estavam agradando. Dizer que nunca prejudicou é muito forte. O público ou quem estava entrevistando podia não perceber, mas eu sabia que às vezes ele podia render mais, se apresentar melhor. E ele é tão diferente, tão inteligente, que conseguia cumprir seus compromissos mais do que muitos."

NOS PALCOS NOS CAMARINS NOS ÔNIBUS

E qual a diferença quando Arlindo usava a cocaína? Com a resposta, alguns dos que estavam com ele pelo mundo afora, numa verdadeira família: seus músicos. "Era nos gestos, no corpo. Não estranhava ninguém por isso. Com ele não tinha esse grilo. Ficava caladão com a mão no peito e os olhos saltando um pouco. Era um sinal. E a cerveja só vinha quando tinha cocaína. Outro sinal, pois normalmente o Arlindo não bebia cerveja. No show não mudava nada e a gente ficava querendo entender. Nunca vi ele se alterar por conta da cocaína e também nunca o vi agredir ninguém por isso", conta Azeitona. "Ele não ficava transtornado. Continuava falando de trabalho, de carreira, dava entrevista, falava com o banco. No palco também era sinistro. Ele tinha uma responsabilidade altíssima e uma segurança fora do comum. Na hora do trabalho ele era perfeito, era o melhor", disse Flavinho Miúdo. "Às vezes ele estava daquele jeito e a gente não acreditava como conseguia ficar normal no palco. Ele ali falando com o público, como se não tivesse usado, mas estava ali loucamente. Ele é muito sinistro", disse Marechal. "No palco ele era mágico, não dava mole. E quando tava ficando ruim ele olhava pra gente e pedia ajuda. No Barril, quando ele chegava e dizia pra gente hoje tô daquele jeito, muito feliz, a gente entendia e cantava com ele o tempo todo", contou Thiago Kukinha. "Não me lembro de nenhuma rateada do

Arlindo ao vivo. Ele não desafinava e, sempre muito líder, sustentava o som e segurava a banda. Quanto mais a gente tocava, mais ele segurava. Era um poço de criatividade", disse Rafael dos Anjos.

Se no palco dava tudo certo, fora dele algumas vezes eram cenas de pura comédia. Era como dizer não para uma criança teimosa e, ao virar as costas, ela fazia. "A outra parte ele até segurava, mas fumar era em qualquer lugar. E não tinha Arlindo não pode. Ele sempre dava o jeito dele", disse Thiago.

Arlindo: – Que não pode o quê, rapá. A gente dá um jeito.

Num evento da Copa das Confederações tinha muita segurança por causa das autoridades de vários países e avisaram que não podia acender baseado. "Foi como se tivesse dito vai lá e acende o baseado. Ele chegou no camarim e acendeu. Daqui a pouco foi uma correria, polícia federal, cachorros, e tiraram o Arlindo do camarim, com ele dizendo essa Maria Gadú é foda, acendendo baseado aqui", lembrou Azeitona.

As conversas e os pedidos para Arlindo deixar a cocaína já tinham se tornado um mantra. Numa das vezes ouviu atentamente o papo de Marechal e, em seguida...

Arlindo: – Tá maluco? Então, agora você é meu pai? É o Arlindão? Tá pensando que você é o quê? Agora tu que manda, é? Ô ô, sai daí, sai fora.

E a conversa séria terminava em muitas gargalhadas.

LÁ EM SALVADOR...

O amigo Edson Xuxu também conversava com Arlindo sobre ele parar com a cocaína e foi testemunha da promessa que fez à então pequena Flora de parar com tudo. "Ele tentou muito e não conseguiu. Perdeu para o vício. Mas isso não atrapalhava o profissional que ele sempre foi, que sempre cumpriu todos os seus compromissos. Nunca vi, aqui em Salvador, subir no palco bêbado ou drogado, ou mal trajado, com a camisa torta que fosse. Muito pelo contrário. Sempre esteve muito bem alinhado. Nunca teve uma falha no seu lado artístico, nunca incomodou ninguém e, mesmo usando, sempre foi respeitador, não vacilava, sempre foi um gentleman", confirma Xuxu.

PERTO DA MARIA NÃO

Quem nunca viu Arlindo Cruz usando cocaína foi Maria Rita. "Na minha frente nunca. Acho que ele tinha um respeito e um carinho tão grande comigo, que o cuidado que tinha passava por esse lugar. Ainda mais sabendo do meu histórico com a droga, que não é meu, foi da minha mãe. E por si só é polêmico, porque tem metade de gente que diz que não rolou e metade que sim. Eu sei que minha mãe usou, mas a morte dela é ainda um pouco nebulosa. Tem gente que jura por Deus que não tem possibilidade dela ter morrido daquilo. A voz não fica enrolada quando você está com cocaína no organismo, a voz fica acelerada e ela morreu com a voz enrolada", diz Maria Rita.

Arlindo no banjo e Zeca no passinho

CAPÍTULO 20

SAMBA IN RIO UMA TRAGÉDIA ANUNCIADA

ARLINDINHO FAZ CIRURGIA BARIÁTRICA

"Muito mais que um festival era um ideal de uma sambista. Afinal de contas o Rio de Janeiro é a casa e o dono dessa casa é o samba. Então, não pode vir o rock ou qualquer outra vertente musical fazer um festival e não te pedir licença. Achava que era uma afronta e nunca me conformei com aquilo. Hoje eu não acho mais nada".

A declaração indignada da empresária Babi Cruz era sobre um sonho que começou a surgir em 2005, quando era estagiária de produção do então diretor da Rede Globo Aloysio Legey, durante o Festival de Verão de Salvador. Vinte anos antes, em 11 de janeiro de 1985, numa área especialmente construída, chamada de Cidade do Rock, próximo ao Riocentro, na Barra da Tijuca, o empresário Roberto Medina iniciava a primeira edição do Rock in Rio. Nesta época, Babi iniciava sua trajetória no samba e já tinha sido campeã do carnaval como porta-bandeira da Mocidade Independente de Padre Miguel. A cada edição do festival de Roberto Medina ela ia acalentando o sonho de um dia realizar uma espécie de Rock in Rio do samba. Ao comentar com Aloysio Legey, ouviu a orientação de que deveria criar um nome e registrar a patente. Por quatro anos pagou a investigação do título Samba in Rio no INPI (Instituto Nacional de Propriedade Industrial) e recebeu a patente em 2009. Dois anos depois o produtor Max Pierre lançou um projeto com o mesmo nome e disse que a marca era dele. "Mas o nome era meu, eu que não reclamei", conta Babi. Tudo resolvido, ela seguia com a ideia e ia falando com o então subprefeito da Barra da Tijuca Eduardo Paes. "Ele dizia 'a hora que essa patente sair o festival é nosso'. Ele iria acontecer no Museu de Arte Moderna, em julho de 2013, finalzinho do primeiro mandato dele como prefeito. Mas foi adiado por causa das manifestações que aconteceram em junho, com as ações dos Black Bocs.", conta Babi. Eles eram os grupos de manifestantes vestidos de preto, que levavam medo às ruas. As manifestações começaram em São Paulo quando o Movimento Passe Livre convocou atos contra o aumento de vinte centavos nas tarifas dos trens, metrô e ônibus. Por conta da violência policial contra os manifestantes e contra a imprensa os protestos se espalharam pelo país.

O desejo do prefeito era trazer para a cidade um grande atrativo para movimentar as férias escolares do mês de julho e ganhar turistas. Evento adiado, não se falou mais no assunto até que na véspera do Natal de 2014, enquanto Babi preparava a ceia, Arlindo foi para um samba na casa do prefeito. Na volta, trouxe um recadinho.

Arlindo: – Ô mãe, o Eduardo mandou dizer que dia primeiro de janeiro começa a preparar o Samba in Rio. E deixei bem claro pra ele que eu tô fora.

Babi: – Mas eu tô dentro.

Arlindo tinha medo de arriscar, tinha medo de que acontecesse o que realmente acabou acontecendo. Ele não queria se sujar com os amigos, os artistas, com os músicos. Dizia que nunca tinha se metido com político e que não gostava de fazer acordo com político. Por outro lado, Babi não tratava Eduardo Paes como um político e sim como um amigo. "Até então era como ele se mostrava", disse Babi. Como as Olimpíadas do Rio seriam em 2016, para Eduardo Paes, o ideal era fazer o Samba in Rio neste ano de 2015. Pela produtora de Arlindo e Babi, Lado A Lado B, a empresária entregou o primeiro projeto com o custo de pouco mais de dois milhões de reais. O prefeito devolveu dizendo que aquele era o projeto de uma caravana e a ideia era um festival. Babi e sua equipe refizeram como festival e ficou em torno de 5 milhões. "Ele pensava em tirar um milhão e meio a dois milhões da cultura, dois milhões a dois milhões e meio do turismo e o restante de patrocinadores", conta Babi.

O Festival Samba in Rio foi marcado para os dias 17 e 18 de julho de 2015 na Praça da Apoteose, data e local escolhidos por Eduardo Paes. Babi contratou uma equipe de 18 produtores e começou a produzir todo o evento desde janeiro. A equipe entrou em contato com os 57 artistas e começou a bloquear as respectivas datas, comprou todas as passagens e alugou oito andares do Hotel Windsor. A logística de produção ia sendo montada, sem esquecer a reserva de Jorge Ben-Jor, que ficou no Copacabana Palace. "Dos sambistas só faltaram o Zeca Pagodinho, que estava na Europa, e Paulinho da Viola, que estava de cama", lembra Babi.

O evento foi apresentado oficialmente no Palácio Rio 450 Anos, em Oswaldo Cruz, com a presença do prefeito Eduardo Paes e a empolgação de Babi, que na ocasião disse: "Que seja o primeiro de uma série". Os ingressos foram colocados à venda nos valores de 60,00 (arquibancada), 80,00 (pista), 120,00 (vip) e 450,00 (frisa), para os shows que seriam realizados em dois palcos: o Samba D+ (à tarde) e o Samba in Rio (de noite). Além dos shows, estava previsto uma Feira Gastronômica, oficinas de percussão com os Mestres Odilon e Casagrande, de dança de casal de mestre-sala e porta-bandeira, de cavaquinho com Mauro Diniz e de jongo com o Jongo da Serrinha e Ponto de Cultura, incluindo várias lojas de roupa e o artesanato da Amebrás.

A LUZ VERMELHA ACENDE

Passados três meses nada de sair a verba prometida e alguns artistas já estavam cobrando os tradicionais 50%, que se pagam nas assinaturas de contrato. Preocupada, Babi decidiu cancelar. "Mas o Eduardo apalavradamente, como bons amigos que somos, dizia que era verba limpa, direta e garantiu que sairia", afirma Babi. No meio do temporal, que já começava a cair, uma ligação de Roberta Medina, vice-presidente executiva do Rock in Rio, para comprar a patente. Babi não aceitou. Quanto aos valores prometidos, eles não chegavam.

Na segunda, dia 13 de julho, saiu um milhão de reais. Um alívio, pois no dia seguinte estourava o prazo para uma série de pagamentos da megaestrutura que já estava montada. "Aos poucos fui percebendo que o festival era muito grande pra mim, uma simples mortal", reconhece Babi. Ela continuou acreditando nas promessas do prefeito, não cancelou o evento e a bola de neve dos pagamentos a serem feitos foi crescendo. Na quinta-feira, dia 16 de julho, saíram mais 950 mil reais. E só. E saiu após um telefonema desesperador de Babi com o então Secretário de Cultura da Prefeitura do Rio, Marcelo Calero, que estava no aeroporto. "Ele ligou para o gerente de uma agência do Santander, na Barra, e fui lá receber", lembra Babi.

O Samba in Rio foi realizado nos dias previstos, com cenografia e apresentação de Mílton Cunha, começando com um cortejo da Beija-Flor de Nilópolis, pela plateia, seguido do show de abertura do anfitrião Arlindo Cruz e o primeiro dia terminou com o Bloco da Preta, sob o comando de Preta Gil. O segundo dia começou com o Grupo Molejo e terminou em carnaval com o Cordão da Bola Preta. E Babi animadíssima. "Esse festival nasceu vitorioso, audacioso. Nasceu saudável para ter uma vida bem longa", disse na noite de estreia. Ela até podia imaginar, mas de certo não sabia o terremoto que a estava esperando. E como o que está ruim, tende a piorar, o prefeito Eduardo Paes pediu o material editado do Samba in Rio para ser enviado aos turistas que viriam para a Olimpíada do ano seguinte. Ou seja, além da dívida que já existia a Lado A Lado B fez outra na Cia. Dos Técnicos, que não foi resolvida e onde está preso o material. "Um festival que nunca mais teremos, por conta da qualidade humana dos sambistas que perdemos de 2015 para cá", diz Babi. Entre os nomes que nos deixaram a partir deste ano estão Beth Carvalho, Almir Guineto, Reinaldo, Nelson Sargento e o maestro Ivan Paulo. E, quanto aos milhões prometidos, jamais apareceram. "Eduardo Paes jamais tocou no assunto. Foi como se nada tivesse acontecido", diz Babi.

DÍVIDAS, PAGAMENTOS E PROCESSOS

Com o final do Samba in Rio nascia, segundo Babi, uma dívida de cerca de dois milhões e oitocentos mil reais, sem honorários, sem juros e sem correções. A empresária conta que o evento empregou quase duas mil pessoas, direta e indiretamente e teve um contrato de exclusividade com o Bob's, que rendeu uns 400 mil reais e ajudou a "apagar alguns incêndios" com os credores, mas cadê o restante da verba prometida e garantida pelo prefeito Eduardo Paes? A verba não apareceu e os dias seguintes de Babi e Arlindo foram os mais terríveis que se podia imaginar. "Arlindo ficou muito agoniado, sofreu muito com tudo. Tivemos muitas brigas e claro que tive de dar razão a ele", diz Babi.

"Fomos negociando com os artistas como pagar os seus cachês e muitos abriram mão e não entraram na justiça, encabeçados pelo Martinho da Vila. Chamou Alcione, Fafá de Belém e Seu Jorge, que nem estava na programação e cantou com vários artistas. Ele entrava e saía do palco e no final não cobrou nada", conta Babi, que explica também a ideia de valorizar cada artista com relação a seu cachê. Ao invés de contratar o cachê praticado, contratou o cachê inflado, na intenção de pagar bem a todos. "Colocamos uma tabela tipo P M e G. Se o cachê era de cinco mil ia pra quinze mil, se era trinta, passava pra cinquenta e, se fosse cem, ia pra cento e vinte, cento e cinquenta". Além da parte musical, as dívidas eram também com a estrutura, no que resultou em processos de justiça com palco, som e luz.

Sem pestanejar, Babi Cruz vai enumerando os acordos feitos com os artistas, quem abriu mão, quem entrou na justiça e até mesmo quem devolveu dinheiro, como foi o caso de Jorge Ben-Jor. "Ele abriu mão e trocou de empresário. O que saiu botou no pau e não avisou a ele. Um cheque de cinco mil voltou e na justiça, foi transformado em cinquenta mil. Paguei. Na última prestação liguei pra esposa do Ben-Jor pra dizer que eu não tinha e ela perguntou 'qual prestação?' e eles me devolveram todo o dinheiro e pediram desculpas".

A lista de pagamentos de Babi e Arlindo ficou assim:

Recebeu 100% – Mílton Cunha, Bola Preta, Soul Mais Samba, Pretinho da Serrinha, Rogê, Bebeto.

Recebeu 80% e abriu mão do restante – Alcione, Mart'nália, Noca da Portela e Velha-Guarda da Portela

Recebeu 50% e abriu mão do restante – Maria Rita, Dudu Nobre, Marquinhos Sensação, Neguinho da Beija-Flor, Raça Negra, Marquinhos de Oswaldo Cruz, Reinaldo, Velha-Guarda da Mangueira, Preta Gil, Molejo, Bom Gosto, Sorriso Maroto, Alexandre Pires, Almir Guineto, Sombrinha, Velha-Guarda do Império Serrano.

Recebeu 50% e entrou na justiça – Teresa Cristina, Moacir Luz, Fernanda Abreu.

Recebeu com shows de Arlindo Cruz – Ivo Meireles e Funk'n Lata, Fundo de Quintal (três shows) e Beth Carvalho (cinco shows).

"Alguns músicos também entraram na justiça, mas com o Casuarina foi um problemaço, uma baixaria com xingamentos, foi horrível", disse Babi. "Foi só merda, só confusão! Eu falei, eu avisei mãe não tendo as garantias, recua o evento, só que era um sonho dela. Ouviu garantias de pessoas importantes, acreditou na palavra de algumas pessoas sem ter levado pro contratual. Foi uma loucura administrativa. Teve gente que não tinha a menor afinidade com meu pai, que resolveu na paz. Meu pai não queria se desfazer dos imóveis, não quis mudar o padrão de vida pra resolver e se enrolou um pouco. Ele trocou datas, fez acordos, cantou com um, com outro, ganhou cachê menor, e resolvemos tudo agora, depois de oito anos", desabafa Arlindinho em 2023, que acabou participando de alguns acertos, principalmente após o AVC de Arlindo. "A gente tinha uma vida financeira extremamente confortável, não tínhamos nem de perto um tipo de aperto. Meu pai tinha um faturamento alto, alguns imóveis, grana guardada no banco, tudo certo. Só vivendo mesmo e, só não era melhor, porque ajudou muita gente. É foda falar, mas uma família que só um teve uma ascensão, ele não foi individualista e começou a querer assumir responsabilidades que não cabiam a ele", disse Arlindinho.

De todos os acertos o que deixou mais sequelas foi com o compositor Nei Lopes, ironicamente o parceiro escolhido por Arlindo Cruz para letrar a melodia de Sambista Perfeito. "Foi o único que Arlindo fez questão de ir ao tribunal e disse pra ele 'já sentei contigo em mesa de jantar, mesa de bar, mas nunca pensei sentar em mesa de tribunal, porque isso não faz parte de um sambista perfeito, processar o outro'. E saiu de lá passando mal com a pressão a 24", contou Babi. "Não falo com ele e se esticar a mão pra mim eu viro as costas. Eu que paguei a ação. Foram seis parcelas de sete mil reais, já com meu pai doente. A gente perdia a nossa casa, caso eu não pagasse. Houve até um episódio horrível que eu não o cumprimentei e vieram me questionar 'como você fez isso com o Nei Lopes?', mas ele sabe porque. E falo abertamente sem o menor problema. Ah, foi o escritório, o empresário dele, mas quem manda é ele. Meu pai falou não bota na justiça que eu vou pagar, vou dar um jeito. E depois do AVC o processo seguiu", afirma Arlindinho, que tirou Sambista Perfeito do repertório de seus shows. "Eu era fã do Nei Lopes, mas peguei ranço da música e não consigo nem mais ouvir. Isso que ele fez foi um bagulho de vacilão, de vacilão. É claro que não vou brigar com um senhor de idade, jamais levaria pra esse lado. Mas foi num momento que estava tudo muito ruim. Se o acordo fosse hoje tudo bem, era direito dele receber, só que ele quase fudeu a gente. Ele fudeu meu psicológico completamente. Eu vivia cada dia sem ter certeza de como ia ser o outro mês, fazendo pagode igual um maluco, com medo. E sentir medo é muito ruim. Quando a gente tem filho, passa a ter medo de passar fome. Estávamos com as contas bloqueadas, uma confusão do caralho, nosso imóvel arriscado a ir a leilão. De todos foi o que mais doeu", conclui Arlindinho. "Foi uma avalanche de merda, uma em cima da outra. Conheci um buraco mais fundo e mais escuro que o fundo do poço", conclui Babi.

A CIRURGIA BARIÁTRICA DE ARLINDINHO

A alimentação desregrada, com comidas pesadas quase todos os dias, também era uma preocupação do jovem Arlindinho. E o resultado era que já estava bem gordinho. "A alimentação era horrível lá em casa. Meu pai gostava de umas comidas que não fazem o menor sentido. Não tem porque comer uma gordura daquela. É gostoso, mas pra que? Gordura frita? Ele metia um joelho de porco numa quarta, do nada, e isso impregnou na gente. Quando fui começando a entender de saúde disse a meu pai pra deixar a feijoada de segunda ou de terça, para o domingo".

Arlindo: – Filho, na vida a gente tem que comemorar, não tem essa de deixar pra depois. Vai que eu não tô aqui no domingo. Então, vamos comer hoje!

Arlindinho ia crescendo, se interessando pelas meninas, mas um gordinho preto acabava ficando no zero a zero e traumatizado com essa rotina. "Fiquei complexadaço, não pegava ninguém na escola. Todo mundo já beijando na boca e eu nada! Zero! Negão agora é moda, virou símbolo sexual, tá fácil, elas querem, mas não era assim. Elas queriam branquinho, de olho claro, cabelo pro lado", diz Arlindinho, que já cantava, mas nem assim sua situação melhorava. O combo negro+gordinho+tímido o derrubava na hora da conquista. "Cantar ajudava, mas eu tinha muita timidez, não tinha segurança pra chegar numa menina e, pra piorar, eu tinha um problema de ereção. Por causa da gordura no saco, tinha varicocele e não conseguia ficar de pau duro", confessa Arlindinho.

Ele também reclamava que não conseguia correr no futebol, que estava sem fôlego. Foi ao médico e ouviu que teria de fazer a cirurgia bariátrica. Assim que acabou o Samba in Rio, Arlindinho fez todos os exames pré-operatórios, risco cirúrgico e se internou para fazer a cirurgia. Guardou segredo e só contou para os pais. Tudo confirmado, alguém colocou uma pilha forte em Arlindo, de que daria tudo errado. E no dia da operação lá foi ele tentar uma última cartada para o filho desistir.

Arlindo – Olha, filho, não faz não. Se você quiser desistir eu tô contigo, a gente vai caminhar na praia, vamos parar de beber, vamos emagrecer na moral.

"Ele morria de medo. Achava que eu ia comer hambúrguer e ia estourar o estomago. Achava que depois eu não fosse ter uma vida regrada. Mas eu já estava convicto e fiz".

Com a cirurgia sua vida mudou. Começou a fazer esporte direto, ganhou uma qualidade de vida que não conhecia e o melhor, seu desempenho sexual melhorou e aí o jovem tímido deu lugar ao magro garanhão. "Aí sim, comecei a pegar aquelas minas que eu sempre quis pegar da escola, atriz da Globo que via na TV, as que não me davam bola, e comecei a realizar meus desejos", conta Arlindinho. "De cara ele perdeu 68 kg em uns seis meses. Quando o médico liberou foi jogar a primeira pelada e voltou emocionado, dizendo 'sou outro homem'. Que mãe não se emocionaria? Fiquei muito feliz", diz Babi. A seu lado, vendo o filho magro, saudável, feliz, o pai estava se empolgando em fazer também a cirurgia, mas infelizmente não teve tempo.

Capítulo 20

Com o Rei Roberto Carlos

CAPÍTULO 21

PRÊMIO DA MÚSICA BRASILEIRA

2 ARLINDOS A SUCESSÃO

Com cinco Prêmios da Música Brasileira consecutivos, de 1988 a 1992, como integrante do Fundo de Quintal, como melhor grupo de samba, Arlindo Cruz ganhou mais quatro prêmios, três na carreira solo e um como compositor. Em 1994, com o LP Arlindinho, ganhou o prêmio revelação na categoria samba. Em 1999, em parceria com Sombra e Sombrinha, ganhou a melhor canção, Ainda é Tempo pra ser Feliz, com a gravação de Zeca Pagodinho. Este ano, devido à falta de patrocínio, não houve a já tradicional cerimônia de entrega no teatro Municipal do Rio de Janeiro e cada vencedor recebeu seu troféu em casa. No ano de 2112, com o CD Herança Popular, Arlindo foi o melhor cantor do samba, prêmio que voltou a receber em 2015.

Neste ano Arlindo voltou a integrar o elenco de estrelas de mais uma turnê do Prêmio da Música Brasileira. A primeira vez foi na homenagem ao cantor e compositor João Bosco, numa turnê que passou por oito cidades. Em 2015, a turnê do vigésimo sexto prêmio foi para comemorar os cinquenta anos de carreira de Maria Bethânia, e passou por Porto Alegre, Brasília, Recife e Belo-Horizonte. Além de Arlindo e de Bethânia, o elenco tinha Zélia Duncan, João Bosco, Lenine, Chico Cesar e a cantora estreante Camila Pitanga. "O Arlindo é um compositor ímpar na qualidade dos seus versos. Nessas turnês se mostrou um companheiro incrível de viagem. Ele é da madrugada, eu também sou, e as rodas de samba fluíam no quarto dele", conta José Maurício Machline, criador do prêmio. "Arlindo ia pro meu camarim e cantava muito. Canções dele, minhas canções, brincava, foi uma turnê muito feliz. Todos nós éramos muito ligados e nos divertíamos juntos, o tempo todo, no avião, no aeroporto. Tinha muita humanidade, muito carinho ali envolvido", disse Maria Bethânia. Para não perder o costume, Arlindo se atrasava nos aeroportos. "Ele perdia todos os aviões e jamais chegava no mesmo voo que a equipe, mas também jamais deixou de cumprir seu compromisso nos shows. Arlindo é um artista que só dá prazer você trabalhar com ele. E com uma musicalidade incomum", conta José Maurício.

Uma das mais emocionantes apresentações da turnê foi realizada no Chevrolet Hall, em Belo-Horizonte, no mês de novembro. Com cenário de Gringo Cardia e uma abertura que exibia fotos da vida e da trajetória musical da homenageada, o show teve Arlindo cantando Reconvexo (Caetano Veloso), Apesar de Você (Chico Buarque), Rainha Negra (Moacyr Luz) e Sonho Meu (Dona Ivone Lara/Délcio Carvalho). Antes desta, ele lembrou das tragédias da cidade mineira de Mariana e de Paris.

Arlindo: – O povo mineiro está triste. O povo do mundo está triste. Vamos tentar sonhar um pouco com Dona Ivone Lara.

Última a entrar em cena, Maria Bethânia interpretou Carcará (João do Vale), Explode Coração (Gonzaguinha), Fera Ferida (Roberto Carlos/Erasmo Carlos), O Quereres (Caetano Veloso) e Vento de Lá e Imbelezô, ambas de Roque Ferreira. No final todos cantam O Que É O Que É (Gonzaguinha) e voltam no bis com Sonho Meu. "Ele me chamava de Maria ou de Bethânia. Gostava do meu orixá, Iansã, e sempre fazia festa. Lembro no dia da estreia, quando entrei com uma saia toda de ouro...

Arlindo: – Ela veio de Oxum.

"E fez uma saudação ao orixá. Arlindo é muito nobre, um homem lindo", completa Maria Bethânia.

ARLINDO CRUZ PREPARA SEU HERDEIRO

Uma das qualidades de Pelé, o eterno Rei do Futebol, era que ele antevia as jogadas. Ele pensava antes dos adversários e os surpreendia com jogadas geniais. Como Pelé, o rubro-negro Arlindo também anteviu a jogada e, como se estivesse prevendo seu próprio futuro, preparou a sucessão e, aos poucos foi dando condições a seu filho Arlindinho de seguir a sua trajetória e assumir as responsabilidades na sua falta. Tomar conta da família, assim como o pai fazia. "Parecia que tava adivinhando o que ia acontecer com ele. O aniversário de treze anos da Flora, ele fez uma festa gigantesca. Parecia que estava prevendo que não iria aos quinze anos", explica a secretária Paula Maria. "Meu pai sempre foi muito inteligente, muito mais visionário e começou a me preparar, me deixar pronto, caso pintasse uma oportunidade de conseguir chegar. E quando meu lado artístico começou a aflorar ele foi ficando mais tranquilo", entendeu Arlindinho

"Como ele me apoiava, a assinatura dele sobre a minha vida, sobre a minha carreira, me dava um certo conforto. Eu tinha uma proteção e quando essa proteção saiu fiquei exposto. Mas, quando ele ficou doente já tinha certeza que ia conseguir, por mais difícil que fosse", reconhece. Esta convicção de que daria certo e que saberia fazer Arlindinho já tinha desde os tempos do Grupo Bambas de Berço. A postura que mostrava no palco do Bossa Nossa, na Lapa, já deixava claro que iria seguir uma boa carreira solo. "Eu tinha uma análise muito fria e no início não gostava de me ouvir, eu não gostava do meu jeito. Quando passei a gostar é porque já tava no caminho, já sabia fazer. É claro que não vou ser o maior, o melhor, mas canto afinado, sei tom, estudei, tenho extensão de voz, vou sobreviver", completa Arlindinho.

Tudo começou com o Pagode Dois Arlindos, no início de 2016, quando começou a levar Arlindinho e dar uma roupagem diferente, mais jovem aos shows. "Era oferecido o show do Arlindo ou o Pagode 2 Arlindos, com um valor mais baixo e uma banda numa formação reduzida em São Paulo, pra diminuir o custo", diz Paula. O então empresário Cosminho lembra que Arlindo aos poucos foi abrindo mão dos seus shows. Arlindinho já estava indo a quase todos os shows, cantando a metade. "São coisas que acontecem sem explicação. Às vezes a pessoa sente que precisa fazer aquilo e ele tava focado. No último ano, 2016, praticamente ele se dedicou a isso. Já estava colocando o Arlindinho na estrada e o 2 Arlindos surgiu por causa disso".

Numa das viagens do 2 Arlindos para o interior de Minas Gerais, um comentário de Arlindinho bombou nas redes sociais e muita gente em São Paulo não gostou. Bastou para começar os ataques. Para piorar, o polêmico perfil O Pagodeiro repostou uma montagem sobre o assunto no instagram e aí foi que o bicho pegou mesmo. O que aconteceu foi que Arlindinho estava tomando um chopp com o percussionista Henrique Arcanjo no Aeroporto Internacional Tancredo Neves, em Confins, ao som alto de uma banda de rock, justamente no dia 2 de dezembro, Dia Nacional do Samba. Ele postou, usando uma expressão que era muito usada por Monarco, da Velha-Guarda da Portela: "...que saudade de curtir um samba sem agrotóxicos do Cacique de Ramos". E, por mais que não estivesse escrito o nome de nenhum lugar, por estar morando em São Paulo muitos interpretaram que era um recado e o clima ficou bem pesado. Pesou tanto que em algumas apresentações, Arlindo Cruz teve de ir sozinho. "Tivemos muita dificuldade em desobstruir essa barreira, mas um estandarte como o Arlindo nos possibilitou virar o jogo e o 2 Arlindos abriu as portas. E é bom dizer que a resistência não era do público, era dos contratantes. Eles não entendiam e achavam que o público não ia gostar. Tivemos até de baixar o valor dos shows por causa disso. Então fechava o show com Arlindo e levava ele. Foi na manha e deu certo", conta Cosminho. Pouco a pouco a poeira foi baixando, os shows do 2 Arlindos foram dando resultado e ele feliz por estar viajando com o filho, que ia evoluindo no palco. "Quando ele me viu no 2 Arlindos, já tocando, sabendo falar com a galera, ficou contente e passou a confiar. Nas viagens era uma equipe menor, um cachê menor pra aumentar o faturamento e aumentando a quantidade de shows. Acabou sendo mais tempo, umas duas horas. Ele começava, eu entrava, depois ele voltava, e começou a ficar mais atrativo", explica Arlindinho. A confiança do pai no filho não era novidade para quem estava de perto, como o produtor Alex Santos. "Ele dava conselhos pro Arlindinho não escutar as comparações, porque sabia do potencial do filho. Ele sempre acreditou."

CD 2 ARLINDOS, O DERRADEIRO

Pai e filho nos palcos, faltava um CD para ficar registrado em estúdio. Mas a ideia que já começava a ser pensada por Arlindo e Prateado era uma comemoração. "Eles estavam no estúdio do Prateado falando sobre os vinte anos do Pagode do Arlindo, quando Arlindo decidiu resolver gravar o 2 Arlindos", conta Babi.

Após um EP com cinco músicas, entrando na onda do que se passou a fazer no mercado fonográfico, veio o CD 2 Arlindos, a última gravação de Arlindo Cruz antes do AVC. "Poder compor com meu pai é uma realização. Eu fico bem mais tranquilo em saber que ele está ao meu lado e não está na rua", disse Arlindinho na época do lançamento do cd na Fundição Progresso, em plena Lapa, no Rio de Janeiro. Produzido por Prateado, que também fez os arranjos divididos com Gegê D'Angola e Rafael dos Anjos, o CD teve que dar uma parada para uma rápida internação de Arlindo na Clínica São José para cuidar do joelho esquerdo. No encarte do disco agradecimentos a toda equipe, em especial os médicos, Dr Sílvio Martins, Dr. Adalto, Dr. Luiz Roimicher, Dr. Marcelo Kalichsztein e Dr. Sérgio Rocha.

Os dois Arlindos dividem quase todas as músicas. Em Volta (Arlindo Cruz/Prateado) e Quintal do Céu (Jorge Aragão/Wilson Moreira) o solo é de Arlindinho. Já o pai canta sozinho As Horas do seu Tempo (Arlindo Cruz/Franco), Iansã (Arlindinho/Acyr Marques), Mais uma Vez (Arlindo Cruz/Marcos Valle) e Fogueira de uma Paixão (Arlindo Cruz/Acyr Marques/Luis Carlos da Vila), esta com direito ao contracanto que ficou famoso na gravação de Leci Brandão. E com o refrão de Nossas Raízes (Sombrinha/Ratinho) pai e filho versam, fazendo lembrar os bons tempos de Arlindo no Fundo de Quintal.

A novidade do disco seria uma fala de Babi e Flora, mas as sempre desinibidas mãe e filha travaram na hora do convite de Arlindo e deram bolo. "Foi nosso maior arrependimento, uma bobagem nossa. Ele sempre soube também que cantar nunca foi a minha. Depois que inventei de cantar, mas nada a ver com samba, era um pop", diz Flora.

Entre inéditas como A Sós (Fred Camacho/Cassiano Andrade), Hora Exata (Arlindo Cruz/Franco) e Pagode 2 Arlindos (Arlindo Cruz/Jr. Dom), as regravações de Fogueira de uma Paixão, Quintal do Céu, Volta, Bom Aprendiz (Arlindo Cruz/Arlindinho), É D'Oxum (Gerônimo/Vevé Calazans), Dor de Amor (Zeca Pagodinho/Arlindo Cruz/Acyr Marques), Oyá (Carica/Prateado), Virou Religião (Arlindo Cruz/Mauro Jr/Xande de Pilares) e, para surpreender a balada Pais e Filhos (Arnaud Rodrigues/Renato Piau), gravada por Tim Maia, em 1978, ressurge em forma de samba dolente num lindo dueto entre pai e filho. Ao final do laraiá, Arlindo Cruz termina falando para Arlindinho: "é, meu filho, a vida é isso aí."

Era Arlindo Cruz passando, sabendo ou sem saber, o bastão definitivo para Arlindinho. Ensinou, colocou no palco, produziu DVD e cantou junto no último disco.

Com a mãe Aracy na quadra do Cacique

CAPÍTULO 22

ARLINDO CRUZ E SUA FÉ

UMA LIÇÃO AOS INTOLERANTES

MÚSICA PARA AS ENFERMEIRAS

> "...Se a luz do sol não para de brilhar/se ainda existe noite e luar/o mal não pode superar/quem tem fé pra rezar diz amém/e ver que todo mundo é capaz/de ter um mundo só de amor e paz/quando faz só o bem/quando só faz o bem..."

Num mundo, principalmente num país, em que a intolerância religiosa grita e agride a cada esquina, estes versos de O Bem (Arlindo Cruz/Délcio Luiz) dizem muito do religioso Arlindo. Um dedicado filho de Xangô com Oxum, nunca foi segredo que sua religião é o candomblé. Porém, ele também nunca fechou os olhos para outras religiões, nunca achou que fosse pecado estar junto de pessoas que não fossem da sua religião. Suas ações sempre foram no caminho de poder ajudar ao próximo, independente de credos. Mesmo imperfeito, como todos os seres humanos, Arlindo sempre se dirigia para o lado do bem e agia exatamente como dizia nos shows enquanto o povo cantava o laraiá final.

Arlindo: – O mal não pode nunca superar. Quem tem fé pra rezar diz amém, diz axé, shalom, aleluia, em qualquer religião, fica muito mais feliz quando faz o bem.

Ele costumava dizer que o candomblé o elegeu como praticante, pois quando sua mãe fez o santo estava grávida. Dele. Mas nem desconfiava. Dona Aracy era católica e Arlindão era do candomblé. Antes de se casarem no civil e no religioso, se casaram no candomblé, onde os três filhos foram batizados: Acyr, filho de Iemanjá, Arly, de Oxum com Ogum e Arlindo, de Xangô com Oxum. Por motivo de doença, Dona Aracy fez santo no centro que a família frequentava, um sítio em Tomázinho, São João de Meriti, na Baixada

Fluminense. Ao passar mal, foi falar com o pai de santo, Américo Bispo da Silveira. Ele jogou os búzios para ela.

Pai Américo: – Não se preocupe filha. É um Xangôzinho que está vindo.

Portanto, Arlindo é um abiaxé, por ter recebido o axé de feitura ainda na barriga da mãe, ou seja, já nasceu feito no ventre, não precisando ser iniciado. Ele nasceu com forte regência de Ibeji, as crianças, e do povo da mata, os caboclos. E como esses dois orixás não assumem a cabeça de uma pessoa, Xangô e Oxum tomaram conta. Mas pode-se dizer que Arlindo é filho de Cosme e Damião, filho de Ibeji, na nação Ketu, de Vungi, na nação Angola e Congo, das crianças. "Nunca vi uma pessoa tão temente a Deus, ao santo, ao orixá como o Arlindo. Foi quem me ensinou a ter fé, que era muito curta. Ele não saía de casa sem se benzer. Não passava pela porta sem salvar Exu, sem bater cabeça pra Ogun e não saía de casa sem bater na porta do santo dele. Arlindo não deitava pra dormir sem rezar. Pra acordar e pra deitar. Ele rezava pra todo mundo. Fazia novena pra Santo Antonio sozinho, chamava Arlindinho e Flora... um religioso desde sempre. O interessante é que ele é espírita, mas toda e qualquer religião ele ouve a palavra", diz Arly.

Batizado também na igreja católica, Arlindo fez a primeira comunhão na Basílica Imaculado Coração de Maria, no Méier. "Eu sou religioso. Não sou um fanático religioso, de brigar por causa de religião, de achar que a minha religião é a melhor e já fui a várias igrejas, já fui a vários cultos de outras religiões", disse Arlindo, que tem um Ogum e um Oxalá assentado e carrega Iemanjá.

PROMESSAS E PROMESSAS

Por vários anos, para pagar uma promessa, quando chegava o dia vinte de janeiro, Dona Aracy o levava para participar da procissão de São Sebastião na Paróquia de São Sebastião, na Praça Manágua, em Bento Ribeiro. Ela colocava um short bombacha vermelho, com uma fita atravessada em Arlindo que ia caminhando descalço, numa homenagem ao santo. Mas um dia ele pisou numa guimba de cigarro ainda acesa, queimou o dedão do pé esquerdo e terminou a procissão no colo da mãe. Por dois anos Arlindinho também vestido de São Sebastião também participou da procissão do santo.

Já adulto Arlindo Cruz também fez sua promessa e cumpriu além do combinado. Durante muitos anos deu doce em 27 de setembro, dia de São Cosme e São Damião. A devoção começou por causa do sobrinho e afilhado Gilberto, filho de Acyr Marques, que ao nascer foi diagnosticado com diabetes melitus. Arlindo prometeu a São Cosme e São Damião que se eles o curassem das crises de hiperglicemia, daria doces por sete anos. "Ele ficou tão agradecido por eu nunca mais ter tido crises e nem aparecer a diabetes nos exames, que mesmo depois dos sete anos, manteve a distribuição de doces enquanto pôde", disse Gilberto.

Conhecido em casa como o Rei das promessas, muitas delas pagas pela Babi, Arlindo também renegociava suas promessas com os santos.

Arlindo: – Eu estava muito nervoso naquela hora e acabei prometendo algo que não poderia cumprir. Mas eu quero pagar. Vamos adaptar o pagamento da promessa?

CONTAS CORDÕES IMAGENS E NOVENAS

Arlindo: – Sou homem de Xangô e Xangô gosta de se enfeitar.

Assim é Arlindo Cruz, que se sentia pelado se estivesse sem suas contas, seus cordões. Geralmente eram duas. Uma de Xangô (marrom e branca) e uma de Iansã (marrom), mas em alguns dias dizia que precisava mais de Oxum (dourada), em outros de Obaluaê (preta e branca) ou Ogum (verde água). E, se por acaso na pressa ele se esquecesse de colocar, voltava da rua pra buscar, ou reclamava com o produtor, que tinha de tomar conta. Em seu cordão tem: pingente de São Jorge, figa, oxê (machado de dois gumes), coroa imperial, abebé (leque metálico, aparamento de Oxum), dentinho da Flora, Santo Antônio de Pádua. Entre a sua rotina procurava ir toda primeira quarta-feira do mês à Praia da Macumba, no Recreio, para deixar o amalá (oferenda) para Xangô. E, se não estivesse bem, o remédio era Babi cantando cantigas de candomblé para acalmá-lo.

Arlindo chegou a ter mais de cem imagens de santos, que ganhava ou comprava. Sua fé ultrapassava as fronteiras do candomblé. Devoto de Santo Antônio, treze dias antes de 13 de junho, dia do santo, Arlindo fazia a Trezena de Santo Antônio, composta pelas orações que se fazem em louvor ao santo. Vale dizer que esta devoção teve origem na cidade italiana de Bolonha, em 1617. "Ele imprimia as orações e colocava todo mundo pra rezar, às seis da tarde, aonde quer que ele, eu e Arlindinho estivéssemos. E fazia também novenas de vários santos. Nós somos nascidos no candomblé, mas nossos pais nos batizaram na igreja católica, que sempre foi muito presente nas nossas vidas. Mandamos rezar missa em ação de graças a um benefício e temos toda essa fé. No dia de São Jorge, por exemplo, só podia encher a cara depois dos fogos da Alvorada e das orações de São Jorge e do Pai Nosso", conta Babi.

ARLINDO DÁ SEU RECADO

Em 1 de agosto de 2013, foi ao ar *Na Moral*, programa que Pedro Bial teve na TV Globo, e que nesta noite teria como tema o Estado laico. No debate estavam: pela igreja católica o Padre Jorjão, pelas religiões afro-brasileiras o babalaô Ivanir dos Santos, pela Associação Brasileira de Ateus e Agnósticos Daniel Souto Maior e pelos evangélicos o Pastor Silas Malafaia. Com seu banjo e de bata amarela, Arlindo Cruz era a atração musical.

Pedro Bial: – Quais são suas religiões?

Arlindo: – Sou espírita do candomblé, mas vou à igreja, principalmente em dias de santo, São Jorge, São Sebastião. Como minha mãe agora é da igreja evangélica, às vezes a levo ao culto, assisto com ela e também tenho alguns amigos da messiânica, da budista, me chamam eu vou. Onde tem fé eu tô junto.

Pedro: – Canta pra gente qual é o seu lugar.

E Arlindo canta uma parte de Meu Lugar (Arlindo Cruz/Mauro Diniz). O debate começa a pegar fogo com o pastor Silas discordando do ateu Daniel. E a cada ponto levantado por Pedro Bial, um vai discordando do outro, cada um defendendo as suas verdades.

Pedro: – Você sabe que a Constituição Brasileira professa o Estado laico, mas em seu preâmbulo diz que foi escrita sob a proteção de Deus. O Brasil é um Estado laico graças a Deus, Arlindo?

Arlindo: – Graças a Deus e graças a todas as crenças e todas as raças que faz o Brasil talvez o povo mais crente. Acredita em tudo. É cristão graças ao Pai Oxalá.

Arlindo responde e dá a sua conhecida risadinha. Em determinado momento Silas Malafaia fica muito irritado com o comentário de Daniel Souto Maior, de que os evangélicos vendem riqueza e que os pastores estão enriquecendo. Ele se sente ofendido e desanda a falar. Arlindo Cruz tenta falar, mas o pastor, apesar de estar em frente a ele, não cede a vez e continua se defendendo. Indignado, Silas diz que não aceita e que a insinuação é maldosa. Educadamente, Arlindo levanta a mão para poder dar sua opinião e, mais uma vez não consegue. O pastor está descontrolado e não deixa Arlindo falar. Até que, ironicamente, Pedro Bial corta a discussão.

Pedro: – Rico rico mesmo é cantor popular, é sambista. Ecumeniza Arlindo.

Arlindo: – Não importa a religião, o importante é a gente fazer o bem.

E canta o refrão de O Bem (Arlindo Cruz/Délcio Luiz)

Pedro: – Pra você, Jesus?

Arlindo: – É fonte de energia, de todas as coisas. Tanto é que minha religião tem um sincretismo grande com a igreja católica. Festejamos todos os santos na igreja e nos terreiros.

O programa segue com discussões acaloradas e, ao final, após Pedro Bial dar o último texto...

Arlindo: – O mais importante é a fé.

Daniel: – Ou não.

E Arlindo finaliza o programa cantando Andar com Fé (Gilberto Gil).

O JANTAR DA SAIA JUSTA

Um jantar que tinha tudo para ser de pura emoção na casa de Hélio de La Peña e Ana Quintela para Arlindo e Babi, acabou num tremendo desconforto. Foi a velha história do pensei que estava agradando e... deu tudo errado. Na mesa, muito bem arrumada, um jogo de pratos de porcelana pintados pela artista Titina Quintela, mãe da Ana, com a reprodução de obras do pintor argentino Carybé, retratando os orixás. No cardápio, um saboroso risoto de carne com aipim. E o casal anfitrião certo de que iria emocionar Arlindo. "Estávamos crentes que íamos fazer o maior gol. Mas quando ele chegou na mesa e viu...

Arlindo: – Não, eu não posso comer nesse prato não.

Hélio: – Mas por quê, Arlindo?

"E não teve jeito. Tivemos que trocar. Foi a maior saia justa. Eu não sei o que ele achou. Talvez que fosse um certo desrespeito, mas não foi e também não sou religioso e não sabia que poderia ter um significado. Pra mim era apenas bonito. Não sei se dei o prato errado ou se aquela comida não combinava com aquele prato, mas não tinha a ver com a comida e sim com a relação religiosa e as imagens dos orixás. Por essas e outras que sou um Mogli, menino preto que vivia entre os brancos', explica Hélio de La Peña.

PEDIDOS PARA A MÃE EVANGÉLICA

Filho candomblecista, mãe evangélica e tudo bem. Nem Arlindo nem Dona Aracy tinham problemas com a religião do outro. O respeito falava mais alto e o que interessava era a fé. A decepção que teve com Pai Américo no episódio que teve com o jovem Arlindo, nos anos 70, a fez procurar outros caminhos. Começou assistindo aos cultos em casa, pela TV e depois passou a frequentar a igreja. Ao conhecer o Pastor Luis tornou-se evangélica, depois conheceu a Pastora Goreth e passou a ir aos cultos na Igreja da Graça de Deus, na Piedade. Arlindo, Acyr e Arly também foram aos cultos e ainda levaram o parceiro Franco com a família, todos gritando aleluia. "Ela encontrou o caminho dela em Cristo e nada mudou a não ser a religião. O carinho e o companheirismo eram os mesmos. A bíblia da mamãe tem nome de muita gente. Ela me ajudou a fazer os enfeites das minhas obrigações, foi na minha saída, na minha obrigação de santo quando confirmei de Ekedi (filha de santo que não incorpora). Todos na casa de santo a adoravam tomavam benção, mamãe era a irmã mais macumbeira que existia na igreja. Eu brincava com ela, vou falar com a Pastora Goreth, hein!", se diverte Arly.

Num dos aniversários de Dona Aracy, comemorado na igreja, em Bento Ribeiro, Arlindo foi e cantou Dez Mandamentos (Zeca Pagodinho/Arlindo Cruz). Ele gostava e acreditava. Pedia oração, ungia o carro com óleo, pedia pra ela rezar porque ia assinar um contrato ou ia fazer um investimento, ou então operar o joelho. "Tudo a gente pedia à mãe. E o Arlindo ia muito à Paróquia Nossa Senhora da Consolação, no centro de São Paulo, onde conhecia todo mundo. Tinha amizade com o padre, com as crianças, com as carolas", diz Arly.

O mais bacana nessa história é o exemplo dado, a disponibilidade de candomblecistas como Arlindo, Babi, Arly na relação com Dona Aracy, então evangélica, e de Dona Aracy com eles. O respeito ao frequentar igrejas e terreiros, dando uma lição aos intolerantes. Dando uma prova de que é possível sim, a convivência entre pessoas que não tem a mesma religião. Basta colocar o respeito na frente. "Tivemos alguns cultos dentro da nossa casa e várias sessões de descarrego evangélico. Arlindo foi tocar violão numa das vezes que foi à igreja, não gostou dos instrumentos e doou bateria, violão, guitarra e pandeiro", conta Babi, que entende a espiritualidade como principal condutora de sua relação com Arlindo. "Somos dois macumbeiros ferrenhos de panelinha. Eu, filha de Oxumarê com Iansã. Nossos orixás combinam muito, Oxumarê era o homem de confiança de Xangô, aquele que tomava conta do pote de ouro de Xangô, que multiplicou a fortuna de Xangô. Por outro lado a minha oyá é a paixão de Xangô e, com certeza, nossos orixás foram muito responsáveis pela nossa união. Acredito que pelas forças terrestres, pelas forças malignas que a nossa relação sofreu desde o início, se não fosse essa condução dos nossos orixás, não estaríamos mais juntos", diz Babi. O que fica sem resposta é sua pergunta e, porque não dizer de familiares, amigos, profissionais, fãs, sobre o que aconteceu com Arlindo. "Já tive alguns momentos de questionar a espiritualidade. Poxa, um cara que tinha uma fé como essa, acontecer o que aconteceu... quem vai fazer mais sambas como Arlindo fez para a espiritualidade? Quem vai ostentar o orgulho de ser um filho de candomblé e ter uma religião afro-descendente no peito?".

MÚSICA NA MISSA DA CASA DE SAÚDE SÃO JOSÈ

A postura de Arlindo Cruz ao se relacionar muito bem com todas as religiões sempre foi transparente no sentido de deixar muito à vontade as outras pessoas para convidá-lo a visitar seus templos. Foi assim quando o padre da capela da Casa de Saúde São José, no Humaitá, o convidou para assistir a missa. Ele não só foi como preparou uma surpresa. Levou o violonista Rafael dos Anjos e cantou o samba Anjos de Branco, que fez para as enfermeiras, atendendo a um pedido de Beth Carvalho. Muito comovida com o trabalho das enfermeiras, no período em que ficou internada por um ano e meio, a madrinha pediu a música para Arlindo e diz como foi no documentário Andança – Os Encontros e as Memórias de Beth Carvalho. "Falei pra ele da Florence, falei pra ele da Ana Néri...a enfermeira caiu de pranto aqui quando mostrei pra ela. É lindo, né? Ele consegue sintetizar as coisas com uma facilidade...ele fez em dois minutos. Eu pedi e ele pá! Fez essa obra prima".

"Anjos de branco/Sempre abençoadas sejam suas mãos/irmãs de santo/Mães de Calcutá/freiras companheiras/Anjos de branco/mensagens de esperança e fé/mais que encantadas são guerreiras/dedicadas enfermeiras/sempre dedicadas são guerreiras/ Encantadas enfermeiras/Nem tudo são flores no caminho/Que Ana Néri ensinou/De cabeça erguida/Secando feridas/Vão salvando vidas/Doando amor...".

A surpresa de Arlindo foi um agradecimento para as enfermeiras que cuidaram dele no final de fevereiro de 2016, quando operou o joelho esquerdo. "Ele ficou umas três semanas e no final da internação todos na clínica já eram amigos dele. E o dia da missa foi pouco antes de irmos para São Paulo retomar os shows", conta o produtor Flavinho Santos.

Arlindo tinha artrite e artrose no joelho e não estava conseguindo andar por muito tempo. Para complicar, se apresentou no carnaval de Salvador e levou dois tombos perigosos. Um no Box do banheiro e outro no meio da rua, indo para o trio elétrico. "Deu uma joelhada no chão e chorou de dor. No trio ele cantava com as lágrimas escorrendo. Foi um carnaval difícil", conta Arlindinho. Teimoso e medroso, Arlindo não foi ao médico. Para conseguir cumprir a agenda de oito trios elétricos tomava injeção de morfina. Num dos dias não aguentou nem colocar o pé no chão e teve de ir ao hospital, quando soube que corria o risco de amputar a perna. "A medicação não fazia mais efeito por tanta inflamação. E só não foi internado porque prometeu ao médico que iria tratar ao chegar no Rio", diz o então produtor Felipe Bueno.

Babi foi receber Arlindo no aeroporto e o levou direto para a casa de saúde, onde já tinha estado outras vezes por conta de diabetes e agora por infecção no joelho e artrite séptica. "Dei um abraço nele e a febre estava muito alta. Fomos pra São José e tiraram mais de 250 ml de pus do joelho dele. Já não tinha mais rótula, articulação muito prejudicada e com a cadeira de rodas moderna ficou por aí fazendo corridinha com a Beth e brincando de carrinho".

PRECONCEITO RACIAL

Ainda na entrevista para o músico Rodrigo Morelli, Arlindo Cruz falou sobre preconceito, mazela que sempre afetou e ainda afeta o samba. "Infelizmente o preconceito é racial, é social. O cara é paraíba, é negão, é gordo. As pessoas são preconceituosas, o mundo é preconceituoso, e o samba embarcou durante muito tempo. Como rótulo de nego sem mente, de pé descalço, negro feio. Uma época muito braba. Candeia, Zé Ketti, no Teatro Opinião, as pessoas mais antigas tiveram mais dificuldade para a aceitação da arte. Posso dizer que meu trabalho foi bem aceito logo de cara, nos anos 1980. Como autor e músico fui bem recebido. Nunca tive grandes problemas", disse Arlindo. E volta a citar seu Mestre Candeia, um de seus maiores incentivadores. "Ele era um líder e me ensinou muita coisa de negritude. Passei a ser mais negro quando conheci Candeia. Fui conhecer as ideias dos pensadores negros, como Martin Luther King. Eu nunca sofri uma discriminação, mas devemos estar sempre atentos, pra não dar chance, pra não termos constrangimento. Saber que tenho uma posição formada e o cara já não vai querer tirar onda com a minha cara." Ao ser comparado a Antônio Candeia Filho, ele sorri e agradece. "Fico sempre contente toda vez que há essa comparação. O Candeia foi muito mais atuante, importante até pela época que atravessou no samba. Ele sofreu mais a discriminação, não só pela obra musical, mas como os papos que ele me deu sobre a negritude, sobre o negro brasileiro, a importância, o sofrimento, a história."

Com seu maior parceiro, Dr Franco Lattari, o Franco

CAPÍTULO 23

AS PROVAÇÕES DO AVC

HOMENAGENS E MENTIRAS

A espiritualidade e a vida ensinaram a Arlindo Cruz que temos de saber agradecer. Ele sempre agradecia e nunca questionava com a espiritualidade nenhum dissabor que tivesse. Porém, no réveillon de 2016, exatamente à meia-noite, a tranquilidade de Arlindo deu um tempo e ele perdeu a paciência.

Arlindo: – Quero que esse ano suma, desapareça. O ano foi horrível, foi péssimo e já comecei o ano internado, operando o joelho. Vai embora 2016.

Babi: – Poxa pai, não fala assim, não fala que o ano foi ruim porque podia ser muito pior.

"Isso me bateu tão mal e não sai da minha cabeça. Quem dera que o dia 17 de março de 2017 fosse só uma simples operação no joelho", lamenta Babi.

E não foi uma simples operação. Assim como seu irmão Acyr e seu pai Arlindão, Arlindo Cruz também teve um AVC – e dos piores. Um AVC hemorrágico hipertensivo numa região profunda do cérebro, de nome tálamo mesencefálica. O médico de Arlindo, Doutor Marcelo Kalichsztein, chamou o neurocirurgião Dr. Flávio Domingues para atendê-lo. "Esse sangramento extravasou para cavidades cerebrais denominadas ventrículos. Quando isso acontece, pode gerar uma disfunção da circulação e/ou da absorção do licor (líquido céfalorraquitiano presente nas cavidades intracranianas e da coluna vertebral), determinando o diagnóstico de hidrocefalia", explica o Dr. Flávio. "Foi uma cirurgia que durou vinte minutos onde se introduz um cateter nessa cavidade pro líquido não ficar acumulado. Ele sai por esse cateter e vai para uma bolsa coletora externa, que fica pendurada do lado da cama".

Enquanto a equipe médica ia tomando as primeiras providências, uma legião de amigos e fãs, junto com familiares e equipe de trabalho contavam com uma boa recuperação de Arlindo. "Fui vê-lo na São José e, apesar dele estar apagado, achava que era uma coisa temporária, passageira. Minha reação foi de que não morreu, graças a Deus! Já, já vai estar com a gente de novo! Nunca poderia imaginar que não ia conseguir conversar com ele. Foi um choque muito grande. Pensava que, ou ele ia embora ou que fosse voltar, mas esse lugar intermediário, difícil e complexo que ele está? Jamais poderia imaginar", diz Regina Casé. Quanto ao fato dele não engrenar uma melhora e não ter voltado a interagir, apesar de uns lampejos esporádicos, Dr. Flávio explica que é o aspecto ruim do que aconteceu com ele. Segundo o Doutor, isso acontece com três entre dez pessoas que tem o que ele teve. Dessas dez, sete morrem na hora ou nos primeiros dias e os outros três sobrevivem com alguma sequela grave como Arlindo, Ele geralmente está acordado, tem os olhos abertos, mas não interage, numa situação que, provavelmente depois de tantos anos, pode ficar de forma definitiva. "De um modo geral, todo AVC Hemorrágico é o mais grave que tem provavelmente relacionado com a pressão alta dele, fator mais importante para um AVC desse tipo. Mas um AVC dificilmente é determinado por uma causa isolada. É uma patologia multifatorial", explica Dr.Flávio. No caso de Arlindo, uma série de fatores, como sobrepeso, colesterol alto, pressão alta, diabetes e um estilo de vida desregrado certamente contribuíram para a ocorrência do AVC Hemorrágico Hipertensivo. Além da parte da função motora, o doutor confirma que esta região afeta o estado de consciência que permite a interatividade. "Na primeira vez que fui ao hospital me disseram que só um milagre e que ele viveria mais um ano. Então, já considero meu irmão um milagre. O que aconteceu com ele talvez seja, no campo espiritual, para tirarmos um aprendizado. Desse cara iluminado, que jamais perdeu a sua essência e só semeou o bem", diz Arly.

O ENCONTRO DE BABI E KAUAN

Em junho aconteceu um encontro inesperado na porta da clínica. Com a ajuda de Arlindinho, Babi e Kauan Felipe se conheceram.

Arlindinho: – Mãe, meu irmão quer ver meu pai.

Babi: – Não.

Arlindinho: – Mãe, ele tem que ver sim, tem que ver. Ele tá aqui embaixo.

Babi: – Mas o que é isso? Não quero.

Arlindinho: – Ele tá aqui embaixo e vai subir agora, tá?

Babi: – Então, eu não quero conhecer. Vou ficar na padaria.

"Arlindinho falava que se eu ficasse perto dele iria me apaixonar e esse era o meu medo. Ele foi se aproximando aos poucos, era tudo escondido de mim porque o Arlindo proibia que me falassem". O encontro foi de repente. Arlindinho chamou a mãe, ela virou e viu os dois irmãos juntos. "Minha perna bambeou, quase desmaiei, ele me cumprimentou e me sensibilizou muito". Babi chorou muito e os dois se abraçaram.

Babi: – Meu Deus é a cara dele.

Kauan: – Dona Babi eu não tenho culpa de nada.

Babi: – É verdade você não tem culpa de nada, mas toda vez que te olhar vou me lembrar do meu sofrimento, uma dor muito forte. E a opção que tenho é não te ver.

"Eu já estava indo pra rodoviária e voltei. Estava com medo, com receio, mas ela foi super respeitosa e afetuosa nesse dia. Entendo que pra ela é uma questão bem complicada, muito difícil de lidar, mas foi mesmo bem cordial. Nunca tivemos problemas, da minha parte nunca teve e nunca me indispus com ela", diz Kauan.

CUIDADOS E ORAÇÕES

Após sete meses "morando" dentro de uma enfermaria na Casa de Saúde São José, Babi foi chamada pela equipe médica. Foi informada que não tinha mais condições de continuar ali, pois já estava dando prejuízo para a clínica e que deveria voltar para casa. "Eu ficava várias horas em pé ao lado dele, dormia na enfermaria, no mesmo andar do CTI, tirava cochilos e tinha acesso livre. Quantas vezes cheguei no CTI e via que ele estava com problema? Foi embolia pulmonar, sangue pelo nariz, pelo ouvido, pela boca, cenas de filme de terror. As pessoas achavam que eu tava maluca, blefando, cansada, estressada, mas era muito sangue". Babi foi conversando com a direção de clínica e ficando o quanto podia. Foram momentos tensos, de muito cansaço, que a caçula Flora lembra bem. "A primeira cirurgia foi de madrugada. Éramos nós três agarradinhos na porta do centro cirúrgico, um frio danado. E todo mundo ligando pra saber notícias. O certo era que fôssemos embora e voltássemos, mas quem disse que a gente ia embora? Fomos ficando por ali nas cadeiras de ferro, no corredor, lanche na lanchonete, cochilos de madrugada e um revezamento para ficar com meu pai, sem fazer barulho". Nas trocas de plantão pediam pra tomar banho, comiam qualquer coisa e Babi à base de remédio, café e cigarro. Ao mesmo tempo Arlindo passou a ter algumas reações, tentando se comunicar. "Era com olhares. Estabelecemos um código e ele respondia às nossas perguntas com piscadas".

Era a equipe médica atuando pela ciência e a ajuda espiritual com seus tratamentos. E de várias religiões. Tinha dia que saía Seu Tranca Rua do Pai Mago e entrava um pastor evangélico ou alguém do Centro Espírita Tupyara ou um Ministro da Igreja Messiânica. "Eu pedia pelo amor de Deus a todas as religiões que trouxessem a sua fé, a sua oração, a sua forma de rezar. Nós perdemos os que achávamos que eram amigos, mas ganhamos amigos que a gente não tinha ou não sabia que tinha", diz Babi. Nesse entra e sai de pessoas com a missão de ajudar na melhora de Arlindo, ela passou a reparar num homem que ficava ali parado. E que, durante um tempo, foi à clínica sem Babi saber quem ele era. Um dia perguntou se ele era acompanhante de algum paciente. "E ele me disse que era o Adelson, que tinha sido aluno da EPCAR junto com Arlindo e que era médium no Lar de Frei Luis. Ele nunca foi à nossa casa tomar um café, uma cerveja, nunca foi a um show. Conheci ali, na semana do AVC, e foi ali para ajudar". Estiveram também nessa corrente de orações para Arlindo, todas as sextas, o Benjamim, compadre do compositor André Diniz. André, a esposa Verônica e membros da igreja messiânica, iam três a quatro vezes por semana ministrar johrei em Arlindo. Nas terças, a babalorixá Mãe Vânia, da umbanda, levava todos os médiuns do seu terreiro e recebia a entidade Dr. Carlos.

"No dia do AVC, nosso parceiro Leonel, que havia falecido, apareceu pra mim num sonho e me levou até uma sala onde estavam a Babi e a Flora", conta André.

André: – O que vocês estão fazendo aqui?

Babi: – Nós vamos precisar de você.

André acordou, não entendeu o sonho e, mais tarde, ao saber da notícia foi correndo para a clínica com Evandro Bocão e Luis Carlos Máximo.

Capítulo 23

"No começo quando a gente tinha a esperança muito mais elevada, tinha certeza absoluta de que ele voltaria logo, que daqui a pouco estaria acordado, talvez com a sequela de um lado paralisado. Pensava que Deus tinha dado um susto nele, pra ele mudar de vida, cuidar mais da saúde, porque não é possível o cara que só faz o bem pra todo mundo, que não vá voltar. Sinceramente que não imaginava que fosse ficar um terço do tempo desse jeito. A expectativa, hoje em dia, é que por mais que não volte a trabalhar, a cantar, se puder retomar a consciência, ouvir, conversar, já é uma vitória absurda. Converso com Deus e não entendo porque está acontecendo isso" fala o produtor Flavinho Santos.

Após o acidente de Arlindo, era o parceiro Sombrinha quem ficava sem dormir. "Eles foram muito felizes juntos, acho que é isso que impede meu pai toda hora de ver meu padrinho, deve dar uma gastura nele. Tem pesadelo, fica sem dormir. Poderia ser ele né? Ele não pensa isso? Já foi visitar várias vezes, Só comigo já foi três vezes. Mas quantas vezes marcamos e chegava na hora não queria ir?", conta Anna Carolina.

Sombrinha: – Poxa, filha, fico tão mal...

"E fica mesmo. Me liga de madrugada, não consegue dormir...e não é da boca pra fora. Fica mal de verdade e tem medo de ficar sozinho, igual meu padrinho, que tem medo de escuro. Em casa também não gostava de ficar sozinho, igual criança", diz Anna.

Arlindo: – Mãe, Arlindinho, filhazinha, tem alguém aí? Alguém, eu tô sozinho.

Flora ainda não tinha completado catorze anos e, hoje traz consigo a certeza de que a vida mudou em vários sentidos. "Mudou completamente para nossa família. Foi uma lição, principalmente de que temos que amar como se não houvesse amanhã, porque o amanhã é incerto. Todo dia falo que amo meu pai e falo também pra minha mãe, pro meu filho, pro meu irmão. Aprendi a dizer eu te amo, a importância de falar eu te amo. E que não tem essa de que se não falei hoje posso falar amanhã. Não! Tem que falar hoje, porque o amanhã pode não chegar". Com o AVC do pai, a menina Flora aprendeu cedo a importância de fazer agora. "A gente não sabe o que vai acontecer com a gente daqui a pouco. Meu pai tava tomando banho e teve um AVC, que não dá no poste, não acontece por acaso, que tá dentro do destino de cada um e a gente sequer imagina. Aprendi a valorizar as pessoas. A saber o que é o abandono. Fomos muito abandonados, muito! Amizade pra mim é minha família. Estamos juntos pra tudo e o resto é colega, parceiro. Amigo é família".

Quando o assunto é a generosidade de Arlindo com quem quer que fosse, Flora confirma as muitas ajudas do pai. "Ele sempre foi muito amigo, muito parceiro. Ele se preocupava com todo mundo, a ponto da gente falar calma, segura. Ele era de conversar, dar colo, dinheiro, carinho, colocar filho pra estudar, fazer concurso, de ajudar um primo a fazer um trabalho, a se dar bem na vida, a estudar, fazer faculdade, a ter uma profissão. E não era só mão aberta, mas coração aberto, de correr atrás pra resolver".

Arlindo: – Se você tem um problema o problema não é mais seu. A partir de hoje é nosso.

"Ele sempre falou isso. Já entrava na vida da pessoa e trazia pra ele. O coração dele é o maior do mundo que eu conheço. Aliás, eu não conheço ser humano melhor que meu pai. Acho que não existe. E não é porque é o meu pai, mas pelo que vi e vejo até hoje as pessoas falando dele", fato também testemunhado muitas vezes pelo produtor Flavinho. "Já ouvi de muitos a mesma frase 'o Arlindo me ajudou muito'. E é verdade. Não só no dinheiro, mas no caso daqueles que estavam começando, de participar do show, gravar no disco... ele estava sempre ajudando a quem podia e, se não pudesse, não atrapalhava".

ARLINDO LEVA BABI AO ORGASMO

Babi passou seu aniversário, 18 de dezembro de 2017, ao lado de Arlindo, na Clínica São José. "A primeira vez que ele se comunicou comigo foi através da sexualidade. Eu sentei na cama, segurei a mão dele....".

Babi: – Cara, hoje é meu aniversário. Você me acostumou mal demais, a me dar beijo, a ir para os melhores motéis...

"Fui falando muitas coisas que a gente viveu sexualmente em vários lugares e datas e o beijei".

Babi: – Pai, pai, pai, eu tô gozando, tô me derretendo pra você, meu amor.

"Meti a mão na fralda e, pela felicidade dos meus netos, ele tava todo gozado. Sem nos tocar. Minha vontade era de nunca mais lavar minha mão. Foi o momento mais lindo que vivi na minha vida. Aí sim, tive muita esperança".

UMA CORRENTE DE FÉ EM HOMENAGENS NA TV

Em maio de 2017 o Fantástico deu o pontapé numa série de homenagens e de correntes de fé para a volta de Arlindo Cruz. Foi na quadra do Império Serrano, numa reportagem conduzida por Ana Carolina Raimundi. Estavam Arlindinho, Hamilton de Hollanda, Ubirany, Rogê, Ronaldinho, Mauro Diniz, Pretinho da Serrinha e a Velha-Guarda do Império Serrano, entre outros. "Esses sangramentos que ocorrem lá são originários de múltiplos fatores, sendo um dos mais importantes o pico de pressão arterial, que às vezes a gente não percebe. A primeira batalha, que é longa, que é dele, que o tempo é dele. E a gente não pode cobrar que ele fique bom amanhã. Eu gostaria, mas só o tempo vai dizer", falou o Dr. Marcelo Kalichsztein.

Babi: – Eu tenho todo o tempo do mundo que o tempo me der pra estar esperando ele voltar, pra todas as necessidades, porque é a minha vida.

Arlindinho conta que tocou banjo e o pai se mexeu e que, quando Hamilton de Hollanda solou Meu Lugar (Arlindo Cruz/Mauro Diniz) no bandolim ele também reagiu. "Ele teve uma emoção e você vê a força que a música tem de emocionar e puxar a gente pra cima. Foi impressionante", conta Hamílton. Babi também cantou uma música que o marido reagiu. Um samba que ele fez para o filho.

Babi: – Ele é meu amor, meu andor/minha fé, meu querer/é a luz da manhã/é xangô de Iansã meu erê/e por esse nego eu luto/eu jogo até capoeira/e foi pra esse nego que eu dediquei a minha vida inteira... (ela para e chora)

"Eu me lembro do primeiro beijo até hoje. Aquele beijo roubado de cantinho, enche a minha boca d'água".

Em seguida, entram imagens da reunião com representantes de diversas religiões pra pedir pela saúde de Arlindo. A imagem volta pra quadra do Império e o final é com o clássico O Show tem que Continuar (Luis Carlos da Vila/Arlindo Cruz/Sombrinha).

DO IMPÉRIO PARA O CACIQUE

Na noite de vinte e dois de dezembro de 2017, a homenagem foi na quadra do Cacique de Ramos. O RJ TV reuniu vários sambistas e fãs. Na abertura, dia claro, imagens de caciques e uma foto do homenageado com um áudio de Arlindo.

Arlindo: – Eu acho que é necessário nesse momento que a humanidade está precisando é que se pense e se pratique o bem. (e canta o refrão de O Bem).

Artistas, compositores, músicos vão chegando. "Por onde tá passando o samba hoje já passou o Arlindo", disse Moacyr Luz. Logo na entrada um duelo de versos de improviso para o bamba do partido-alto.

Juninho Thybau: – A nata toda reunida/um recado vai mandar/olha só Arlindo Cruz/tá na hora de acordar.

Xande de Pilares: – Aí Tuninho Geraes vamos rezar pra Jesus/pela recuperação do nosso Mestre Arlindo Cruz

Aluisio Machado: – Esse banjo eu já manjo/harmonia que seduz/você diz que é o Xande/canta pro Arlindo Cruz

Xande: – Aprendi com Arlindo Cruz e ele é um caso sério/falou Aluísio Machado parceiro de Beto Sem Braço no Império

A noite cai, estrelada com a luz da lua, exatamente como ele gosta. Todos prontos, Pedro Bassan entra com Babi e Arlindinho.

Pedro Bassan: – Aqui está a Babi e o Arlindinho. Viva o samba, viva Arlindo Cruz.

Recebidos com aplausos e com um dos sucessos, A Pureza da Flor (Arlindo Cruz//Babi/Jr Dom). Babi toma a benção à madrinha Beth Carvalho.

Babi: – Passa um filme na cabeça nessa quadra. Tanta coisa bonita, tanta coisa divina que vi nascer aqui. Obrigado Beth Carvalho por tudo. Você é a figura que representa cada um dos que estão aqui. Você ensinou meu marido a ser artista, a amar o samba. E o Arlindo tá vivo, com sangue quente, coração pulsando, tá querendo falar

Beth: – Um cara incrível, um talento extraordinário, grande poeta, grande compositor, grande amigo. Sempre que eu venho no Cacique eu fico feliz, sempre que eu fico no samba eu fico feliz, porque o samba cura, né?

Bira Presidente: – Ele é um dos maiores frutos dessa raiz que está aí.

Cantam Só Pra Contrariar e no crédito vem Acyr Marques/Arlindo Cruz/Franco, mas está errado. A parceria de Arlindo neste samba é com Almir Guineto e Sombrinha.

Mauro Diniz: – A gente desfilou junto na Portela, eu tocando cavaquinho e ele tocando banjo. Daqui a pouco tô vendo Arlindinho de verde e branco. Aí não entendi muito bem. Mas eu sei e a Babi também sabe que ele tinha um amor muito grande pela Portela,

Aluisio Machado fala sobre a entrada de Arlindo na parceria com ele e Beto Sem Braço. Todos cantam o samba-enredo Império do Divino (Aluisio Machado/Arlindo Cruz/Maurição/Elmo Caetano/Carlos Sena) do Império Serrano, de 2006. Babi vai pro meio, diz no pé e chama Aluisio pra dar o seu show no miudinho.

Sombrinha: – Sempre olhei a parte boa do Arlindo. Ele sempre foi a parte boa da minha vida.

Marcelinho Moreira: – E compondo ele diz tem que terminar o samba pra cima, não pode ser triste.

Amigos e fãs de Arlindo cantam Meu Lugar (Arlindo Cruz/Mauro Diniz) e Ainda é Tempo pra ser Feliz (Arlindo Cruz/Sombrinha/Sombra)

Ubirany: – Sempre foi e vai ser sempre o cara que dá pra nós essa inspiração, essa vontade de tocar, de fazer samba. Costumo dizer que, pra Deus nada é impossível e nós contamos, esperamos esse retorno dele, essa volta dele o mais breve possível. Deus é bom e há de trazê-lo de volta pra nós.

Juninho Thybau: – Levanta poeta que o papel está em branco a espera dos versos do seu coração.

Todos de pé cantam Doce Refúgio (Luis Carlos da Vila) com Babi reverenciando e agradecendo a todos, entre eles o Fundo de Quintal, Beth Carvalho, Monarco, Mauro Diniz, Sombrinha, Marcelinho Moreira, Teresa Cristina, Aluisio Machado, Gabrielzinho de Irajá, Juninho Thybau, Xande de Pilares, Lu Carvalho, Moacyr Luz, Marquinhos de Oswaldo Cruz, Toninho Geraes e Marianne de Castro. A linda hoimenagem teve a produção de Teteu José, Luana Alves, Newton Sanza e Enildo Viola, com direção e edição de Tatiana Neves e Zeca Esperança.

UMA ALA DE AMIGOS PARA ARLINDO

No carnaval de 2018, o Império Serrano volta ao Grupo Especial após oito anos e abre os desfiles no domingo de carnaval com o enredo O Império do Samba na Rota da China, com o carnavalesco Fábio Ricardo e samba de Arlindinho, Tico do Gato, Chupeta, Henrique Hoffman, Lucas Donato, Andinho Samara, Victor Rangel, Jefferson Oliveira, Ronaldo Nunes e André do Posto 7. Arlindinho e Babi desfilam chorando, ela apresentando o terceiro casal de mestre-sala e porta-bandeira, Yuri Pires e Flora Cruz. A homenagem ao imperiano Arlindo Cruz vem numa ala com muitos amigos vestindo calça branca e uma camisa com o rosto de Arlindo, escrito o show tem que continuar. Entre os amigos, Marcelinho Moreira, Rogê, Hélio de La Peña, Regina Casé, Maria Rita e o comentarista Junior entre outros.

O final, mais uma vez, não foi bom para a escola de Madureira. Terminou seu desfile dois minutos antes do limite mínimo, perdeu dois décimos e foi a última colocada, quando seria rebaixada ao lado da Acadêmicos do Grande Rio. Mas uma reunião extraordinária na Liesa "virou a mesa" e cancelou o rebaixamento. O Ministério Público do Rio de Janeiro abriu uma investigação e o vexame foi oficializado com a Liesa assinando um termo de ajustamento de conduta, as escolas continuarem no Grupo Especial e a entidade se comprometeu a não repetir a ação. Com isso, o inquérito foi arquivado.

PREPARANDO A VOLTA PARA CASA

Após um ano e três meses na Casa de Saúde São José, com Arlindo numa situação estável, a família se prepara para receber o paciente em casa, no conhecido home care, mas antes vai utilizar os serviços dos chamados hospitais de extensão, que não tem a estrutura hospitalar complexa, não tem ressonância, não tem CTI, mas visando a reabilitação do paciente, tem cuidados médicos de enfermagem, de fisioterapia e fonoaudiologia, com o intuito da alta hospitalar em melhores condições. Arlindo foi para o Hospital Placi – Cuidados Extensivos, em Botafogo e ficou um mês. "Lá, esqueceram de dar água, o rim começou a parar, não fizeram hemodiálise e o Arlindo quase morre", diz Babi. Voltou para a Casa de Saúde São José por um período curto para um tratamento clínico e vai novamente para o Placi, enquanto a família se organizava em casa para recebê-lo. Era o momento de pequenas obras no Box e na porta do banheiro, que deve ser ampliada. Já no home care serão utilizados os serviços de enfermagem em tempo integral, visita médica periódica, fisioterapia, fonoaudiologia e cuidados com as sondas, no caso de ter uma gastrostomia.

No dia três de junho de 2018, Babi resolveu levar Arlindo para casa. "Não íamos ficar nem mais um dia e resolvi ir embora com ele pela porta da frente. Assinei um termo de responsabilidade, porque, pelos médicos, ele continuaria internado. E olha que pra assinar um termo desses tem que ter culhão. E tive. Lembro que falaram que eu queria levar o Arlindo pra casa pra matar o Arlindo. Se não me engano, ele passou por 19 pneumonias, fez cinco operações na cabeça, duas traqueostomias, duas sondas gástricas, quatro deságues nas válvulas do abdomem. Seu pênis foi dividido ao meio, quando uma enfermeira tirou a sonda e rasgou da raiz à ponta. Ele teve de fazer uma reconstrução peniana", conta Babi.

Como o plano de saúde de Arlindo não cobria todos os custos de sua internação, algumas ações de emergência foram realizadas. Na quadra da Unidos de Vila Isabel, a Liga das Escolas de Samba organizou, sob o comando do então relações públicas Jorge Perlingeiro, um show com nomes como Zeca Pagodinho, Alcione, Martinho da Vila, Jorge Aragão, Sombrinha, Elymar Santos, Marianne de Castro, Xande de Pilares e Arlindinho. " O samba tá capenga, tá faltando o Arlindo. Tem um monte de gente boa, mas sem Arlindo não é a mesma coisa", disse Zeca Pagodinho. A quadra ficou lotada e rendeu R$ 265.000 reais, que serviram para pagar a clínica. A venda de uma casa em Jacarepaguá, por uns 300 mil reais, pagou mais duas cirurgias.

Entraram ainda mais 400 mil reais de advance em direitos autorais da editora Universal. Mas a situação financeira da família não era nada boa. "O que já tava ruim conseguiu ficar pior, porque já estávamos com dois anos da dívida do Samba in Rio, de dois milhões e oitocentos mil reais. E eu não sabia como estava a vida financeira administrada pelo Arlindo, que ia pegando empréstimos para ir pagando a dívida e não me falava. Era uma época em que perdíamos cinco, seis processos de uma vez, que aos poucos fomos conseguindo acertar", diz Babi.

ARLINDO EM CASA = CUIDADOS X CRÍTICAS

Arlindo Cruz chega em sua casa no início de junho de 2018, às vésperas da Copa do Mundo de Futebol, na Rússia. Já estava com três cirurgias na cabeça, com menos peso, mas ainda muito inchado pelos medicamentos. Aos poucos foi desintoxicando e voltando a ter um semblante mais sereno. Com a família, vai interagindo do jeito que pode, surpreendendo a todos e trazendo uma ponta de esperança em sua melhora. "A comunicação é difícil, mas se você se conectar, entende que ele tá querendo passar uma mensagem. Quando o enfermeiro perdeu a sogra, tentou dar um carinho. Esticava a mão, dava um olhar carinhoso. Quando engravidei, em 2018, minha mãe muito nervosa contou pra ele. Quando ela virou as costas ele agarrou o braço dela e a abraçou", conta Flora. "Nas horas em que está um pouquinho mais lúcido, ele fica te olhando, te acompanha com o olhar, fica triste, chora…às vezes esboça uma palavra quando tem alguém falando com ele. Às vezes tá mais ativo, outras mais aéreo, até por causa das medicações", diz o produtor Flavinho.

Ao som de Candeia, Cássia Eller, Djavan, canções francesas, sambas enredo, Tim Maia, funk e músicas dele e do filho, Arlindo Cruz vai tendo um tratamento mais humanizado, sem estar intubado e sem nenhum aparelho ligado. Pega sol com a mulher e os filhos, pisca, balança a cabeça, coça a barba, aperta a mão e chorou por conta de uma conta de luz que ainda não havia sido paga. "Ele ficou triste, fechou os olhos, balançou a cabeça e desceu uma lágrima. Ele achou que estava me preocupando com a conta de luz, o que ele nunca permitiu, e expliquei pra ele.

Flora: — Pai, é você que paga a conta de luz, com o seu dinheiro. Tá tudo bem, eu só tô ajudando minha mãe a organizar o que chegou na caixa de correio, foi só isso.

"Fiz carinho, ele se acalmou e acreditou em mim. Quando vou fazer algum trabalho digo a ele que vou trabalhar, mas é porque eu gosto, porque eu quero. Que ele me banca e é nosso maior provedor".

De vez em quando, marca com o pé os sambas ou tenta segurar o banjo ou o violão, quando o filho toca pra ele. "Aqui ele tá muito bem cuidado, não sente dor, respira e degusta pela boca. Sente o gosto de um iogurte, uma sopa, um purê. O que a gente mais preza é o prazer dele, no gosto, na massagem, para que ele fique relaxado, feliz, dentro da nova realidade dele", explica Flora. "Usamos essa tática com ele para ter alegria. Para ele se sentir forte, necessário, potente. Ele tinha pavor de não conseguir", diz Babi.

Babi: — Pai, a gente precisa de você, é seu trabalho que a gente tá dando continuidade, que a gente tá administrando que nos sustenta.

"Fiquei muito impressionado com a dedicação da Babi. O que ela ouviu de larga, desiste e ela lá firme. Eu vi, quando ele mexia o olho pro lado era uma vitória. Procuramos estudar o que tinha acontecido e vimos que tem casos que a pessoa está assim, mas tem o sentimento, então começamos a falar, a passar carinho, mostrando que a gente está ali, próximo dele", diz o amigo Hélio de La Peña, que chora.

A cada pequena reação, a cada sinal de melhora, por menor que fosse a comemoração sempre foi grande. E várias dessas demonstrações de carinho foram postadas nas redes sociais, como quando Arlindo estava de verde e amarelo nos jogos do Brasil na Copa. As críticas vieram. E vieram pesadas. Acusações de que Babi e os filhos não se preocupavam com a privacidade de Arlindo. "Cada um sabe onde está a sua goteira. Eu não tinha condições de dar prontuários médicos como o hospital faz. E justamente pelo Arlindo ser quem ele é e pela avalanche de comoção que teve no país inteiro, me sentia na obrigação de dar satisfação das vitórias, das conquistas que a gente tinha, porque essa é a realidade nua e crua da vida. Não adianta tampar o sol com a peneira, até porque a gente nunca teve vergonha dessa situação. Era meio que ser exemplo para outras famílias que passam por essa situação sem ter a mesma estrutura que a gente tem. E se, com a estrutura que a gente tem amargamos os jilós mais amargos, que dirá os que não tem", desabafa Babi. Ela faz uma comparação com a situação do ex-piloto de Fórmula 1 Michael Schumacher. "Lembro que falavam da mulher dele, que o tirou do cenário e deixou os fãs do mundo inteiro sem notícias. Achava que aquilo era ruim, mas eis que chegou a minha vez e pensei tem coisas que você não vai fazer nada, mas mentalizar, energizar, fazer uma oração, pedir para que o universo conspire a favor. Isso tudo soma, na minha opinião. E nós preservamos e blindamos o Arlindo sim, enquanto estava no seu estado mais crítico, que ninguém viu. Mas a partir do momento em que ele superou e tá vivo, é um exemplo a ser notado. E mostramos, olha como ele tá bonitinho, hoje comeu rabada com angu, saboreando pudinzinho de leite condensado diet, saladinha de fruta, gelatina e outras vitórias".

MAIS HOMENAGENS NA TV

Todas as Bossas, programa da TV Brasil dedicou uma edição a Arlindo Cruz, sob o comando de seu filho. Os convidados foram Debora Cruz, Thaís Macedo, Renato da Rocinha, Anderson Leonardo, Andrezinho, MC Sapão e a Velha-Guarda do Império Serrano. A última música é O Show tem que Continuar, com Arlindinho e todos os convidados, mas a última cena é com o homenageado em um show. A imagem é com Arlindo cantando "...nosso amor vai continuar...".

O clássico de Arlindo Cruz, Sombrinha e Luiz Carlos da Vila foi o mesmo samba que terminou o programa Altas Horas, de Serginho Groisman, na TV Globo, com Arlindinho e o Grupo Tudo de Novo.

Em Samba na Gambôa, programa que Diogo Nogueira tinha na TV Brasil, os convidados foram Arlindinho e Sombrinha.

Arlindinho: – Ele não tinha noção de quantas pessoas no mundo o amam. Meu pai é íntimo de todo mundo, todos têm uma história engraçada com ele, todo muito é íntimo dele porque ele sempre permitiu.

Os dois brincaram sobre a intimidade da dupla.

Arlindinho: – Ele passou mais noites com meu pai que minha mãe.

Sombrinha: – Sua mãe chegou depois e me roubou o Arlindo.

Sombrinha: – Um cronista fabuloso. E essa roupagem do partido-alto com versos no fim, é bom frisar isso muito bem, foi Arlindo Cruz que trouxe, que resgatou de Candeia pra levar pro povo dos anos 80. Arlindo é muito importante pro partido-alto, pra tudo, mais especificamente pro partido-alto, que é o que mais toca no coração. Ele é um ser muito iluminado. Ele tem uma vitalidade interior, que é muito difícil sacar em primeira mão. Ele é o samba.

APLAUSOS E HISTÓRIAS NO DIA DOS 60 ANOS

O Conversa com Bial, da TV Globo, que começou a ir ao ar na noite de 13 de setembro de 2018, mas invadiu a madrugada do dia 14, aniversário de 60 anos de Arlindo Cruz, foi exatamente como ele gostava. Uma boa resenha entre amigos com um bom samba, reunindo Ubirany na caixinha, Sombrinha, Xande de Pilares e Arlindinho, com Babi na plateia..

Arlindinho: – E quem ama Arlindo Cruz faz muito barulho aê!

Pedro Bial: – Se vocês conseguirem podem se sentar. A emoção nesse estúdio tá lá em cima.

Arlindinho: – Muitas vezes vi meu pai cantando, às vezes reclamar de dor. Na hora do palco ele ficava bem, cantava, sorria, fazia um show bacana. Às vezes acabava o show ele voltava a sentir a dor, então o maior exemplo ele mostrou na prática, que o show tem que continuar. E sempre me falou isso, filho se acontecer alguma coisa comigo, você tem sua filha, sua irmã, suas responsabilidades e o show tem que continuar, você tem que seguir. É um trabalhador da música, do samba.

Sombrinha: – É a nave mãe, onde a gente encosta e consegue fazer um bom samba. Musicalmente é muito rico.

Xande fala que Arlindo o influenciou na arte de versar. E versa com Arlindinho.

Arlindinho: – Isso não é desafio, Xande não me leve a mal, mande um verso bem bonito compadre no programa do Bial

Xande: – Tô com Sombrinha, Ubirany, graças ao Sr Jesus e hoje é aniversário do meu mestre Arlindo Cruz.

O programa mostra imagens do Fundo de Quintal no programa Cassino do Chacrinha, em 1988, e o histórico Globo Repórter, com a repórter Sandra Passarinho no Pagode do Arlindo no Piedade em 1986. Da plateia, Babi também participa.

Babi: – Fiz um acordo com Deus. Não me leva ele que vou ter toda disposição do mundo, toda paciência. Não vou me sentir cansada, estafada.

Babi fala do AVC no tálamo, uma parte central do cérebro, onde está o mais forte de Arlindo, a memória, a capacidade de raciocínio. Sombrinha se lembra da linda música Maçã do Amor que ele e Luis Carlos da Vila fizeram para o casal. Ele canta ao cavaquinho, com a ajuda de Babi, do pandeiro de Azeitona e da caixinha de Ubirani. Juntos, aparecem imagens dos dois e do casamento.

Beth Carvalho: – Eu fiquei encantada quando conheci o Arlindo. Pelo talento, pelo suingue dele, pela simplicidade, pela simpatia e pela capacidade de criar. É dos poucos compositores que não param de criar.

Sombrinha lembra que fez um pedaço de melodia na casa da Dona Ivone Lara, em 1983. Uma melodia dolente.

Sombrinha: – Mostrei pro Arlindo e ele disse trás pro Cacique. E colocou no lugar.

Era Malandro Sou eu, que os dois terminariam com Franco e seria um dos sucessos da novela Roque Santeiro, na voz da madrinha. O final foi com a participação da X-9 Paulistana, que teria Arlindo Cruz como enredo no carnaval do ano seguinte.

SHOWS PARA OS 60 ANOS DE ARLINDO CRUZ

Três shows nas casas Credicard Hall são realizados para comemorar os 60 anos de Arlindo. Em São Paulo, no Rio de Janeiro e em Belo-Horizonte. No de São Paulo, Leci Brandão, Sombrinha, Leandro Lehart, Sensação, Bello, Turma do Pagode, X9 Paulistana, Xande de Pilares, que versa com Arlindinho, e o francês Mathieu. Ele canta O Show tem que Continuar em francês, com Sombrinha, cantando em português.

DESOCUPADOS MATAM ARLINDO

Em meio aos cuidados da família, as orações de fãs e amigos e as várias homenagens, por diversas vezes falsas noticiais são espalhadas em redes socais e até mesmo em programas de TV anunciando a morte de Arlindo Cruz. A cena seguinte desta série de absurdos de quem não tem o que fazer é a família e amigos desmentindo a mentira espalhada. "Teve uma vez que estava fazendo show fora do Rio e cheguei a comprar uma passagem para voltar. Culpa da Sônia Abrão. Vi no globo.com uma matéria dela falando que meu pai tinha morrido. Acreditei no veículo. Ligava pra minha mãe e ela não atendia. Achei que não queria me contar por causa do show, que já estava resolvendo as coisas e estava me poupando. Mas consegui descobrir que ela estava dormindo, que era mentira e voltei a tempo para o show", conta Arlindinho.

Estevão Ciavatta, Péricles, Regina Casé, Babi, Arlindo, Flora, Marcelo D2

CAPÍTULO 24

ARLINDO É ENREDO NA X9 PAULISTANA

NASCE O NETINHO RIDAN

ARLINDO É ENREDO NO IMPÉRIO SERRANO

Arlindo Cruz: – A síntese do Brasil é o carnaval.

Ao falar de seu país, Arlindo Cruz também falava dele, um apaixonado pelo carnaval. E na madrugada de dois de março de 2019, enfim ele seria enredo de uma escola de samba. E no lugar onde despontou para o sucesso, ainda no Fundo de Quintal. Penúltima escola a entrar no Sambódromo do Anhembi, a G.R.C.E.S. X-9 Paulistana traz o enredo Meu Lugar é Cercado de Luta e Suor, Esperança num Mundo Melhor! O Show tem que Continuar!, do carnavalesco Amarildo de Mello. "Um enredo simples e humilde tal qual a sua história e sua passagem por esse universo musical tão maravilhoso", disse Amarildo. E, como diz o samba de Arlindinho, André Diniz, Cláudio Russo, Márcio André Filho, Marcelo Valente e Darlan Alves, intérprete da escola, "... não subestime um filho de Xangô...". Orixá, que é o Deus da justiça, dos raios, dos trovões, do fogo e protetor dos intelectuais, Xangô fez valer a sua força trouxe um céu estrelado para a entrada da escola na avenida, derrubando a previsão de muita chuva. O samba pede ainda a volta do homenageado com um refrão que grudou na mente dos torcedores: "... Samba de Arerê pra você voltar/Zona Norte é Madureira/Ando louco de saudade/Olha o povo pedindo bis/Ainda é tempo pra viver feliz...". Um samba encomendado. Pela primeira vez em sua história a X-9 Paulistana não realizou uma disputa de samba-enredo. "O Arlindo é tão importante e achamos que os amigos dele deveriam dar um presente pra ele e o maior presente seria o samba-enredo", disse Amarildo de Mello. No carro de som, Darlan Alves tem entre os cantores de apoio, Arlindinho, André Diniz e Vanessa Russo. Ela faz sua homenagem a

Arlindo, com sua cabeça raspada no lado direito levando uma pintura do rosto de Arlindo. "Meu pai aprendeu a ser artista aqui. O cantor, o ídolo, nasceu em São Paulo", disse Arlindinho. A bateria é comandada por Mestre Fábio Américo e Mestre Kito. Os duzentos ritmistas representam o rufar da batucada e tem à sua frente a Rainha Juju Salimene. Eles calçam sandálias brancas, como Arlindo, calça branca e um camisão verde e branco com a foto do homenageado. Nos instrumentos a foto do bojo do banjo verde.

A escola verde, vermelho e branco, que nasceu no bairro da Parada Inglesa, no Tucuruvi e que tem a sede na Vila Guilherme, Zona Norte, desfilou com vinte e três alas, cinco alegorias e um total de dois mil, quinhentos e cinquenta componentes. "A gente começa mostrando a fé e a crença de Arlindo Cruz. Nada de religião, porque o Arlindo não fala de religião, fala de fé e de crença. Logo após a gente mostra como Arlindo tornou-se um grande sambista, onde aprendeu de onde veio e as suas reminiscências musicais. Numa outra parte do enredo o Arlindo que escolhe sua escola de samba como sua paixão. Em outro setor o Arlindo sociológico, esse Arlindo sem fazer politicagem, sem ser engajado a nenhum partido político, fala de política, do social, de antropologia, do homem, comunidade, favela. Depois vem a última parte do enredo, que é O Show tem que Continuar. Iremos até Paris, mostrando o Arlindo poético com suas canções. Ele fala de amor mais de 2000 vezes", disse o carnavalesco para o EPTV, jornal da TV Globo de São Paulo.

Na comissão de frente Quando Ajogun subestimou Xangô, coreografada por Yáskara Manzini, que expressa a religiosidade de Arlindo, acontece seu encontro com a mulher Babi, representada por uma dançarina que empunha uma bandeira especial. De um lado é a bandeira da sua primeira escola, a Mocidade Independente de Padre Miguel, e do outro uma foto de Arlindo Cruz com o banjo. É bom saber que ajogun representa os inimigos ocultos da humanidade dentro do culto e da concepção Yorubá. "Esse cara não é um sambista normal, ele é um orixá do samba, ele é uma entidade do samba", disse o diretor de carnaval Pê Santana ao jornal EPTV.

No carro Encontro do Baobá com a Tamarineira vem duas tamarineiras (na quadra do Cacique sempre foram duas) e um índio sentado de pernas cruzadas tocando banjo. O segundo casal de mestre-sala e porta-bandeira Gustavo e Camila faz uma homenagem ao Império Serrano com três coroas imperiais. É o chapéu de cada um e ainda a armação

Capítulo 24

da saia de Camila. No carro Meu Nome é Favela, uma informação errada foi passada na transmissão da TV Globo, quando o apresentador Chico Pinheiro diz que a música Meu Nome é Favela é de Marcelo D2 e Arlindo Cruz, quando na verdade é de Rafael Delgado.

Por fim, entra Arlindo Cruz, todo de branco em sua cadeira de rodas, ou seu carrinho como gostava de chamar. Vem segurando a machadinha de Xangô e com a bandeira do Império Serrano ao seu colo, no quinto e último carro alegórico, O Show tem que Continuar. Com muitas notas musicais o carro tem na sua parte traseira um cavaquinho e um banjo enormes, instrumentos de Arlindo. "Babi falou pra mim 'o negão tá ali'. Mas não consegui. Arlindo é como se fosse um filho, não me permiti ir até ele, vi de longe", disse o empresário Pelé Problema.

Se Arlindo pudesse falar certamente diria ao entrar na avenida com o céu azul da manhã.

Arlindo: – Olha mãe, azulejou.

A seu lado, a mulher Babi, a filha Flora, grávida de oito meses de Ridan, a irmã Arly, a neta Maria Helena, a então nora Ayeska, grávida de três meses do menino Antônio Candeia, caçula de Arlindinho e a equipe médica, que o acompanhou desde o Rio de Janeiro. "É Deus! O dia que a minha dor for maior que a minha fé, chegou ao fim. A Minha fé é maior que a dor que a gente tá passando nesses dois anos. Fiz um acordo com Deus e Deus permitiu. Ainda há muito tempo pra viver feliz. Não tenho uma lágrima mais pra sair não tenho mais alma, não tenho mais nada", disse Babi antes mesmo de descer do carro alegórico. Quem também desfilou foi o filho Kauan Felipe. "Foi bonito e muito emocionante", disse Kauan.

Ao final do desfile da X-9 Paulistana, fica o comentário de Chico Pinheiro. "Mais do que gênio Arlindo vai se tornando em vida uma entidade".

Dias depois, na apuração, sai o resultado. A Mancha Verde é a campeã do carnaval de 2019 e a X-9 Paulistana, ao empatar com Acadêmicos do Tatuapé, Mocidade Alegre e Gaviões da Fiel, com 269,5 perde para as três no desempate e acaba em décimo lugar.

A AVENTURA DO VÔO DE ARLINDO

O que os integrantes da X-9 Paulistana e o público que aplaudiu e se emocionou com Arlindo não souberam foi sobre a aventura da viagem de helicóptero do Rio até São Paulo, em meio a um temporal. E que, a princípio, nem iria acontecer. Na quinta-feira Babi havia publicado um post nas redes sociais, em que Arlindo aparece com um terno branco, informando que ele não iria desfilar. "Estava tudo preparado, a Beth e a Alcione disseram pra levar, deram seu aval, mas o custo era altíssimo". Foi quando Babi reuniu a equipe médica no quarto e avisou que não iria mais ter a viagem. Arlindo só faltou pular da cama, se mexendo muito e emitindo uns ruídos bem altos.

Babi: – Que foi pai? Que foi pai? Você quer desfilar?

Arlindo: – Qué..r, qué..ro.

O desespero de Babi ao ver a ansiedade de Arlindo fez com que ela desse início a uma operação que teve amizade e sorte para realizar uma viagem improvável, agora correndo contra o tempo. Através do Bitenca, amigo de Arlindo dos tempos da EPCAR, ela conseguiu falar com um piloto de helicóptero que não cobraria pela viagem a ser feita numa UTI móvel, também conseguida na base da amizade. Tudo pronto para Arlindo, Babi, médico, enfermeiro e cuidadora decolarem no Aeroporto Roberto Marinho, em Jacarepaguá. Às 21horas cai um dilúvio no Rio de Janeiro. E o tempo vai passando. "Na pista a água batia nas canelas. Não tinha como decolar". O jeito era ir para o Aeroporto Santos Dumont, mas não poderia voar após meia-noite. Não tinha liberação. O Rio debaixo d'água, muitos bolsões pelo caminho. E o tempo passando. Quando conseguiam passar encontravam carros alegóricos indo para o Sambódromo. Chegaram às 23h45. E a aventura continuava. O piloto colocou o helicóptero no meio da pista. Todos embarcaram nos últimos minutos do limite de vôo e partiram. "Chegamos ao Aeroporto de Vira-Copos e entramos numa ambulância. Em uns quarenta minutos estávamos no hotel", diz Babi. Ela escondeu de todos. E, se na avenida uma escola inteira ficou surpresa com a chegada do seu enredo, o susto maior foi de Flora e Arlindinho. "O pessoal da imprensa ficou chateado comigo, mas eu não sabia. Minha mãe não abriu o jogo. Ela armou tudo e quase me matou do coração hoje. Só pude dizer "Mãe, você é sinistra. Te amo", disse Arlindinho, logo após o desfile.

MORRE SEU IRMÃO ACYR MARQUES

No sábado, dia 20 de abril, seu irmão, o compositor Acyr Marques, sofre um infarto fulminante em casa e morre aos 65 anos de idade. Ao final da tarde, em casa, Arlindo está na sala quando a notícia é dada pelo RJ-TV. Ele dá um urro, abaixa a cabeça, as lágrimas escorrem e seus batimentos ficam muito alterados. A pressão sobe e ele fica com falta de ar.

Pai da cantora Debora Cruz e dos professores Gisele Cruz e Gilberto Baroni da Cruz, ele trazia nas veias o talento de um grande compositor, tanto na letra quanto na melodia. Ex-motorista de ônibus, integrante da ala de compositores do Império Serrano, Acyr ganhou o samba do carnaval de 1993, Império Serrano um Ato de Amor, em parceria com o irmão Arlindo, Aluisio Machado e Bicalho. Gravou mais de 120 sambas com nomes como os de Zeca Pagodinho, Alcione, Fundo de Quintal, Leci Brandão, Almir Guineto, Reinaldo, Beth Carvalho, Jorge Aragão, além do irmão Arlindo, entre outros. Entre seus sucessos estão: Coisa de Pele (com Jorge Aragão), Fogueira de uma Paixão (com Arlindo Cruz e Luis Carlos da Vila), Insensato Destino (com Chiquinho Vírgula e Maurício Lins), Casal Sem-Vergonha e Pura Semente (ambos com Arlindo), Dor de Amor e Que Pecado (as duas com Arlindo e Zeca Pagodinho), Meu Negócio é Pagodear (com Sapato e Arlindo), Saudade Louca (com Arlindo e Franco) e Vem pra Mim, que fez sozinho, entre tantos outros sambas dolentes e vários partidos.

NASCE RIDAN FILHO DE FLORA

A cesariana de Flora estava marcada para o dia doze de maio de 2019, mas por conta do falecimento de Beth Carvalho no dia trinta de abril, a filha de Arlindo resolveu homenageá-la e antecipou o nascimento de seu filho para o dia cinco de maio, data do aniversário da Beth. E Ridan Barbosa da Cruz, fruto do relacionamento de Flora com Alexandre Nascimento, nasceu às onze horas e cinquenta e quatro minutos, com 3,225kg e 48 cm. Arlindo sempre falava em ser avô de mais uma menina. "Tinha vontade de ser mãe cedo e, no meu coração, sempre soube que ia acontecer alguma coisa com meu pai. Nem sei explicar, mas eu sabia. Queria ter um filho até dezoito, vinte anos pro meu pai conviver com ele. E falei pra ele".

Arlindo: – Fica tranquila. Papai vai estar aqui. Vai estudar. Papai não quer nada agora, quero é te ver feliz.

Flora: – Mas eu sou feliz e quando terminar meus estudos vou ter um filho, você quer?

Arlindo: – Quero.

Flora: – Então tudo bem.

Mesmo sendo um pai muito ciumento, ele entendia a filha. E, por incrível que pareça, foi ele quem apresentou Flora a Alexandre, no dia do seu aniversário. Arlindo levou Flora e mais cinco amigas a um show da Rádio Mania, na quadra da Caprichosos de Pilares. Veio embora mais cedo e deixou o carro com motorista e segurança para que ela ficasse à vontade. Mas é claro, tinha gente de olho o tempo todo na filha. E, ao chegar em casa...

Arlindo: – Beijou na boca hoje?

Flora: – Paiii, você não presta.

Arlindo: – Ah, então eu te boto na boa e eu que não presto?

De 2017 pra cá, Flora tem sentido muita falta de poder contar com o paizão. "De contar pra tudo mesmo. De ter meu pai pra me defender, de poder fazer qualquer merda que meu pai resolve. Olha, meu pai ta vindo aí. Hoje mudou e tô aí pra defendê-lo pra sempre. Eu ficava zoando ele, dizendo que depois de certa idade nossos pais viram nossos filhos, e hoje ele é um grande bebezão", diz Flora. Mas, mesmo sem ter os movimentos como antes, o vô Arlindo teve reflexo para não deixar o netinho Ridan cair da cama. Com o braço esquerdo amparou o menino, que tinha se mexido na cama.

Antes de Ridan chegar, Arlindo pôde curtir seus momentos de avô com a primeira neta Maria Helena, filha de Arlindinho. Era o xodó do vovô e aprontava como toda criança, deixando o pai Arlindinho muito bolado. "Ele estragava os netos todos, não tinha o menor compromisso de educar. Era só mimo, era só carinho. Eu colocava a Maria de castigo ele tirava. E não dou mole. Tem que estar maneiro na escola, sem gracinha com celular, tem que comer de tudo. Sou muito Caxias com meus filhos, até mais do que meu pai foi comigo. Mas uma vez deixei a Maria Helena de castigo e fui ali fora rapidinho. Voltei e eles estavam na praia.

Arlindinho: – Mas pai, ela tá de castigo.

Arlindo: – Eu sei, tá de castigo na praia.

Arlindinho: – Na praia? Que castigo é esse?

Arlindo: – Ah, não faz isso com a minha netinha não.

Arlindinho: – Pai, você tá tirando minha autoridade.

Arlindo: – Não, não é isso não. Minha netinha tá com o avô dela.

Arlindo não teve tempo pra tirar Ridan do castigo, mas conseguiu estar presente no nascimento do neto, que faz a festa quando está com ele. "É difícil eu falar que eu não tenho do que reclamar, mas eu tenho muito mais a agradecer. Se ele não estivesse aqui não ia conhecer meu filho. E o Ridan adora estar com ele, dá beijo, chama vovô, mexe no bigode dele, puxa pra baixo. E meu pai entende, sabe o que tá acontecendo, tá ativo. A cabeça que às vezes bloqueia um pouco. Fica olhando pra minha cara, dá um risinho...", diz Flora.

Um pai que nunca abriu mão de um café da manhã na mesa, de um almoço na mesa, todo mundo junto, viagem com a família, Arlindo Cruz vivia um sonho com seu xodó, com a filha que sempre desejou ter. "Meu pai era muitos em uma pessoa só. Sempre foi muito família, muito carinhoso, principalmente comigo, que sou a menina dos olhos dele, porque eu sou, né? O sonho dele era ter uma filha chamada Flora e a Flora sou eu. O que mais sinto falta hoje é do nosso companheirismo.".

Arlindo: – Filha abre o olho, fulano não é teu amigo, presta atenção.

"A gente conversava muito. Ele tomava insulina e eu que aplicava. A gente almoçava e ele perguntava cadê minha enfermeira? Ele cismava que eu tinha que fazer algo na medicina, e eu frouxa não posso ver sangue... minha mãe sempre fala que sou muito igual ao meu pai".

NO CANDOMBLÉ E NA IGREJA EVANGÉLICA

Em maio, no terreiro do Ifá Olofin, em Vargem Grande, Arlindo Cruz renova seus voltos no candomblé com o babalorixá Wallace Luiz.

Em setembro, ao completar 61 anos de idade, Arlindo e Babi foram ao culto do Pastor Vaguinho. Foi na igreja da Assembleia de Deus Vitória em Cristo, no Recreio, onde todos cantaram parabéns pra você para comemorar a nova idade. "Sofremos muita discriminação religiosa por termos ido à igreja. Foram muitas críticas nas redes sociais, incluindo nosso povo do candomblé", lembra Babi.

LIVE DO TEATRO RIVAL NO ANIVERSÁRIO

A pandemia da Covid 19, em 2020, trouxe a cultura das lives para a rotina dos brasileiros, então isolados em quarentena. A novidade era cada um sua casa, sem aglomeração, assistindo a pequenos programas ao vivo pelo Instagram. Com os teatros fechados, fui convidado pela Sheila Gomes e pela Carla Paes Leme, dupla do departamento de comunicação do Teatro Rival para apresentar as lives de samba nos finais das tardes de terça-feira. Em homenagem a Beth Carvalho, começamos no dia 5 de maio, quando ela estaria completando 74 anos, com um de seus grandes amigos e afilhados, Ubirany, do Grupo Fundo de Quintal. Até dezembro, conversei com vários nomes do samba, mas no dia 14 de setembro, uma segunda-feira, teve live. Ela foi antecipada nesta semana para comemorarmos os 62 anos de Arlindo Cruz com uma super-live ou uma Live Rave, com quase três horas de muita emoção e vários convidados. Protegido pela vacina contra a Covid 19, Arlindo Cruz foi o assunto da live mais emocionante da temporada do Teatro Rival. A primeira a chegar foi a anfitriã. A atriz Ângela Leal, proprietária do teatro, que se lembrou das temporadas do Pagode do Arlindo e de quando ele conduziu a festa de oitenta anos do Rival, em 2014. "Hoje é o dia da pessoa, na fase musical, mais importante da história do Rival. É o nosso querido Arlindo. Daqui a pouco eu choro. Ele começou na história do Rival com Sombrinha, ainda era uma dupla. Mas depois resolveram seguir carreiras solo e o Arlindo tem uma conversa comigo, perguntou porque a gente não abriria o Rival pra fazer um pagode de mesa toda segunda-feira. Foi um grande sucesso. Uma delícia poder contar com o Arlindo toda segunda-feira. Temos um bloco, o Rival sem Rival e nosso primeiro homenageado foi ele".

Ângela quase chora, bate palmas para Babi, e falou do que mais a emociona em Arlindo. "É a vontade que ele tinha e vai ter de se apresentar e cantar. Olha eu me emocionando, isso sempre me emocionou. Ele não parava, cantava e compunha o tempo todo, era como se ligasse uma cordinha e cantava com aquele prazer, aquele sorrisão, aquela voz. Mas ele vai cantar porque a torcida é muito grande, além do ser humano que ele era. Arlindo tamos esperando, hein" Tá quase, tá quase, mas vai".

E os convidados foram chegando. Fred Camacho, Ademir Batera, que fez questão de dizer ser Arlindo e Sereno, os responsáveis por ele ter entrado para tocar com o Fundo. "Estávamos num Festival em Belo-Horizonte e eu já tinha acompanhado uns dez, estava só o pó. Como o Papão (baterista) pediu um pedaço (pagamento), eles dois me chamaram pra dar uma canja com o Fundo e tô dando canja desde 86". E Ademir também lembrou uma boa na primeira vez que estiveram no Japão, em 1988. "Um japonês veio versar com Arlindo e acertava tudo. Arlindo perguntou como você sabe isso tudo? Mas ele não falava uma palavra em português. Era tudo decorado".

Marcelinho Moreira estava vestido com a camisa da festa de 54 anos do Arlindo. Flora falou que a única vez que o pai lhe deu um tapinha na mão, ele chorou de soluçar e o tapa nem doeu. Babi se lembrou do primeiro beijo. Arlindinho contou de quando tropeçou no fio da caixa de som e caiu com o bolo dos cinquenta anos do pai no palco do Rival. E de uma saia justa de Arlindo com uma namorada que ainda não tinha sido apresentada. Ela chegou na frente e Arlindo falou uma gracinha. Arlindinho chegou, apresentou e ele se desculpou.

Arlindo: – Filho, tava brincando.

"Mas não posso dizer o que ele disse", falou Arlindinho.

E chegaram Anderson Leonardo, Gegê D'Angola, Debora Cruz, a afilhada Anna Carolina, a irmã Arly, Sombrinha. "Ele é meu braço, minhas pernas. Fazer música com ele é fazer palavras cruzadas. Nos entendíamos muito bem, já sabíamos o que o outro queria, a gente foi se aprendendo. É um mestre. Aprendi mais com ele do que ele comigo. É completo, exagerado. Com ele é tudo muito. A Babi está de parabéns, porque é muito difícil, mas temos de ter fé". Emocionado, Sombrinha não chega ao final de sua participação, não conseguindo terminar de cantar O Grande Circo da Dor ao violão. "Essa música foi o amadurecimento do Arlindo, mas ele me traiu com o Franco, eu não entrei nessa música. Fiquei tão puto com ele". Andrezinho foi o próximo e também se emocionou falando do

Da Cruz. Falou das vezes que Arlindo ficava chateado com alguém, ele também ficava, mas depois Arlindo ficava de bem e ele que ficava mal com a pessoa.

Para fechar a live, uma surpresa: Arlindo Cruz, de branco, aparece na hora do Parabéns pra Você.

PROCEDIMENTOS NECESSÁRIOS

No final de junho de 2022, ao apresentar excesso de secreção no pulmão, Arlindo Cruz foi internado no Hospital Samaritano, em Botafogo, e passou por uma broncoscopia, para uma visualização do aparelho respiratório. O exame não mostrou nenhuma inflamação. Também foi realizado um ajuste na válvula do cérebro. Respirando bem sem a ajuda de aparelhos, Arlindo volta para casa com a pressão e os batimentos cardíacos em ordem.

ARLINDO CRUZ É ENREDO DO IMPÉRIO SERRANO

O carnaval de 2023 do Rio de Janeiro abre os desfiles do Grupo Especial no domingo, dia 19 de fevereiro, com a homenagem do Império Serrano a Arlindo Cruz. Campeã da Série Ouro no ano anterior, com o enredo Mangangá, de Leandro Vieira, a verde e branco de Madureira volta ao Grupo Especial, depois de dois anos. Ela entra na Marquês de Sapucaí com o enredo Lugares de Arlindo, do carnavalesco Alex de Souza, com três mil componentes, vinte e nove alas e cinco carros alegóricos. Das nove obras consultadas para a confecção do enredo, uma delas é Fundo de Quintal – O Som que Mudou a História do Samba, de minha autoria. O samba é de Sombrinha, Aluisio Machado, Carlos Sena, Carlitos Beto BR, Rubens Gordinho e Ambrósio Aurélio, interpretado por Ito Melodia. Na bateria, a Sinfônica do Samba, sob o comando de Mestre Vitinho, duzentos e cinquenta e quatro componentes, dos quais trinta tocam os famosos agogôs do Império Serrano.

Na Comissão de Frente, coreografada por Júnior Scapin, a representação de um grandioso ritual de cura e axé feito aos pés da tamarineira no terreiro de Vovó Maria, fundadora e rezadeira da escola. Ela está junto com Mestre Candeia. Os dois são interpretados por Dandara Raimundo e Elton Sacramento. O gigantesco carro da comissão é um banjo. Em cima dele está a tamarineira e, de dentro dela, lá do alto, em vários momentos, quem surge para delírio do público é Arlindinho com um banjo. "Foi muito bonito ver a arquibancada levantando. Meu pai merece muito, mas só estava ali por causa dele. Tenho pavor de altura e a cada saída da tamarineira, alto pra cacete, era um desespero, mesmo com um cinto me prendendo. Já tinha ensaiado e durante o desfile fui me acostumando, mas sinceramente? Morri de medo. Era maneiro, mas nunca mais", disse Arlindinho.

Logo após a comissão de frente vem o primeiro casal de mestre-sala e porta-bandeira, que traz no sangue o DNA do bailado da avenida, Marlon Flores e Danielle Nascimento. Ele filho do mestre-sala Marcelinho, que durante quinze anos desfilou na São Clemente, ela filha da lenda Vilma Nascimento, o Cisne da Passarela, que vem apresentando o casal. O momento DNA continua com o segundo mestre-sala Matheus Machado, filho da porta-bandeira Andréa Machado e do ex-presidente de bateria Seu Américo, e neto do compositor Aluisio Machado, que nos anos 60 foi mestre-sala da Imperatriz Leopoldinense. Matheus dança com Maura Luiza, que desfila grávida de seis meses de Laura. "Não poderia perder essa homenagem para esse grande compositor e amigo, que merece todas as homenagens dessa avenida", disse Alcione, na beira da avenida, à repórter Mariana Gross, da TV Globo.

Antes do quarto carro, Vem Brilhar no meu Carnaval... Minha Porta-Bandeira na Avenida do meu Coração, uma gigante porta-bandeira para homenagear Babi Cruz. No carro Em Cada Esquina, um Pagode um Bar vem a Velha-Guarda da escola. Entre eles, Cizinho, Capoeira, a matriarca e rezadeira da Serrinha Tia Ira, e Deni, neta de vovó Maria Joana.

No último carro, O Show tem que Continuar, representando os muitos palcos nos quais Arlindo construiu sua trajetória musical. No alto do carro uma gigante escultura de Arlindo, com a coroa imperial, uma bata verde e tocando seu banjo. A mão direita do boneco se movimenta durante o desfile, como se estivesse tocando. Em sua cadeira de rodas encaixada no trono imperial, Arlindo está todo de branco, segurando a machadinha de Xangô. Com ele estão a mulher Babi, a filha Flora, a irmã Arly e vários de seus amigos: Marcelo D2, Délcio Luiz tocando banjo, Regina Casé e Estevão Ciavatta, Péricles, Hélio de La Peña, entre outros. "Flores em vida. Hoje vi meu pai sorrir mais cedo, melhorar o semblante, mais leve. A presença dele aqui é muito importante. Por diversas vezes briguei, achei que não tinha que vir, por outros momentos achava que tinha... um cara que doou tanto pro Império, me ensinou a ser Império se colocou positivo para estar aqui", disse

Arlindinho aos prantos para Alex Escobar, que transmitiu o desfile com Maju Coutinho para a TV Globo. "A função do pai é dar o máximo e se ele hoje me dá um beijo, é isso que ele faz. Ele pisca, aperta a minha mão. Esse é o máximo. Mas toda a criação, todo ensinamento, os princípios aprendi com meus pais. Então dê o máximo sempre porque a vida é passageira. Dê o máximo sempre que puder", concluiu Arlindinho, chorando.

Nem bem acabou o desfile do Império Serrano e as críticas contra a presença de Arlindo Cruz doente invadiram as redes sociais. Como já havia acontecido em 2019 no desfile da X-9 Paulistana, não pouparam a família. "Hoje meu pai é um cadeirante, tem uma vida limitada. Tem que aprender a se adaptar. Nunca usamos a doença, mas é a realidade da nossa vida e da vida dele. Nem por isso deixa de sentir prazer. Se estiver com ele na praia ele vai suar, ele tem os sentimentos dele. Querem que eu fique com meu pai dentro de casa, depressivo, triste? Aí é pior, vou estar maltratando ele", respondeu Arlindinho,

Durante a transmissão o comentarista Mílton Cunha disse que o desfile do Império Serrano estava uma belezura, com fantasias suntuosas e um visual avassalador. E chamou de Super Império. Mas não foi exatamente esta suntuosidade que foi vista e avaliada pelos jurados. A campeã do carnaval 2023 foi a Imperatriz Leopoldinense, com o enredo O Aperreio do Cabra que o Excomungado Tratou com Má-querença e o Santíssimo não deu Guarida, de Leandro Vieira. Com 265,6 pontos, o Império Serrano foi rebaixado pela oitava vez (!976, 1991, 1997, 1999, 2007, 2009, 2019 e 2023).

UM NOVO RELACIONAMENTO DE BABI

Após a apuração na Praça da Apoteose, Babi é entrevistada e, no calor da emoção, dispara contra o resultado final, de mais uma vez a escola que sobe ser rebaixada. No caminho para casa o clima continua fervendo. "Disse na entrevista que a caneta pesa demais pra escola que sobe, que ela já é condenada a descer e isso é muito desmotivante. A que sobe deveria ter o direito a entrar no sorteio, o que não acontece. E da Apoteose até chegar em casa foram mais de vinte repórteres querendo que eu desse declaração, eu não queria". Mas o assunto passa a ser um novo relacionamento de Babi. "Um dos repórteres pergunta se é verdade que eu estava me relacionando com André Caetano, ex-segurança do Arlindo. Ele estava apontando para uma situação real, mas com indícios gravíssimos. Porque se era um ex-funcionário meu, jájá iriam dizer que já era meu amante há um bom tempo.

Então, disse não, isso não é verdade. Ele nunca foi segurança, nunca me relacionei com nenhum funcionário, jamais faria isso e não cabe dentro da minha dignidade, mas estou me relacionando sim, com o André Caetano, que nunca teve uma aproximação com o Arlindo. Quis evitar uma informação errada". Eles se conheceram durante as eleições de 2022, quando ela disputava uma vaga de deputada estadual no Rio de Janeiro e ele era um dos coordenadores.

Em questão de horas, o assunto deixa de ser o rebaixamento do Império Serrano e os holofotes se voltam para o novo relacionamento da mulher de Arlindo. Todos correm para as redes sociais e descobrem que Arlindinho e Flora deixaram de seguir a mãe, o que não significaria um apoio ao que ela está passando. "Como se aprende mais com a dor do que com aplauso, a primeira atitude que eu e meus filhos resolvemos tomar foi exatamente com relação às redes sociais. Deles pararem de me seguir para não verem as tolices, as agressões, as aberrações que estavam falando. Foi tudo em comum acordo, deixa pegar fogo e rezar. Sabia que isso ia passar e que a verdade nós sabíamos. Eu sou mau caráter? Não. E também não sou uma piranha. Não tenho talento e, nem se eu quisesse, não seria. Sou digna demais" se defende Babi.

Ela já conversava há um tempo com os filhos sobre a sua solidão. "Há uns dois anos já vinha conversando com os meninos. Comecei a reclamar da solidão, que tava grande, muito grande. Nossa cama era uma King, troquei pra uma Queen e ainda estava grande. Vim pra uma de casal comum e já tava indo pra uma de solteiro, porque o espaço vazio, sem ter a perspectiva de ser preenchido, já começava a me doer".

A pergunta que mais ouvia durante a doença de Arlindo era se não sentia falta de sexo, por ser orgânico e necessidade física. "Eu dizia meu foco tá virado pra outro viés. Não tô aqui pra isso, não tá me incomodando, não tá me fazendo falta. Eu estava me alimentando de outras questões". Mas, com o passar dos anos, a falta de alguém acabou pesando e Babi dividiu este sentimento com os filhos. "Disse pra eles que estava me preparando para me relacionar e antes dessa bomba estourar eles já sabiam. A Flora que teve um pouquinho mais de resistência. Tem gente que não espera cinco horas pra transar, cinco dias, cinco meses. Eu já passei de 5 anos. E sem a menor perspectiva. Fiquei alimentada da nossa última transa no dia 17 de março de 2017 às dez horas da manhã, que perdurou esse tempo todo".

SAMBAS PARA ARLINDO CRUZ

Enquanto a medicina vai cuidando de Arlindo, os amigos da música, do samba, cuidam do jeito que melhor sabem. Fazendo samba. Serginho Meriti e Rodrigo Leite fizeram DiArlindo. Serginho gravou com as participações de Arlindinho, Marcelo D2, Xande de Pilares, Alcione, Anderson Leonardo, Andrezinho, Marianne de Castro e Mosquito. Na introdução um improviso do amigo D2: "Poeta, mas poeta mermo. Amigo daqueles, melhores amigos. Pai, pai de todos, é o vô, né? Nosso Arlindo, Arlindo Cruz".

O parceiro Mauro Diniz e o filho João Diniz fizeram Segundo Ato. Com produção de Luiz Henrique Faria, Mauro e João gravaram com as participações de Ubirany, Péricles, Xande de Pilares, Arlindinho e Leandro Sapucahy. Na abertura, Mauro Diniz, que também fez o arranjo, diz: "Meu compadre Arlindo, volta parceiro, volta que a plateia te reclama. Aliás, o teu povo, o teu samba te reclama, te espera".

SONHOS, GENEROSIDADE E FÉ

Por fim, hoje, em 2025, duas mulheres sabem muito de Arlindo Cruz. Sua mulher, Babi, e sua irmã, Arly. Mulheres que conhecem seus desejos e sonhos, que entendem sua generosidade e sua fé. "Meu irmão fazia tudo com tanta naturalidade, com tanto gosto, com tanto prazer, que não dava pra dizer eu sou o cara, vou ser o melhor. Não, ele sempre dividia. O grande sonho da sua vida sempre foi ser feliz, ter uma mesa farta, ter uma roupa, um carrinho, andar na rua de cabeça erguida, apagar algumas coisas tristes do passado. Nunca foi ser um super star, fazer sucesso. Isso não era dele. Ele era vaidoso, é vaidoso, porque ainda tá aqui no meio de nós, mas aquela vaidade de ser humano, do eu dele, de saber eu posso, eu sou capaz, não de menosprezar, passar por cima de alguém. O que ele sempre buscou muito foi a felicidade, fazer o que queria, no momento que ele quis, não vendo dinheiro na frente", diz Arly Marques, bem emocionada.

A mulher Babi, a quem chamava de mãe, preta, nega, vida, amor, também se emociona. Olha pro nada, como estivesse vendo imagens de cada lembrança. "Ele também me chamava de grudenta, com sotaque paulista. Nas nossas muitas brigas, não tinha como não voltar. No dia seguinte, em cada uma delas, ele vinha com uma novidade, como quando vinha com o violão...

Arlindo: – Você nunca escutou um samba do Aragão, que diz ninguém deixa um poeta impunemente (Borboleta Cega (Jorge Aragão/Nílton Barros)? Essa é pra você.

"E cantava um samba novo pra mim. O que mais dói é que o Arlindo nunca sacaneou ninguém. Nunca vi fazer o mal pra ninguém, nunca vi atrasar ninguém, só adiantava. Ele não errou com ninguém, ele não merecia, de forma nenhuma, porque a lição de fé que ele e minha mãe me deram é muito grande. Não dá pra titubear da fé. E ele era muito cheio de fé, muito dedicado à fé. Um cara que declarou amor à espiritualidade com as músicas. Se mandasse ele comer capim ele comia e dizia que tava bom, em nome da fé. Então porque?", pergunta Babi aos prantos.

COMO ESTÁ ARLINDO CRUZ?

Nestes últimos dias de fevereiro 2025, quando termino esta biografia tão importante para os amantes da música e do bom samba, Arlindo Cruz está por aqui. Em casa desde junho de 2018, já esteve internado por várias e várias vezes. "Mesmo assim o melhor foi tê-lo tirado do hospital porque a cada quinze dias o Arlindo tinha uma infecção diferente. Assim como o hospital tem um grande número de médico e enfermeiros, também tem inúmeras bactérias, infecções", conta Babi. "Depois da segunda cirurgia da cabeça ele teve uma evolução que nos trouxe muita esperança, mas depois das outras cirurgias já não estávamos muito esperançosos. Ele deixou de responder aos estímulos como quando teve aquele período maravilhoso de balbuciar algumas palavras.

Babi: – Preto você tá com saco cheio de estar na cama?

Arlindo: – (Com muito sacrifício) to.

Babi: – Preto você me ama?

Arlindo: – A...mo

"Tivemos momentos lindos dele segurando copo, segurando biscoito... hoje não temos mais isso do Arlindo. Hoje ele está bem dentro do mundinho dele, do universo dele. Bem distante. Tem uma parte clínica bem equilibrada, mas uma parte neurológica que deixa a gente de pés e mãos atados", conclui Babi.

POR FIM...

Apesar de tudo, a trajetória do Arlindo Domingos da Cruz Filho, do Binda, do aluno Cruz, do Arlindinho, do Cadete Cruz, do Urso, do músico, do compositor, do produtor, do cantor, do artista Arlindo Cruz não acaba no fechar das cortinas ou na última página deste livro. Ela não acaba aqui, até porque as cortinas não se fecharam e as páginas ainda poderão ser escritas. A história de Arlindo Cruz não tem um ponto final.

Portanto, este livro deixa cinco momentos para os fãs de Arlindo: o Tema da Olimpíada do Rio de Janeiro, o Tema do Fuleco, mascote da Copa do Mundo do Brasil, o samba dos 60 anos de Zico e duas homenagens feitas para Arlindo Cruz, logo após o AVC: DiArlindo (Serginho Meriti/Rodrigo Leite) e Segundo Ato (MauroDiniz/João Diniz). Basta apontar seu celular para o QR Code (página 465), curtir as imagens e cantar junto.

E cantem para Arlindo...

Porque mesmo no dia em que Arlindo partir, ele ficará por aqui...

Porque sua poesia é eterna...

Porque Arlindo Cruz é a pura poesia...

E, para fechar, o próprio Arlindo Domingo da Cruz Filho:

"Gosto do povo cantando! Sou a favor do refrão! Samba não tem que ter só essa preocupação social, tem que ter alegria. Samba é alegria. Uma melancolia ou outra, uma tristeza, uma fossa, até vai, mas samba é alegria. Minha missão é fazer samba e tentar dar um pouquinho de mim pro povo ficar feliz e se lembrar de mim com alegria."

Família fantasiada unida permanece unida

CAPÍTULO 25

O LEGADO DE ARLINDO CRUZ

A FALTA QUE ELE FAZ

Qual o legado de Arlindo Cruz? O que este ídolo da música deixa para aqueles que conviveram e trabalharam com ele e também para os que não tiveram esta sorte? O que fica para os fãs que cantavam suas músicas, seu repertório, que aplaudiam e faziam muito barulho por sua simples presença? Quais os ensinamentos, as lições deixadas por este Mestre do partido-alto? E que, mesmo trazendo o puro samba nas veias, jamais deixou de receber, entender e compor outros estilos?

Quem é esse gênio da música, do samba, que adora pudim, linguiça, macarrão, feijoada, rabada, carne assada...

Quem é esse cara que fala sobre qualquer assunto e adorava Nacional Kid, Pica-Pau, Bat Masterson, Cassino do Chacrinha, os noticiários da TV, Pernalonga, Os Flinstones e da malandragem do personagem Sinhozinho Malta (Lima Duarte)?

Todas estas respostas ficam para familiares, amigos, músicos, compositores, produtores, empresários e fãs, que se emocionaram a cada depoimento. A emoção é tanta que uns tratam Arlindo no passado e outros no presente. Uns falam mais, outros menos. E o mais interessante é que, sem combinar, os depoimentos se cruzam, se completam...

BABI CRUZ

"O legado que o Arlindo deixa é o ensinamento de um ser humano primoroso, que sempre foi, ao pé da letra, uma pessoa que veio ao mundo pra ser um elo entre o morro e o asfalto, entre o negro e o branco, entre o bem e o mal.

Deixa ensinamentos de pura inspiração. Um cara dedicado à vida, ao samba, à essência da negritude, meu professor máster, mega, super, hiper, ultra! Um pai maravilhoso, o melhor pai que poderia encontrar para os meus filhos...

E a falta que ele faz é a mutilação. É como uma pessoa que sofre um acidente e perde um braço, uma perna, perde a visão, e tem de viver sem aquele membro. Vive mutilado".

ARLINDINHO

"Ele faz muita falta ao samba e como meu pai não tinha preconceito, ele era, aliás, ele é muito o meio-campo do Thiaguinho com a Dona Ivone Lara, do Mestre Marçal com o Suel, de quem era fã. E, muito generoso, ele via o talento. Às vezes o cara não cantava tão bem, mas era bom compondo. Então, ele elogiava esse lado, exaltava o que o cara tinha de bom.

Meu pai sempre foi viciado em prazer. Amou minha mãe pra caralho, comia pra caralho, fazia música todo dia, fumava maconha pra caralho, tudo que dava prazer a ele a intensidade era absurda. Tem sentido o cara fazer um samba por dia? Meu pai queria gravar com todo mundo. Enfim, ele é um ser humano evoluído, diferente. Se alguém não gostar do meu pai..."

FLORA CRUZ

"Meu pai faz muita falta na parceria, na amizade, no colo. Às vezes me bate um desespero, aí eu deito, choro e falo assim pai, porra pai porque tu fez isso? Porque cara? Fica bom! Eu não quero que ele volte a cantar, pra quê? Não precisa mais, já cumpriu a missão dele, tem música a pampa inédita. Agora é Arlindinho seguir. Ele tem que voltar pra curtir um pouco mais a família, poxa! Quero que ele fique aqui com a gente, conversando. Ele já não tava andando direito mesmo por causa do joelho. Que ele não ande, porque nós vamos cuidar dele pra sempre.

Quero muito que ele entenda melhor, que ele fale, que consiga dar o colo, dar um carinho, que ele consiga ter vontade. É muito ruim não ter vontade.

E sou mãe solo, o pai do Ridan é ausente e fico pensando como seria com meu pai bom, inteiro. Puta que pariu, eu seria a melhor filha do mundo, a mais realizada, a mais feliz. Claro que tenho meu irmão, que é meu parceiro, mas seria o máximo o avô do Ridan poder ensinar um monte de coisas pra ele. E tenho certeza que ele iria adorar".

ARLY CRUZ

"Ele é um iluminado e só semeou o bem. Graças a Deus, aonde passo só escuto falar bem do meu irmão e isso é muito gratificante. Ele nunca perdeu a essência de quem ele é. Sempre foi muito pé no chão. Sua autenticidade e seu talento é o que ele nos deixa".

DEBORA CRUZ

"Aprendi com ele a estar sempre ouvindo coisas novas. Ele estava sempre aberto a novas ideias, a novos estilos musicais, novas roupagens. Me mostrava que nunca é demais estar com a mente aberta para novos conhecimentos"

PRIMA VERINHA

"Tá fazendo muita falta...Uma pessoa muito sensível, desprovido de ódio, com tanto talento, tanto conhecimento... uma vez ele me falou...

Arlindo: – Prima se um dia acontecer alguma coisa comigo minha família não morre de fome, tenho mais de 600 músicas gravadas.

Verinha: – Quê isso, primo? Vai acontecer o quê contigo? E aconteceu...

ZECA PAGODINHO

"Vou guardar muitos momentos bons, de uma amizade boa, ele sempre divertido, sempre sorridente, nunca de cara feia.

Pro samba ele é o Pica das Galáxias. Ele tinha mais paciência para compor do que eu. Depois que comecei a viajar muito pra fazer shows, não queria mais compor, já tava ficando cansado desse negócio de compor, enquanto ele queria fazer música a toda hora. Chegava na casa dele e...

Arlindo: – Foi bom você chegar, vou fazer uma música aqui, escreve aí pra mim.

Zeca: – Calma, cara, vim aqui pra te ver...

Arlindo é legal de tudo que é jeito, por isso não tenho coragem de ver, nunca vi. A imagem que tenho dele, é ele rindo. Com a sua mania de chegar atrasado. Eu dava esporro nele.

Arlindo: – Mas tu é meu cumpadre, me dá um abraço! Fica aí me dando esporro. Sou mais velho que você, tem que me respeitar.

Sinto muita falta dele. Tenho na minha sala uma foto em que a gente está num teatro. Eu fiz um verso pra ele, não lembro qual foi, mas ele tá rindo pra caramba na foto. É essa imagem que quero ter dele".

KAUAN FELIPE

"Creio que um compositor que nem ele não vai ter mais no samba. O legado que ele deixa é a marca registrada das suas músicas, um legado muito grande pra música popular brasileira em geral. E mesmo não tendo uma relação tão paternal, tão afetuosa com ele, estávamos tendo uma relação que foi interrompida, que estava sendo construída ao longo dos anos. Eu fui me aproximando dele e sinto que ficou faltando algo pra mim. Torço muito pra ele se recuperar, penso bastante no bem estar dele,

Vão fazer uma falta as conversas que a gente tinha, os conselhos que ele me dava. Aprendi muita coisa com ele. Conversava comigo sobre a independência, de fazer o meu próprio corre. Sempre batia nessa tecla comigo. O peso da gana de querer vencer foi o maior ensinamento que ele me deu. Agradeço muito a ele. Sem os seus ensinamentos eu não teria tanta garra quanto eu tenho".

MONARCO

"Candeia falou e é verdade: a obra imortaliza o autor. E Arlindinho é eterno, chuta com as duas, faz a poesia, canções bonitas, muito elaboradas, mas também faz muito bem o jocoso, o galhofeiro e o sincopado. Sempre risonho, abraçava a todos os estilos, um cara popular".

MILTON MANHÃES

"Já está fazendo muita falta. Ficou um buraco muito grande no nosso samba de elegância. Um cara bom e um músico, um artista como poucos. Uma pena, mas aconteceu e é muito difícil substituí-lo".

SERENO

"O legado do Arlindo é algo que não tem tamanho. Sua infinidade de sucessos, seu talento e uma obra fabulosa construída com muito carinho. Ele não tem nada feio, mas carrego uma frustração em nossa história. Compus muito pouco com ele, gravamos umas quatro músicas nossas e ele não tinha tempo pra mim. Quando eu tinha tempo o Sombrinha levava ele. Uma pena perder um cara tão Inteligente, tão culto, um dos melhores".

MARQUINHO PQD

"O samba chora pela falta que ele tá fazendo. Quantos sambas ele teria feito? Sinto a falta dele na parceria, falta das pilhas, da encarnação, da família. Como Deus é que sabe de todas as coisas, a gente tem que se adequar a esta situação.

Quanto ao legado, é difícil de explicar. Comigo era um aprendizado a cada verso. Cheguei muito cru na parceria com ele. Por exemplo, eu falava verde, ele falava floresta, eu falava azul, ele falava céu. Aí fui começando a captar as formas diferentes de se falar o normal, mais poeticamente, pois eu não tinha essa noção. Ele, Franco, Sombrinha sempre abusaram disso. E comecei a pegar um pouquinho do veneno deles, da maldade deles. Ele sempre foi o maior professor de todos nós. Se antes os professores eram Almir Guineto, Cartola, Candeia, Nelson Cavaquinho, quando ele chegou assumiu. Ele ia sempre muito além, sempre foi assim. Arlindo sempre esteve quilômetros na frente de todos nós".

TÚLIO FELICIANO

"Arlindo faz falta em tudo. Em qualquer lugar do mundo me lembro dele, um amigo de todos os momentos. Converso muito com ele e com a Beth. E não me lembro da Beth morta nem do Arlindo na cama".

RILDO HORA

"Vai fazer falta, primeiro porque é gênio como líder meigo, doce, mas que a gente respeitava demais e que tinha um talento muito grande. Não impunha nada. E quantos banjos colocou como músico em produções e arranjos meus? Um cantor espetacular com aquela vozinha aguda e muito bonita. Arlindo é completo, também toca um cavaquinho bonito e se comporta muito bem".

RAUL CLÁUDIO

"O Arlindo é diferente. É boêmio, malandro, generoso, inteligente, uma cabeça boa, de vanguarda, que fala sobre qualquer assunto. É muito triste o que tá acontecendo com ele. A vida encapsulou uma cabeça, uma potência enorme de ser humano. É mais uma maneira que o Divino tem pra demonstrar a sua força e dizer que, se numa pessoa como Arlindo aconteceu, pode acontecer com qualquer um.

Arlindo é aquela generosidade e a capacidade de encantamento no lidar com as pessoas. Você encontrava com Arlindo, ele te cumprimentava, mas também perguntava pela tua família. Caramba, um artista daquela envergadura perdia um tempo pra te dar aquela moral e eu achava isso encantador. Até porque não era só comigo, mas com várias pessoas e sempre com o maior carinho".

ANDREZINHO

"Aprendi muito com o Da Cruz. Ter convivido com ele só aprimorou meu pensamento sobre fidelidade de amizade, de companheirismo, em ser um homem correto com as pessoas. E saber que não dá pra levar tudo a ferro e fogo da forma como sempre levei na minha vida. Com o jeito dele de ser, de resolver as coisas, me mostrou muito essa importância na vida, já que sempre foi muito correto e muito sincero.

Ele não é merecedor disso não. É uma pessoa que sempre prezou em fazer o bem pra todo mundo, ajudou gente pra cacete, de todas as formas, às vezes até mesmo com uma palavra, uma ligação, um convite, sem coisas materiais, ou materiais sem querer aparecer. Sinceramente, não sei por quem ou porque ele tá pagando. Não sei. Mas tá fazendo muita falta pra gente, pra música, pro carnaval, pra tudo. Ele dominava todos os assuntos com inteligência e sensatez. Muitas vezes eu queria saber a opinião dele sobre determinado assunto pra ver qual atitude iria tomar. Ele faz falta!".

ANDERSON LEONARDO

"Também aprendi muito com ele. Seu jeito, suas atitudes, a sua pegada tocando o aquele banjo maravilhoso e insubstituível. Nunca o vi destratar ninguém e sempre deu a maior força pra todo mundo, principalmente para os que estavam começando. Ah, e o ouvido dele também era absurdo, absoluto.

O Almir introduziu o banjo no samba, mas foi o Arlindo quem imortalizou, com a sua pegada diferente e um som diferente. No ré menor, por exemplo, ele colocava os dois dedos de cima, e o de baixo fazia com pestana, porque ele tinha muita força no dedo, e é difícil de fazer. E o segredo dele era a carregada. Sempre foi de tocar pra frente e quando o banjo dele entrava a música crescia".

BAIANO DO TÁXI

"Um amigo de bom coração, que vai deixar boas lições de vida. E sou testemunha de que ele só queria o que fosse seu. Vi algumas vezes compositor querendo colocar nome dele na música que ele não fez e ele não aceitava".

MARCELINHO MOREIRA

"Ele faz uma falta tremenda. Ele Ligava pra mim quando tava viajando, sempre uma coisa engraçada pra falar e perguntar, e aí como é que tá? Quando terminamos a música Rumo ao Infinito, que a Maria Rita gravou, eu tava brigado com a Dani, mãe dos meus filhos, ele disse:

Arlindo: – Olha aí, tá pronta, mas vou logo avisando que não vou salvar mais casamento de ninguém não, hein!.

Dá uma saudade muito grande, saber que ele pensava em mim. Um dos maiores amigos que eu tenho, umas das pessoas mais importantes que já encontrei. O artista tá aparente, todos conhecem, mas o amigo que se preocupa com todo mundo, que quer ajudar todo mundo, que não deixa ninguém na mão... Estar no pensamento desse cara é foda. E ele me chamar pra fazer música? O Arlindo Cruz?

Sempre agregador, ele sempre deu o de melhor pra todo mundo. Na hora de compor sempre dava o caminho, nunca excluiu. E olha que podia fazer tudo sozinho, como no tema do Samba Social Clube, quando me chamou pra ir pra casa dele fazer. Podia ter feito sozinho. Lembro dele dizendo:

Arlindo: – Tá faltando refrão? É mesmo? Pode mandar pra mim, meu nome é Arlindo Refrão."

JOSÉ MAURÍCIO MACHLINE

"Tenho um respeito enorme pelo artista que ele é. Além de ser uma das pessoas mais doces e generosas que conheço, é muito fácil de conviver com ele pela sua simpatia. Muito solidário com as pessoas, principalmente com seus amigos. É múltiplo em qualidades como ser humano.

É muito chocante ter um artista do tamanho dele improdutivo. Fico me perguntando o que ele estaria fazendo durante a pandemia, qual a criatividade que as suas músicas teriam nesse momento. É uma perda muito grande pra música brasileira, mas também tem um lado que entendo karmático dele. Da família, dos amigos estarem passando por esse momento tão delicado, tão complicado, e que vai ser tirada uma sabedoria de vida pra todos que estamos perto dele".

XUXU DA BAHIA

"É muito difícil ver meu compadre assim, muito difícil (chora). Logo ele que sempre foi uma pessoa muito positiva, pra cima. Muitas vezes ficava olhando ele aqui em casa, sem camisa, de short, com a cerveja dele, um ícone da música! E me perguntava, o que ele tá fazendo aqui com toda essa simplicidade? Ele acabava de comer, ia pegar o sono dele, sem perturbação. Não era o artista, era o amigo. Já tô sentindo muita falta dele".

COSMINHO

"O maior legado dele comigo como pessoa é ser um ser humano melhor, tratar bem as pessoas. Me dá uma saudade dele, sabe? Arlindo é um amor de pessoa. E quando tive o maior problema com ele, me deu carinho. Numa discussão nossa, coisa raríssima de acontecer, em que eu pensava de uma maneira e ele de outra, não se virou contra mim. Ele podia, como se diz hoje, me cancelar e ele me abraçou. É um ser humano fantástico, ele sempre deu muito amor pras pessoas. E é o que levo dele".

CLAUDINHA ALMEIDA

"Sou suspeita pra falar de Arlindo, porque tudo que aprendi na noite foi com ele. Da postura. De não ficar, por exemplo, com risadinha com homem, pra ninguém tirar casquinha. Com ele aprendi a trocar corda de banjo, dirigia, carregava roupa, banquinho, mesinha e o banjo, mas era tudo muito bom. Quando fui visitá-lo, escorreu uma lágrima quando ele me viu. Eu chorei e pra mim não era ele, era o pai dele, o Arlindão todinho. Segurei na mão dele...

Ele é muito importante pra mim. Estava sempre preocupado se eu estava bem, se estava sendo respeitada, pena que Babi não acredita na amizade entre homem e mulher. Ao mesmo tempo em que falava toma conta dele, achava que tínhamos um caso e nunca tivemos nada.

A gente se falava no olhar. Criamos uma energia que um já sabia o que o outro queria. Faz muita falta. Se ele tá doente, o samba tá doente"..

GEGÊ D'ANGOLA

"Com ele aprendi que temos que fazer sempre o que acreditamos, mas com responsabilidade, com cuidado, porque a música é a nossa vida! Ele falava que respirava música e que, quando entrou para o Fundo de Quintal, entrou tocando cavaquinho e depois foi banjo e, por isso, estudava todos os dias. E treinava composição, para chegar ao objetivo. O Arlindo me fez muito acreditar nisso, nessa filosofia do vamos plantar agora e colher ali na frente. Ele me fez acreditar. Muito obrigado, Arlindo!"

AZEITONA

"O Arlindo reforçou em mim o que eu já achava, de que na música você tem que estar feliz, tem que acreditar, e se você acredita daqui a pouco as pessoas estarão acreditando contigo. Ele ensinou pra gente a gostar e a cobrança é essa: ame o que você faz, que vai ser sempre foda,

Aquela onda dos pandeiros no DVD da MTV, a levada só de pandeiro foi uma criação dele. Todos juntos, mas cada um na sua. E a gente não tinha noção da grandeza do que estávamos fazendo.

Um dia vão dizer que existiu um cara na história da música chamado Arlindo Cruz. E não vai existir outro igual. O Arlindo é para o samba, assim como o Roberto Carlos ou o Michael Jackson são para os seus estilos, claro guardadas as devidas proporções. Esses caras, quanto mais tempo passar maior ficam. E sou grato a ele por fazer um pouquinho parte dessa história".

MARECHAL

"Ele foi um professor na minha vida e rodamos o Brasil inteiro com ele. Arlindo era justo, sempre foi de ajudar. Nunca foi muquirana, sempre foi parceiro, muito gente boa. Era um paizão nosso, que às vezes virava filho, um filho muito arteiro, ele e Ovídio eram muito arteiros e a gente cuidava deles. Com ele aprendemos muito a ter gratidão".

FLAVINHO MIÚDO

"Arlindo foi o cara mais importante da minha carreira, como pessoa e como artista. Ter trabalhado com ele, ter convivido com ele foi um aprendizado. Era importante olhar como ele levava o samba, como ele ama o samba, o respeito pela Beth, pela Dona Ivone, pelas cantoras, pelos mais velhos, pelo Bira, pelo Ubirany, pela história do Fundo de Quintal.

E sempre foi muito bem quisto por onde passava. A gente sempre teve grupo em paralelo. Lembro quando o Balacobaco estava em ascensão e ele incentivava os meninos a sair da banda...

Arlindo: – Gegê, Azeitona, podem sair, vão viver o sonho de vocês. Vão lá, não tenham medo. Se der merda, vocês voltam,

Sempre admirei a forma como ele tratava as pessoas que estavam próximas dele, a sua generosidade. Ele sempre estendeu a mão, deu um alô pra quem tava começando, sempre tentava puxar alguém com ele, um cara espetacular. Foi uma convivência muito sadia, ele sempre muito respeitoso, justo nas decisões. Ele faz falta como pessoa, de estar aqui pra dar um papo, contar uma história. Entre nós não ficou nada pendente, nem um papo"

MAURIÇÃO

Arlindo deixa muita coisa importante. A música dele, o compositor que ele era, a pessoa que ele era, todo mundo gostava do Arlindo, um grande irmão, um grande pai, um grande marido pra Babi e um exemplo de artista.

Me chamava de gordão, era meu irmãozão, era não, é. Um pai, um amigo, um parceiro, que nunca vou esquecer".

MARCELO D2

"Pra mim ele faz falta em tudo. Era meu único amigo, um dos poucos que ligava pra saber como eu estava e sinto uma falta disso! Às vezes, na correria, no carro, ele ligava e perguntava como eu tava, como tava a família...

Arlindo: – Só liguei pra saber como vocês estavam!

E desligava. E só depois que perdi isso, que eu vi que era uma vitamina forte, muito forte, pro dia a dia, pra encarar a semana, saber que tenho o amigo ali, bem perto.

Faz falta na música também. E aí vem o meu momento egoísta, mas a falta do meu parceiro musical é muito grande. Tô caminhando cada vez mais pro samba, e no estúdio pensava, se o Arlindo estivesse aqui faria desse jeito. Tá faltando uma música minha com ele, sinto falta dele no meio da música, sinto falta do Pagode do Arlindo, de na segunda cansado dos shows de fim de semana eu ir pra encontrar com ele no pagode. Saía de casa na hora de ir dormir e voltava na hora de acordar. Ele era um cara que todo mundo amava e com o jeito dele de receber eu me sentia muito bem. Ele virou o paizão de todo mundo, o elo.

Ele era aberto ao novo, em buscar algo diferente, evoluir sempre. Não tinha medo disso e gostava de cantar com gente diferente, fora do samba".

ROGÊ

"Ele era o pai da gente, o líder de nós todos, o nosso paizão, o abre alas do bagulho. Me preparou pra vida. É o parceiro, o amigo, o irmão, o compade. Era a nossa moral, de ir pro Maraca juntos, tudo girava em torno dele, samba-enredo, festas do aniversário dele, muitas lembranças.

Penso sempre nele".

FELIPE BUENO

"Ele foi a maior escola que já tive na minha vida, o maior professor, não só profissional, mas de vida. Um sujeito homem, de ser honesto com as pessoas, de ser firme, de saber quando o camarim vai ser com pão e mortadela e quando vai ser renomado, bonito. De saber flutuar nestes dois campos, sem vaidades e saber dialogar com qualquer um. Um cara do povo, mas um intelectual, que sabia de todos os assuntos e com propriedade falar de vários artistas. O mundo da música deve muito a ele, que não tinha preconceito musical e ajudou muita gente.

Com ele foram momentos de muito prazer. Se os artistas tivessem metade da cabeça do Arlindo, o samba seria outro. Pra melhor. E o sucesso Só no Sapatinho faz bem essa ligação.

Se hoje sou um profissional da música devo ao Arlindo Cruz. Ao trabalhar com ele, entrei sobrinho e saí um produtor".

MARIA RITA

"Às vezes eu ouço a voz dele falando comigo, dirigindo na estrada e aí caço uma música dele pra ouvir. Sinto muito a falta daquela alegria, daquela zoeira. Foram poucos episódios de estarmos juntos e ele fechar o tempo, ficar chateado com alguma coisa. Às vezes até dava uma reclamada, mas não era ranzinza. Tenho essa saudade de ouvir a voz dele, de conversar, mais do que receber as músicas. É óbvio que as músicas também fazem falta, mas ouvir sua voz quando tô em estúdio... Não só do cantor, mas da voz que fala comigo como no disco Herança Popular. Saudade das gargalhadas, das histórias. Eu ainda tinha tanta coisa pra aprender com ele...

O Arlindo tem uma excelência na composição que ultrapassa as expectativas de quem não entende de samba. Sempre que eu percebo preconceito com o samba é no Arlindo que penso primeiro, por causa dessa riqueza de composição que ele tem.

Quem não entende de samba acha que é sambinha e o Arlindo carrega uma honra nas composições que ele deixou de música e de vida no samba. São composições que você pode mostrar pra qualquer gringo que não tem como não se emocionar. O Arlindo e a turma dele elevaram o samba. Ele explica o samba na sua essência".

HÉLIO DE LA PEÑA

"Difícil falar, porque já tá fazendo falta. Desde 2017. E poder compor com ele foi um presente, aprender a rimar por dentro. Em vez de fazer a b a b, fazer a b b a, entende? Impressionante como ele conseguia resumir tanto em apenas um verso! É de jogar fora o notebook! E sempre muito rápido pra compor. Do nada sai uma melodia. A melodia! É o melhor do samba romântico e acabou ensinando pro Arlindinho, que tá mandando muito bem.

Tenho saudade de não estar naquela mesinha pra jogar conversa fora e, de repente, sair uma letra. De falar das famílias, ele perguntando dos meus filhos. Saudade de não ouvir a voz dele e, o mais absurdo, de nunca ter pegado uma toalhinha no show!

A gente se falava direto e a última vez que nos falamos ele me chamou pra ir à estreia do Musical Cartola. E eu não fui...".

MU CHEBABI

"Agora é antes do Arlindo e depois do Arlindo. Ele amplia meu campo de visão, invade meu mundinho de playboy, meu julgamento, meu critério, a minha musicalidade, o meu afeto. O Arlindo só aumenta o samba que há em mim. O que era um sambinha virou um samba.

Vai fazer muita falta o que ele tinha de mais genial, que era a poesia, as soluções, os caminhos, como ele resolvia as coisas. Tá todo mundo pensando aqui e ele tá pensando lá. Parece que tá vendo em outro lugar. Tinha momentos em que eu pulava, da onde veio isso cara? Porra ele vem de um lugar tão fácil, sem sofrimento! Eu batendo com a cabeça na parede pra tentar catar uma solução...

Tem quem diga o contrário, mas o Samba da Globalização é a música da Rede Globo de Televisão. Só que as pessoas não têm ideia do que está envolvido naquilo, a inteligência, a criatividade, a arte, a poesia. Aquele desafio de compor com ele é uma escola arrebatadora e não voltei igual dali, foi uma faculdade de fazer canção. Você não consegue passar pelo Arlindo e permanecer igual. A exigência aumenta muito. Ele é uma máquina muito sofisticada, ele me fez prestar atenção num samba que eu não conhecia. Fiquei impactado".

REGINA CASÉ

"Ele faz uma falta gigantesca em mil sentidos. Pro panorama atual do samba e da música. Ele é uma peça chave, as suas composições, o papel dele na cultura brasileira, na música popular brasileira. É muito diferente, por exemplo, do Fundo de Quintal, da Beth, do Zeca. Ele tem um lugar único e sólido, muito especial. Não tem outra pessoa assim. Podem ter 500 grupos de pagode, vários intérpretes maravilhosos de samba, mas o lugar do Arlindo é muito diferente, único, singular, total.

Ele criou essa ponte do samba com a MPB e isso ajudou a tirar esse abismo. As novas gerações que estão de novo apaixonadas pelo samba teriam no Arlindo, se ele estivesse ativo nesse momento, um farol, uma referência, alguém que impulsionaria tudo isso de uma maneira consistente, potente, com lastro, com história. Fora a falta que ele faz como amigo, como pessoa que a gente ama".

ESTÊVÃO CIAVATTA

"É uma perda gigante pro Rio, pro Brasil, pro samba. Eu que passei por situações assim, me dá muita tristeza... gostaria de guardar a imagem dele com sua potência total e não essa imagem que a gente tem dele agora. É muito duro. A importância, a história que ele tem, da trajetória e a referência que ele é pra gente, dá uma dor muito grande,

O Arlindo representa um Brasil talentoso, potente, feliz, generoso e vai ser pra mim eternamente essa pessoa que carrega o Rio de Janeiro, o que o Rio tem de melhor, mas carrega também o que o Rio tem de confuso. Ele e Zeca eram pessoas pra dar errado, mas são tão fodas, tão incríveis que deram certo pra caralho. O Arlindo é a prova viva de que o Brasil pode dar certo. Não ter essa referência dele, uma pessoa negra, um gordinho, que lutou, que tem um talento absurdo, faz muita falta. E não era só a inspiração musical, ele sabia muita coisa, gostava de desafios, era muito inquieto. Nunca o vi reclamando da vida. As músicas fazem falta... Esse cara muito inteligente...um grande mestre pra todos nós".

PÉRICLES

"A falta que o Arlindo faz? É total, porque as opiniões dele fariam total diferença no momento em que a gente vive. Hoje, as pessoas precisam interpretar melhor aquilo que ouvem e ele falaria de uma maneira muito clara para que todo mundo pudesse ouvir e entender. E sobre qualquer assunto, dos mais engraçados aos mais sérios, a opinião dele valeria e vale muito. Faz muita falta a gente não ter alguém com a opinião e o olhar do Arlindo Cruz.

Com ele aprendi a generosidade. Já me sentia generoso, mas depois que conheço um cara genial como ele é que fui entender de fato o que é generosidade. Ele tocou no terceiro disco do Exalta, ajudou muita gente na música com conselhos, músicas, com postura. Vou levar pra sempre o que aprendi com ele, pra minha vida e pra minha carreira, como falar com o público com respeito. E ele acabou ensinando pra gente que chegou depois".

ANDRÉ DINIZ

"Arlindo me ensinou muito como pessoa, do super-herói que também tem suas kryptonitas, mas não deixa de ser um super-herói. Com ele percebi que realmente a arte da gente reflete a nossa alma e a alma do Arlindo é de uma pureza enorme.

Ele é completo. Existem compositores que são maravilhosos de divisão, de balanço, mas que não tem uma parte harmônica tão complexa, tão caprichada como o Arlindo, que tem uma mão esquerda jazzística. Ele não era só o dom, tanto na letra quanto na melodia. Tinha muito conhecimento, tinha estudo. Como o Renato Teixeira fala, ele é o sambista rústico, pé no chão, com um vocabulário muito mais complexo que outros compositores. Ele tinha o requinte quando queria, lia partitura, pegava o banjo e saía tocando. E reforçou na minha cabeça a ideia da transpiração absurda.

É um trabalhador do samba. Já vi gente que gosta de compor, mas igual a ele não existe, É muito duro, mas volta e meia sonho que tô fazendo música com ele. E não sei se vou conseguir realizar este sonho....".

RAFAEL DOS ANJOS

"Eu já admirava a percussão, mas com ele passei a admirar mais. Vi que ele tinha um apego muito grande à percussão. No samba que ele fazia a batucada era tão importante quanto o intérprete que tá ali na frente. Ele tinha noção do que era bom pra cada estilo de música. Vendo-o produzir, destinar funções para os percussionistas, agora entra o pandeiro, vai ficar tantan com repique de mão...ele sabia essa cartilha e aprendi com ele. A partir daí, sempre que vou escrever dinâmica dentro do arranjo me lembro dele, regendo a galera. E isso tem me ajudado muito, tem feito a diferença na minha forma de pensar enquanto produtor e arranjador, de ter um carinho não só pela harmonia, mas também pela percussão.

Me lembro dele falando...

Arlindo: – Cara se o negócio não for dançante não adianta, ninguém vai ouvir, ninguém vai curtir. É claro que precisam existir aqueles momentos de lirismo, de ter uma harmonia mais rebuscada, mas a música da gente é muito alegre e o que deixa alegre é a percussão. Então, temos de cuidar muito bem dela.

Esse ensinamento ficou pra mim".

GIOVANNI TARGA

"Ele deixa um vazio muito grande dessa poesia no samba. O show do Arlindo era cantado e conhecido o tempo todo, aquela voz macia era muito prazeroso de se ouvir. O legado fica nesse retrato que ele fez da zona norte, de Madureira, essa identidade dele com o povo. Ele não era um artista que se distanciava das pessoas. Ele se aproximava, sempre foi muito carinhoso com o público dele. Lembro de shows dele de ficar uma, duas horas recebendo todo mundo no camarim, cansado, com as dificuldades dele de locomoção. Não me lembro de alguém reclamar que Arlindo não tenha atendido. Tratava bem, abraçava, tirava foto, dava toalhinha pra todo mundo que chegava. Um artista que sempre foi muito carinhoso e respeitoso.

O vazio dele artisticamente é gigante, indiscutível, o talento dele pra compor, pra falar ao coração, coisas do coração, não vejo ninguém fazendo isso com sabedoria. Ele carregava uma inteligência muito grande pra falar de amor, de uma forma profunda e ao mesmo tempo de fácil entendimento. E tinha esse carinho de falar pra essa nova geração, que ia muito no show dele. O samba do Arlindo criava uma identidade com todos os públicos".

MARIA BETHÂNIA

"Arlindo deixa escritas canções deslumbrantes. Deixa, mais do que tudo, para mim um modo de vida comovente. Um carioca nobre, um carioca religioso, cheio de fé, amoroso, delicado, fino. Arlindo é um senhor de uma elegância, que nos deixou muitos ensinamentos que, não só o Brasil, mas o mundo, precisa aprender. Era bom que aprendêssemos com ele".

SUELI MOREIRA

"Acaba comigo vê-lo assim e sinto falta do Arlindo em tudo, na música, nos shows dele, nas nossas conversas, das gargalhadas, de uma boa fofoca. Quando escuto suas músicas, dou gargalhada, eu choro, lembro de muitas situações. Lembro muito dele quando passo na padaria da Rua Piauí, onde ele ficava ali sentado quando saía do Cacique, com a Beth, tomando um café, comendo um frango assado, tomando uma cerveja, dia claro, os ônibus passando e os passageiros impressionados de ver e não acreditar".

PAULA MARIA

"Antes de ser meu patrão era meu melhor amigo, uma das poucas pessoas que me conheciam no olhar. Ele sabia quando eu tava triste, feliz, preocupada.

Arlindo: – Godinha, o que é que houve?

Eu não desligava o meu telefone, porque era só ele cismar e me ligar, a qualquer hora. Pra resolver alguma coisa séria ou pra rir de mim.

Arlindo: – Tá aonde? Tá bebendo aonde ou já tá bêbada?

Paula: – Eu tô deitada, tô dormindo.,

Arlindo: – Duvido. Teu marido tá aqui com duas mulheres.

A falta que ele me faz é algo absurdo. Meu cumpadre Arlindo foi mais que um pai".

KARINAH

"Arlindo deixa como legado o amor pela família, pelos amigos, a amizade, a luta. Um aprendizado de que precisamos aproveitar o hoje, porque não sabemos o dia de amanhã. Ele deixa uma saudade muito grande, a presença dele na música, nos sambas, numa palavra de conforto. Sinto falta daquela cumplicidade. Onde tava o Arlindo tava todo mundo, existia felicidade, harmonia.

Ele deixa um legado incrível pra música brasileira, músicas atuais, sofisticadas. Deixa algo que é imortal, que é compor com o coração e que vai tocar o coração das pessoas. São várias as mensagens de força, fé, luta, amor, mas o que mais dói é a falta da presença física, que oxigenava tudo, alegrava tudo. Arlindo deixa uma lacuna muito grande".

JR DOM

"Arlindo é a própria expressão da cultura, é a própria cultura. É um minerador. Ele cava, busca e explica a cultura como nunca vi. Como é que o DVD **Batuques do Meu Lugar** não tem uma premiação? Como é que o mundo não vê aquilo? Esses caras dos anos 1980 são meus heróis, mas ninguém conseguiu traduzir, ficar tão perto da nossa cultura quanto o Arlindo.

Eu devo muito ao Batata, melhor amigo do Arlindo, por ter andado muito com eles. Eu tinha 13 anos e frequentei muito os estúdios de gravação com Arlindo. Chegava da escola apreensivo porque sabia que ele vinha me pegar pra passear, pra conhecer. Sinto muita falta. E não vejo Arlindo como meu parceiro, mas como meu tiozão".

Capítulo 25

Reverenciando a madrinha Beth Carvalho

CAPÍTULO 26

DISCOGRAFIA ATUALIZADA
GRUPO FUNDO DE QUINTA

1 – SAMBA É NO FUNDO DO QUINTAL VOL 2 - 1981

Produção – Mílton Manhães / José Sobral Silva | Gravadora - RGE

1 - Bebeto Loteria - Sombrinha
(Tião Pelado)

2 - Resignação - Coro
(Dona Ivone Lara / Tio Hélio dos Santos)

3 - Doce Refúgio – Arlindo Cruz/Sombrinha
(Luiz Carlos da Vila)

4 - Amarguras - Coro
(Zeca Pagodinho / Cláudio Camunguelo)

5 - Minha Arte de Amar - Sombrinha
(Zé Luiz do Império Serrano / Nei Lopes)

6 - Ser Poeta - Sereno
(Zeré / Rivelino / Ibraim)

7 - Sá Janaína - Coro
(Almir Guineto / Luverci / Wilder)

8 - Sonho de Valsa - Coro
(Wilson Moreira / Nei Lopes)
Música Incidental: Boa Noite, Amor
(José Maria Abreu / Francisco Matoso)

9 - Melhor Para Dois – Arlindo Cruz
(Arlindo Cruz)

10 - Suborno - Coro
(Sereno / Sombrinha)

11 - Vai Por Mim - Sombrinha
(Sombrinha / Adilson Victor)

12 - Entre Confiante – Arlindo Cruz
(Paulo Negão do Salgueiro)

2 – NOS PAGODES DA VIDA – 1983

Produção - Milton Manhães/José Sobral | Gravadora - RGE

1 – Caciqueando - Coro
(Noca da Portela)

2 - Te Gosto - Coro
(Adilson Victor / Mauro Diniz)

3 - Canto de Rainha - Sombrinha
(Arlindo Cruz / Sombrinha)

4 - Encrespou o Mar, Clementina – Arlindo Cruz/Sereno/Ubirany
(Walmir Lima / Roque Ferreira)
Participação Especial - Milton Manhães

5 - Momento Infeliz - Sereno
(Julinho / Moisés Sant'Ana)

6 - Saber Viver – Arlindo Cruz
(Sereno / Guilherme Nascimento)

7 - Enredo do Meu Samba - Sombrinha
(Dona Ivone Lara / Jorge Aragão)

8 - Boca Sem Dente – Arlindo Cruz/Sombrinha
(Almir Guineto / Pedrinho da Flor / Gelcy do Cavaco)

9 - Primeira Semente - Coro
(Noca da Portela / Toninho Nascimento)

10 - Fases do Amor - Coro
(Chiquinho Vírgula / Marquinho PQD / Fernando Piolho)

11 - Nossas Raízes – Ubirany/Sombrinha
(Sombrinha / Ratinho)

12 - Guadalupe & Sulacap – Cleber Augusto
(Cleber Augusto / Nei Lopes)

3 – SEJA SAMBISTA TAMBÉM VOL 4 - 1984

Produção - Milton Manhães / Gravadora | RGE

1 - Cantei Para Distrair – Arlindo Cruz/ Sombrinha
(Tio Hélio dos Santos)
Cadê Iô-Iô – Arlindo Cruz/Sombrinha
(César Veneno)

2 - Amor Agora Não - Sombrinha
(Sombrinha / Luiz Carlos da Vila)

3 - É Bem Melhor – Arlindo Cruz
(Pedrinho da Flor / Aranha)

4 - Realidade - Sereno
(Sereno / Mauro Diniz)

5 - Seja Sambista Também – Arlindo Cruz
(Arlindo Cruz / Sombrinha)

6 - Cabeça Fria - Coro
(Sereno)

7 - Castelo de Cera – Arlindo Cruz/ Sombrinha
(Arlindo Cruz / Zeca Pagodinho)

8 - Toda Minha Verdade - Sombrinha
(Wilson Moreira)

9 - Canto Maior - Sombrinha
(Arlindo Cruz / Sombrinha / Dedé da Portela)

10 - Parei – Arlindo Cruz
(Arlindo Cruz / Acyr Marques)

11 - Nova Esperança – Arlindo Cruz
(Ubirany / Mauro Diniz / Adilson Victor)

12 - Minhas Andanças – Cleber Augusto
(Cleber Augusto / Jorge Aragão)

4 – DIVINA LUZ - 1985

Produção - Milton Manhães / Gravadora-| RGE

1 - Parabéns Pra Você - Sereno
(Mauro Diniz / Sereno / Ratinho)

2 - Morena Partiu – Arlindo Cruz/ Sombrinha
(Arlindo Cruz / Acyr Marques / Sombrinha)

3 - Poesia de Nós Dois - Sombrinha
(Sombrinha / Adilson Victor)

4 - Voto de Confiança – Arlindo Cruz
(Arlindo Cruz / Acyr Marques / Franco)

5 - Nova Morada – Arlindo Cruz/Sombrinha
(Arlindo Cruz / Sombrinha / Franco)

6 - Pot-Pourri de Sambas de Roda da Bahia:
Samba Quente – Arlindo Cruz/Sombrinha
(Arlindo Cruz / Sombrinha)
Olha o Samba - Sombrinha
(Candeia)
Sambas de Roda da Bahia – Arlindo Cruz/ Sombrinha
(Adaptação do Grupo Fundo de Quintal)

7 - Homenagem à Velha Guarda:
Amor Proibido - Sereno
(Cartola)
Chega de Padecer - Sombrinha
(Mijinha)

8 - Ópio – Cleber Augusto
(Cleber Augusto / Bandeira Brasil)

9 - E Eu Não Fui Convidado - Sombrinha
(Zé Luiz do Império Serrano / Nei Lopes)
10 - Minha Alegria - Ubirany
(Luiz Grande)

11 - Divina Luz (Clareou) – Sereno/Cleber Augusto
(Mauro Diniz / Cleber Augusto / Sereno)

12 - Coração da Massa - Coro
(Arlindo Cruz / Jorge Aragão)

5 - O MAPA DA MINA - 1986
Produção - Rildo Hora / Gravadora | RGE

1 - Seleção de Pagodes: Chuá, Chuá –
Arlindo Cruz/Sombrinha
(DP)
Fui Passear no Norte – Sombrinha/Arlindo Cruz
(DP)
Moemá Morenou – Arlindo Cruz/Sombrinha
(Paulinho da Viola / Elton Medeiros)
Baiana Serrana – Arlindo Cruz/Sombrinha
(DP)
Serei Teu Ioiô – Arlindo Cruz
(Paulo da Portela / Monarco)
Vem Menina Moça - Versos – Bira Presidente/Ubirany/Cleber Augusto/Arlindo Cruz/Sombrinha
(Candeia)

2 - Só Pra Contrariar – Arlindo Cruz/Sombrinha
(Almir Guineto / Arlindo Cruz / Sombrinha)

3 - Ô Irene – Sombrinha/Arlindo Cruz/Sereno/Ubirany/Cleber Augusto/Bira Presidente
(Beto Sem Braço / Geovana)

4 - O Mapa da Mina - Arlindo Cruz/Sombrinha
(Arlindo Cruz / Beto Sem Braço / Serginho Meriti)

5 - No Calor dos Salões - Coro
(Guilherme Nascimento / Roberto Serrão)
6 - Nem Lá, Nem Cá – Cleber Augusto
(Cleber Augusto / Nei Lopes)

7 - Sorriu Pra Mim - Sereno
(Sereno / Mauro Diniz)

8 - Receita da Sorte – Arlindo Cruz/Ubirany
(Arlindo Cruz / Acyr Marques / Franco)

9 - Primeira Dama - Sombrinha
(Arlindo Cruz / Marquinho China / Sombrinha / Zeca Pagodinho)

10 - Cansei de Esperar Você - Sereno
(Dona Ivone Lara / Délcio Carvalho)
Participação Especial – Dona Ivone Lara
(contracanto)

11 - Força, Fé e Raiz – Arlindo Cruz
(Arlindo Cruz / Sereno)

12 - Mais Uma Aventura – Bira Presidente
(Jorge Aragão / Dedé da Portela / Dida)

6 – DO FUNDO DO NOSSO QUINTAL - 1987

Produção - Rildo Hora / Gravadora | RGE

1 - Eu Não Quero Mais – Versos –
Sombrinha/Ubirany/Cleber Augusto/
Sereno/Bira Presidente/Arlindo Cruz
(Tio Hélio dos Santos)

2 - A Carrocinha (Cachorro Quente) –
Arlindo Cruz/Sombrinha
(Arlindo Cruz / Sombra / Sombrinha)

3 - Já Foi Uma Família – Arlindo Cruz
(Arlindo Cruz / Marquinho PQD / Franco)
DEPOIS DE TER SIDO CENSURADA
PARA EXECUÇÃO EM RÁDIOS E
TVS, COM AUTORIZAÇÃO APENAS
PARA EXECUÇÃO EM RECINTOS
FECHADOS, FOI LIBERADA PARA
EXECUÇÃO NAS RÁDIOS

4 - Egoísmo – Arlindo Cruz/Sereno
(Sombrinha / Arlindo Cruz / Sereno)

5 - Pra Que Viver Assim? - Sombrinha
(Sombrinha / Adilson Victor)

Participação Especial - Beth Carvalho
6 - Chora Menina, Chora – Arlindo Cruz/
Sombrinha
(Sombrinha / Luiz Carlos da Vila)

7 - Do Fundo do Nosso Quintal – Sereno/
Ubirany/Arlindo Cruz/Cleber Augusto/Bira
Presidente/Sombrinha
(Jorge Aragão / Alberto Souza)

8 - Amor Maior – Arlindo Cruz/Ubirany
(Arlindo Cruz / Ubirany / Franco)

9 - De Don Juan a Zé Mané – Arlindo Cruz/
Sombrinha
(Arlindo Cruz / Acyr Marques)

10 - Conselho Amigo - Sereno
(Sereno / Noca da Portela)

11 - Pra Não Te Magoar – Cleber Augusto
(Jorge Aragão / Cleber Augusto / Franco)

12 - O Tempo - Sombrinha
(Arlindo Cruz / Sombra / Sombrinha)

13 - Andei, Andei - Coro
(Noca da Portela / Bira Presidente / Roberto
Serrão)

14 - Clube Marítimo Africano – Coro
(Filipe Mukenga / Filipe Zau)
Mama Lala (Cantiga Popular Angolana)
(R.D.) - Coro
Participação Especial - Martinho da Vila

7 - O SHOW TEM QUE CONTINUAR - 1988

Produção - Rildo Hora / Gravadora | RGE

1 - A Oitava Cor - Sombrinha
(Sombrinha / Sombra / Luiz Carlos da Vila)

2 - O Show Tem Que Continuar – Arlindo
Cruz/Sombrinha
(Luiz Carlos da Vila / Sombrinha / Arlindo
Cruz)

3 - Plena Confiança - Sereno
(Acyr Marques / Ronaldinho / Paulo Jorge)

4 - Rosalina – Arlindo Cruz/Sombrinha
(Serginho Meriti / Luizinho Toblow)

5 - Na Intimidade, Meu Preto – Ubirany/
Arlindo Cruz/Sereno/Sombrinha/Cleber
Augusto/Bira Presidente
(Nei Lopes)

6 - Banho de Fé – Arlindo Cruz/Sereno/
Sombrinha
(Arlindo Cruz / Sombrinha / Sereno)

7 - Lua Cheia – Arlindo Cruz/Sombrinha
(Sombrinha / Arlindo Cruz)

8 - Romance dos Astros – Cleber Augusto
(Cleber Augusto / Luiz Carlos da Vila / Bandeira Brasil)

9 - Se Chama Mulher – Arlindo Cruz
(Arlindo Cruz / Arly Marques)

10 - Lã do Meu Cobertor - Sereno
(Beto Sem Braço / Geovana)

11 - Meu Nome é Trabalho – Arlindo Cruz/Sombrinha
(Arlindo Cruz / Sombrinha / Franco)

12 - Eu Sou Cacique – Bira Presidente/Ubirany/Sereno
(Sereno / Nei Lopes)

8 – CIRANDA DO POVO - 1989

Produção - Rildo Hora / Gravadora | RGE

1 - Miudinho, Meu Bem, Miudinho – Arlindo Cruz/Sombrinha
(Arlindo Cruz / Franco)

2 - Nascente da Paz – Arlindo Cruz/Sombrinha
(Adilson Victor / Sombrinha)

3 - Pra Não Quebrar a Corrente – Arlindo Cruz/Sombrinha
(Serginho Meriti / Acyr Marques)

4 - Não Tem Receita, Nem Matriz – Sereno/Sombrinha
(Sombra / Sereno / Sombrinha)

5 - Cruel Verdade - Sereno
(Acyr Marques / Sereno)

6 - Valeu, Raoni - Coro
(Arlindo Cruz / Franco)

7 - Ciranda do Povo – Cleber Augusto
(Cleber Augusto / Aldir Blanc)

8 - Se Você Me Der a Mão – Arlindo Cruz/Sombrinha
(Arlindo Cruz / Chiquinho / Marquinho PQD)

9 - Não Valeu – Arlindo Cruz
(Marquinho PQD / Arlindo Cruz / Franco)

10 - Coração Andorinha – Arlindo Cruz/Sombrinha
(Beto Sem Braço / Luiz Carlos da Vila)

11 - E Fez-Se a Luz - Sombrinha
(Sombrinha / Sombra / Luiz Carlos da Vila)

12 - Folha de Zinco - Coro
(Jurandir da Mangueira / Ratinho)

9 – AO VIVO - 1990)

Produção - Rildo Hora / Gravadora | RGE

1 - A Flor e o Samba – Arlindo Cruz/Sombrinha
(Candeia)
Samba da Antiga – Arlindo Cruz/Sombrinha
(Candeia)

2 - Milagre – Ubirany/Cleber Augusto
(Dorival Caymmi)

3 - Facho de Esperança - Sereno
(Sereno / Moysés Sant'Anna / Julinho)
Malandro Sou Eu – Sombrinha
(Arlindo Cruz / Sombrinha / Franco)
Sonhando Eu Sou Feliz – Arlindo Cruz
(Arlindo Cruz / Marquinho PQD / Franco)

4 - Emília - Sereno
(Wilson Batista / Haroldo Lobo)
Pra Ser Minha Musa – Arlindo Cruz
(Arlindo Cruz / Chiquinho Vírgula / Marquinho PQD)

5 - Fogo de Saudade - Coro
(Sombrinha / Adilson Victor)
Além da Razão - Sombrinha
(Sombra / Sombrinha / Luiz Carlos da Vila)

6 - Medidas Provisórias – Arlindo Cruz/ Sombrinha
(Arlindo Cruz / Babi)

7 - Nega Celeste – Arlindo Cruz/Sombrinha
(Arlindo Cruz / Jorge Carioca)

8 - Coração Deserto – Sombrinha/Arlindo Cruz
(Arlindo Cruz / Sombrinha / Sereno)

9 - Antigas Paixões – Cleber Augusto
(Cleber Augusto / Djalma Falcão / Bicudo)

10 - Bem Acima da Ilusão – Arlindo Cruz
(Arlindo Cruz / Sombrinha / Acyr Marques)

11 - Coisa de Partideiro – Sereno/Arlindo Cruz; Versos: Sereno/Arlindo Cruz/ Cleber Augusto/Ubirany/Bira Presidente/ Sombrinha
(Sereno / Acyr Marques)

10 - É AÍ QUE QUEBRA A ROCHA - 1991

Produção – Rildo Hora / Gravadora | RGE

1 - Pagodeando –Sereno/Arlindo Cruz; Versos: Sereno/Cleber Augusto/Arlindo Cruz/Bira Presidente/Ubirany/Ademir Batera/Mário Sérgio
(Sereno / Noca da Portela)

2 - É Aí Que Quebra a Rocha – Arlindo Cruz
(Arlindo Cruz / Zé Luiz do Império Serrano)

3 - Vida Alheia – Ubirany/Mário Sérgio
(Carica / Cuca)

4 - Tudo é Festa - Sereno
(Sereno / Mário Sérgio)

5 - Lucidez – Cleber Augusto
(Cleber Augusto / Jorge Aragão)

6 - Quantos Morros Já Subi – Arlindo Cruz/ Mário Sérgio
(Arlindo Cruz / Mário Sérgio / Pedrinho da Flor)

7 - Vem Prá Mim – Mário Sérgio
(Acyr Marques)

8 - Aquela Dama – Arlindo Cruz
(Arlindo Cruz / Acyr Marques / Jorge Davi)

9 - A Amizade – Cleber Augusto/Mário Sérgio
(Djalma Falcão / Bicudo / Cleber Augusto)

10 - Janu, Januário – Arlindo Cruz/Mário Sérgio
(Arlindo Cruz / Serginho Meriti / Luizinho Toblow)

11 - Violeiro – Sereno; Versos – Ubirany/ Sereno/Arlindo Cruz/Ademir Batera/Mário Sérgio/Cleber Augusto/Bira Presidente
(Sereno / Nelson Rufino)

12 - Canto Prá Velha Guarda – Mário Sérgio
(Mário Sérgio / Carica / Luizinho SP)

ARLINDO CRUZ & SOMBRINHA

1 - ARLINDO CRUZ & SOMBRINHA
1 - DA MÚSICA - 1996
Produção – Mílton Manhães / Gravadora | Velas

1 - Ponto Sem Nó
(Sombrinha / Franco)

2 - Eu Não Sou o Que Ela Pensou
(Jorginho Peçanha / Setembrino Coutinho)
Não Fique a Se Torturar
(Arlindo Cruz / Sombrinha / Dona Ivone Lara)
Vai Pro Lado de Lá
(Candeia / Euclenes)

3 - Filho do Quitandeiro
(Luizinho SP / Ademir / Edison)

4 - Pedras No Caminho
(Arlindo Cruz / Sombrinha / Marquinho PQD)

5 - Ela
12 - Quem Dera
(Mário Sérgio / Luizinho Abolição)

2 – SAMBA É A NOSSA CARA - 1997
Produção - Milton Manhães / Gravadora | Velas

1 - Causa Mais Nobre
(Sombrinha / Marquinho PQD / Arlindo Cruz / Franco)

2 - Samba é a Nossa Cara
(Luizinho SP)

3 - Última Vez
(Marquinhos China)

4 - Sagrado e Profano
(Arlindo Cruz / Sombrinha / Franco)

6 - Sarna Que Não Desencarna
(Arlindo Cruz / Franco)

7 - Da Música
(Serginho Meriti / Cacá Franklin)

8 - Pelô Céu, Pelô Chão "Pelourinho"
(Arlindo Cruz / Sombrinha / Acyr Marques)

9 - Pintou uma Lua Lá
(Beto Sem Braço / Maurição)

10 - Silêncio no Olhar
(Arlindo Cruz / Sombrinha / Marquinho PQD)

11 - Quem Sabe de Mim Sou Eu
(Arlindo Cruz / Sombrinha / Marquinho PQD)

(Arlindo Cruz / Sombrinha / Marquinho PQD)

5 - Dondoca do Papai
(Arlindo Cruz / Acyr Marques / Geraldão)

6 - Palha do Meu Ninho
(Arlindo Cruz / Sombrinha / Marquinho PQD)

7 - Deixa Clarear
(Arlindo Cruz / Sombrinha / Marquinho PQD)

8 - Teu "M" Eu Trago Na Mão
(Arlindo Cruz / Franco)

9 - Atestado Médico
(Marquinho PQD / Délcio Luiz)

11 - Papo de Homem e Mulher
(Sombrinha / Franco)

12 - Atração Fatal
(Maurição / Wagner Bastos)

3 - PRA SER FELIZ - 1998
Produção - Rildo Hora / Gravadora |Polygram

1 - É Sempre Assim
(Sombrinha / Arlindo Cruz / Marquinho PQD)

2 - Não Quero Saber Mais Dela
(Almir Guineto / Sombrinha)
Só Pra Contrariar
(Arlindo Cruz / Sombrinha / Almir Guineto)

3 - Festa o Ano Inteiro
(Arlindo Cruz / Sombrinha / Marquinho PQD)

4 - Um Sim Pra Quem Te Gosta
(Arlindo Cruz / Sombrinha)

5 - Gosto Doce da Paz
(Arlindo Cruz / Sombrinha / Marquinho PQD)

6 - Vem Cá, Vem Vê
(Maurição / Arlindo Cruz / Acyr Marques)

7 - Joga

4 - ARLINDO CRUZ & SOMBRINHA AO VIVO - 2000
Produção - Pelé Problema / Direção Musical – Alceu Maia / Gravadora | Índie Records

10 - Outra Dose
(Sombrinha / Arlindo Cruz / Franco)

(Arlindo Cruz / Sombrinha)

8 - Boca Sem Dente
(Almir Guineto / Pedrinho da Flor / Gelcy do Cavaco)
E Eu Não Fui Convidado
(Zé Luiz do Império Serrano / Nei Lopes)

9 - Bem Que o Santo Mandou
(Arlindo Cruz / Sombrinha / Franco)

10 - Pra Te Consolar
(Arlindo Cruz / Sombrinha / Franco)

11 - Pode Chorar
(Sombra / Marquinho PQD / Sombrinha)

12 - Pra Ser Feliz
(Arlindo Cruz / Marquinho PQD / Jorge Davi)

13 - Chama de Saudade
(Beto Sem Braço / Serginho Meriti)

14 - Água Benta
(Sombrinha / Ratinho)
Falange do Erê
(Arlindo Cruz / Jorge Carioca / Aluisio Machado)
Na Paz de Deus
(Arlindo Cruz / Beto Sem Braço / Sombrinha)

1 - É Sempre Assim
(Sombrinha / Arlindo Cruz / Marquinho PQD)

2 - Cantei Só Pra Distrair
(Tio Hélio dos Santos)
Cadê Iô-Iô
(César Veneno)
Só Pra Contrariar
(Arlindo Cruz / Sombrinha / Almir Guineto)
3 - Saudade Que Não Se Desfaz
(Sombrinha / Franco)
Participação Especial – Beth Carvalho

4 - Papinha
(Arlindo Cruz / Maurição / Carlos Sena)

5 - Alvorada
(Jacob do Bandolim)
Estrela da Paz
(Arlindo Cruz / Acyr Marques)

6 - Fim da Tristeza
(Arlindo Cruz / Maurição / Carlos Sena)

7 - Só Chora Quem Ama
(Wilson Moreira / Nei Lopes)
Não Tem Veneno
(Candeia / Wilson Moreira)
Participação Especial – Péricles

8 - Boca sem Dente
(Almir Guineto / Pedrinho da Flor / Gelcy do Cavaco)
Bagaço da Laranja
(Luiz Carlos da Vila / Arlindo Cruz /Sombrinha)

(Zeca Pagodinho / Arlindo Cruz)

9 - Desalinho
(Sombrinha / Luizinho Toblow/ Arlindo Cruz)

10 - Fora de Ocasião
(Arlindo Cruz / Marquinho PQD / Jorge Carioca)
Fogo de Saudade
(Sombrinha / Adilson Victor)

11 - Um Dia
(Carica / Reinaldinho / Arlindo Cruz)

12 - Cavaquinho do Salgueiro
(Silvio Modesto)
Serrinha
(Tio Hélio dos Santos)
A Barca
(Ney Silva / Trambique / Paulinho da Aba)
Participação Especial – Almir Guineto e Zeca Pagodinho

13 - Ainda é Tempo de Ser Feliz
(Arlindo Cruz / Sombra / Sombrinha)

14 - Da Música
(Serginho Meriti / Cacá Franklin)
O Show Tem Que Continuar

5 - HOJE TEM SAMBA - 2002

Produção - Ivan Paulo (Milton Manhães (faixa 2) e Cosminho (faixa 9)) / Gravadora | Índie Records

1 - Consciência
(Sombrinha / Arlindo Cruz / Sombra)
Participação Especial – Beth Carvalho

2 - Hoje Tem Samba

(Arlindo Cruz / Sombrinha / Maurição)

3 - Dona da Minha Alegria
(Sombrinha / Rubens Gordinho / Tim Lopes)

4 - Dona Neuma "A Rosa"
(Arlindo Cruz / Sombrinha / Franco)
Participação Especial – Jamelão

5 - Essa Dor Vai Curar

(Sombrinha / Marquinho PQD)

6 - Fingida
(Arlindo Cruz / Rixxa)

7 - Grande Circo da Dor
(Arlindo Cruz / Acyr Marques / Franco)
8 - Hino da Noite
(Arlindo Cruz / Sombrinha / Acyr Marques)

9 - Fases do Amor
(Chiquinho Vírgula / Marquinho PQD / Fernando Piolho)

10 - Pode Se Enfeitar
(Arlindo Cruz / Sombrinha / Maurição)

1- ARLINDINHO - 1993
Produção - Milton Manhães / Gravadora |Line Records

1 - Dora
(Aniceto)

2 - A Vida é Assim
(Sombrinha / Marquinho PQD / Lúcia Maria)
Participação Especial - Dona Ivone Lara

3 - Castelo de Cera
(Arlindo Cruz / Zeca Pagodinho)
   Só Pra Contrariar
(Almir Guineto / Arlindo Cruz / Sombrinha)

4 - Me Alucina
(Candeia / Wilson Moreira)

5 - Peixe Demais Pro Meu Samburá
(Arlindo Cruz / Geraldão / Franco)

6 - Tô a Bangu
(Arlindo Cruz / Franco)

11 - Samba de Madureira
(Arlindo Cruz / Maurição / Jorge Davi)
Participação Especial – Velha Guarda da Portela / Velha Guarda do Império Serrano

12 - Saudade
(Sombrinha / Rubens Gordinho)

13 - Tô Pronto Pra Você
(Sombrinha / Franco)

14 - Vou Recomeçar
(Arlindo Cruz / Sombrinha / Franco)

15 - CPI
(Arlindo Cruz / Babi / Jorge Davi)

CDs CARREIRA SOLO

7 - Amor Inesquecível
(Dona Ivone Lara)
   Tema das Rosas
(Monarco / Toco / Kleber)
   Santa Clara
(Rixxa / Helinho do Salgueiro / Jarbas)
Participação Especial – Rixxa
8 - Um Beijo
(Acyr Marques / Délcio Luiz / Geraldão)

9 - Mensagem de Amor
(Luizinho Toblow)

10 - Zé do Povo
(Arlindo Cruz / Marquinho PQD / Franco)

11 - Demais
(Arlindo Cruz / Arly Marques / Jorge Davi)

12 - Pra Ser Lembrado Depois
(Arlindo Cruz / Aluísio Machado / Acyr Marques)

13 - Saudade Louca
(Arlindo Cruz / Acyr Marques / Franco)
   Fora de Ocasião
(Arlindo Cruz / Marquinho PQD / Jorge Carioca)

2 - SAMBISTA PERFEITO - 2007
Produção - Leandro Sapucahy / Gravadora | Deckdisc

1 - Meu Lugar
(Arlindo Cruz / Mauro Diniz)

2 - Amor Com Certeza
(Arlindo Cruz / Babi / Jr. Dom)

3 - Se Eu Encontrar Com Ela
(Arlindo Cruz / Zeca Pagodinho)
Participação Especial – Zeca Pagodinho / Velha-Guarda da Portela / Velha-Guarda do Império Serrano / Andfrezinho (apito)

4 - Sambista Perfeito
(Arlindo Cruz / Nei Lopes)

5 - O Quê é o Amor
(Arlindo Cruz / Maurição / Fred Camacho)
Participação Especial – Maria Rita

6 - Quem Gosta de Mim
(Arlindo Cruz / Franco)

7 - A Rosa
(Efson / Neguinho da Beija Flor)
Flor Que Não Se Cheira
(Darcy Maravilha / Barbante)
Participação Especial – Sereno

8 - Nos Braços da Batucada
(Arlindo Cruz / Babi / Jr. Dom)

9 - O Amor
(Arlindo Cruz / Pezinho)

10 - O Brasil é Isso Aí
(Arlindo Cruz / Marcelo D2 / Jr. Dom)
Participação Especial – Marcelo D2

11 - Minha Porta Bandeira
(Neném Chamma / Julinho Santos)

12 - Pára de Paradinha
(Arlindo Cruz / Marcelinho Moreira / Fred Camacho)

13 - Sujeito Enjoado
(Arlindo Cruz / Xande de Pilares / Maurição)
Participação Especial – Xande de Pilares

14 - Entra No Clima
(Arlindo Cruz / Acyr Marques / Rogê)

15 - O Que é o Amor (Faixa Bônus)
(Arlindo Cruz / Maurição / Fred Camacho)

3 - BATUQUES E ROMANCES - 2011
Produção - Leandro Sapucahy / Gravadora | Sony Music

1 - Como Um Caso de Amor
(André Renato / Ronaldo Barcellos)

2 - Pelo Litoral
(Arlindo Cruz / Acyr Marques / Rogê)

3 - Quando Falo de Amor
(Arlindo Cruz / Fred Camacho / Almir Guineto)

4 - Meu Poeta
(Arlindo Cruz / Jr. Dom / Zeca Pagodinho)
Participação Especial – Zeca Pagodinho

5 - Meu Nome é Favela
(Rafael Delgado)

6 - O Bem
(Arlindo Cruz / Délcio Luiz)

7 - Cantando Eu Aprendi
(Arlindo Cruz / Maurição / Fred Camacho)

8 - Mãe
(Carlos Sena / Maurição / Elmo Caetano)

9 - Nem Tanto à Terra, Nem Tanto o Mar
(Arlindo Cruz / Maurição / Fred Camacho)

10 - Oferendas
(Arlindo Cruz / Teresa Cristina)
Pra Gente Se Amar
(Arlindo Cruz / Acyr Marques / Maurição)

11 -Você é o Espinho e Não a Flor
(Arlindinho / Renato Moraes)

12 - Bancando o Durão
(Arlindo Cruz / Jr. Dom / Maurição)
Participação Especial – Ed Motta

13 - Citações
(Arlindo Cruz / Hélio de La Peña / Mu Chebabi)
Cleptomaria
(Arlindo Cruz / Nei Lopes)

14 - Sargento
(Bada / Pietro Ribeiro / Willians Defensor)

15 - Batuqueiro
(Arlindo Cruz / Fred Camacho / Marcelinho Moreira)
    Meu Compadre
(Élcio do Pagode / Dido do Cavaco)

4 - HERANÇA POPULAR - 2014
Produção – Arlindinho / Gravadora | Sony Music

1 - Herança WPopular
(Arlindo Cruz / Fábio Henrique / Nailson Mota)
Participação Especial – Hamílton de Hollanda

2 - Sinceridade
(Arlindo Cruz / André Diniz / Leonel / Evandro Bocão)

3 - Não Penso Em Mais Nada
(Arlindo Cruz / Jr. Dom)

4 - Ilicitação
(Arlindo Cruz / André Diniz / Leonel / Evandro Bocão)

5 - Isso é Felicidade
(Arlindo Cruz / Délcio Luiz)

6 - O Mundo em que Renasci
(Arlindo Cruz / Rogê)
Participação Especial – Marcelo D2

7- Jogador
(Arlindo Cruz / Rogê)

8 - O Surfista e o Sambista
(Arlindo Cruz / Rogê)
Participação Especial – Pedro Scooby

9 - Caranguejo
(Arlindo Cruz / Luiz Claudio Picolé)

10 - Paixão e Prazer
(Arlindo Cruz / Fred Camacho / Marcelinho Moreira)
Participação Especial – Maria Rita

11 - Me dê um Tempo pra Pensar
(Arlindo Cruz / Jr. Dom)

12 - Somente Sombras
(Zeca Pagodinho / Arlindo Cruz)

13 - Motivo Banal
(Arlindo Cruz / Fred Camacho)
14 - Melhor Parar
(Arlindo Cruz / Maurição / Jr. Dom)
WhatsappieiPra Ela
(Arlindo Cruz / Maurição / Jr. Dom)

15 - Ela Sambou, Eu Dancei
(Arlindo Cruz / Acyr Marques / Geraldão)
Participação Especial – Mr. Catra

5 - NA VEIA – Arlindo Cruz e Rogê - 2015

Produção – Arlindo Cruz e Rogê / Gravadora | Warner Music

1 - Maneiras
(Silvio da Silva)
Participação Especial – Marcelo D2 / Zeca Pagodinho

2 - O Brasil é Isso Aí
(Arlindo Cruz / Marcelo D2 / Jr. Dom)

3 - Na Veia
(Arlindo Cruz / Rogê / Marcelinho Moreira)
Participação Especial – Marcelo D2

4 - Menina Carolina
(Bedeu / Leleco Telles)
Participação Especial – Bebeto

5 - Maltratar Não é Direito
(Arlindo Cruz / Franco)
 Coração Em Desalinho
(Monarco / Ratinho)
Participação Especial – Maria Rita

6 - Estácio Holy Estácio
(Luiz Melodia)
Participação Especial – Luiz Melodia

7- Neguinho Poeta
(Carlinhos PQD / Serginho Meriti / Bebeto)
Participação Especial – Bebeto

8 - Não Dá
(Arlindo Cruz / Wilson das Neves)
Participação Especial – Wilson das Neves

9 - Presença Forte
(Rogê / Seu Jorge / Marcelinho Moreira)
Participação Especial – Seu Jorge

10 - Congênito
(Luiz Melodia)
Participação Especial – Luiz Melodia

11 - Alma de Guerreiro
(Seu Jorge / Gabriel Moura / Pretinho da Serrinha / Leandro Fab)
Participação Especial – Seu Jorge

12 - Enredo do Meu Samba
(Dona Ivone Lara / Jorge Aragão)
Participação Especial – Jorge Aragão

13 - Moro Na Roça
(Tradicional - Adapt.Xangô da Mangueira / Jorge Zagaia)
Participação Especial – Xande de Pilares

14 - Cruel
(Sérgio Sampaio)

6 - 2 ARLINDOS - 2016

Produção - Prateado / Gravadora - Célula

1 - Bom Aprendiz
(Arlindo Cruz / Arlindinho)

2 - Pagode 2 Arlindos
(Arlindo Cruz / Jr Dom)

3 - As Horas do Seu Tempo
(Arlindo Cruz / Franco)
 É D'Oxum
(Gerônimo / Vevé Calasans)

4 - Pra Quê Insistir
(Arlindo Cruz / Arlindinho)

5 - Volta
(Arlindo Cruz / Prateado)

6 - Nega Samambaia
(Arlindo Cruz / Rogê / Marcelinho Moreira)

7 - Deus Abençoe
(Arlindo Cruz / Jorge Aragão / Zeca Pagodinho)

8 - A Sós
(Fred Camacho / Cassiano Andrade)

9 - Ah Se Eu Soubesse
(Arlindo Cruz / Franco)
   Dor de Amor
(Zeca Pagodinho / Arlindo Cruz / Acyr Marques)

10 - Iansã
(Arlindinho / Acyr Marques)
Oyá
(Carica / Prateado)

11 - Papo à Vera
(Arlindo Cruz / Arlindinho)
   Virou Religião
(Arlindo Cruz / Mauro Jr. / Xande de Pilares)

12 - Mais Uma Vez
(Arlindo Cruz / Marcos Valle)
   Fogueira de Uma Paixão
(Arlindo Cruz / Acyr Marques / Luiz Carlos da Vila)

13 - Mais Só do que Sozinho
(Arlindo Cruz / Luiz Cláudio Picolé)

14 - O que Está Acontecendo?
(Arlindo Cruz / Jorge Davi / Alemão)
   Quintal do Céu
(Jorge Aragão / Wilson Moreira)
   Nossas Raízes
(Sombrinha / Ratinho)

15 - Pais e Filhos
(Piau / Arnaud Rodrigues)

DVDS

1 - PAGODE DO ARLINDO - 2003 (LANÇADO EM 2006)
Produção - Prateado / Gravadora | Warner Music

1 - Bom Ambiente
(Luiz Carlos do Cavaco / Jairo Barbosa)

2 - Mulata Beleza
(Zé Roberto)
Participação Especial – Dudu Nobre
   Meu Gurufim
(Lino Roberto / Dominguinhos do Estácio / Bafo da Onça)
Participação Especial – Cláudio Camunguelo

3 - Será que é Amor
(Arlindo Cruz / Babi / Jr. Dom)

4 - Malandro Sou Eu
(Arlindo Cruz / Sombrinha / Franco)
Sonhando Eu Sou Feliz
(Arlindo Cruz / Marquinho PQD / Franco)
Alto Lá
(Arlindo Cruz / Zeca Pagodinho / Sombrinha)

5 - Brasil Moleque
(Arlindo Cruz / Marquinho PQD)
Participação Especial – Beth Carvalho

6 - Depois do Temporal
(Beto Sem Braço / Zeca Pagodinho)
Ladeira do Chapelão
(Paulinho da Viola)
Nega no Morro
(DP)
Participação Especial – Zeca Pagodinho

7 - A Festa é da Massa
(Jorge Aragão)
Resumo
(Acyr Marques / Zé Roberto)
Lição de Malandragem
(Arlindo Cruz / Rixxa)
Participação Especial – Zeca Pagodinho

8 - Além do Meu Querer
(Pezinho)

9 - Lua Cheia
(Arlindo Cruz / Sombrinha)
   Não Fuja da Raia
(Neném Chama)

10 - Cada Vida Um Destino
(Arlindo Cruz / Gilberto de Andrade)
Participação Especial – Arlindinho
   Sorriso de Criança
(Dona Ivone Lara / Délcio Carvalho)

11 - Todo Mundo Gosta
(Luizinho SP)
   Lua Prateada
(Serginho Meriti / Luisinho Toblow / Marquinho Diniz)

12 - Um Sim Pra Quem Te Gosta
(Arlindo Cruz / Sombrinha)

13 - O Banjo
(Luiz Grande / Marquinho Diniz / Barbeirinho do Jacarezinho)

14 - Tô a Bangu
(Arlindo Cruz / Franco)

15 - Zé do Povo
(Arlindo Cruz / Marquinho PQD / Franco)
Participação Especial – Mauro Diniz

16 - Aos Novos Compositores
(Arlindo Cruz / Chiquinho Vírgula / Acyr Marques)
   Basta Um Samba Só
(Arlindo Cruz / Geraldão / Acyr Marques)
Participação Especial – Péricles

17 - Casal Sem Vergonha
(Arlindo Cruz / Acyr Marques)
   SPC
(Arlindo Cruz / Zeca Pagodinho)
   Luz do Repente
(Arlindo Cruz / Marquinho PQD / Franco)
   Bagaço da Laranja
(Arlindo Cruz / Zeca Pagodinho / Jovelina Pérola Negra)

18 - Não Vai, Não
(Arlindo Cruz / Luiz Carlos da Vila / Marquinho PQD)
   Tanta Promessa
(Arlindo Cruz / Marquinho PQD / Franco)
   A Sete Chaves
(Arlindo Cruz / Marquinho PQD / Franco)

19 - Assanhadinha
(Arlindo Cruz / Jorge Davi / Maurição)
Piedade
(DR)

2 - AO VIVO MTV - 2009
Produção - João Augusto / Gravadora | Deckdisc

1 - Abertura

2 - Um Velho Malandro de Corpo Fechado
(Arlindo Cruz / Franco)
Da Melhor Qualidade
(Arlindo Cruz / Almir Guineto)

3 - O Show Tem Que Continuar
(Luiz Carlos da Vila / Arlindo Cruz /
Sombrinha)

4 - Camarão que Dorme a Onda Leva
(Beto Sem Braço / Arlindo Cruz / Zeca
Pagodinho)
SPC
(Arlindo Cruz / Zeca Pagodinho)
Bagaço da Laranja
(Zeca Pagodinho / Arlindo Cruz / Jovelina
pérola Negra)

5 - Vê se não Demora
(Arlindo Cruz / Zeca Pagodinho)
    Participação Especial – Zeca Pagodinho

6 - Chegamos Ao Fim
(Arlindo Cruz / Pezinho)

7- A Pureza da Flor
(Arlindo Cruz / Babi / Jr. Dom)

8 - Bom Aprendiz
(Arlindo Cruz / Arlindinho)

9 - O Que é o Amor
(Arlindo Cruz / Maurição / Fred Camacho)

10 - Ainda é Tempo Pra Ser Feliz
(Arlindo Cruz / Sombrinha / Sombra)

11 - Além do Meu Querer
(Pezinho)
    Amor Com Certeza
(Arlindo Cruz / Babi / Jr. Dom)
    Será Que é Amor
(Arlindo Cruz / Babi / Jr. Dom)

12 - Não Dá
(Arlindo Cruz / Wilson das Neves)

13 - Saudade Louca
(Arlindo Cruz / Acyr Marques / Franco)
    Participação Especial – Beth Carvalho

14 - Meu Lugar
(Arlindo Cruz / Mauro Diniz)

15 - Amor à Favela
(Arlindo Cruz / Rogê)

16 - Favela
(Arlindo Cruz / Ronaldinho / Acyr Marques)
    Numa Cidade Muito Longe Daqui - Polícia e Bandido
(Arlindo Cruz / Acyr Marques / Franco)

17 - Mão Fina
(Arlindo Cruz / Jorge Davi)
Participação Especial – Marcelo D2

18 - Dora
(Aniceto do Império)
    Samba de Arerê
(Arlindo Cruz / Mauro Jr. / Xande de Pilares)

19 - O Império do Divino
(Arlindo Cruz / Maurição / Carlos Sena / Aluisio Machado / Elmo Caetano)
    Aquarela Brasileira
(Silas de Oliveira)
Participação Especial – Arlindinho

20 - Quem Gosta de Mim
(Arlindo Cruz / Franco)

3 - BATUQUES DO MEU LUGAR- 2012

Direção Musical - Ivan Paulo / Gravadora | Sony Music

1 - Batuques do Meu Lugar
(Arlindo Cruz / Rogê)

2 - Deixa a Fumaça Entrar
(Martinho da Vila / Beto Sem Braço)
Banho de Fé
(Arlindo Cruz / Sombrinha / Sereno)
Pelo Litoral
(Arlindo Cruz / Acyr Marques / Rogê)

Capítulo 26

3 - Mãe
(Carlos Sena / Maurição / Elmo Caetano)

4 - O Bem
(Arlindo Cruz / Délcio Luiz)

5 - É Religião
(Arlindo Cruz / Cláudio Jorge)

6 - Meu Poeta
(Arlindo Cruz / Jr. Dom / Zeca Pagodinho)
 Ainda é Tempo Pra Ser Feliz
(Arlindo Cruz / Sombra / Sombrinha)
 Termina Aqui
(Arlindo Cruz / Zeca Pagodinho / Ratinho)
Participação Especial – Zeca Pagodinho

7 - Agora Viu que Perdeu e Chora
(Jorge Davi / Arlindo Cruz / Franco)

8 - Vai Embora Tristeza
(Arlindo Cruz / Gegê d'Angola / Julinho Santos)

9 - Nos Braços da Batucada
(Arlindo Cruz / Babi / Jr. Dom)

10 - Quando Falo de Amor
(Arlindo Cruz / Fred Camacho / Almir Guineto)
 Participação Especial – Alcione

11 - A Rosa
(Neguinho da Beija Flor / Efson)
Flor Que Não Se Cheira
(Darcy Maravilha / Barbante)
Você é o Espinho e Não a Flor
(Arlindinho / Renato Moraes)

12 - Trilha do Amor
(André Renato / Gilson Bernini / Xande de Pilares)
Música Incidental - Na Baixa do Sapateiro
(Ary Barroso)
 Participação Especial – Caetano Veloso

13 - Como Um Caso de Amor
(Ronaldo Barcellos / André Renato)
 Batuqueiro
(Arlindo Cruz / Fred Camacho / Marcelinho Moreira)

14 - Castelo de Cera
(Arlindo Cruz / Zeca Pagodinho)
Zé do Povo
(Arlindo Cruz / Marquinho PQD / Franco)
Meu Cumpadre
(Élcio do Pagode / Dido do Cavaco)

15 - Samba é Saúde
(Alexandre Silva / Renan Pereira / Moisés Santiago)

16 - Meu Nome é Favela
(Rafael Delgado)

17 - Quero Balançar
(Arlindo Cruz / Rogê)
 Participação Especial – Rogê

18 - Suingue de Samba
(Arlindo Cruz / Rogê)
 Participação Especial – Seu Jorge e Rogê

19 - Sem Endereço
(Arlindo Cruz / Luiz Carlos da Vila)
 Participação Especial – Marcelo D2

20 - Da Música
(Serginho Meriti / Cacá Franklin)
 O Show Tem Que Continuar
(Arlindo Cruz / Sombrinha / Luiz Carlos da Vila)
Participação Especial – Sombrinha

21 - Testamento de Partideiro
(Candeia)

22 - Meu Lugar
(Arlindo Cruz / Mauro Diniz)

23 - Você Semba Lá... Que Eu Sambo Cá! O Canto Livre de Angola
(Arlindo Cruz / André Diniz / Evandro Bocão / Leonel / Artur das Ferragens)
Participação Especial – Arlindinho

24 - Dona Ivone Lara: O Enredo do Meu Samba
(Arlindo Cruz / Arlindinho / Tico do Império)
Participação Especial – Arlindinho

25 - Bum BumPaticumbum Prugurundum
(Beto Sem Braço / Aluísio Machado)
Participação Especial – Arlindinho

Pagode 2 Arlindos no Templo, em São Paulo, local do último show

Capítulo 27

As Músicas Gravadas

1 – 1001 Noites (Arlindo Cruz / Lourenço)
2 – 3 Mulheres (Arlindo Cruz / Franco)
3 – A Alma de um Sambista Nunca Morre (Arlindo Cruz / Franco)
4 – A Carrocinha (Arlindo Cruz / Sombrinha / Sombra)
5 – A Copa e a Paz (Arlindo Cruz / Franco)
6 – A Dor que me Visita (Arlindo Cruz / Acyr Marques / Jorge Davi)
7 – A Família Aumentou (Arlindo Cruz / Dudu Nobre)
8 – A Gente Merecia (Arlindo Cruz / Marquinho PQD / Délcio Luiz)
9 – A Incrível História do Homem que só Tinha Medo da Matinta Perera, da Tocandira e da Onça Pé de Boi (André Diniz / Arlindo Cruz / Diego Estrela / Evandro Bocão / Hugo Bruno / Leonel / Leozinho Nunes / Ronnie Costa / Victor Alves / Wiverson Machado)
10 – A Lua (Acyr Marques / Arlindo Cruz / Rixxa)
11 – A Mangueira Mora em Mim (Almir Guineto / Arlindo Cruz / Fred Camacho)
12 – A Minha Favela (Arlindo Cruz / Acyr Marques / Rappin Hood / Ronaldinho)
13 – A Nega e o Malandro (Arlindo Cruz / Rogê)
14 – A Pureza da Flor (Arlindo Cruz / Babi / Jr Dom)
15 – A Roseira (Arlindo Cruz / Cassiano)
16 – A Saudade é Minha Companheira (Arlindo Cruz / Maurição / Franco)
17 – A Sete Chaves (Arlindo Cruz / Marquinho PQD / Franco)
18 – A Solidão Acompanhada (Arlindo Cruz / Marquinho PQD)
19 - A Vila Canta o Brasil, Celeiro do Mundo – Água no Feijão que Chegou Mais Um (André Diniz / Arlindo Cruz / Leonel / Martinho da Vila / Tunico da Vila)
20 – A Vila Kennedy canta IluAyê ao Brasil da Liberdade (André Baiacu / Arlindo Cruz / Daniele de Freitas / Índia Guerreira / Gilberto Peçanha / Igor Vianna / Gugu / Zé Glória / Pixulé / Thiago Meiners / Victor Alves)
21 – A Voz de Deus (Arlindo Cruz / Acyr Marques / Franco)
22 – Abre a Porta Aí (Arlindo Cruz / Jorge Davi)
23 – Abusado é Quem não Olhar (Arlindo Cruz / Jorge Davi)
24 – Acho (Arlindo Cruz / Marquinho PQD)
25 – Aconteceu (Arlindo Cruz / Adilson Victor)
26 – Acorda meu Amor (Arlindo Cruz / Jorge Davi)
27 – Acordei Daquele Jeito (Arlindo Cruz / Babi / Jorge Davi)
28 – Adeus Timidez (Arlindo Cruz / Dona Ivone Lara)
29 – Agora viu que Perdeu e Chora (Arlindo Cruz / Jorge Davi / Franco)
30 – Água que Bebeu Iôiô (Arlindo Cruz / Acyr Marques)
31 – Ah, se eu Soubesse (Arlindo Cruz / Franco)
32 – Ai que Saudade do meu Amor (Arlindo Cruz / Zeca Pagodinho)

33 – Ainda é Tempo pra Ser Feliz (Arlindo Cruz / Sombrinha / Sombra)
34 – Ainda vou ler nos Jornais (Arlindo Cruz / Franco)
35 – Além do Campo da Visão (Arlindo Cruz)
36 – Alerta Geral (Arlindo Cruz / Maurição)
37 – Alto Lá (Zeca Pagodinho / Arlindo Cruz / Sombrinha)
38 – Amar É (Arlindo Cruz / Maurição / Acyr Marques)
39 – Amigos Chegados (Arlindo Cruz / Luizinho Toblow)
40 – Amor à Favela (Arlindo Cruz / Rogê)
41 – Amor Assim não Dá (Arlindo Cruz / Marquinho PQD)
42 – Amor com Certeza (Arlindo Cruz / Babi / Jr. Dom)
43 – Amor e Tempo pra ser Feliz (Arlindo Cruz / Sombra)
44 – Amor Maior (Arlindo Cruz / Ubirany / Franco)
45 – Amor não Chore Mais (Arlindo Cruz / Marquinho PQD)
46 – Amor não é Por Aí (Arlindo Cruz / Cleber Augusto / Sombrinha)
47 – Amor Perfeito (Arlindo Cruz / Franco)
48 – Amor Rarefeito (Arlindo Cruz / Marquinho China / Zé Luis Cello)
49 – Amor sem Limites (Arlindo Cruz / Aluisio Machado / Lula)
50 – Amor Voltei (Arlindo Cruz / Rogê)
51 – Amorteceu (Arlindo Cruz / Franco)
52 – Anastácia (Arlindo Cruz / Jorge Carioca)
53 – Aniceto, o Partido mais Alto (Arlindo Cruz / Luiz Carlos da Vila / Sombrinha)
54 – Anjo Beija-Flor (Arlindo Cruz / Marquinho PQD / Franco)
55 – Anjos de Branco (Arlindo Cruz)
56 – Aos Novos Compositores (Arlindo Cruz / Chiquinho Vírgula / Acyr Marques)
57 – Apartheid Não (Arlindo Cruz / Serginho Meriti / Franco)
58 – Apito no Samba (Candeia / Arlindo Cruz / Vadinho)
59 - A Pureza da Flor (Arlindo Cruz / Babi / Jr.Dom)
60 – Aquela Dama (Arlindo Cruz / Acyr Marques / Jorge Davi)
61 – Aquele Antigo Rei (Arlindo Cruz / Acyr Marques)
62 – Aquele Beijo (Arlindo Cruz / Acyr Marques / Jorge Davi)
63 – Armaram um Circo (Arlindo Cruz / Bandeira Brasil / Franco)
64 – As Horas do seu Tempo (Arlindo Cruz / Franco)
65 – Assanhadinha (Arlindo Cruz / Jorge Davi / Maurição)
66 – Até de Avião (Arlindo Cruz / Acyr Marques / Luiz Carlos da Vila)
67 – Até de Manhã (Arlindo Cruz / Maurição)
68 – Bagaço da Laranja (Zeca Pagodinho / Arlindo Cruz / Jovelina Pérola Negra)
69 – Baleiro (Arlindo Cruz / Franco)
70 – Bamba da Antiga (Arlindo Cruz / Babi)
71 – Bancando o Durão (Arlindo Cruz / Maurição / Jr.Dom)
72 – Banco do Amor (Aluísio Machado / Arlindo Cruz / Chiquinho Vírgula)
73 – Banho de Fé (Arlindo Cruz / Sereno / Sombrinha)
74 – Basta a Gente se Olhar (Arlindo Cruz / Dhema)
75 – Basta um Samba Só (Arlindo Cruz / Acyr Marques / Geraldão)
76 – Batendo de Frente (Arlindo Cruz / Luis Cláudio Picolé)
77 – Batuqueiro (Arlindo Cruz / Fred Camacho / Marcelinho Moreira)
78 – Batuques do meu Lugar (Arlindo Cruz / Rogê)
79 – Beija Flor (Arlindo Cruz / Maurição)
80 – Beijo Matinal (Zeca Pagodinho / Arlindo Cruz / Ratinho)

81 – Bela e de Bola Cheia (Arlindo Cruz / Xande de Pilares / Arlindinho)
82 – Bem Acima da Ilusão (Arlindo Cruz / Acyr Marques / Sombrinha)
83 – Bem que o Santo Mandou (Sombrinha / Arlindo Cruz / Franco)
84 – Bem-Vinda (Arlindo Cruz / Acyr Marques / Marquinho PQD)
85 – Bisnaga (Arlindo Cruz / Beto Sem Braço)
86 – Boazinha (Arlindo Cruz / Acyr Marques / Jr. Dom)
87 – Bom Aprendiz (Arlindo Cruz / Arlindinho)
88 – Bombaim (Almir Guineto / Arlindo Cruz / Sombrinha / Vanilda Bazeth)
89 – Bota Fogo no Sapê (Arlindo Cruz / Jorge Davi / Sombrinha)
90 – Bota Lenha na Fogueira (Arlindo Cruz / Claudinho Azeredo / Franco)
91 – Boto meu Povo na Rua (Arlindo Cruz / Acyr Marques / Ronaldinho)
92 – Brasil de A a Z (Arlindo Cruz / Franco)
93 – Brasil de Hoje (Arlindo Cruz / Diogo Nogueira / Hamílton de Holanda / Marcos Portinari)
94 – Brasil em Brasa (Arlindo Cruz / Gabriel Moura / Jovi Joviniano / Rogê)
95 – Brasil Moleque (Arlindo Cruz / Marquinho PQD)
96 – Brazuca (Arlindo Cruz / Rogê)
97 – Brenguelê (Arlindo Cruz / Alemão / Rogê)
98 – Brincadeira de Mau Gosto (Arlindo Cruz / Acyr Marques)
99 – Brincando de Amor (Arlindo Cruz / Marquinho PQD / Franco)
100 – Brincando de Samba de Roda (Arlindo Cruz / Franco)
101 – Cabeça de Camarão (Arlindo Cruz / Sombrinha / Alemão)
102 – Caçador de Abelhas (Arlindo Cruz / Carlos Batista)
103 – Cada Minuto é um Rei (Arlindo Cruz / Sombrinha / Sombra)
104 – Cada Problema uma Solução (Arlindo Cruz / Ubirany)
105 – Cada Vida um Destino (Arlindo Cruz / Gilberto de Andrade)
106 – Cadê a Dignidade? (Arlindo Cruz / Sombrinha / Rubens Gordinho)
107 – Cai na Gandaia (Arlindo Cruz / Sereno)
108 – Camarão que Dorme a Onda Leva (Beto Sem Braço / Zeca Pagodinho / Arlindo Cruz)
109 – Caminhos da Paixão (Aluisio Machado / Arlindo Cruz / Délcio Luiz)
110 – Canção do Roberto (Arlindo Cruz / Maurição / Marcelo Smith)
111 – Cantando eu Aprendi (Arlindo Cruz / Fred Camacho / Maurição)
112 – Cantar Noel (Arlindo Cruz / Sandra de Sá / Lenine / Zélia Duncan / João Carlos Coutinho)
113 – Canto de Paz (Arlindo Cruz / Babi)
114 – Canto de Rainha (Arlindo Cruz / Sombrinha)
115 – Canto Maior (Arlindo Cruz / Dedé da Portela / Sombrinha)
116 – Cara e Coragem (Arlindo Cruz / Davi Moraes)
117 – Caranguejo (Arlindo Cruz / Luis Cláudio Picolé)
118 – Carioca da Gema (Arlindo Cruz / Sombrinha / Franco)
119 – Carnaval sem Preconceito (Arlindo Cruz / Luana Carvalho)
120 – Casal sem Vergonha (Arlindo Cruz / Acyr Marques)
121 – Caso Sério (Almir Guineto / Arlindo Cruz / Beto Sem Braço)
122 – Castelo de Cera (Zeca Pagodinho / Arlindo Cruz)
123 - Causa Mais Nobre (Sombrinha / Marquinho PQD / Arlindo Cruz / Franco)

124 – Cavaco sem Sol (Arlindo Cruz / Almir Guineto / Sombrinha)
125 - CEP (Arlindo Cruz / Zeca Pagodinho)
126 – Chama a Preta (Arlindo Cruz / Rogê)
127 – Chapa Quente (Arlindo Cruz / Acyr Marques)
128 – Chapéu Panamá (Arlindo Cruz / Rogê / Gabriel Moura)
129 – Chega (Arlindo Cruz / Marquinho PQD / Franco)
130 – Chegamos ao Fim (Arlindo Cruz / Pezinho)
131 – Cheguei pra Ficar (Arlindo Cruz / Babi)
132 – Chico Peitola (Arlindo Cruz / Marquinho PQD / Franco)
133 – Cigana (Arlindo Cruz / Rogê)
134 – Circo Armado (Arlindo Cruz / Bandeira Brasil / Luiz Carlos da Vila)
135 – Citações (Arlindo Cruz / Helio de La Peña / Mu Chebabi)
136 – Cleptomaria (Arlindo Cruz / Nei Lopes)
137 – Clima de Alegria (Arlindo Cruz / Rafael Delgado / Jr.Dom)
138 – Coco Partido (Arlindo Cruz / Acyr Marques / Franco)
139 – Coiozinho no Quintal (Arlindo Cruz / Sombrinha)
140 – Coisas da Gente (Luiz Carlos da Vila / Arlindo Cruz / Sombrinha)
141 – Como é que vai Fazer (Arlindo Cruz / Jorge Davi)
142 – Concerto para Juventude (Arlindo Cruz / Jorge Davi)
143 – Consciência (Arlindo Cruz / Sombrinha / Sombra)
144 – Conselho de Vizinha (Arlindo Cruz / Sombrinha)
145 – Convivência Legal (Luiz Carlos da Vila / Arlindo Cruz)
146 – Copa Campeã (Arlindo Cruz / Rogê / Arlindinho)
147 – Coração Brasileiro (Arlindo Cruz / Acyr Marques / Franco)
148 – Coração da Massa (Jorge Aragão / Arlindo Cruz)
149 – Coração Deserto (Arlindo Cruz / Sereno / Sombrinha)
150 – Coração Dispara (Arlindo Cruz / Acyr Marques)
151 – Coração Sofredor (Arlindo Cruz / Franco)
152 – Correndo Perigo (Arlindo Cruz / Maurição)
153 – CPI (Arlindo Cruz / Babi / Jorge Davi)
154 – Cupido (Arlindo Cruz / Jorge Sargento / Carlos Eduardo Ferreira)
155 – Da Família de Vocês (Arlindo Cruz / Ronaldo Batera)
156 – Da Melhor Qualidade (Almir Guineto / Arlindo Cruz)
157 – Dalila Cadê Guará (Almir Guineto / Arlindo Cruz)
158 – Das Arquibancadas ao Camarote N1 Um Grande Rio de Emoção na Apoteose do seu Coração (Barbeirinho / Mingau / G.Martins / Arlindo Cruz / Emerson Dias / Levi Dutra / Carlos Sena / Chico da Vila / Da Lua / Isaac / Rafael Ribeiro / Juarez Pantoja)
159 – De Bem com Deus (Arlindo Cruz / Acyr Marques / Délcio Luiz)
160 – De Corpo Aberto (Arlindo Cruz / Franco)
161 – De Don Juan a Zé Mané (Arlindo Cruz / Acyr Marques)
162 – De Donga à Marte (Arlindo Cruz / Careca Jr. / Franco)
163 – De Jorge Aragão para Arlindo Cruz (Jorge Aragão / Arlindo Cruz)
164 – De Novo a Festa (Arlindo Cruz / Sombrinha)
165 – De Pai pra Filha (Arlindo Cruz / Rogê / Marcelinho Moreira)
166 – Declaração de Amor (Arlindo Cruz / Acyr Marques / Jorge Davi)

167 – Deixa Clarear (Arlindo Cruz / Marquinho PQD / Sombrinha)
168 – Deixa meu Cavalo Andar (Arlindo Cruz / Maurição)
169 – Deixa quem é Falador Falar (Arlindo Cruz / Acyr Marques / Jorge Davi)
170 – Deixa ser Criança (Arlindo Cruz / Rogê)
171 – Deixa Solto (Arlindo Cruz / Chico Buarque / Sombrinha)
172 – Demais (Arlindo Cruz / Acyr Marques / Jorge Davi)
173 – Desalinho (Arlindo Cruz / Sombrinha / Luizinho Toblow)
174 – Desapareça (Arlindo Cruz / Cláudio Camunguelo)
175 – Deus Abençoe (Arlindo Cruz / Zeca Pagodinho / Jorge Aragão)
176 – Deusa do Ijexá (Arlindo Cruz / Acyr Marques)
177 – Dez Mandamentos (Zeca Pagodinho / Arlindo Cruz)
178 – Difícil de Aturar (Arlindo Cruz / Fred Camacho / Max Vianna)
179 – Divina e Mulher (Luiz Carlos da Vila / Arlindo Cruz)
180 – Do Samba não vou Sair (Arlindo Cruz / Acyr Marques / Jorge Davi)
181 – Do Verde de Coari vem meu Gás Sapucaí (Mingau / Emerson Dias / Edu da Penha / Maurição / Arlindo Cruz / Carlos Sena)
182 – Dom de Encantar (Arlindo Cruz / Alcione / Leila Pinheiro / Mariana Aydar)
183 – Dona Ivone Lara, o Enredo do meu Samba (Arlindo Cruz / Arlindinho / Tico do Gato)
184 – Dona Neuma a Rosa (Arlindo Cruz / Sombrinha / Franco)
185 – Donana (Arlindo Cruz / Sombrinha / Maurição)
186 – Dondoca do Papai (Arlindo Cruz / Maurição / Acyr Marques)
187 – Dor da Saudade (Arlindo Cruz / Franco)
188 – Dor de Amor (Zeca Pagodinho / Acyr Marques / Arlindo Cruz)
189 – Dor de Verdade (Arlindo Cruz / Zeca Pagodinho / Marcelo D2)
190 – Dormiu mas Acordou (Arlindo Cruz / Zélia Duncan)
191 – Dream Team (Arlindo Cruz / Rogê)
192 – Dulcicléia Novaes de Nogueira (Arlindo Cruz / Jr.Dom)
193 – É Aí que Quebra a Rocha (Arlindo Cruz / Zé Luiz do Império Serrano)
194 – É Corpo É Alma É Religião (Arlindo Cruz / Rogê / Arlindinho)
195 – É Hora de Dizer Adeus (Almir Guineto / Arlindo Cruz / Fred Camacho)
196 – É Hora de Fazer Verão (Arlindo Cruz / Max Vianna)
197 – É Nós do Morro (Arlindo Cruz / Seu Jorge / Rogê)
198 – E o Mundo Perdeu a Beleza (Arlindo Cruz / Maurição / Jr.Dom)
199 – E Onde Houver Trevas...que se Faça a Luz (Aluisio Machado / Arlindo Cruz / Maurição / Elmo Caetano / Carlos Sena)
200 – É Religião (Arlindo Cruz / Cláudio Jorge)
201 – É Sempre Assim (Arlindo Cruz / Marquinho PQD / Sombrinha)
202 – É Verão (Arlindo Cruz / Jorge Davi / Franco)
203 – E Verás que um Filho Teu não Foge à Luta
(Aloísio Machado / Arlindo Cruz / Beto Pernada / Índio do Império / Lula)
204 – Egoísmo (Sereno / Sombrinha / Arlindo Cruz)
205 – Ei Moleque (Arlindo Cruz / Chiquinho Vírgula)
206 – Ela (Arlindo Cruz / Sombrinha / Franco)

207 – Ela me Ama (Arlindo Cruz / Babi / Jorge Davi)
208 – Ela não Entendeu (Arlindo Cruz / Acyr Marques)
209 – Ela Sambou eu Dancei (Arlindo Cruz / Acyr Marques / Geraldão)
210 – Ele Ainda é o Tal (Arlindo Cruz / Sombrinha / Marquinho PQD)
211 – Elizete (Luiz Carlos da Vila / Arlindo Cruz)
212 – Em Nome do Amor (Arlindo Cruz / Délcio Luiz)
213 – Enchente (Arlindo Cruz / Franco)
214 – Entra no Clima (Arlindo Cruz / Acyr Marques / Rogê)
215 – Entre o Futuro e o Passado (Arlindo Cruz / Acyr Marques / Mário Lago / Mariozinho Lago)
216 – Era uma Vez (Arlindo Cruz / Acyr Marques)
217 – Erê Afro Powell (Arlindo Cruz / Rogê)
218 – Ernesto Galhardo (Arlindo Cruz / Helio de La Peña / Mu Chebabi)
219 – Erro de Contas (Arlindo Cruz / Chiquinho Vírgula / Franco)
220 – Esganado (Serginho Meriti / Arlindo Cruz / Acyr Marques)
221 – Esse Nego (Arlindo Cruz / Babi)
222 – Estação das Águas (Arlindo Cruz / Acyr Marques / Jorge Davi)
223 – Estou Chegando pra Ficar (Arlindo Cruz / Jorge Davi / Marquinho PQD)
224 – Estrela da Paz (Arlindo Cruz / Acyr Marques)
225 – Estrelas Solitárias (Arlindo Cruz / Acyr Marques / Franco)
226 – Eterna Insatisfeita (Arlindo Cruz / Chiquinho Vírgula / Franco)
227 – Eterno Filme (Luiz Carlos da Vila / Arlindo Cruz)
228 – Eu Canto Esse Blues (Arlindo Cruz / Rogê / Gabriel Moura)
229 – Eu e Você (Arlindo Cruz / Jr.Dom / Fred Camacho)
230 – Eu Ela e a Saudade (Arlindo Cruz / Cassiano)
231 – Eu Prefiro Acreditar (Zeca Pagodinho / Arlindo Cruz / Marquinho PQD)
232 – Eu Quero é Mais (Arlindo Cruz / Marquinho PQD)
233 – Eu Sou Gilmar (Arlindo Cruz / Franco)
234 – Eu Vi (Arlindo Cruz)
235 – Eu Vi São Jorge na Lua Cheia (Arlindo Cruz / Rogê / Magary)
236 – Eu Voltei (Arlindo Cruz / Maurição)
237 – Eu vou Embora (Arlindo Cruz / Cassiano)
238 – Extasiado (Arlindo Cruz / Noca da Portela)
239 – Falange de Erê (Aluisio Machado / Arlindo Cruz / Jorge Carioca)
240 – Favela (Arlindo Cruz / Acyr Marques / Ronaldinho)
241 – Faz Corpo Mole (Arlindo Cruz / Franco)
242 – Fazer Amor e... (Arlindo Cruz / Babi / Arlindinho)
243 – Fé (Arlindo Cruz / Rogê)
244 – Feijoada com Sushi (Arlindo Cruz / Sombrinha)
245 – Feito Condor (Serginho Meriti / Arlindo Cruz)
246 – Felicidade Pede Bis (Arlindo Cruz / Marquinho PQD / Sombrinha)
247 – Feriado Nacional (Arlindo Cruz / Marquinho PQD)
248 – Festa o Ano Inteiro (Arlindo Cruz / Marquinho PQD / Sombrinha)
249 – Filial da Matriz (Arlindo Cruz / Serginho Meriti)
250 – Fim da Tristeza (Arlindo Cruz / Carlos Sena / Maurição)
251 – Final Feliz (Arlindo Cruz / Acyr Marques)
252 – Fingida (Arlindo Cruz / Rixxa)

253 – Fla x Flu (Arlindo Cruz / Franco)
254 – Flor Morena (Arlindo Cruz / Zeca Pagodinho / Jr.Dom)
255 – Fogueira de uma Paixão (Luiz Carlos da Vila / Acyr Marques / Arlindo Cruz)
256 – Foi Embora (Arlindo Cruz / Zeca Pagodinho / Sombrinha)
257 – Foi o teu Amor (Arlindo Cruz / Sereno / Franco)
258 – Fora de Ocasião (Arlindo Cruz / Marquinho PQD / Jorge Carioca)
259 – Força da Raça (Arlindo Cruz / Lula)
260 – Força de Vontade (Almir Guineto / Arlindo Cruz / Fred Camacho)
261 – Força Fé e Raiz (Sereno / Arlindo Cruz)
262 – Frasco Pequeno (Arlindo Cruz / Mário Sérgio / Franco)
263 – Gasta Aqui Gasta Lá (Arlindo Cruz / Jr.Dom)
264 – Gente Faladeira (Beto Sem Braço / Arlindo Cruz)
265 – Geografia Popular (Arlindo Cruz / Marquinhos de Oswaldo Cruz / Edinho Oliveira)
266 – Golpe de Azar (Almir Guineto / Adalto Magalha / Arlindo Cruz)
267 – Gorjear dos Passarinhos (Arlindo Cruz / Sereno / Mauro Diniz)
268 – Gostar como eu Queria (Arlindo Cruz / Sombrinha)
269 – Gosto Doce da Paz (Arlindo Cruz / Sombrinha / Marquinho PQD)
270 – Grande Circo da Dor (Arlindo Cruz / Acyr Marques / Franco)
271 – Grande Erro (Arlindo Cruz / Marquinho China / Adilson Victor)
272 – Griselda (Arlindo Cruz / Sombrinha / Zeca Pagodinho)
273 – Guaracy (Arlindo Cruz/Sombrinha / Zeca Pagodinho)
274 – Guerreiro e Protetor (Sombrinha / Arlindo Cruz)
275 – Hei de Guardar teu Nome (Arlindo Cruz / Denny de Lima / Adilson Victor)
276 – Herança Popular (Arlindo Cruz / Fábio Henrique / Naílson Mota)
277 – Hino da Noite (Arlindo Cruz / Sombrinha / Acyr Marques)
278 – Hino Samba Social Clube (Arlindo Cruz / Marcelinho Moreira)
279 – História de Amor (Arlindo Cruz / Acyr Marques / Jorge Davi)
280 – História de Nós Dois (Arlindo Cruz / Ivo Meireles / Gustavo Clarão)
281 – Hoje tem Samba (Arlindo Cruz / Sombrinha / Maurição)
282 – Homenagem a Luiz Carlos da Vila (Arlindo Cruz)
283 – Hora Exata (Arlindo Cruz / Jorge Davi)
284 – Horas do seu Tempo (Arlindo Cruz / Franco)
285 – Iansã (Arlindo Cruz / Acyr Marques)
286 – Ilicitação (Arlindo Cruz / André Diniz / Evandro Bocão / Leonel)
287 – Imigrantes (Arlindo Cruz / Rogê)
288 – Império Serrano um Ato de Amor (Aluísio Machado / Arlindo Cruz / Bicalho / Acyr Marques)
289 – Importado (Não Somo Besta) (Arlindo Cruz)
290 – Isso é Felicidade (Arlindo Cruz / Délcio Luiz)
291 – Isso é Fundamental (Arlindo Cruz / Luiz Carlos da Vila / Sombrinha)
292 – Já É (Arlindo Cruz / Rogê)
293 – Já é ou Já Era (Arlindo Cruz / Maurição / Acyr Marques)
294 – Já foi uma Família (Arlindo Cruz / Marquinho PQD / Franco)
295 – Já Mandei Botar Dendê (Zeca Pagodinho / Arlindo Cruz / Maurição)
296 – Já Pedi pra Você Parar (Arlindo Cruz / Babi)
297 – Janu Januário (Arlindo Cruz / Luizinho Toblow / Serginho Meriti)

298 – Jeitinho de Dançar (Arlindo Cruz / Jorge Davi)
299 – Jeito Inocente (Arlindo Cruz / Jorge Davi / Maurição)
300 – Jiló com Pimenta (Zeca Pagodinho / Arlindo Cruz)
301 – Joga (Arlindo Cruz / Sombrinha)
302 – Jogador (Arlindo Cruz / Rogê)
303 – Jorge Amado Axé Brasil (Arlindo Cruz / Aluísio Machado / Beto Sem Braço / Bicalho)
304 – Juntos e Misturados (Arlindo Cruz / Rogê)
305 – Lá na Ribeira (Arlindo Cruz / Alemão)
306 – Lá vem o Gandhy (Arlindo Cruz / Rogê)
307 – Lá vou eu de Novo (Almir Guineto / Arlindo Cruz / Fred Camacho)
308 – Lado a Lado (Arlindo Cruz / Marcelinho Moreira / Rogê)
309 – Lenda Popular (Arlindo Cruz)
310 – Leva um Recado pra Ela (Arlindo Cruz / Jr.Dom / Acyr Marques)
311 – Lição de Malandragem (Arlindo Cruz / Rixxa)
312 – Linda Flor (Arlindo Cruz / Franco)
313 – Lotação (Arlindo Cruz / Bandeira Brasil)
314 – Louca Paixão (Arlindo Cruz / Franco)
315 – Lua Cheia (Arlindo Cruz / Sombrinha)
316 – Lua de Prata (Arlindo Cruz / Acyr Marques / Sombrinha)
317 – Lugar ao Sol (Almir Guineto / Adalto Magalha / Arlindo Cruz)
318 – Lugar de Cobra é no Chão (Arlindo Cruz / Carlinhos Vergueiro)
319 – Luz do Desejo (Arlindo Cruz / Jorge Davi)
320 – Luz do Repente (Arlindo Cruz / Marquinho PQD / Franco)
321 – Luz do teu Olhar (Arlindo Cruz / Franco)
322 – Luz pra Brilhar meu Caminho (Arlindo Cruz / Jorge Davi / Franco)
323 – Madureira Lugar da Raça (Arlindo Cruz / Sereno / Franco)
324 – Mainha (Arlindo Cruz / Carlos Sena / Maurição)
325 – Mainha me Ensinou (Arlindo Cruz / Xande de Pilares / Gílson Bernini)
326 – Maior é o Nosso Amor (Arlindo Cruz / Sombrinha / Marquinho PQD)
327 – Mais Poder (Arlindo Cruz / Rogê)
328 – Mais só do que Sozinho (Arlindo Cruz / Luiz Cláudio Picolé)
329 – Mais um Mais Uma (Arlindo Cruz / Rogê / Gabriel Moura)
330 – Mais uma Vez (Arlindo Cruz / Marcos Valle)
331 – Malandro sou Eu (Arlindo Cruz / Sombrinha / Franco)
332 – Malha comigo (Arlindo Cruz / Acyr Marques / Délcio Luiz)
333 – Maltratar não é Direito (Arlindo Cruz / Franco)
334 – Mandela (Arlindo Cruz / Rogê / Marcelinho Moreira)
335 – Manera Mané (Beto Sem Braço / Arlindo Cruz / Serginho Meriti)
336 – Manera Mulher (Arlindo Cruz / Jorge Davi)
337 – Manha Preguiçosa (Arlindo Cruz / Acyr Marques / Jorge Davi)
338 – Mão Fina (Arlindo Cruz / Jorge Davi)
339 – Mar de Carinhos (Aluisio Machado / Arlindo Cruz)
340 – Maria de um só João (Arlindo Cruz / Franco)
341 – Maria Inês (Arlindo Cruz / Marquinho PQD / Acyr Marques)
342 – Maria Pandeiro (Arlindo Cruz / Maurição / Di Menor)
343 – Mariuza (Arlindo Cruz / Sombrinha / Luiz Carlos da Vila)
344 – Mas o que Foi que Aconteceu (Arlindo Cruz / Adalto Magalha)

345 – Matemática da Copa (Arlindo Cruz / Rogê / Arlindinho)
346 – Me dá teu Amor (Arlindo Cruz / Franco)
347 – Me dá um Qualquer (Beto Sem Braço / Arlindo Cruz / Serginho Meriti)
348 – Me dê um Tempo pra Pensar (Arlindo Cruz / Jr.Dom)
349 - Medidas Provisórias (Arlindo Cruz / Babi)
350 – Mela Cueca (Arlindo Cruz / Franco)
351 – Melancolia (Pedrinho da Flor / Arlindo Cruz)
352 – Melhor nem Pensar (Arlindo Cruz / Acyr Marques / Douglas Sampa)
353 – Melhor para Dois (Arlindo Cruz)
354 – Melhor Parar (Arlindo Cruz / Maurição / Jr.Dom)
355 - Memórias do Pai Arraiá, Um Sonho Pernambucano, um Legado Brasileiro (Martinho da Vila / André Diniz / Mart'nália / Arlindo Cruz / Leonel)
356 – Menina Você Bebeu (Beto Sem Braço / Arlindo Cruz / Acyr Marques)
357 – Menino do Roxo Frouxo (Arlindo Cruz)
358 – Mestre Cartola (Arlindo Cruz / Igor Leal)
359 – Metido a Garotão (Arlindo Cruz / Marquinho PQD / Franco)
360 – Meu Amor quer Sambar (Arlindo Cruz / Dudu Nobre)
361 – Meu Bem Volta Logo (Arlindo Cruz / Rogê / Babi)
362 – Meu Cantar (Arlindo Cruz / Acyr Marques)
363 – Meu Lugar (Arlindo Cruz / Mauro Diniz)
364 – Meu Mulato Brasil (Arlindo Cruz / Délcio Luiz)
365 – Meu Negócio é Pagodear (Arlindo Cruz /Sapato / Acyr Marques)
366 – Meu Nome é Trabalho (Arlindo Cruz / Sombrinha / Franco)
367 – Meu Poeta (Zeca Pagodinho / Arlindo Cruz / Jr.Dom)
368 – Meu Povo (Arlindo Cruz / Arlindinho / Renato Moraes)
369 – Meu Recado (Arlindo Cruz / Franco)
370 – Meu Samba (Arlindo Cruz / Acyr Marques)
371 – Meu Sonho não Cansa (Arlindo Cruz / Franco)
372 – Minha Favela (Arlindo Cruz / Acyr Marques)
373 - Minha Gueixa (Arlindo Cruz / Bandeira Brasil / Franco)
374 – Minha Princesa (Arlindo Cruz / Rogê / Gabriel Moura)
375 – Minha Vida (Arlindo Cruz / Marquinho PQD / Santana)
376 – Miudinho meu Bem Miudinho (Arlindo Cruz / Franco)
377 – Moleque Sonhador (Arlindo Cruz / Acyr Marques / Jorge Davi)
378 – Morada Divina (Arlindo Cruz / Teresa Cristina)
379 – Morena Louca (Aluisio Machado / Arlindo Cruz / Acyr Marques)
380 – Morena Partiu (Arlindo Cruz / Sombrinha / Acyr Marques)
381 – Motivo Banal (Arlindo Cruz / Fred Camacho)
382 – Mudou de Figura (Arlindo Cruz / Aluisio Machado)
383 – Muito Diferente (Arlindo Cruz / Jorge Davi / Alemão)
384 – Musas (Arlindo Cruz / Rogê)
385 – Na Flor da Primavera (Arlindo Cruz / Mário Sérgio)
386 ´- Na Mala e na Vala (Arlindo Cruz / Marquinho PQD / Acyr Marques)
387 – Na Paz de Deus (Arlindo Cruz / Beto Sem Braço / Sombrinha)

388 – Na Veia (Arlindo Cruz / Rogê / Marcelinho Moreira)
389 – Nada mais Importa (Arlindo Cruz / Chiquinho Vírgula / Marquinho PQD)
390 – Namoradinha (Arlindo Cruz / Acyr Marques)
391 – Namoro Sério (Arlindo Cruz / Acyr Marques / Ronaldinho)
392 – Não Dá (Arlindo Cruz / Wilson das Neves)
393 – Não dá Mais (Arlindo Cruz / Prateado)
394 - Não dá pra Negar (Arlindo Cruz / Prateado)
395 – Não dá pra Negar Negritude (Aluisio Machado / Arlindo Cruz / Acyr Marques)
396 – Não é um Sonho a Mais (Arlindo Cruz / Luiz Carlos da Vila)
397 – Não Faz Assim (Arlindo Cruz / Luiz Carlos da Vila / Franco)
398 – Não Fique a se Torturar (Arlindo Cruz / Sombrinha / Dona Ivone Lara)
399 – Não Fique Assim (Almir Guineto / Arlindo Cruz/ Carlos Sena)
400 – Não me faz de Índio (Arlindo Cruz / Franco)
401 – Não me faz de Ioiô (Arlindo Cruz / Marquinho PQD / Franco)
402 – Não Penso Mais em Nada (Arlindo Cruz / Jr.Dom)
403 – Não quero Mais (Arlindo Cruz / Marquinho PQD / Sombrinha)
404 – Não se Fala Mais de Amor (Arlindo Cruz / Aluisio Machado / Marquinho PQD)
405 – Não Sei não Senhor (Aluisio Machado / Arlindo Cruz / Acyr Marques)
406 – Não Vai Não (Arlindo Cruz / Luiz Carlos da Vila / Marquinho PQD)
407 – Não Valeu (Arlindo Cruz / Marquinho PQD / Franco)
408 – Nasci pra Morrer de Amor (Arlindo Cruz / Maurição / Franco)
409 – Nasci pra te Amar (Arlindo Cruz / Sombrinha / Sombra)
410 – Natal Diferente (Arlindo Cruz / Sombrinha)
411 – Natureza Morta (Arlindo Cruz / Acyr Marques / Marquinho China)
412 – Navalha (Arlindo Cruz / Marquinho PQD / Sombrinha)
413 – Nega Cascavel (Arlindo Cruz / Franco)
414 – Nega Celeste (Arlindo Cruz / Jorge Carioca)
415 – Nega Samambaia (Arlindo Cruz / Marcelinho Moreira / Rogê)
416 – Nego Juca (Arlindo Cruz / Zeca Pagodinho)
417 – Negritude Axé (Arlindo Cruz / Bandeira Brasil / Franco)
418 – Nem pra Desconfiar (Arlindo Cruz / Adilson Victor)
419 – Nem Tanto à Terra Nem Tanto o Mar (Arlindo Cruz / Fred Camacho / Maurição)
420 – Ninguém Merece (Arlindo Cruz / Acyr Marques / Jorge Davi)
421 – No Parque (Arlindo Cruz / Jorge Davi / Maurição)
422 – Noite de Luar (Arlindo Cruz / Sombrinha / Sombra)
423 – Noite pelo Dia (Arlindo Cruz / Adilson Victor)
424 – Nos Braços da Batucada (Arlindo Cruz / Jr.Dom / Babi)
425 – Nós Dois (Arlindo Cruz / Maurição)
426 – Nossa Tarde de Amor (Arlindo Cruz / Jorge Davi)
427 – Nossa União (Arlindo Cruz / Fred Camacho / Arlindinho)
428 – Nosso Amor (Arlindo Cruz / Sissi)
429 – Nosso Dia (Arlindo Cruz)
430 – Nosso Segredo (Neoci Dias / Arlindo Cruz / Dedé da Portela)
431 – Nosso Segredo (Arlindo Cruz / Charles André)
432 – Nova Morada (Arlindo Cruz / Sombrinha / Franco)
433 – Novo Amor (Arlindo Cruz / Rixxa)

434 – Num Corpo Só (Arlindo Cruz / Luis Cláudio Picolé)
435 – Numa Cidade Muito longe Daqui (Polícia e Bandido) (Arlindo Cruz / Acyr Marques / Franco)
436 – Nunca Mais (Arlindo Cruz)
437 – Nunca Mais vou Jurar (Zeca Pagodinho / Arlindo Cruz / Marcelinho Moreira)
438 – Nunca Pagou Aluguel (Arlindo Cruz / Jorge Davi / Maurição)
439 – Nuvens Brancas de Paz (Arlindo Cruz / Zeca Pagodinho / Marcelinho Moreira)
440 – Nuvens de Algodão (Arlindo Cruz / Acyr Marques / Franco)
441 – O Amor (Arlindo Cruz / Pezinho)
442 – O Azul Beijou o Branco (Monarco / Arlindo Cruz / Mauro Diniz)
443 – O Bem (Arlindo Cruz / Délcio Luiz)
444 – O Bicho Pegou (Aluisio Machado / Arlindo Cruz)
445 – O Bom Vaqueiro (Arlindo Cruz / Cassiano)
446 – O Brasil é Isso Aí (Arlindo Cruz / Jr.Dom / Marcelo D2)
447 – O Feijão de Dona Neném (Zeca Pagodinho / Arlindo Cruz)
448 – O Império do Divino ((Aluisio Machado / Arlindo Cruz / Maurição / Elmo Caetano / Carlos Sena)
449 – O Loca (Arlindo Cruz / Acyr Marques)
450 - O Mapa da Mina (Beto Sem Braço / Arlindo Cruz / Serginho Meriti)
451 – O Mar (Arlindo Cruz / Marquinho PQD)
452 – O Menino e o Mar (Arlindo Cruz / Rixxa)
453 – O Meu Pranto não Cessava (Almir Guineto / Arlindo Cruz / Fred Camacho)
454 – O Mundo dos Sonhos de Beto Carrero (Arlindo Cruz / Carlos Sena / Índio do Império / Maurição)
455 – O Mundo em que Renasci (Arlindo Cruz / Rogê)
456 – O Pato (Arlindo Cruz / Beto Sem Braço / Acyr Marques)
457 – O Poder de Curar (Arlindo Cruz / Sombrinha / André Rocha)
458 – O que é Dela é Meu (Arlindo Cruz / Marcelinho Moreira / Rogê)
459 – O que é o Amor (Arlindo Cruz / Fred Camacho / Maurição)
460 – O Que É O Que É (Arlindo Cruz / Franco)
461 – O Que é Que Houve com o Samba? (Arlindo Cruz / Jorge Davi / Marquinho PQD)
462 – O que Está Acontecendo? (Arlindo Cruz / Jorge Davi / Alemão)
463 – O que Houve Entre nós Dois (Arlindo Cruz / Sombrinha)
464 – O Rio Corre pro Mar (Arlindo Cruz / Maurição / Elmo Caetano / Carlos Sena)
465 – O Samba Mandou me Chamar (Arlindo Cruz / Sombrinha / Acyr Marques)
466 – O Show tem que Continuar (Luiz Carlos da Vila / Arlindo Cruz / Sombrinha)
467 – O Surfista e o Sambista (Arlindo Cruz / Rogê)
468 – O Tempo (Arlindo Cruz / Sombrinha / Sombra)
469 – O Teu Amor sou Eu (Arlindo Cruz / Rogê)
470 – O Teu Sorriso é Ouro (Arlindo Cruz / Rogê)
471 – Oferendas (Arlindo Cruz / Teresa Cristina)
472 – Ogum Xoroquê Chorou (Arlindo Cruz)
473 – Olhando Diferente (Arlindo Cruz / Chrigor / Prateado)
474 – Olhar de Madonna (Arlindo Cruz / Franco)
475 – Olhe Dentro de Nós (Arlindo Cruz / Pezinho)
476 – Olhos Fatais (Zeca Pagodinho / Arlindo Cruz / Ratinho)

477 – Onde Ela Mora (Arlindo Cruz / Jorge Davi / Maurição)
478 – Onde Está (Arlindo Cruz / Sombrinha)
479 – Operário do Samba (Arlindo Cruz / Maurição / Jorge Davi)
480 - Orgulho do Vovô (Arlindo Cruz / Zeca Pagodinho)
481 – Orgulho Negro (Arlindo Cruz / Xande de Pilares / Pretinho da Serrinha)
482 – Os Deuses do Olimpo Chegaram na Nossa Cidade (Arlindo Cruz / Rogê / Arlindinho)
483 – Os Grupos da Copa do Mundo (Arlindo Cruz)
484 – Outra Dose (Arlindo Cruz / Sombrinha / Franco)
485 – Ouvindo Djavan (Arlindo Cruz / Rogê)
496 – Ovo de Colombo (Arlindo Cruz / Franco)
487 – Pagodão (Arlindo Cruz / Acyr Marques / Franco)
488 – Pagode Dois Arlindos (Arlindo Cruz / Jr.Dom)
489 - Pagode do Boneco (Arlindo Cruz / Franco)
490 – Pagode do Rei (Almir Guineto / Arlindo Cruz / Sombrinha)
491 – Pagode em Caxias (Arlindo Cruz / Franco)
492– Pagode na Disney (Arlindo Cruz / Alceu Maia / Arlindinho / Breno Maia)
493 – Pai e Filha (Arlindo Cruz / Rogê)
494 – Paixão e Prazer (Arlindo Cruz / Fred Camacho / Marcelinho Moreira)
495 – Paixão em Verde e Rosa (Arlindo Cruz / Jorge Davi)
496 – Paixão Nua e Crua (Arlindo Cruz / Acyr Marques / Jorge Davi)
497 – Paixão que me faz Viver (Arlindo Cruz / Marquinho PQD)
498 – Paixão Sagrada (Arlindo Cruz / Acyr Marques)
499 – Palha do meu Ninho (Arlindo Cruz / Sombrinha / Marquinho PQD)
500 – Papinha (Arlindo Cruz / Maurição / Carlos Sena)
501 – Papo à Vera (Arlindo Cruz / Arlindinho)
502 – Para de Paradinha (Arlindo Cruz / Fred Camacho / Marcelinho Moreira)
503 – Para Você Voltar (Neoci Dias / Zeca Pagodinho / Arlindo Cruz)
504 – Parceiro Mais Novo (Arlindo Cruz)
505 – Parei (Arlindo Cruz / Acyr Marques)
506 – Parei com Você (Arlindo Cruz / Élcio / Brasil / Bidubi / Fernando Daniel)
507 – Partideiro Caseiro (Zeca Pagodinho / Arlindo Cruz)
508 – Partido-alto Mora no meu Coração (Arlindo Cruz / Sombrinha / Acyr Marques)
509 – Partido Feminista (Arlindo Cruz / Arly Marques)
510 – Passou, Passou (Arlindo Cruz / Marcelinho Moreira / Rogê)
511 – Pedras no Caminho (Arlindo Cruz / Marquinho PQD / Sombrinha)
512 – Peixe Demais pro meu Samburá (Arlindo Cruz / Geraldão / Franco)
513 – Peixinho (Wilson Moreira / Arlindo Cruz / Bandeira Brasil)
514 – Pele Mais Negra (Arlindo Cruz / Marquinho PQD / Franco)
515 – Pelo Céu pelo Chão "Pelourinho" (Arlindo Cruz / Sombrinha / Acyr Marques)
516 – Pelo Litoral (Arlindo Cruz / Rogê / Acyr Marques)
517 – Pêra Uva Maçã (Arlindo Cruz / Marquinho PQD / Franco)
518 – Pintando o Sete (Luiz Carlos da Vila / Sombrinha / Arlindo Cruz)
519 – Pode se Enfeitar (Arlindo Cruz / Maurição / Sombrinha)
520 – Poder Aquisitivo (Arlindo Cruz / Sombrinha)

521 – Poder de Curar (Arlindo Cruz / Sombrinha / André Rocha)
522 – Poema aos Peregrinos da Fé (Arlindo Cruz / Carlos Sena / Lucas Donato / Andinho Samara / Alex Ribeiro / Beto BR / Chico Matos / Rogê / Wagner Rogério / Zé Glória / Ronaldo Nunes / Léo Guimarães / Arlindinho)
523 – Pogresso (Arlindo Cruz)
524 – Ponto Final (Arlindo Cruz / Aluisio Machado / Acyr Marques)
525 – Porque Iaiá (Arlindo Cruz / Dedé da Portela)
526 – Poucas e Boas (Arlindo Cruz / Marquinho PQD / Douglas Sampa)
527 – Pra Bom Ente Meia Pala Ba (Arlindo Cruz / Lenine)
528 – Pra Colorir Muito Mais (Arlindo Cruz / Franco)
529 – Pra Declarar Minha Saudade (Arlindo Cruz / Jr.Dom)
530 – Pra Gente se Amar (Arlindo Cruz / Acyr Marques / Maurição)
531 – Pra Lá de Legal (Arlindo Cruz / Sombrinha)
532 – Pra Lembrar Você (Arlindo Cruz / Serginho Procópio)
533 – Pra que Insistir (Arlindo Cruz / Arlindinho)
534 – Pra que Tanta Marra (Arlindo Cruz / Acyr Marques / Sombrinha)
535 – Pra ser Feliz (Arlindo Cruz / Jorge Davi / Marquinho PQD)
536 – Pra ser Lembrado Depois (Aluisio Machado / Arlindo Cruz / Acyr Marques)
537 – Pra ser Minha Musa (Arlindo Cruz / Chiquinho Vírgula / Marquinho PQD)
538 – Pra Sorrir tem Hora (Arlindo Cruz / Acyr Marques)
539 – Pra te Consolar (Arlindo Cruz / Sombrinha / Franco)
540 – Pra te Ganhar (Arlindo Cruz / Acyr Marques / Ronaldinho)
541 – Pranto que Chorei (Arlindo Cruz / Acyr Marques / Franco)
542 – Presente que Deus Mandou (Arlindo Cruz / Jorge Davi / Maurição)
543 – Primeira Dama (Arlindo Cruz / Zeca Pagodinho / Marquinho China / Sombrinha)
544 – Primeiro Samba (Arlindo Cruz / Sombrinha / Serginho Meriti)
545 – Princesa (Arlindo Cruz / Acyr Marques / Jorge Davi)
546 – Pro Nosso Mundo se Alegrar (Arlindo Cruz / Fred Camacho)
547 – Prova de Amor (Arlindo Cruz / Marquinho PQD / Sombrinha)
548 – Provar teu Mel (Arlindo Cruz / Marcelinho Moreira)
549 – Pula por Cima da Dor (Arlindo Cruz / Franco)
550 – Pura (Arlindo Cruz / Marquinho PQD / Franco)
551 – Pura Semente (Arlindo Cruz / Acyr Marques)
552 – Quando Falo de Amor (Almir Guineto / Arlindo Cruz / Fred Camacho)
553 – Quando o Amor Fizer a Lei (Beto Sem Braço / Arlindo Cruz)
554 – Quando Parei no Sinal (Arlindo Cruz / Franco)
555 – Quando te vi Chorando (Zeca Pagodinho / Arlindo Cruz)
556 – Quanta Ironia (Beto Sem Braço / Arlindo Cruz / Sombrinha)
557 – Quanto Tempo se Perdeu (Arlindo Cruz / Marquinho PQD / Sombra)
558 - Quantos Morros já Subi (Arlindo Cruz / Mário Sérgio / Pedrinho da Flor)
559 – Que Fase (Arlindo Cruz / Jorge Davi / Maurição)
560 – Que Legal eu e Você (Aluiso Machado / Arlindo Cruz / Franco)
561 – Que Pecado (Zeca Pagodinho / Arlindo Cruz / Acyr Marques)

562 – Quem dá Metade dá Metade e Meio (Arlindo Cruz / Rogê)
563 – Quem é Você? (Arlindo Cruz / Jorge Davi / Maurição)
564 – Quem Fala Mais Alto é a Minha Mulher (Arlindo Cruz / Zeca Pagodinho)
565 – Quem Gosta de Mim (Arlindo Cruz / Franco)
566 – Quem lhe Viu Quem lhe Vê (Almir Guineto / Arlindo Cruz)
567 – Quem Sabe de Mim sou Eu (Arlindo Cruz / Marquinho PQD / Sombrinha)
568 – Quer Brincar de Amor (Arlindo Cruz / Acyr Marques / Marquinhos Sathan)
569 – Quero Balançar (Arlindo Cruz / Rogê)
570 – Quero te Beijar pra Valer (Arlindo Cruz / Babi / Jr.Dom)
571 – Quero um Carnaval Mais Multidão (Arlindo Cruz / Franco)
572 – Quero Você (Arlindo Cruz / Luiz Augusto / Roberto José)
573 – Querubim Sonhador (Arlindo Cruz / Luizinho Toblow)
574 – Rala e Rola (Arlindo Cruz / Cacá Franklin / Serginho Meriti)
575 – Recado pra Ele (Arlindo Cruz / Jr.Dom)
576 – Receita da Sorte (Arlindo Cruz / Acyr Marques / Franco)
577 – Receita de Felicidade (Arlindo Cruz / Maurição / Waguinho)
578 – Recomeçar (Arlindo Cruz / Franco)
579 – Recomeçar do Fim (Arlindo Cruz / Acyr Marques)
580 – Recompensa (Arlindo Cruz / Chiquinho Vírgula / Marquinho PQD)
581 – Regime Semi Aberto (Arlindo Cruz / Acyr Marques / Franco)
582 – Regina de Janeiro Fevereiro e Março (Arlindo Cruz / Gilberto Gil)
583 – Responde (Arlindo Cruz / Acyr Marques)
584 – Retratos de um Brasil Plural (Arlindo Cruz / Evandro Bocão / André Diniz / Professor Wladimir / Artur das Ferragens / Leonel)
585 - Revisão de Conceitos (Arlindo Cruz / Chrigor / Prateado)
586 – Rio Preamar (Arlindo Cruz / Estevão Ciavatta / Bernard Ceppas / Seu Jorge)
587 – Rio Sampa (Arlindo Cruz / Rogê)
588 – Roda a Baiana (Arlindo Cruz / Franco)
589 – Rumo ao Infinito (Arlindo Cruz / Fred Camacho / Marcelinho Moreira)
590 – Sá Marina (Arlindo Cruz / Beth do Beto)
591 – Sá Marina Tá Chorando (Arlindo Cruz / Beth do Beto / Serginho Meriti)
592 – Sabe lá o Que É (Arlindo Cruz / Jr.Dom)
593 – Sacode a Roseira (Arlindo Cruz / Jorge Davi)
594 – Sagrado e Profano (Arlindo Cruz / Sombrinha / Marquinho PQD)
595 – Salada Mista (Arlindo Cruz / Marquinho PQD / Franco)
596 – Samba até de Manhã (Arlindo Cruz / Maurição)
597 – Samba da Globalização (Arlindo Cruz / Helio de La Peña / Mu Chebabi / Franco)
598 – Samba de Arerê (Arlindo Cruz / Xande de Pilares / Mauro Jr.)
599 – Samba de Coração (Arlindo Cruz / Acyr Marques / Maurição)
600 – Samba de Madureira (Arlindo Cruz / Maurição / Jorge Davi)
601 – Samba de Marte (Almir Guineto / Arlindo Cruz / Sombrinha / Mazinho do Salgueiro)
602 – Samba de Roda pra Vida (Arlindo Cruz / Sombrinha / Dona Ivone Lara)
603 – Samba de Viagem (Arlindo Cruz / Dirceu Leite / Dudu Nobre / Zélia Duncan / Pretinho da Serrinha)

604 – Samba é Bom de Qualquer Jeito (Arlindo Cruz / Jorge Davi / Maurição)
605 – Samba meu Brasil (Arlindo Cruz / Acyr Marques)
606 – Samba não tem Preconceito (Arlindo Cruz / Acyr Marques)
607 – Samba que Eu te Dou 1 real (Arlindo Cruz / Marcelinho Moreira / Rogê)
608 – Samba Quente (Arlindo Cruz / Sombrinha)
609 – Samba Valente (Arlindo Cruz / Sombrinha / Acyr Marques)
610 - Sambista Perfeito (Arlindo Cruz / Nei Lopes)
611 – Sambra (Arlindo Cruz / Rogê)
612 – Santo Remédio (Arlindo Cruz / Franco)
613 – Sarna que não Desencarna (Arlindo Cruz / Franco)
614 – Saudade (Arlindo Cruz / Sombrinha / Sombra)
615 – Saudade Louca (Arlindo Cruz / Acyr Marques / Franco)
616 – Se Chama Mulher (Arlindo Cruz / Arly Marques)
617 – Se Ela Disser Tudo Bem (Arlindo Cruz / Efson)
618 – Se Ela Não Gosta de Mim (Arlindo Cruz / Jr.Dom / Zeca Pagodinho)
619 – Se Estou com Você (Arlindo Cruz / Arlindinho / Renato Moraes)
620 – Se eu Encontrar com Ela (Arlindo Cruz / Zeca Pagodinho)
621 – Se eu Fosse Você (Arlindo Cruz / Acyr Marques / Aluisio Machado)
622 – Se eu Pedir pra Você Cantar (Arlindo Cruz / Zeca Pagodinho)
623 – Se Vira (Arlindo Cruz / Marquinho PQD)
624 – Se Você for Coerente (Arlindo Cruz / Zeca Pagodinho)
625 – Se Você me der a Mão (Arlindo Cruz / Chiquinho Vírgula / Marquinho PQD)
626 – Seda e Cambraia (Arlindo Cruz / Aluisio Machado)
627 – Sei que não Valeu te Amar (Arlindo Cruz / Maurição / Jr.Dom)
628 – Seja Feliz (Arlindo Cruz / Dhema)
629 – Seja Sambista Também (Arlindo Cruz / Sombrinha)
630 – Sem Endereço (Luiz Carlos da Vila / Arlindo Cruz)
631 – Sem um Pingo de Medo (Arlindo Cruz / Jr.Dom / Acyr Marques)
632 – Sempre Atrapalhado (Arlindo Cruz / Zeca Pagodinho)
633 – Sentimento de Posse (Arlindo Cruz / Jorge Davi)
634 - Ser Diferente é Normal, o Império faz a Diferença no Carnaval (Aluisio Machado / Arlindo Cruz / Carlos Sena / Maurição / João Bosco)
635 – Ser Livre (Arlindo Cruz / Zeca Pagodinho)
636 – Ser ou não Ser (Arlindo Cruz / Marquinho PQD / Jorge Carioca)
637 – Será que é Amor (Arlindo Cruz / Babi / Jr.Dom)
638 – Serei Sempre Tua (Arlindo Cruz / Acyr Marques / Jorge Davi)
639 – Sertão Pedaço de Ouro (Arlindo Cruz / Cassiano)
640 – Sertão Seco (Arlindo Cruz / Cassiano)
641 – Show de Bola (Arlindo Cruz / Jorge Davi / Marquinho PQD)
642 - Silas canta Serrinha (Aluisio Machado / Arlindo Cruz / Arlindinho / Lucas Donato / Andinho Samara / Zé Glória / Ronaldo Antonio)
643 – Silêncio no Olhar (Arlindo Cruz / Marquinho PQD / Sombrinha)
644 – Sinceridade (Arlindo Cruz / André Diniz / Evandro Bocão / Leonel)
645 – Sinto Saudade, Amor (Arlindo Cruz / Mário Ferreira / Maurição)

646 – SNS Só no Sapatinho (Arlindo Cruz / Marquinho PQD / Jorge Davi)
647 – Só Dá Eu e Você (Arlindo Cruz / Franco)
648 – Só de Paixão (Arlindo Cruz / Délcio Luiz / Marquinho PQD)
649 – Só de Pirraça (Arlindo Cruz / Franco)
650 – Só Falta Você (Arlindo Cruz / Jorge Davi / Maurição)
651 – Só pra Contrariar (Almir Guineto / Arlindo Cruz / Sombrinha)
652 – Só Prazer (Arlindo Cruz / Geraldão / Alexandre Andrade)
653 – Só sim Senhor (Arlindo Cruz)
654 – Sob Medida (Arlindo Cruz / Sombrinha)
655 – Sol de Primavera (Arlindo Cruz / Acyr Marques)
656 – Solidão (Arlindo Cruz / Franco)
657 – Solidão Acompanhada (Arlindo Cruz / Marquinho PQD)
658 – Solidão não É Estar Só (Arlindo Cruz / Franco)
659 – Solidão tem Cura (Arlindo Cruz / Sombrinha / Franco)
660 – Somente Sombras (Zeca Pagodinho / Arlindo Cruz)
661 – Sonhando eu sou Feliz (Arlindo Cruz / Marquinho PQD / Franco)
662 – SPC (Zeca Pagodinho / Arlindo Cruz)
663 – Sua Frota Naufragou (Arlindo Cruz / Sombrinha / Sombra)
664 – Suingue de Samba (Arlindo Cruz / Rogê)
665 – Sujeito Enjoado (Arlindo Cruz / Xande de Pilares / Maurição)
666 – Supremo e Divinal (Arlindo Cruz / Almir Guineto / Fred Camacho)
667 – Tá Frio Lá Fora (Arlindo Cruz / Maurição)
668 – Tá Mais do que na Hora (Arlindo Cruz / Maurição)
669 – Tá na Hora de Ir (Arlindo Cruz / Sombrinha / Acyr Marques)
670 – Tá Perdoado (Arlindo Cruz / Franco)
671 – Tá Ruim pra Cachorro (Arlindo Cruz / Franco)
672 – Tamu Junto (Arlindo Cruz / Rogê)
673 – Tanta Promessa (Arlindo Cruz / Marquinho PQD / Franco)
674 – Tanto Amor pra Dar (Arlindo Cruz / Marquinho PQD / Délcio Luiz)
675 – Tarde de Amor (Arlindo Cruz / Jorge Davi)
676 – Tatu Bom de Bola (Arlindo Cruz / Rogê / Arlindinho)
677 – Tem que ter Molejo (Arlindo Cruz / Franco)
678 – Tem que Tocar (Arlindo Cruz / Marquinho PQD / Franco)
679 – Tempo Virou (Arlindo Cruz / Rogê)
680 – Tenho que ir meu Amor (Arlindo Cruz / Sombrinha / Acyr Marques)
681 – Tenta Sambar (Arlindo Cruz / Jorge Davi)
682 – Teor Invendável (Arlindo Cruz / Jorge Aragão / Mário Sérgio)
683 – Ter Compaixão (Zeca Pagodinho / Arlindo Cruz / Marquinho China)
684 – Termina Aqui (Zeca Pagodinho / Arlindo Cruz / Ratinho)
685 – Teu Meu Trago na Palma da Mão (Arlindo Cruz / Franco)
686 – Teu Corpo Sorriu (Arlindo Cruz / Sombra / Franco)
687 – Teu Jeito (Arlindo Cruz / Sombrinha / Acyr Marques)
688 – Teu Jeito de Sorrir (Arlindo Cruz / Babi / Jr.Dom)
689 – Teu Olhar (Arlindo Cruz)
690 – Teu Sorriso é Ouro (Arlindo Cruz / Rogê)
691 – Tião e Jorge (Arlindo Cruz / Rogê)
692 – Tira a Mão Dai (Arlindo Cruz / Babi / Jorge Davi)

693 – Tirou Onda (Arlindo Cruz / Acyr Marques / Mauricão)
694 – Tô a Bangu (Arlindo Cruz / Franco)
695 – Tô Chegando pra Ficar (Arlindo Cruz / Jorge Davi / Marquinho PQD)
696 – TôPruquidé e Vié (Arlindo Cruz / Franco)
697 – Toda Noite (Arlindo Cruz / Mauricão)
698 – Todo Mundo Admira (Arlindo Cruz / Mauricão)
699 – Trajetória (Arlindo Cruz / Serginho Meriti / Franco)
700 – Traz de Volta a Paz (Arlindo Cruz / Acyr Marques)
701 – Tudo Acabado (Arlindo Cruz / Jr.Dom)
702 – Tudo Certo ou Tudo Errado (Arlindo Cruz / Mauricão)
703 – Um Amor de Verdade (Aluisio Machado / Arlindo Cruz / Acyr Marques)
704 – Um Belo Dia (Arlindo Cruz / Acyr Marques / Sombrinha)
705 – Um Dia (Arlindo Cruz / Reinaldinho / Carica)
706 – Um Lindo Sonho (Arlindo Cruz / Mário Sérgio)
707 – Um Novo Clima (Arlindo Cruz / Sombrinha / Fred Camacho)
708 – Um Pobre Sonhador (Arlindo Cruz / Adalto Magalha)
709 – Um Sim pra quem te Gosta (Arlindo Cruz / Sombrinha)
710 – Um Toque a Mais (Arlindo Cruz / Sereno / Franco)
711 – Um Velho Deitado (Arlindo Cruz / Aluisio Machado)
712 – Um Velho Malandro de Corpo Fechado (Arlindo Cruz / Franco)
713 – Um Velho Sonho (Arlindo Cruz / Luiz Carlos da Vila)
714 – Uma Rua Chamada Brasil (Arlindo Cruz / Mauricão / Elmo Caetano / Carlos Sena)
715 – Vai Amanhecer (Arlindo Cruz / Sereno / Mauro Diniz)
716 – Vai Buscar o Penta (Arlindo Cruz / Babi)
717 – Vai Embora Tristeza (Arlindo Cruz / Gegê D'Angola / Julinho Santos)
718 – Vaidade pra Que? (Arlindo Cruz / Franco)
719 – Valeu Raoni (Arlindo Cruz / Franco)
720 – Vaqueiro Perneira e Gibão (Arlindo Cruz / Cassiano)
722 – Vê se não Demora (Arlindo Cruz / Zeca Pagodinho)
723 – Vejam Só (Arlindo Cruz / Sombrinha / Nelson Gonçalves)
724 – Velha Dor da Madrugada (Arlindo Cruz / Acyr Marques / Franco)
725 – Velho Caderno (Arlindo Cruz / Franco)
726 - Vem Cá Vem Vê (Arlindo Cruz / Mauricão / Acyr Marques)
727 – Vem pra Ser meu Refrão (Arlindo Cruz / Zeca Pagodinho)
728 – Vem Sambar (Arlindo Cruz / Mauricão / Waguinho)
729 – Vento Frio (Arlindo Cruz / Fred Camacho / Acyr Marques)
730 - Verás que um Filho Teu não Foge à Luta (Aluísio Machado / Arlindo Cruz / Beto Pernada / Índio do Império / Lula)
731 – Verdade Sim (Arlindo Cruz / Acyr Marques / Franco)
732 – Verdadeiro Cristal (Arlindo Cruz / Acyr Marques / Délcio Luis)
733 – Verdades (Arlindo Cruz / Mauricão / Acyr Marques)
734 – Vida de Cachaceiro (Arlindo Cruz / Cassiano)
735 – Vida Inteira (Arlindo Cruz / Mauro Diniz / Caio / Denis / Canisso / Marquinho Fernandes / Digão)
736 – Violenta (Arlindo Cruz / Cassiano)

737 – Virou Federal (Arlindo Cruz / Jorge Davi)
738 – Virou Religião (Arlindo Cruz / Xande de Pilares / Mauro Junior)
739 – Visita da Nobreza do Riso a Chico Rei num Palco nem Sempre Iluminado (Arlindo Cruz / Ratinho)
740 – Vizinha Faladeira (Arlindo Cruz / Acyr Marques / Luiz Carlos da Vila)
741 - Você Sembalá...Que eu Sembocá! O Canto Livre de Angola (André Diniz / Arlindo Cruz / Artur das Ferragens / Evandro Bocão / Leonel)
742 – Volta (Arlindo Cruz / Prateado)
743 – Volta de vez pra Mim (Arlindo Cruz / Délcio Luiz / Marquinho PQD)
744 – Voto de Confiança (Arlindo Cruz / Acyr Marques / Franco)
744 – Vou Embora (Arlindo Cruz / Maurição / Sombrinha)
746 – Vou Recomeçar (Arlindo Cruz / Sombrinha / Franco)
747 – Vou Viajar (Arlindo Cruz / Martinho Da Vila)
748 – Whatsappiei pra Ela (Arlindo Cruz / Maurição / Jr.Dom)
749 – Zé da Feira (Arlindo Cruz / Zeca Pagodinho)
750 – Zé do Povo (Arlindo Cruz / Marquinho PQD / Franco)
751 – Zico Rei dos Humildes (Arlindo Cruz / André Diniz / Evandro Bocão / Rogê / Marcelo Freire)

Arlindo, Maria dos Olhos Verdes e Zeca

Capítulo 28

Estatísticas

GRUPO FUNDO DE QUINTAL
De 1981 a 1992 – 10 discos
OS SOLOS NOS DISCOS DO FUNDO DE QUINTAL
OCUPA A SÉTIMA POSIÇÃO – 18 solos

DUETOS
OCUPA A TERCEIRA POSIÇÃO COM SOMBRINHA – 32 duetos

COMPOSITOR
1-Sereno – 62
2-Arlindo Cruz – 51

PARTICIPAÇÕES NOS DISCOS
OCUPA A TERCEIRA POSIÇÂO – 4

DUPLA ARLINDO CRUZ E SOMBRINHA
1996 a 2002 – 5 CDs

TOP 10 COMPOSITORES
1-   Arlindo Cruz – 44
2-   Sombrinha – 40
3-   Marquinho PQD – 16
4-   Franco – 14
5-   Maurição – 8
6-   Acyr Marques – 5
7-   Almir Guineto, Beto Sem Braço, Jorge Davi, Sombra – 3

TOP PARCERIAS
1 – Arlindo Cruz/Sombrinha/Marquinho PQD – 9
2 – Arlindo Cruz/Sombrinha/Franco – 6
3 – Sombrinha/Franco – 4
4 – Arlindo Cruz/Sombrinha, Arlindo Cruz/Franco, Arlindo Cruz/Acyr Marques/Sombrinha, Arlindo Cruz/Sombrinha/Maurição, Arlindo Cruz/Maurição/Carlos Senna – 2

CARREIRA SOLO

AS MÚSICAS MAIS GRAVADAS
Meu Lugar, SPC, Zé do Povo – 3
Ainda é Tempo Pra ser Feliz, Além do meu Querer, Amor com Certeza, A Rosa, Bagaço da Laranja, Batuqueiro, Bom Aprendiz, Castelo de Cera, Como um Caso de Amor, Dora, Flor que não se Cheira, Mãe, Meu Cumpadre, Meu Nome é Favela, Meu Poeta, Não Dá, Nos Braços da Batucada, O Bem, O Brasil é Isso Aí, O Que é o Amor, O Show Tem que Continuar, Pelo Litoral, Quando Falo de Amor, Quem Gosta de Mim, Saudade Louca, Será que é Amor, Tô a Bangu, Você é o Espinho e não a Flor – 2.

COMPOSITORES QUE MAIS GRAVARAM
TOP 10
1 – Arlindo Cruz – 112
2 – Acyr Marques e Franco – 17
4 – Zeca Pagodinho, Jr Dom – 12
6 – Rogê, Maurição – 11
8 – Sombrinha - 10
9 - Fred Camacho e Marquinho PQD – 9

PARCERIAS QUE MAIS GRAVARAM
TOP 5
1 - Arlindo Cruz/Rogê - 7
2 - Arlindo Cruz/Franco, Arlindo Cruz/Zeca Pagodinho – 6
4 – Arlindo Cruz/Marquinho PQD/Franco – 5
5 – Arlindo Cruz/Babi/Jr Dom – 4

PARTICIPAÇÕES ESPECIAIS (CDs E DVDs)
1 – Zeca Pagodinho – 7
2 – Marcelo D2 – 5
3 – Arlindinho, Maria Rita – 3
4 – Beth Carvalho, Seu Jorge, Velha-Guarda do Império Serrano, Xande de Pilares – 2
9 – Alcione, Bebeto, Caetano Veloso, Cláudio Camunguelo, Dona Ivone Lara, Dudu Nobre, Ed Motta, Hamílton de Hollanda, Jongo da Serrinha, Jorge Aragão, Luis Melodia, Mauro Diniz, Mr. Catra, Pedro Scooby, Péricles, Rixxa, Rogê, Sereno, Sombrinha, Velha-Guarda da Portela, Wilson das Neves - 1

REINALDO FOI QUEM MAIS GRAVOU – 38 MÚSICAS
1- Gostar como eu Queria (Arlindo Cruz/Sombrinha)
2- Teu Jeito (Arlindo Cruz/Sombrinha/Acyr Marques)
3- Que Pecado (Arlindo Cruz/Zeca Pagodinho/Acyr Marques)
4- Vem Pra Ser Meu Refrão (Arlindo Cruz/Zeca Pagodinho)
5- Pra ser Minha Musa (Arlindo Cruz/Chiquinho Vírgula/Marquinho PQD)
6 – Lotação (Arlindo Cruz/Bandeira Brasil)
7 – Ela não Entendeu (Arlindo Cruz/Acyr Marques)
8 – Onde Está (Sombrinha/Arlindo Cruz)
9 – Banco do Amor (Arlindo Cruz/Aluísio Machado/Chiquinho Vírgula)
10 – Minha Gueixa (Arlindo Cruz/Bandeira Brasil/Franco)
11 – Mar de Carinho (Arlindo Cruz/Aluísio Machado)
12 – Samba meu Brasil (Arlindo Cruz/Acyr Marques/Jorge Davi)
13 – Moleque Sonhador (Arlindo Cruz/Acyr Marques/Jorge Davi)
14 – Traz de Volta a Paz (Arlindo Cruz/Acyr Marques)
15 – Abusado é Quem não Olhar (Arlindo Cruz/Jorge Davi)
16 – Meu Negócio é Pagodear (Arlindo Cruz/Acyr Marques/Sapato)
17 – Fogueira de uma Paixão (Luis Carlos da Vila/.Arlindo Cruz/Acyr Marques)
18 – Casal sem Vergonha (Arlindo Cruz/Acyr Marques)
19 – SPC (Arlindo Cruz/Zeca Pagodinho)
20 - Sem Endereço (Arlindo Cruz/Luis Carlos da Vila)
21 – Já Mandei Botar Dendê (Zeca Pagodinho/Arlindo Cruz/Maurição)
22 – Volta de Vez pra Mim (Arlindo Cruz/Marquinho PQD/Délcio Luiz)
23 – Não fique Assim (Arlindo Cruz/Almir Guineto/Carlos Sena)
24 – Quando te vi Chorando (Zeca Pagodinho/Arlindo Cruz)
25 – Pura Semente (Arlindo Cruz/Acyr Marques)
26 – Virou Federal (Arlindo Cruz/Jorge Davi)
27 – Agora Viu que Perdeu e Chora (Arlindo Cruz/Jorge Davi/Franco)
28 – De Donga à Marte (Arlindo Cruz/Careca Jr/Franco)
29 – Pai e Filha (Arlindo Cruz/Rogê)
30 – Eu Voltei (Arlindo Cruz/Maurição)

31 – Nada mais Importa (Arlindo Cruz/Marquinho PQD/Chiquinho Vírgula)
32 – Nunca Pagou Aluguel (Arlindo Cruz/Jorge Davi/Maurição)
33 – Bamba da Antiga (Arlindo Cruz/Babi)
34 – Até de Manhã (Arlindo Cruz/Maurição)
35 – Me dê um Tempo (Arlindo Cruz/Jr Dom)
36 – Ninguém Merece (Arlindo Cruz/Jorge Davi)
37 – Melhor para Dois (Arlindo Cruz)
38 – Não faz Assim (Arlindo Cruz/Luis Carlos da Vila/Franco)

Sambas Enredo – 20

Império Serrano -12

1989 – Grupo 1 – 10 lugar
Jorge Amado Axé Brasil (Arlindo Cruz/Aluísio Machado/Beto Sem Braço/Bicalho)

1993 – Série A – Vice-Campeão
Império Serrano Um Ato de Amor
(Aluísio Machado/Arlindo Cruz/Bicalho/Acyr Marques)

1996 – Grupo Especial – 6 Lugar
Verás que um Filho Teu não Foge à Luta
(Aluísio Machado/Arlindo Cruz/Beto Pernada/Índio do Império/Lula)

1997 – Grupo Especial – 15 Lugar – Rebaixada
O Mundo dos Sonhos de Beto Carrero
(Arlindo Cruz/Carlos Sena/Índio do Império/Maurição)

1999 – Grupo Especial - 13 Lugar – Rebaixada
Uma Rua Chamada Brasil
(Arlindo Cruz/Maurição/Elmo Caetano/Carlos Sena)

2001 – Grupo Especial – 11 Lugar
O Rio Corre pro Mar
(Arlindo Cruz/Maurição/Elmo Caetano/Carlos Sena)

2003 – Grupo Especial – 12 lugar

E Onde Houver Trevas que se Faça a Luz
(Aluisio Machado/Arlindo Cruz/Maurição/Elmo Caetano/Carlos Sena)

2006 – Grupo Especial – 8 Lugar

O Império do Divino
(Aluisio Machado/Arlindo Cruz/Maurição/Elmo Caetano/Carlos Sena)

2007 – Grupo Especial – 12 Lugar - Rebaixada

Ser Diferente é Normal, o Império Serrano faz a Diferença no Carnaval
(Aluisio Machado/Arlindo Cruz/Carlos Sena/Maurição/João Bosco)

2012 – Série A – Vice-Campeã

Dona Ivone Lara, o Enredo do Meu Samba
(Arlindo Cruz/Arlindinho/Tico do Império)

2015 – Série A – 3 Lugar

Poema aos Peregrinos da Fé
(Arlindo Cruz/Carlos Sena/Lucas Donato/Andinho Samara/Alex Ribeiro/Beto BR/Chico Matos/Rogê/Wagner Rogério/Zé Glória)

2016 – Série A – 4 Lugar

Silas canta Serrinha
(Aluisio Machado/Arlindo Cruz/Arlindinho/Lucas Donato/Andinho Samara/Zé Glória)

UNIDOS DE VILA ISABEL - 4

2012 – Grupo Especial – 3 Lugar

Você Semba lá...Que eu Sembo cá! O Canto Livre de Angola
(André Diniz/Arlindo Cruz/Artur das Ferragens/Evandro Bocão/Leonel)

2013 – Grupo Especial – Campeã

A Vila Canta o Brasil, Celeiro do Mundo – Água no Feijão que Chegou Mais Um
(André Diniz/Arlindo Cruz/Leonel/Martinho da Vila/Tunico da Vila)

2014 – Grupo Especial – 10 Lugar
Retratos de um Brasil Plural
(Arlindo Cruz/Evandro Bocão/André Diniz/Professor Wladimir/Artur das Ferragens/Leonel)

2016 – Grupo Especial – 8 Lugar
Memórias do Pai Arraiá, Um Sonho Pernambucano, um Legado Brasileiro
(Martinho da Vila/André Diniz/Mart'nália/Arlindo Cruz/Leonel)

ACADÊMICOS DO GRANDE RIO - 2

2008 – Grupo Especial – 3 Lugar
Do Verde de Coari, vem meu Gás, Sapucaí!
(Mingau/Emerson Dias/Edu da Penha/Maurição/Arlindo Cruz)

2010 – Grupo Especial – Vice Campeã
Das Arquibancadas ao Camarote Número 1, um grande rio de Emoção, na Apoteose do seu Coração
(Barbeirinho/Mingau/G.Marins/Arlindo Cruz/Emerson Dias/Levi Dutra/Carlos Sena/Chico da Vila/Da Lua/Isaac/Rafael Ribeiro/Juarez Pantoja)

SÃO CLEMENTE

2015 – Grupo Especial – 8 lugar
A Incrível História do Homem que só Tinha Medo da Matinta Perera, da Tocandira e da Onça Pé de Boi
(André Diniz/Arlindo Cruz/Diego Estrela/Evandro Bocão/Hugo Bruno/Leonel/Leozinho Nunes/Ronnie Costa/Victor Alves/Wiverson Machado)

UNIDOS DA VILA KENNEDY

2017 – Série C – 10 lugar
A Vila Kennedy canta IluAyê ao Brasil da Liberdade
(André Baiacu/Arlindo Cruz/Doutora Daniele/Índia Guerreira/Beto Peçanha/Igor Vianna/Gugu/Zé Glória/Pixulé/Thiago Meiners/Victor Alves)

NOVELAS

COMPOSITOR - 13

1 – Roque Santeiro (1985/1986), de Dias Gomes e Aguinaldo Silva – TV Globo
Música - Malandro Sou Eu (Arlindo Cruz/Sombrinha/Franco)
Intérprete – Beth Carvalho
Personagem - Luis Roque Duarte, o Roque Santeiro (José Wilker)

2 – Pecado Capital (1998/1999) (2 versão), de Janete Clair, adaptação de Glória Perez – TV Globo
Música – Quando Parei no Sinal (Arlindo Cruz/Franco)
Intérprete – João Nogueira
Tema de locação

3 – Gente Fina (1990), de Luis Carlos Fusco e Walter George Durst – TV Globo
Música – Sonhando eu Sou Feliz (Arlindo Cruz/Marquinho PQD/Franco)
Intérprete – Beth Carvalho
Personagem – Guilherme de Azevedo Paiva (Hugo Carvana) e tema de abertura

4 – Torre de Babel (1998/1999), de Sílvio de Abreu – TV Globo
Música – Só no Sapatinho (Arlindo Cruz/Marquinho PQD/Jorge Davi)
Intérprete – Grupo Só no Sapatinho
Personagem – Sandrinha (Adriana Esteves)

5 – O Clone (2001/2002), de Glória Perez – TV Globo
Música – Alto Lá (Zeca Pagodinho/Arlindo Cruz/Sombrinha)
Intérprete – Zeca Pagodinho
Personagem – Deusa e Edvaldo (Adriana Lessa e Roberto Bonfim)

6 – O Clone (2001/2002), de Glória Perez – TV Globo
Música – Hoje tem Samba (Arlindo Cruz/Sombrinha)
Intérprete – Arlindo Cruz e Sombrinha
Personagem – Bar da Dona Jura (Solange Couto)

7 – A Lua me Disse (2005), de Miguel Falabella e Maria Carmem Barbosa – TV Globo
Música – Ninguém Merece (Arlindo Cruz/Jorge Davi/Acyr Marques)
Intérprete – Zeca Pagodinho
Personagem – Marisinha e Agenor (Bete Coelho e Mário Gomes)

8 – Duas Caras (2007/2008), de Aguinaldo Silva – TV Globo
Música – Tã Perdoado (Arlindo Cruz/Franco)
Intérprete – Maria Rita

Personagem – Maria Eva Monteiro Duarte (Letícia Spiller)

9 – Escrito nas Estrelas (2010), de Elizabeth Jhin
Música – Para de Paradinha (Arlindo Cruz/Marcelinho Moreira/Fred Camacho)
Intérprete – Arlindo Cruz
Personagem – Jair Pereira (André Gonçalves)

10 – Insensato Coração (2011), Gilberto Braga e Ricardo Linhares
Música – Não Dá (Arlindo Cruz/Wilson das Neves)
Intérprete – Arlindo Cruz
Personagem – Natalie Lamour e Wagner Peixoto (Deborah Secco e Eduardo Galvão)

11 – Fina Estampa (2011/2012), de Aguinaldo Silva
Música - Griselda (Zeca Pagodinho, Arlindo Cruz/Sombrinha)
Intérpretes – Zeca Pagodinho, Arlindo Cruz e Sombrinha
Personagem – Griselda, a Pereirão (Lília Cabral)

12 – Cheias de Charme (2012), de Filipe Miguez e Isabel de Oliveira
Música – Se Vira (Arlindo Cruz/Marquinho PQD)
Intérprete – Beth Carvalho
Personagem – Sandro Barbosa (Marcos Palmeira)

13 – Avenida Brasil (2012), de João Emanuel Carneiro
Música – Meu Lugar (Arlindo Cruz/Mauro Diniz)
Intérprete – Arlindo Cruz
Tema do Bairro do Divino e de seus moradores

INTÉRPRETE - 7

1 – Cambalacho (1986), de Sílvio de Abreu – TV Globo
Música – Deus nos Acuda (César Brunetti/Zé Rodrix)
Intérprete – Fundo de Quintal
Personagem – Vanderley Pereira e Cecília Pereira (Roberto Bonfim e Rosamaria Murtinho)

2 – O Clone (2001/2002), de Glória Perez – TV Globo
Música – Hoje tem Samba (Arlindo Cruz/Sombrinha)
Intérprete – Arlindo Cruz e Sombrinha
Personagem – Bar da Dona Jura (Solange Couto)

3 – Escrito nas Estrelas (2010), de Elizabeth Jhin
Música – Para de Paradinha (Arlindo Cruz/Marcelinho Moreira/Fred Camacho)
Intérprete – Arlindo Cruz
Personagem – Jair Pereira (André Gonçalves)

4 – Insensato Coração (2011), Gilberto Braga e Ricardo Linhares
Música – Não Dá (Arlindo Cruz/Wilson das Neves)
Intérprete – Arlindo Cruz
Personagem – Natalie Lamour e Wagner Peixoto (Deborah Secco e Eduardo Galvão)

5 – Fina Estampa (2011/2012), de Aguinaldo Silva
Música - Griselda (Zeca Pagodinho, Arlindo Cruz/Sombrinha)
Intérpretes – Zeca Pagodinho, Arlindo Cruz e Sombrinha
Personagem – Griselda, a Pereirão (Lília Cabral)

6 – Aquele Beijo (2011/2012), de Miguel Falabella
Música – Meu Nome é Favela (Rafael Delgado)
Intérprete – Arlindo Cruz
Tema do Covil do Bragre

7 – Avenida Brasil (2012), de João Emanuel Carneiro
Música – Meu Lugar (Arlindo Cruz/Mauro Diniz)
Intérprete – Arlindo Cruz
Tema do Bairro do Divino e de seus moradores

MÚSICAS GRAVADAS POR ARLINDO CRUZ

TOP 10 DOS PARCEIROS

1 – Franco – 128
2 – Acyr Marques – 120
3 – Sombrinha – 104
4 – Marquinho PQD – 70
5 – Maurição – 66
6 – Jorge Davi – 60
7 – Rogê – 59
8 – Zeca Pagodinho – 44
9 – Jr Dom – 30
10 – Aluisio Machado – 26

TOP 10 DUPLAS

1 – Arlindo Cruz / Franco – 59
2 – Arlindo Cruz / Rogê – 34
3 – Arlindo Cruz / Acyr Marques – 28
4 – Arlindo Cruz / Zeca Pagodinho – 21
5 – Arlindo Cruz / Sombrinha – 18
6 – Arlindo Cruz / Jorge Davi – 17
7 – Arlindo Cruz / Maurição – 13
8 – Arlindo Cruz / Jr Dom – 9
9 – Arlindo Cruz / Marquinho PQD, Arlindo Cruz / Cassiano – 8

TOP 10 TRIOS

1 – Arlindo Cruz/Marquinho PQD/Franco – 17
2 – Arlindo Cruz/Acyr Marques/Jorge Davi, Arlindo Cruz/Sombrinha/Marquinho PQD – 15
4 – Arlindo Cruz/Acyr Marques/Franco – 14
5 – Arlindo Cruz/Acyr Marques/Sombrinha – 13
6 – Arlindo Cruz/Sombrinha/Franco, Arlindo Cruz/Maurição/Jorge Davi – 11
8 – Arlindo Cruz/Sombra/Sombrinha – 9
9 – Arlindo Cruz/Acyr Marques/Maurição, Arlindo Cruz/Rogê/Marcelinho Moreira – 8

Cantando Fogueira de uma Paixão no disco de Leci Brandão, em 1987, no estúdio Transamérica

Capítulo 29

A saideira

Arlindo – Ih rapaz, acho que sou o padrinho oficial do pagode.

A declaração de Arlindo Cruz para o Jô Soares já diz como será esta saideira. Uma prática antiga entre os amigos que estão bebendo uma gelada é uma constante nos finais dos pagodes e em tantos butecos, festas e outros encontros de que Arlindo Cruz sempre gostou.

Aqui vamos imaginar a seguinte cena: Vários afilhados, afilhadas, compadres e comadres de Arlindo jogando uma conversa fora. E até mesmo alguns que não são afilhados oficiais, mas que Arlindo se apossou do posto de padrinho. São os agregados. Uns falam mais, outros falam menos. Todos lembram suas histórias com o dindo, o tio, o pai.

Reza a lenda que ele tem mais afilhados que as mangueirenses Beth Carvalho e Dona Neuma juntas. E a parada é tão séria que ele olhava pra mulher e dizia "você está grávida". E, na maioria das vezes, acertava em cheio.

A partir da confirmação, o pretenso futuro padrinho começava uma pressão psicológica em cima dos pais e ainda envolvia Babi no meio da encrenca. A partir daí, Arlindo se oferecia, corrompia, ameaçava terminar amizade e, caso não conseguisse batizar ia de consagração mesmo. O importante era ser padrinho. "Teve uma época que dividíamos os presentes, uma leva no Dia das Crianças e outra leva no Natal, com uma lista de quase cinquenta afilhados de batismo e de casamento", conta Babi. Às vezes o padrinho atrasava, como foi no casamento do Ademir Batera com a Débora, no Alto da Boa Vista. "O casamento era onze da manhã e chegamos na hora da chuva de arroz".

Então, a hora é essa. Com a certeza de que ainda faltam muitos afilhados nessa saideira, a promessa é de que nas próximas edições quem não entrou, vai entrar. Com vocês, começando pelas damas, os afilhados de Arlindo Cruz, o Padrinho do Pagode. E também os não oficiais, mas que também passaram a ser afilhados.

GISELE CRUZ, A PRIMEIRA

"Desde que minha mãe engravidou meus padrinhos seriam meus tios Arly e Arlindo, que tinha uns dezessete anos. Eu que abri a porteira e ele ficou viciado depois de mim. Um padrinho maravilhoso, minha infância foi toda em volta dele, que era como se fosse um irmão mais velho.

A cobrança sempre foi pro estudo, sempre quis muito que a gente estudasse. Sempre foi a sua prioridade, porque sempre foi ótimo aluno. Ele se preocupava com namoro, queria saber quem era, mas cobrava muito mais em estudar. Dizia que eu tinha de ser independente, que eu tinha de vencer. Eu não encarava como cobrança, mas como incentivo.

Eu sempre tive muita dificuldade com matemática e com certeza estou entre os primeiros alunos das famosas aulas de matemática com meu padrinho. Só que ele perdia a paciência com muita facilidade. Enquanto não aprendia aquilo que estava ensinando ele não saía daquela tecla. A culpa nunca era dele, mas do aluno. E veja que ser persistente já era uma característica do meu padrinho. Com tudo que passou e passa ele continua aqui, firme.

Ele sempre quis o crescimento da nossa família e sempre falava não pare, não desista. Como não nasci com os dons musicais da família, tinha que estudar. Me formei em enfermeira em 1993 e com a ajuda financeira dele por um bom tempo. Em 2018 me formei em professora de história e de educação infantil. Uma pena que ele não pôde ver a conclusão do curso.

Olho pro meu padrinho e infelizmente vejo um gênio aprisionado. E como todo gênio, é eterno, é imortal. Meu padrinho é um ser humano de luz. Um amor de uma vida inteira de dividirmos muitas coisas boas e ruins, como a fase do meu avô preso, momentos muito difíceis pra nossa família. Ele foi a pessoa que veio trazer a recompensa de todo aquele sofrimento. É o meu maior exemplo de um ser humano".

ANNA CAROLINA

"Meu padrinho é Maravilhoso (assim mesmo com M bem grandão). Lembro dele muito presente. Quando implicavam comigo na escola eu falava vou chamar meu padrinho pra sentar em cima de você, porque pra mim ele era enorme, muito alto e gordo.

Anninha – Padrinho, chamo todo mundo pra dizer que você vai sentar em cima.

Arlindo – Pode falar, minha afilhada, pode falar.

Ele foi até em reunião de responsável na escola. Quando eu esquecia o lanche ligava pra casa dele e perguntava se podia comprar um lanche e se ele dava o dinheiro depois. E ele dizia que podia. Minha mãe dura, meu pai (Sombrinha) dizia que já tinha dado... até hoje tenho o telefone da casa antiga dele. Ligava direto, tudo era meu padrinho. Com ele não tinha não. No meu aniversário me deu uma caixa vazia e a chave do carro pra eu ir buscar meu presente. Era meu primeiro celular. Tinha vezes que me ligava com aquela vozinha.

Arlindo – Adivinha quem tá falando? É o seu amigo, aquele que você tá namorando.

Anninha – É o meu padrinho.

Arlindo – Não, não é o seu padrinho. É teu amigo João da escola.

Com onze anos ele me ajudou a passar de ano com as aulas de matemática. Comprou um caderno, fez exercícios, me ensinou raiz quadrada, equação e era completamente paciente. Explicava mil vezes.

Quando engravidei do meu primeiro filho ele falou que o padrinho era ele. Eu falei duvido. Quer ser padrinho de todo mundo, que loucura é essa? Queria disputar com Arlindinho pra ser padrinho. Mas o Arlindinho que foi o padrinho do Thiago.

Como tinha muito compromisso e muitos afilhados, fazia o que podia para estar em todas as festas. Quando não conseguia ir, mandava telegrama. E às vezes ia pra festa e também mandava telegrama. Quando minha mãe ficou doente ele me deu um perfume e encontrei um bilhete dele que dizia 'pra você que muitas vezes se portou como uma verdadeira mãe'. Eu tinha uns dezessete anos.

Meu padrinho era demais, ô homi fofoqueiro. Queria saber de tudo que tava acontecendo, se metia em tudo. Ele não queria que eu me envolvesse com nenhum músico, mas fui contar que tava namorando o Thiago.

Arlindo – Você sabia que o Thiago bebe? Tá aqui doidão no churrasco que eu fiz pra banda.

Liguei pro Thiago e perguntei se ele tava bebendo.

Thiago – Mas que gordo fofoqueiro.

Arlindo – Eu não falei nada, não falei nada.

Em tudo ele escrevia uma dedicatória. Na época do teletrim, do nada às oito da manhã chegava um 'te amo, seu padrinho Arlindo'. Sempre foi muito carinhoso, muito preocupado. Eu via a correria dele, mas sempre tinha um espacinho pra gente, pros filhos. Muito engraçado, sempre vinha com uma história com piada e fazia questão de estarmos sempre juntos. Ele não conseguiu chegar ao nosso casamento, tava gravando. A festa terminou às três da manhã. Ele chegou às quatro, mas foi. Estávamos eu, Thiago, meu pai e tio Pirulito.

A falta que ele faz é de poder contar com ele, de ligar, de ter alguém pra se preocupar, pra estar do lado. Os sambas deles fazem falta, tudo faz falta, tudo, na parceria com meu pai, comigo.

Quando minha mãe morreu, em 2021, peguei o telefone pra ligar e a primeira pessoa que pensei, como sempre fazia era pro meu padrinho. Pra ele me ajudar. Mas ele já tava doente. Uma vez, quando ela estava internada ele foi visitar, ficou segurando a mão dela. Mas ela passou mal e vomitou ele todo. Meu padrinho ia pro show.

Arlindo – Calma, calma, não tem problema.

Ele era assim, Maravilhoso".

DAYANNE MACEDO

"Pelo que eu sei a nossa história é diferente, pois foi justamente pela parceria que ele tinha com meu pai, o Jorge Davi. Os dois jogavam baralho, compunham juntos e meu pai escolheu o Arlindo pra ser meu padrinho.

Foi uma grande felicidade. Quando meus pais se separaram eu estava bem novinha e lembro muito dos finais de semana e das férias que passava na casa do meu padrinho. Ele pegava o violão, puxava várias músicas e a gente cantava, como Velha Infância (Marisa Monte/Davi Moraes/Carlinhos Brown/Arnaldo Antunes/Pedro Baby), dos Tribalistas, e músicas dele também.

Ele queria muito que eu estudasse e que fosse uma mulher independente. Acho que ele teria muito orgulho da mulher que me tornei, com família, casada. A maior falta que ele me faz é no convívio.

Com toda certeza meu padrinho é o melhor compositor de sambas. Muitas de suas músicas marcaram minha vida por hoje não ter meu pai. E todas as composições dele são com meu padrinho. Tenho muita saudade da voz dele. Sinto demais. Ouço muito suas músicas e coloco meus filhos de seis e de três anos pra escutarem, porque não conviveram com ele. Tenho meu padrinho como um pai que ele foi pra mim, quando perdi o meu".

NATÁLIA LATTARI

"Meu padrinho é tudo pra mim. Maravilhoso. E falo do Arlindo sem ser o artista famoso. Sinto muitas saudades, tenho vontade de pedir sua bênção. Sempre muito carinhoso, atencioso, um padrinho Phoda com ph, que fazia questão de saber da minha vida. E perguntava tudo, se eu beijei, se eu dei, pra onde fui, com quem fui, se estudei... perguntava se eu tinha feito besteira, se tinha perdido minha virgindade...era o máximo.

Quando ele veio do Japão trouxe um macaquinho que ficava num paraquedas amarelo e vermelho, que fazia um som engraçado quando apertava a barriguinha dele.

Meu padrinho gostava do pavê da minha mãe, a Santinha, e nos shows me gritava no microfone. Era só me ver. Meu pai, o Franco, falava que ele era muito ciumento e não deixava ninguém falar mal de mim.

Arlindo – Quem pode falar mal sou eu.

Quando estava pra fazer 15 anos fui com meu pai numa entrevista na Rádio Globo. Ele entrou ao vivo e disse que não ia poder aparecer na festa porque tinha show. Eu disse que ele não precisava mais falar comigo. Mas ele conseguiu ir, dançou a valsa comigo e demos nosso primeiro selinho.

Fui visitá-lo na clínica, fiz massagem no pé dele e, quando deu seis da tarde em ponto, eu, minha dinda Babi (minha madrinha era a Magali, que faleceu, e passei a chamar a Babi de dinda) e a Flora, fizemos orações. Foram orações do candomblé e da Cigana do Oriente. Comecei a mentalizar umas cores, que aprendi com a minha cigana. Umas cores que iam entrando da cabeça aos pés dele. Nós três bem fervorosas orando, emanando energias boas para ele, que estava como se estivesse dormindo. Num momento ele sentiu as nossas energias e fez um som, uma espécie de Rá! Tomamos um susto. Foi surreal. O corpo dele respondeu, como se dissesse 'estou aqui'. Foi quando a enfermeira entrou e fomos convidadas a nos retirar do quarto.

Meu padrinho é o amor da minha vida. Morreu meu pai ficou meu padrinho. Sinto falta da voz dele conversando comigo. Mas Deus sabe de todas as coisas".

O COMPADRE XUXU

"Eu era solteiro e ele vivia repetindo que eu tinha de casar, porque é uma vida boa. Casei e ele avisou.

Arlindo – O seu primeiro filho vai ser meu afilhado, nem adianta dizer não.

Mas eu já tinha prometido pra um amigo meu de infância, o Marinaldo. E Arlindo enfezou a cara, porque é muito ciumento. Um dia Babi ligou pra minha mulher e disse que tinha sonhado com uma criança rondando nossa casa. O Arlindo pegou o telefone e disse:

Arlindo – Esse agora não tem jeito. Sou eu que vou batizar.

E veio batizar o Luis Henrique".

LUANNY VICTORIA

"Quando ele começou a namorar a Babi, minha mãe já estava grávida. Meus pais escolheram a Babi pra ser a madrinha e o padrinho seria o Bola (Reinaldo de Carvalho), o Rei Momo (Bola era amigo da mãe de Luanny, Carla Pedretti, que era a Rainha do Carnaval). Mas o Arlindo falou que se ele não fosse o padrinho não permitiria que a Babi fosse madrinha. E que ia parar de falar com todo mundo. Fez um barraco e disse que, se não fosse ele, não seria ninguém.

Me batizou contra a vontade dos meus pais que não queriam que ele fosse. Mas foi. E o Bola teve que entender, porque foi quase que uma ordem dele. Minha mãe ficou muito sem graça e foi explicar pra ele.

Minha mãe fala que foi a melhor escolha que ele fez, porque foi um padrinho muito presente na minha vida. Da escola até o primeiro namoradinho. Sempre foi muito assíduo e rígido. E cobrava muito em passar de ano e na faculdade.

Éramos vizinhos no mesmo condomínio, uma casa do lado da outra. Assim que comecei a andar, um dia fugi e fui pra casa dele. Ligou pra minha mãe e perguntou por mim. Ela começou a me procurar pela casa inteira. Aí ele disse que eu estava lá com ele. Eu gostava de ver Sessão da Tarde com ele. Meu padrinho sempre foi muito tudo pra mim.

Antes da minha festa de 15 anos, meu pai sofreu um AVC e ficamos muito caídos de dinheiro. Eu não teria festa. Mas num domingo fomos almoçar na casa do meu padrinho, que perguntou pra minha mãe quando seria a festa para ele se programar. Ela explicou que não ia ter festa.

Arlindo – Não vai ter festa? Você ficou louca? Porque não falou antes? Ô mãe, traz meu cheque!

Ele fez o cheque e colocou a gente pra resolver tudo em três dias. E foi um festão. Teve um DJ famoso da época, bateria da Mocidade Independente, e o Arlindinho foi meu príncipe.

Meu primeiro namorado foi um músico da banda dele, o Bigode. Ele ficava zoando e para namorar ou ir aos shows dele eu tinha que mostrar o boletim com boas notas.

Depois que meu pai faleceu, ele foi tudo pra mim. Assumiu muito essa falta. Dizia você não está sozinha. Me deu amor de pai. Sinto muita falta dessa amizade, desse companheirismo. Era muito meu amigo. Sempre contava tudo pra ele, sem medo do que ele fosse pensar ou brigar".

PAULA MARIA, A COMADRE

"A Babi dizia que o Arlindo parecia meu ginecologista. Eu estava fazendo tratamento para engravidar. Ele olhou pra mim...

Arlindo – Você está grávida de uma menina. E eu vou ser o padrinho.

E ele acertou. Eu estava grávida de uma menina, mas ela já tinha um padrinho. No dia do batizado da Maria Luiza ele veio, tentou de todas as formas, mas não rolou. Depois do batizado fiz um cozido e ele veio. Olhava pro padrinho, meu primo André, que ele nem conhecia...

Arlindo – Eu, heín! Não sei por que deu pra você batizar. O padrinho dela tinha que ser eu.

Passa o tempo e, antes de um show na quadra do Império, ele me diz

Arlindo - Você tá grávida, vai ser menina de novo e se eu não for padrinho dessa, você nunca mais olha na minha cara. Acabou a amizade.

Aí não teve jeito. Eu não sabia nas duas vezes e ele adivinhou tudo. E batizou a Izabella. Escolheu até a igreja. Disse que tinha de ser na Paróquia de São Brás, o protetor da voz, em Madureira. Mas foi maravilhoso, porque é um padrinho muito carinhoso. Com criança ele é surreal".

IZABELLA CARVALHO, A AFILHADA

"Minhas lembranças não são muitas. Eu era muito pequena quando ele teve o AVC. Mas lembro que sempre ia pra casa do meu dindo quando minha mãe ia lá pra trabalhar. É uma pessoa muito especial na minha vida porque ele sempre brincou muito comigo. Parecia criança igual a mim.

Ele ficava sempre me zoando. Teve uma época que ele ficou muito amigo da Anita e falava que minha madrinha ia ser ela. E a gente ficava brincando feito criança.

Arlindo – Vou trocar sua dinda pela Anita. Ela que vai ser sua dinda.

Izabella – Não! Minha dinda é a dinda Babi.

Uma vez ele ligou pra minha mãe, disse que a Maria Helena, que é muito minha amiga, estava lá para passar as férias. E que ele vinha me buscar aqui em casa, em Madureira. Fiquei muito ansiosa pra ele chegar. Chegou de noite e passamos no MC Donald. Ele pediu um monte de Mac Lanche Feliz.

Sinto falta da presença dele em si. Sinto saudade de ouvir a voz dele me zoando, conversar com ele, das brincadeiras. Eu gostava dele cantando, quem não gosta, né? Eu não canto não, mas só escuto ele. Não tem como não ser fã.

Ele e o Arlindinho falavam pra eu estudar, que alguém da família tem que estudar. Ele adorava ficar contando as histórias dele, mas inventava um pouquinho também. Ele aumentava pra ficar mais emocionante".

RENATO NUNES

"Soube que ele queria me batizar, mas meu pai tinha escolhido outro para ser meu padrinho. Como a esposa dele não estava muito afim, meu pai cancelou tudo.

Arlindo – Agora o padrinho sou eu.

Quando veio do Japão, com o Fundo de Quintal, ele trouxe um boneco que se mexia, falava e acendia as luzes. Pra época, 1988, era algo surpreendente. Eu pequeno, fui brincar com ele na piscina e afoguei o boneco. Ele viu. Meu pai (Marquinho PQD) também viu e veio logo brigando.

Arlindo – Deixa compadre, é isso mesmo, deixa o menino.

Meu primeiro celular foi ele que me deu. Uma criança de dez anos fala tudo, né?

Arlindo – O que você quer meu afilhado?

Renato – Quero um celular de cartão.

Estava sempre presente nos meus aniversários. Quando abri minha empresa de informática, o meu primeiro cliente grande foi a Lado A Lado B Produções, dele e da Babi. O que me ajudou muito no nascimento da minha filha. Uma vez a produtora estava em obras e, por um tempo, passou a funcionar na casa dele. Todos os funcionários foram almoçar na cozinha e fui junto, porque também era um funcionário.

Arlindo – Não, meu afilhado. Vem comer com a gente.

Eu não esperava isso. Ele deixou o trabalho de lado e eu, todo sem jeito, fui comer com a família.

Por várias vezes vi os dois compondo vários sucessos. A primeira de Só no Sapatinho, foi feita na casa do meu padrinho.

Sinto falta da presença dele. Quando ouço as músicas, lembro de quando ele estava sadio, dos programas ao vivo nas rádios."

GILBERTO BARONI DA CRUZ

"Eu ia ser afilhado de um casal de primos da minha mãe, mas por um acaso do destino perto do dia do batizado eles reagiram a um assalto e faleceram. Meu tio tomou a frente, porque queria ser o padrinho..

Arlindo – Acyr, eu tenho que ser o padrinho do único filho homem do meu irmão.

Meu tio demorou uns dois anos para arrumar tempo e bater com os horários da igreja pra me batizar. E fui batizado com 4 anos de idade.

Ele sempre incentivou meus estudos em duas áreas que são extremamente opostas. O estudo de exatas, matemática, física, e a área artística, pois gostava de ver a gente escrevendo, tocando. Adorava me ver aprendendo a tocar. Aprendi um pouco de violão, muito por influência dele. Meu pai preferia que eu estudasse, ficasse fora da música.

Sou formado em engenharia e fiz especialização em matemática, por incentivo dele.

Arlindo – Nem todo mundo vai conseguir ter a sorte que eu tive de viver da música e quero ver vocês brilhando no ramo que vocês escolherem.

Trabalhei seis anos como engenheiro, depois migrei pra educação. Tive grande incentivo dele por conta de jogos que tem a base como matemática, os jogos de cartas, de xadrez, de damas. Tudo ele me ensinava e fui tomando gosto da lógica em si.

Ele gostava muito de jogar buraco e num almoço de Dia das Mães na casa da minha avó, Dona Aracy, minha tia Arly não quis jogar.

Arlindo – Coloca o Gilberto. Vou ensinar a jogar, mas não vou jogar com ele não porque tá aprendendo.

Além de ensinar ele gostava de ganhar o jogo, sempre foi muito competitivo. Adorava competir e nesse dia eu joguei com a minha avó, e ele com meu pai. Ganhamos a primeira partida, ganhamos a segunda, na terceira ele jogou a toalha pro alto.

Arlindo – Não quero mais jogar. Tira esse garoto, vocês me enganaram porque ele já sabia jogar.

Ele faz falta em muitos aspectos, principalmente pro dia a dia. A gente conversava muito, sobre música, multiculturalismo, fatos históricos. Me faz muita falta como amigo, aquele cara que tava sempre junto pra me dar uma palavra pra me encaminhar".

COSMINHO, O COMPADRE

"Já estava tudo certo que o padrinho do João seria o meu melhor amigo, meu confidente, que me chamava de compadre, o Dr.Rosalvo. Mas ele foi assassinado logo depois que o João nasceu e o Arlindo tomou posse da parada. Comentei que minha mulher estava grávida...

Arlindo – Não preciso falar nada, né?

As investidas do Arlindo eram um exercício diário. Ele foi na Michele, mãe do João. Ele e a Babi ganharam a Michele no talento. E ainda tem o Prateado, que se intitula padrinho do João. Ele diz que eu o traí".

JOÃO PEDRO, O AFILHADO

"Na minha infância sempre fui muito próximo dele. Nas viagens dos meus pais (Michele e Cosminho) a trabalho ou ficava com meus avós ou com meus padrinhos. E sempre foi maneiro, com uma relação muito boa. Tinha esse privilégio de poder fazer tudo e ele não era de me dar bronca não.

Teve um aniversário que meus pais viajaram e não ia ter nada. Eu estava na casa dos meus avós, na Taquara e, quando ele chegava lá de humilde o povo ia à loucura. Ele me pegou pra dar uma volta, fomos lanchar no shopping e na volta tinha uma festa surpresa na rua, que ele e minha madrinha Babi organizaram.

Sou flamenguista por causa do meu avô, do meu pai e dele. Em jogo do Flamengo ele se transforma em outra pessoa. Ele briga e xinga todo mundo. Se é amigo de alguém que tá no jogo, ele briga, xinga e só depois do jogo volta a ser amigo.

Tirava onda com meus amigos porque ele me dava uns brinquedos que ninguém tinha. Lembro que na época dos primeiros filmes dos Transformers ele me deu uma luva que virava uma arma, que atirava dardos e fazia barulho, e uma máscara gigante do Hulk.

O legado que ele deixa pro seguimento do samba nem entra em discussão. Mas pra música brasileira, sem dúvida, é estar entre os cinco primeiros. Ele faz uma falta muito grande pra música. E se consegue identificar rapidamente a diferença do que ouvimos hoje para o que ele escrevia. Na qualidade. Ele faz muita falta nas nossas vidas. E na do povo brasileiro, não só como escritor, mas como poeta, como a pessoa boa que ele era. Uma pessoa que sempre ajudou a todo mundo com aquele sorriso no rosto, aquela risada icônica".

REGINA E ESTEVÃO, OS COMPADRES

"Arlindo e Baibi eram muito apaixonados pelo Roque. Em 2013 comecei a me aproximar do candomblé e o convite para o batismo foi quase natural. Foi uma festa ecumênica, com representantes da religião judaica, católica, evangélica, budista e do candomblé. Tinha o nosso pai de santo, de Caxias, mas foi o Arlindo que consagrou que segurou o Roque. Foi muito lindo, um dia inesquecível" (Estevão Ciavatta).

"O Arlindo naturalmente dominou a situação na cerimônia do candomblé. Tinha que ser ele" (Regina Casé).

LUCAS DA CRUZ FIONDA

"Meu padrinho é uma pessoa muito inteligente, muito intelectualizada. Por mais que todos o imaginem dentro só do universo do samba, nossas conversas iam além do samba. Eu adolescente muito roqueiro, falávamos sobre o rock nacional, do rock ser forte em Brasília. Ele sempre teve uma percepção muito ampla da arte no Brasil como um todo, não só na música, como nos filmes. Ele, eu e meu avô falávamos de filmes, cinema nacional.

Sem duvidas seu maior legado é o artístico intelectual. Vejo o trabalho dele extremamente profundo. Arlindo Cruz é um lírico. Na época do Pagode do Arlindo no Teatro Rival, aquelas apresentações não eram de uma banda de samba no palco. Era uma representação, um teatro, onde contava uma história, uma representação artística.

Pra mim, falta hoje principalmente não poder sentar e conversar. E poder trocar essa ideia sobre essa obra, sobre a vida. Poder ouvir mais histórias, saber mais. Tenho a impressão de que não tenho tudo que gostaria de ter tido".

JOÃO MOREIRA

"Quando ele soube que eu ia nascer...

Arlindo – Olha família, vou ser o padrinho. Eu tenho que ser o padrinho.

Mas no dia do batismo ele não conseguiu ir, estava viajando. Então meus padrinhos são o Mauro Diniz e a Claudia Diniz, e os de crisma, o Arlindo e a Babi.

Uma vez fomos lanchar na casa dele, eu, minha irmã (Marcela) e meu pai (Marcelinho Moreira).

Arlindo - Meu afilhado vem comigo que seu dindo vai te dar um presente.

Me levou a uma sala, pegou um violão dele e me deu. E não foi um violão da loja, mas o dele. Eu tinha uns oito anos e hoje fico olhando pra ele e imaginando quantos sucessos saíram dali.

Arlindo – Você não vai ficar com esse negócio de percussão que nem seu pai, né? Vai estudar harmonia para não ficar com a mão toda ruim.

Hoje eu sou um percussionista e esse violão me marcou muito. É meu talismã, meu amuleto. Tiro algumas notas e também toco um pouco de cavaquinho. Ganhei um de meu outro padrinho, o Mauro. Ele também me deu um cavaco que era dele.

Meu padrinho faz uma falta muito grande pra todos porque Arlindo Cruz só existe um. Esse cara genial de quem sou muito fã. Tenho algumas tatuagens e uma delas, no braço esquerdo, é bem especial. Com um verso de Quem Gosta de Mim (Arlindo Cruz/ Franco): "felicidade é o dom de viver cantando a vida", que fiz no início de 2023. Desde bem pequeno gosto dessa música.

Numas férias que passei no Ceará, fomos a um karaokê num quiosque na praia e cantei Meu Lugar. Foi ideia minha. Sem ninguém falar nada, fui lá e cantei. A música ainda não era sucesso, mas cantei, porque é dos meus dois padrinhos.

Eu tocava com meu pai, quando o Arlindinho me chamou pra entrar na banda dele. E ali senti um pouco da referência do meu padrinho Arlindo."

OS AFILHADOS QUE ARLINDO NÃO BATIZOU E QUE ASSUMIU COMO PADRINHO

O "COMPADRE" JR DOM

"Ele não batizou a minha filha Dandhara, mas se intitulou padrinho. Quem batizou foi o Dudu, amigo da Luciana, mãe dela. E por causa disso sofri uma pressão muito grande do Arlindo, da Babi, da minha mãe... eu fui fraco, dei mole, fiquei pensando que as pessoas iam me julgar.

Arlindo - Pra ele eu não aceito perder não. Vou perder pra esse negão aí?

Ele tomou de assalto a condição de ser padrinho e quando encontrava com o Dudu...

Arlindo – Você não é padrinho dela não hein! Pode meter o pé, que o padrinho sou eu.

Dudu – Tá bom Arlindo, tá bom, mas dá pra dividir. Ela pode ter dois padrinhos, para com isso.

Arlindo - Essa afilhada é minha. Você não é nada, sai daí. Ela gosta mais de mim que de você. E não quero dividir nada com ninguém não.

O Arlindo é o dindo dela".

DANDHARA SOUZA

"Eu fui crescendo nesse carinho que ele tem comigo. Moro em Piedade onde ele foi criado e por onde ele tinha uma relação de afeto e de carinho.

Uma atitude dele que sempre me encantou foi o jeito que ele se tornava tão presente na minha vida. Independente de ser um artista, ele sempre aparecia no meu aniversário. Fazia uma surpresa ou então ligava, mandava mensagens no zap. Ele se interessava e queria saber como eu estava na escola, se estava tirando nota boa.

Nos meus 15 anos fez uma surpresa. Antes, disse que tinha compromisso e que não viria. De repente ele chegou na hora do cerimonial com um anel e fiquei muito emocionada. Eu nem uso, guardo como se fosse meu talismã.

Me chamava de afilhada e falava que era meu padrinho pra todo mundo e pro meu próprio dindo. Era aquela implicância.

Sinto muita falta dele no meu dia a dia. No meu aniversário ele ficava mais animado que eu. Já me ligava de manhã.

Ele deixa como legado a humildade, o respeito e a admiração pela família."

LOUIZ SILVA

"Meu pai (Zeca Pagodinho) convidou o Arlindo e a Maria dos Olhos Verdes se convidou pra ser minha madrinha.

Maria – Arlindo vai ser o padrinho e eu vou ser a madrinha.

Mas eu ainda não fui batizado. Lá em casa nem eu nem meu irmão. Mas temos padrinhos. E meu padrinho sempre foi muito atencioso, carinhoso, de abraçar, de dar beijo.

Quando eu e Arlindinho começamos a sair juntos ele gostava de ouvir a gente contar na volta o que tinha acontecido. Ele gostava de ver a gente como amigos, assim como ele era com meu pai. Ouvia e revivia, lembrava deles dois, amigos antes do sucesso. E quando se encontravam pareciam amigos de colégio, um botando pilha no outro, ficavam se sacaneando, lembrando "daquela fulana que você pegou", um dizia pro outro.

Ele é foda, muita saudade dessa época. Saudade de estar com ele, contar história pra ele rir, rir das histórias dele com meu pai. Ele cantando em casa, porque é raro ouvir meu pai cantando em casa.

Uma vez fui com um amigo do rock na casa do meu padrinho. Ele pegou um violão...

Arlindo - Tu é do rock mesmo? Sabe isso?

E começou a tocar Beatles no violão. E meu amigo, que o via como um monstro sagrado e viu o cara mais simples do mundo, despido de vaidades, um cara muito diferente, um cara do outro mundo. Ele é tão receptivo que em sua casa ele parecia visita.

Eu era o ponto de contato do telefone entre eles, porque um não tinha o telefone do outro. Era assim:

Arlindo - Meu afilhado como você ta? Me passa o telefone do teu pai?

Zeca – Arlindo trocou mais uma vez de telefone, pede pro teu padrinho me ligar.

Eles não conseguiam se acertar. Eles adoravam se encontrar, mas as agendas nem sempre batiam, não era como antigamente.

E como ele era solidário de ir aos pagodes! Fosse quem fosse, ia pra mesa tocar. Ia de verdade. Sempre foi assim. Não tem nem como explicar o Arlindo. O que ele representa pra música. Tudo o que ele pegava pra fazer fazia com excelência".

O "COMPADRE" ANDRÉ DINIZ

"Quando ele soube que minha mulher estava grávida da nossa filha Izabel, falou que o padrinho seria ele. Mas não podia. Já tinha prometido a um amigo, o professor de matemática Ricardo. Ele não esperava a negativa, mas eu não podia fazer nada. Ele ficou em silêncio, pensou...

Arlindo – Então, ela vai ter dois padrinhos.

Na volta de um show ele trouxe um carneirinho, um travesseirinho e dois óculos escuros. "Toma. Vocês não vão dormir durante um tempo", disse Arlindo. "Meu compadre você já fez uma música pra minha afilhada?". Como disse que ainda não tinha feito, me mandou uma mensagem com a melodia, cantando e tocando violão. Botei a letra, perdi o áudio e depois simplifiquei a melodia".

JORGE DAVI JUNIOR, O JR.

Não sou afilhado dele, sou afilhado do Andrezinho. Morei com meu tio Arlindo por cinco anos maravilhosos, dos treze aos dezoito anos. Foi quando meu pai, o letrista Jorge Davi faleceu. Arlindo foi um paizão. Me colocava pra fazer contas na frente dele.

Eu sou gago, então o que era pra ser simples virava uma coisa engraçada. Ele me chamava de JR, que era o nome mais falado da casa. Ele ficava muito no segundo andar e tudo ele me gritava. Pra pegar água, lanche, refrigerante, pra ir à rua, tudo era eu.

Eu era tipo um secretário e ele foi muito incrível comigo. Me pagou cursos de inglês, informática, pagou colégio. E quando não tinha prova eu atacava de roadie nos shows dele aqui no Rio.

Ele conseguiu um teste no time do Santo André, em São Paulo. Eu era meio-campo, mas infelizmente não tinha uma boa cabeça e parei de jogar. Era muita facilidade para ir pro samba, era muita farra e eu não tinha uma boa cabeça.

Eu sou gago e ele me zoava muito. A hora do almoço era sagrada. Todos na mesa, um fato consumado. E hoje falo bem melhor, mas naquela época era muito pior. Eu não falava quando. Falava quando "quandoquandoquando". O Arlindo não aguentava. Colocava a mão na barriga de tanto rir.

Hoje sou um sacerdote, filho de santo da Babi. Deus, os orixás e os guias me guiaram por esse caminho. Tenho meu templo, Casa de Ifá, em Bangu. E peço muito por ele, pra Xangô, pra Ifá.

O legado que ele deixa é o que ouço sempre que vou a qualquer pagode, que é difícil não falar no nome dele. É muito difícil não se tocar um samba dele. Vejo que as pessoas falam com amor, com respeito, como se estivessem falando de um santo. Aí percebo que ele é mesmo magnífico. Que Deus o iluminou e cada vez que pegava naquela caneta, colocava o seu dom. E saiam canções, hinos maravilhosos pra todos que pensam no samba, que vivem no samba. Com certeza ele vai ser um ícone durante muitos anos e um espelho para os novos sambistas.

Ele faz muita falta, porque Arlindo é felicidade, alegria. Ele tem sempre uma palavra. Se você tá fora do prumo ele vem com uma palavra forte, amiga, e te coloca no prumo, porque ele representa tudo isso."

VINÍCIUS GUIMARÃES

"Eu não sou afilhado do Arlindo. Sou agregado, sobrinho do Andrezinho. Meu padrinho é o Júlio, mas quando me refiro à figura de um padrinho masculino sempre foi o Arlindo. Ele e meu tio Andre.

Quando ele começou a namorar tia Babi, criou uma amizade muito forte com minha mãe, que é evangélica. Ele muito curioso nessa parte religiosa, eles tiveram muitas conversas,

Todas as minhas férias, dos quinze aos vinte anos eram com ele. E o Arlindo tem um forte poder de convencimento. Sempre muito esclarecido nas ideias, conseguia tirar coisas de mim que nem meu padrinho nem meu pai conseguiam. Ele extraía de mim coisas que nem eu sabia que conseguiria falar. Arlindo serviu como um pai. Tudo que eu precisava na figura masculina era com ele, que me chamava de sobrinho.

Lembro muito dos amigos ocultos no Natal, na casa dele, quando todo mundo queria ser tirado pelo Arlindo. Ele dava uns vinte presentes pra quem tirava e a Babi, a Flora e o Arlindinho faziam uma panelinha. A Camille foi a que ele mais tirou, umas quatro vezes, e a gente falava que era marmelada. Era só presente bom.

Quando eu tinha uns dezesseis anos, com a separação dos meus pais eu estava passando por uns problemas. Ele me tirou e me deu um montão de presentes. Entre eles tinha uma chuteira, uma camisa do Vasco e um tênis. Fiquei tão feliz e, empolgado, que pulei na piscina. No meio dos presentes tinha um bilhete, onde ele falava da importância do que a gente tinha construído que era legal pra ele, e que me via como um filho. Disse ainda que, ele muito flamenguista e eu muito vascaíno, eu consegui fazer com que ele passasse a ter um carinho enorme por mim e pelo Vasco. Um dos arrependimentos que eu tenho é não ter guardado esse bilhete.

O principal legado que ele vai deixar é o amor pela família. Eu nunca vi ninguém que amasse tanto estar em família como ele. De fazer coisas em família como ele. Todos da nossa família quando pensam em reunião se lembram dele na hora. Então, vai deixar amor, carinho e o ensinamento de nunca deixar de colocar a família em primeiro lugar. A figura de padrinho, pai, irmão mais velho, tio, filho, o espelho é ele. Sinto falta da fé, do companheirismo. Com certeza eu só ia ganhar com os conselhos dele. Estar com ele, ouvir como adulto, saber o que ele ia me dizer quando a dúvida aparecesse. Ele tinha sempre um conselho bom para dar."

WALTINHO CARVALHO

"Quando eu nasci ele ainda não estava com a Babi. O meu padrinho era amigo dos meus pais, mas logo depois do batizado o casal se mudou para os Estados Unidos e sumiu, nunca mais vi. Minha família perdeu o contato com eles. E, quando eu tinha uns doze anos...

Arlindo – Já que seu padrinho sumiu, a partir de agora serei o seu padrinho.

Perdi um padrinho e ganhei outro. Ele fez a mesma coisa com a minha filha, a Lara. Minha esposa estava tentando engravidar. Babi e Arlindo nos indicaram uma reunião espírita na casa da Alcione. Fomos com minha mãe. A Alcione disse que em breve ela ia ficar grávida e que já via uma criança. Uns três meses depois ela engravidou.

Arlindo - Não sei nem quero saber quem vai ser a madrinha, mas o padrinho da sua filha sou eu.

Sempre se considerou padrinho, mas não foi ao batizado porque estava fazendo show em Florianópolis, e quem batizou foi meu concunhado Alex. Era difícil casar as datas. Eu já trabalhava embarcado, ele viajava, mas sempre falou que era meu padrinho e da minha filha.

Com catorze anos ia fazer uma prova pro Senai. Passei uns dez dias na casa dele em Piedade estudando matemática com ele direto. E minha mãe me dava aulas de português. Ele ensinava, mas se desse um mole já tava me comendo no esporro. Fiz a prova e passei. Fiz curso técnico e foi ele quem arrumou com um amigo de São Paulo, pra eu trabalhar embarcado.

Uma vez, em 1994, ele cismou de ir a um Flamengo x São Paulo no Maracanã. De arquibancada. Nós fomos com meus tios David e Rodrigo, e o Anderson Leonardo. Ele foi reconhecido e não conseguia assistir ao jogo. Nem ele nem o Anderson, que estava fazendo muito sucesso com o Molejo. Todos vinham cumprimentar e pedir autógrafos.

Arlindo – É, acho que não foi uma boa ideia vir de arquibancada,

O legado que ele deixa é a sua bondade. Sempre foi muito bom com todo mundo da família, com os amigos. Sempre fez de tudo pra ver a galera bem. Sempre estava disposto a dar conselhos e ajudar a todo mundo. E também deixa centenas de músicas maravilhosas."

CAMILE PEDRETTI A PREFERIDA

"Sou sua filha postiça e sempre fui a preferida. Meu padrinho era o Antônio, que faleceu. Quando o Arlindo começou a namorar a tia Babi eu tinha cinco anos e foi amor à primeira vista, tipo pai e filha. Meu pai não era muito presente e desde então ele começou a fazer papel de pai na minha vida. Ia pras festas da escola, me levava pro shopping pra passear, me mandava cartão postal quando viajava. Mandou dos Estados Unidos e do Japão, eu não entendia muito bem mas gostava muito.

Ele sempre teve um carinho muito grande por mim e eu por ele, que amo de paixão, até mais que meu pai. Arlindo sempre foi um cara excepcional na minha vida. Pra tudo.

Quando fiquei grávida estava brigada com o pai da minha filha Clarissa. O Arlindo marcou um jantar e nos chamou. Estávamos apenas ele, a Babi, eu e o Felipe (o produtor Felipe Bueno, que ainda não trabalhava com Arlindo). E a conversa entre os dois foi séria. Um momento de tensão dessa noite.

Arlindo – A Camile tá grávida. Ela vai ter esse filho você querendo ou não. E, se você não quiser assumir, eu assumo. É tudo comigo. Eu também já quero ser avô...

O Felipe começou a chorar.

Felipe – Não, Arlindão, não tem isso. Eu vou fazer meu papel de homem, vou assumir meu papel de pai, sou sujeito homem.

Arlindo – Então estamos conversados. Toma aqui a ultra.

Os famosos amigos ocultos do Natal eram muitos disputados e todos queriam ser tirados pelo Arlindo. Ele me tirou cinco vezes. Quando ele falava o meu nome as pessoas jogavam os presentes no chão e reclamavam: 'mas não é possível, ela de novo', 'não acredito'. Era uma confusão muito engraçada. E os presentes dele eram pro ano inteiro, da agenda às roupas. Muitas roupas. E só coisa boa. Todo mundo achava que ele dava sempre um jeitinho de me tirar, porque sempre fui a preferida, a favorita. Meus primos ficaram putos porque eu tinha meus privilégios.

Ele faz muita falta na minha vida. Todo dia ele me ligava e pedia uma fresquinha. Fresquinha era fofoca. Ele era muito fofoqueiro, adorava saber uma fofoca.

Arlindo - Tem uma fresquinha pra contar pro titio?

Camille – Ihh Arlindo, hoje não tenho.

Arlindo – Não tem? Não é possível, puxa aí na memória. Vai procurar uma fresquinha pra me contar. Tá muito fraca, hein!

Ele acostumou porque eu sempre contava muita fofoca pra ele.

Camille – Arlindo tenho um babado forte pra te contar.

Arlindo - Calma aí que eu vou te ligar.

Sinto muita falta disso tudo. Ele era muito carinhoso e nem sei como dizer da gratidão que eu tenho por ele, um cara inesquecível mesmo. Lembro dele todo dia. Passo na rua, escuto as músicas ou as festas juninas, tudo me lembra ele. Se alguém da família estava brigado ele fazia as pazes porque não gostava que ficassem de mal. Ele era foda, muito Mara, ele tinha esse dom.

Sou cabeleireira porque ele disse que eu ia ser cabeleireira. Quando ele tinha cabelo grande, chegava lá em casa, eu sentava atrás dele e começava a pentear seu cabelo.

Arlindo - Você tem que ser cabeleireira, adora mexer no cabelo dos outros...

Ele pagou meu curso no Senac e sou cabeleireira graças a ele.

Então, peço desculpas, mas não adianta. Aceitem que dói menos. Eu sou a sobrinha preferida. Não sou afilhada, mas tenho mais vantagens".

O chamêgo do casal

Capítulo 30

Agradecimentos Especiais

A minha amiga Babi Cruz, que me convidou e confiou em mim para escrever esta biografia tão necessária e me ajudou com muitas dicas e contatos, além de conversas emocionantes.

A minha amiga Arly Cruz, minha consultora para assuntos de infância e juventude do Arlindo. Ajudou muito e ainda cedeu fotos incríveis.

A Flora e a Arlindinho, com quem tive duas conversas abertas, com todas as respostas para todas as perguntas.

A Kauan Felipe, que me atendeu na boa e também respondeu naturalmente.

Ao jornalista Hílton Mattos, que já tinha começado esta biografia, parou e acabou colaborando com suas preciosas apurações.

Ao diretor de TV Estevão Ciavatta, que me cedeu algumas conversas suas com Arlindo Cruz.

Ao quarteto Thiago Dias, Thales Ramos, Bruno Villas Bôas e Emiliano Mello que me cederam entrevistas que fizeram com Arlindo Cruz e com Franco para o jornal O Samba é meu Dom.

Ao músico Rodrigo Morelli, que me cedeu o áudio da entrevista que fez com Arlindo Cruz.

À minha equipe de pesquisadores, sempre atenta e sagaz na busca dos detalhes de meus biografados: o gaúcho Cléber Pereira, o carioca Junior Souza e o paulistano Thiago Carvalho. Sozinho ninguém consegue.

À Nilcemar Nogueira e à produtora Cláudia Almeida, que também me ajudaram muito com vários contatos. Ao assessor de imprensa da Regina Casé, o atencioso Pedrinho Figueiredo, a assessora do Péricles, Sílvia Marriott, a Daniel Jerônimo e ao produtor de TV Waldemir Pessoa, o Cabeça.

À empresária Ana Basbaum, que ao contrário de tantos empresários e assessores que emperram o contato com seus artistas e atuam como muro, me ajudou muito no contato com a Maria Bethânia. Esse povo devia aprender com ela.

E aos que me ajudaram com boas histórias e com contatos:

Ademir Batera, Alex Fernandes, Alex Santos, Aluisio Machado, Ana Basbaum, Anderson Leonardo, Anderson Marques (Azeitona), André Diniz, Andrezinho do Molejo, Anna Carolina, Arlindinho, Arly Marques, Áurea Alencar, Babi Cruz, Baiano do Táxi, Beth Carvalho, Bruno Villas Bôas, Camille Pedretti, Careca do Império Serrano, Celso Balaio de Gato, Cláudia Vieira, Claudinha Almeida, Cleber Pereira, Cosminho, Dandhara Souza, Daniel Jerônimo, Dayanne Macedo, Debora Cruz, Décio Cruz, Edu Gama, Eliane Targa, Elias Bittencourt de Oliveira (Bitenca), Emiliano Mello, Emygdio Alves, Estêvão Ciavatta, Eulália Figueiredo, Felipe Bueno, Fernando Reis, Flavinho Santos, Flavinho Miúdo, Dr. Flávio Domingues, Flora Cruz, Franco Lattari, Gegê D'Angola, Gilberto Baroni, Giovanni Targa, Gisele Cruz, Heber Poggy, Hélio De La Peña, Hílton Mattos, Igor Leal, Izabella Carvalho, Jaime Cutia, João Moreira, João Pedro, João Sensação, Jorge Davi Jr, José Maurício Machline, Julinho Santos, Junio Souza, Jr Dom, Karinah, Kauan Felipe, Louiz Silva, Luanny Victoria, Lucas Fionda, Marcelinho Moreira, Marcelo D2, Márcio Vanderlei, Marcos Alcides (Esguleba), Marcus Boldrini, Marechal, Maria Bethânia, Maria Rita, Marquinho PQD, Maurição, Mílton Manhães, Monarco, Mu Chebabi, Nathalia Lattari, Nilcemar Nogueira, Oskar Stosjetd, Paula Maria, Pedrinho Figueiredo, Pelé Problema, Péricles, Puan Cardoso, Rafael dos Anjos, Rafael Phiodez Perninha, Raul Cláudio, Regina Casé, Renato Mendonça Vianna, Renato Nunes, Ricardo Gamba, Rildo Hora, Rixxa, Rodrigo Farias, Rodrigo Morelli, Rogê, Rubens Gordinho, Santinha, Sereno, Silvia Marriot, Sombrinha, Sueli Moreira, Thales Ramos, Thiago Carvalho, Thiago Dias, Thiago Kukinha, Tia Belinha, Túlio Feliciano, Ubirany, Uraci Cardoso, Valdiléa Marques, Verinha Nunes (prima), Vinícius Guimarães, Xuxú da Bahia, Waldemir Cabeça, Waltinho Carvalho, Yvison Pessoa, Zeca Pagodinho.

OBS: Aos que, por um acaso, não estão aqui, me perdoem pelo grave erro, mas virão na próxima edição.

Capítulo Extra

Vídeos raros

Esta obra foi composta em Arno pro light display 12 para a Editora Malê e impressa em papel pólen bold 90, pela gráfica MultGraphic, em junho de 2025.